Debra Moerke

mit Cindy Lambert

EIN MORD, ZWEI MÜTTER UND DIE MACHT DER LIEBE

Debra Moerke

mit Cindy Lambert

Ein Mord, zwei Mütter und die Macht der Liebe

Wie ein schockierender Anruf meine Welt aus den Angeln hob

francke

Über die Autorin:
Debra Moerke war 18 Jahre lang Pflegemutter für über 140 Kinder, hat in diversen Gefängnissen und sozialen Projekten mitgearbeitet und kürzlich ein Bibelschulstudium absolviert. Zusammen mit ihrem Mann Al lebt sie in Wyoming. Das Paar hat sechs erwachsene Kinder und sieben Enkelkinder.

Bibliografische Information der Deutschen Nationalbibliothek
Die Deutsche Nationalbibliothek verzeichnet diese Publikation in der Deutschen Nationalbibliografie; detaillierte bibliografische Daten sind im Internet über http://dnb.dnb.de abrufbar.

ISBN 978-3-96362-133-8

Originally published in English in the U.S.A. under the title:
Murder, Motherhood, and Miraculous Grace,
by Debra Moerke with Cindy Lambert

Deutsch von Anja Findeisen-MacKenzie
Cover photograph by Thom King
Umschlaggestaltung: Verlag der Francke-Buchhandlung GmbH
Satz: Verlag der Francke-Buchhandlung GmbH
Druck und Bindung: CPI books GmbH, Leck

www.francke-buch.de

Im Gedenken an meine Schwester Jude,
die mich nicht nur zum Herrn geführt hat,
sondern auch die Erste war, die mich dazu ermutigt hat,
diese Geschichte aufzuschreiben.

Glücklich ist, wer die Bewährungsproben besteht
und im Glauben festbleibt.
Gott wird ihn mit dem Siegeskranz,
dem ewigen Leben, krönen.
Das hat er allen versprochen, die ihn lieben.

Jakobus 1,12

Inhalt

Vorwort von Carol Kent

Als ich den Titel dieses Buches las, blieb mir fast das Herz stehen. Vor ungefähr zwanzig Jahren klingelte mitten in der Nacht mein Telefon. Mein einziger Sohn, Absolvent der US-Marine-Akademie mit einer bis dahin tadellosen Vergangenheit, war verhaftet worden unter dem Verdacht, den Ex-Mann seiner Frau umgebracht zu haben. Nun erfuhr ich am eigenen Leib, wie es ist, wenn man eine unerwartete, schockierende Nachricht erhält. Wie einem schwindelig wird, man sich kaum noch auf den Beinen halten und das Ganze einfach nicht fassen kann. Alles um mich herum schien sich zu drehen, ich fürchtete um die Sicherheit meines Sohnes und um das Wohl seiner Frau und seiner zwei Stieftöchter. Ich fragte mich, warum ein guter Gott so etwas Furchtbares zulassen konnte; ich machte mir Sorgen, wie wir die Anwaltskosten bezahlen sollten und wie sich unser Leben verändern würde, wenn die Nachricht erst an die Öffentlichkeit gedrungen war. Zugleich empfand ich auch großes Mitgefühl mit den Angehörigen des Getöteten. Eines war jedenfalls gewiss: Das Leben würde nie wieder so sein wie vorher.

Tatsächlich kann es Einschnitte in unserem Leben geben, die einfach alles verändern. Ein schockierender Anruf. Die Geburt oder mögliche Adoption eines Babys. Ein Ereignis, das von uns eine ungeheure Charakterstärke erfordert. Eine verheerende persönliche Entscheidung, die uns die Freiheit raubt. Ein unerwartetes gesundheitliches Problem, das einen Menschen, den wir lieben, ins Leid stürzt. Eine Glaubenskrise, weil Gott es scheinbar zulässt, dass das Böse triumphiert. Die aufwühlende Entscheidung, jemandem zu helfen, der uns verraten hat. Die Bereitschaft, das Unverzeihliche zu vergeben.

Alles kommt plötzlich zum Stillstand und wir fühlen uns wie ein Außenseiter – wie jemand, der am Rande der Realität lebt und nicht wirklich »drin« ist. Unsere Gedanken werden durcheinandergewirbelt und widersprechen sich gegenseitig:

Das ist bestimmt nicht wirklich passiert.
Irgendwann wache ich auf und merke,
dass es nur ein böser Traum war.
Wenn das wirklich real ist, was soll ich dann tun?
Hätte ich es verhindern können?
Will Gott, dass ich mich da persönlich engagiere?
Wie wird sich das auf meine Familie auswirken?
Was werden die anderen denken?

Wir brauchen Weisheit, um ganz zu verstehen, was da geschehen ist, welche Rolle wir in dieser Situation übernehmen sollen und ob Gott möchte, dass wir etwas tun, was uns einiges abverlangt oder weit jenseits unserer menschlichen Fähigkeiten liegt.

Debra Moerke musste sich genau diesen Herausforderungen stellen, als sie und ihr Mann Al ihr Haus und ihr Herz für über hundertvierzig Kinder öffneten über einen Zeitraum von mehr als sechzehn Jahren. Weil sie überzeugt war, dass Gott sie dazu berufen hatte, nahm Debra gern die Probleme und den Schmerz an, den diese verwundeten Kinder mit im Gepäck hatten. Dann aber geschah etwas Unvorstellbares mit einem dieser kostbaren Kinder, für die sie sorgten und die sie liebten – einem Kind, das sie schützen wollten und für dessen Schutz sie gebetet hatten.

Die rätselhaften Wege Gottes schienen völlig unbegreiflich zu sein, als ausgerechnet Debras Familie, die Gottes Liebe mit solcher Hingabe weitergab, von einer schrecklichen Tragödie getroffen wurde. Und noch schwerer zu verstehen war dieser Weg, als Debra von Gott zu einem noch tieferen Gehorsam aufgerufen wurde – einem Gehorsam, der ein Opfer von ihr verlangte, das ihr menschlich gesprochen unmöglich erschien.

Weit über die Grenzen des Erträglichen herausgefordert, ging Debra einen Schritt nach dem anderen auf diesem neuen Weg, der ihrem verwundeten Herzen eine Vergebungs- und Risikobereitschaft abverlangte, die sie sich eigentlich nicht mehr vorstellen konnte. In ihrer Geschichte geht es nicht nur darum, sich den eigenen Ängsten zu stellen und gegen Riesen zu kämpfen; es geht nicht nur um unvorstellbare Vergebungsbereitschaft und um die Wunder, die geschehen, wenn wir uns Gott hingeben. In Wirklichkeit geht es um das, was nur Gott tun kann. Es ist so wunderbar, dass man es kaum glauben kann, und doch ist es wahr. Je mehr man von dieser Geschichte liest, umso größer wird Gott.

Auf meinem eigenen Weg mit meinem Sohn, der eine lebenslange Freiheitsstrafe ohne Aussicht auf vorzeitige Entlassung erhielt, lerne ich immer mehr, dass Gott seinen Willen oft erst im Rückblick offenbart. Immer wenn ich denke, er wäre anderswo beschäftigt und sähe meine Not nicht, erkenne ich, dass er meine Gebete auf eine andere Weise erhört hat, als ich es mir gewünscht oder es erwartet habe. Statt meinem Sohn eine befristete Strafe zu gewähren, öffnete er unserer Hilfsorganisation *Speak Up for Hope* eine Tür für die Arbeit unter Strafgefangenen und ihren Angehörigen. Mein eigener Schmerz machte mich sensibel für die Nöte anderer und ließ mich bereit werden, jenen Familien ganz praktisch Liebe und Mitgefühl zu erweisen, die ich kennenlerne, während wir gemeinsam Schlange stehen und warten, bis wir unsere inhaftierten Angehörigen besuchen können. Ich erlebe, wie mein Sohn seine Ausbildung, seine Führungsqualitäten und seinen christlichen Glauben einsetzt, um seine Mitgefangenen zu unterrichten und zu beraten. So wie Debra Moerke erfahre auch ich Gottes wunderbare Gnade mitten in schwierigen Lebensumständen.

Möchten auch Sie gerne glauben, dass die Liebe über alles siegt? Sind Sie bereit, Gott auch dort am Werk zu sehen, wo die Umstände scheinbar gegen seine Existenz sprechen? Möchten Sie Zeuge einer unüberwindlichen Kraft der Vergebung werden und offen sein, über das zu staunen, was nur Gott tun kann? Beim Lesen dieses Buches erfahren Sie, wie Sie selbst in den dunkelsten Zeiten nach Gottes Licht Ausschau halten können.

Dieses Buch erzählt Debra Moerkes wahre Triumphgeschichte. Wenn Sie es gelesen haben, überlegen Sie doch einmal, wem Sie mit einem Exemplar dieser bemerkenswerten Geschichte Mut machen könnten. So weisen Sie auch andere Menschen auf eine ewige Perspektive hin, die uns den Segen offenbart, den wir auf dem Weg des Gehorsams erleben dürfen.

Carol Kent
Referentin und Autorin

Vorbemerkung

Die Geschichte, die Sie gleich lesen werden, ist tatsächlich passiert. Ich habe mich beim Erzählen jedoch nicht allein auf mein Gedächtnis verlassen, sondern auch Gerichtsprotokolle und Zeitungsartikel herangezogen. Außerdem habe ich Gespräche mit vielen Betroffenen geführt, um eine korrekte Darstellung zu gewährleisten. Ich bin allen dankbar, die mich in diesem Prozess unterstützt haben.

Korrektheit, Ehrlichkeit und Transparenz sind mir sehr wichtig. Ebenso wichtig aber ist mir ein angemessener Umgang mit anderen Menschen sowie deren Sicherheit und Privatsphäre. Darum wollte ich gern einen Weg finden, wie ich meine Geschichte erzählen kann, ohne die Privatsphäre anderer zu verletzen, sie öffentlich bloßzustellen oder gar in Gefahr zu bringen. Immerhin geht es hier um Pflegekinder und das Jugendamt, um einen Mord und ein Gerichtsverfahren, um Szenen aus dem Gerichtssaal und dem Gefängnis und ganz allgemein um eine heikle Situation.

Ich habe daher die Namen verschiedener Personen in diesem Buch verändert und ihre Identität verschleiert:

- Jedes Kind, das in diesem Buch erwähnt wird, hat ein Pseudonym erhalten, auch eines meiner eigenen Kinder. Alle anderen haben es mir gestattet, sie mit ihrem richtigen Namen zu nennen.
- Alle Juristen, alle Mitarbeiter der Jugendämter und anderer staatlicher Behörden erhielten ein Pseudonym, sofern sie überhaupt namentlich erwähnt wurden.
- Auch »Karen«, die in dieser Geschichte eine wichtige Rolle spielt, taucht nicht mit ihrem echten Namen auf.
- Die Namen von »Karens« Familienangehörigen, Freunden und Bekannten und von anderen Personen, die in Beziehung zu ihr stehen, wurden ebenfalls geändert.

Viele Menschen, deren tatsächliche Namen hier erwähnt werden, haben mir dies ausdrücklich gestattet, wofür ich ihnen sehr dankbar bin.

Private Unterhaltungen und Ereignisse, die nicht in öffentlichen Dokumenten festgehalten wurden, habe ich nach bestem Wissen und Gewissen wiedergegeben und danke allen, die es mir erlaubt haben, sie wörtlich zu zitieren. In einigen Fällen habe ich um des Erzählflusses willen kleinere Veränderungen vorgenommen, die aber dem ursprünglichen Wortlaut keinen Abbruch tun.

Debra Moerke

Prolog

»Mama, kann ich mit Katherine shoppen gehen?«

Es war ein warmer Junimorgen im Jahr 2012 und für Courtney hatten gerade die Sommerferien begonnen. Die Temperaturen in Casper (Wyoming) stiegen zwar, aber der Alcova Lake war immer noch zu kalt für irgendwelche Wasseraktivitäten. Und so war die Shopping Mall der spannendste Treffpunkt für die Jugendlichen in unserer Stadt.

»Katherines Mutter bringt uns hin ...«

»Und ich kann euch abholen«, sagte ich. Mit ihren dreizehn Jahren erlaubte ich Courtney, zusammen mit ihren Freundinnen ohne elterliche Aufsicht bummeln und essen zu gehen.

Als ich später losfuhr, um Courtney und Katherine abzuholen, kam mir die Idee, wir könnten den Abend gemeinsam verbringen. Fast Food und ein Film im Kino, das könnte für meine Tochter im Teenageralter doch ganz interessant sein. In der Woche davor hatten wir Gäste gehabt und so dachte ich, dass uns beiden ein Abend ganz für uns guttun würde.

Der Parkplatz des Einkaufszentrums war überfüllt, deshalb fuhr ich mit dem Auto direkt zum Haupteingang, wo Courtney und ich uns verabredet hatten. Eine kleine Gruppe von Teenagern stand an der Tür mit Courtney zusammen. Ich winkte ihr zu und bemerkte, dass ein paar Jugendliche zu mir herübersahen und auf mich deuteten. Die Gesichter wirkten vertraut.

Und dann traf es mich wie ein Blitz. Waren das nicht zwei Kinder von den Bowers? Mein Herz setzte einen Schlag aus. Ich war mir nicht ganz sicher. Das letzte Mal hatte ich sie vor fast sechs Jahren vor unserem alten Haus gesehen. Trotz meines momentanen Unbehagens lächelte ich weiter und winkte Courtney zu mir. Endlich fand sie mich in der Schlange der Autos und kletterte auf den Beifahrersitz unseres SUV.

»Hallo, Schatz! Habt ihr Spaß gehabt? Wo ist Katherine?«, fragte ich.

»Oh, ihre Mutter hat sie vor ein paar Minuten abgeholt. Sie wollen essen gehen, deshalb musste sie früher los.« Courtney sprach leise und ihre Stimmung wirkte sehr gedämpft für ein Mädchen, das gerade ein paar Stunden mit seinen Freundinnen verbracht hat.

»Wer waren denn die Jugendlichen, mit denen du dich unterhalten hast?«

»Ach, nur so ein paar Kids. Ein paar aus der Schule und ein paar andere, die irgendwo in Casper wohnen.« Sie schnallte sich an und starrte geradeaus. Irgendetwas war passiert. Jemand hatte etwas gesagt. Ich spürte es. Die Furcht packte mich und meine Gedanken überschlugen sich.

»Alles in Ordnung?«, fragte ich.

»Mir geht's gut. Bin nur müde.«

Warum schaut Courtney mich nicht an?

»Ich dachte, wir könnten eine Kleinigkeit essen und uns einen Film anschauen. Papa kommt heute nämlich später von der Arbeit nach Hause. Hättest du Lust dazu?« Ich dachte, mein Vorschlag würde sie vielleicht aufmuntern.

»Ja! Klingt gut, können wir machen«, antwortete sie und klang dabei wieder mehr wie sie selbst.

Nachdem wir uns einen Burger geholt hatten, suchten wir uns einen Film aus, der uns beiden gefiel. Mit Popcorn und Getränken in der Hand machten wir es uns auf unseren Plätzen in der letzten Reihe gemütlich und warteten, bis es losging. Dann, wie aus heiterem Himmel, fragte sie mich plötzlich: »Mama, wie heißen meine leiblichen Geschwister?«

Diesmal setzte mein Herz gleich zwei Schläge aus.

Nun wusste ich es genau. Die beiden Teenager, die ich mit Courtney beim Einkaufszentrum gesehen hatte, waren ihre leiblichen Geschwister Steven und Ally. Sie waren ein gutes Stück gewachsen, seit ich sie das letzte Mal gesehen hatte, aber sonst hatten sie sich seit damals nicht sehr verändert. Obwohl die Frage mich überrumpelt hatte, antwortete ich mit einer Gegenfrage: »Bist du sicher, dass du dir den Film anschauen willst?

Wenn du willst, können wir auch gehen.« Mit der Popcorntüte auf dem Schoß sah ich sie an.

Sie überlegte einen Augenblick und meinte dann: »Nein. Lass uns nach dem Film reden.« Die Lichter gingen aus und wir sahen auf der Leinwand die Vorschau für einen Film, der demnächst laufen würde.

Während der ganzen Vorstellung dachte ich über Courtneys Frage nach und überlegte, ob nun der Augenblick gekommen war, in dem sie mich bat, ihr die ganze Geschichte ihrer Adoption zu erzählen.

Sie meint vielleicht, sie sei dazu bereit, aber bin ich es? Ich weiß nicht, wie ich ihr das alles sagen soll. Ich konnte mich kaum auf den Film konzentrieren, sondern verbrachte die meiste Zeit mit Gebet.

Die anschwellende Orchestermusik verkündete das Ende der Vorstellung. Als die Lichter angingen, folgte ich Courtney ins Foyer und hinaus aus dem Kino. Schweigend gingen wir zum Parkplatz, stiegen in unser Auto und schnallten uns an.

»Na, wie hat dir der Film gefallen?«, fragte ich, während ich den Motor anließ.

Ohne Vorwarnung brach Courtney in Tränen aus. Schnell nahm ich sie in den Arm. »Was ist denn los?«, fragte ich sie, während ich sie an mich drückte.

»Ich ... ich bin einfach ...« Sie schluchzte und rang nach Worten.

»Durcheinander?«, beendete ich ihren Satz.

»Ja.« Sie weinte, als würde ihr das Herz brechen.

Ich hielt sie fest in meinen Armen und flüsterte: »Ich glaube, wir sollten jetzt nach Hause fahren, in unsere Schlafanzüge schlüpfen, uns auf mein Bett setzen und reden. Was meinst du?« Ich wartete auf ihre Antwort, ohne sie loszulassen.

Unfähig zu sprechen, nickte sie und wischte sich die Tränen aus den Augen. Während wir nach Hause fuhren, wurde mir klar, dass dieser Abend unser Leben verändern würde. War Courtney wirklich bereit, die ganze Wahrheit zu erfahren? War sie bereit für die Antworten auf all die Fragen, die sie schon so lange im Herzen trug?

Ich wünschte mir so sehr, dass sie das Licht Gottes durch ihre Geschichte hindurchscheinen sah, aber zuerst würde sie von der Dunkelheit hören müssen.

War ich in der Lage, es ihr zu erzählen?

Teil eins

Die Neuen

Kapitel 1

Ein Ja, das nicht schwerfällt

Ein Tag, der das Leben für immer verändert, kündigt sich selten vorher an.

Erst im Rückblick erkenne ich, dass ein kleines Ja an einem warmen Junitag im Jahr 1996 eine ganze Flut von lebensverändernden Entscheidungen, von schier unerträglichem Schmerz und zugleich überirdischer Freude mit sich brachte. Es waren Entscheidungen, die nicht nur unsere Familie verändern würden, sondern auch mich selbst. Mein Glaube würde dermaßen herausgefordert werden, dass ich ihn kaum wiedererkennen sollte. Ich habe gelernt, dass man nie unterschätzen sollte, was Gott aus einem Ja machen kann.

Ich hatte eine Ladung Wäsche in der Waschmaschine und machte in der Küche sauber, während fröhliche Geräusche aus dem Kinderzimmer herüberdrangen. Da klingelte das Telefon.

»Hallo, Debbie, hier ist Ellen.« Die Sozialarbeiterin des Jugendamtes begrüßte mich wie üblich in einem freundlichen Tonfall. Mein Mann Al und ich waren seit vierzehn Jahren Pflegeeltern und kannten die Mitarbeiter des Jugendamtes so gut, dass wir uns mit den Vornamen anredeten.

»Ich weiß, Sie haben gerade zwei Brüder bei sich aufgenommen, die bald wieder nach Hause zurückkehren«, fuhr Ellen fort. »Könnten Sie vielleicht auch noch ein vier Tage altes Baby nehmen? Die Mutter liegt nach einem Kaiserschnitt im Krankenhaus und sie und ihr Kind wurden positiv auf Kokain getestet. Deshalb haben wir Ermittlungen angeordnet und müssen das Baby in der Zwischenzeit bei Pflegeeltern unterbringen.«

»Klar!«, antwortete ich und diese Zusage fiel mir nicht schwer.

Ich konnte es kaum erwarten, unserer zwölfjährigen Tochter Helen die Neuigkeit mitzuteilen. Helen liebte Babys und wir hatten schon lange keines mehr bei uns aufgenommen.

»Wunderbar! Wenn Sie ins Krankenhaus kommen, melden Sie sich bitte im Zimmer des Pflegepersonals im zweiten Stock.« Ellen kannte unsere Geschichte. Sie wusste, dass wir gern Säuglinge und Kleinkinder bei uns aufnahmen und auch bei Kindern, die Entwicklungsstörungen hatten, Erfolge aufweisen konnten. Alkohol- oder Drogenmissbrauch während der Schwangerschaft wirkte sich oft sehr negativ auf die betroffenen Kinder aus; sie hatten viele Probleme, die es zu überwinden galt. Drei meiner eigenen fünf Kinder wohnten noch zu Hause und folglich erhielten die kleinen Pflegekinder von verschiedenen Seiten viel Zuwendung. Genau wie Helen hatten auch die fünfzehnjährige Sadie und der zehnjährige Charles ein Herz für Kinder und waren sehr geschickt im Umgang mit ihnen. Ich war stolz darauf, wie liebevoll meine eigenen Kinder sich um die Pflegekinder kümmerten. (Elizabeth, unsere Älteste, studierte an der Texas A&M Universität und unser Sohn Jason war bei der amerikanischen Luftwaffe in Deutschland stationiert.)

Ein paar Stunden später, nachdem ich die Arbeiten im Haushalt erledigt hatte und wir alle zu Mittag gegessen hatten, fuhren Helen und ich nach Casper, eine Strecke von fünfundzwanzig Minuten.

Als wir das Krankenhaus erreichten, ging Helen schnurstracks zum Aufzug. Sobald die Türen sich öffneten, war sie drinnen. »Welches Stockwerk?«, fragte sie, während ihr Zeigefinger über den Knöpfen kreiste, bereit, sie alle zu drücken, wenn uns das schneller zu dem Baby bringen würde. Natürlich war auch ich freudig aufgeregt, aber ich machte mir auch einige Gedanken. Wie hatten sich die Drogen auf den Körper des Kindes ausgewirkt? Welche Hilfe würde es von uns brauchen?

Warum dauerte es so lange, bis der Aufzug im zweiten Stock ankam?

Endlich öffneten sich die Türen.

Eine Krankenschwester begrüßte uns am Empfangstresen. »Wir haben Sie schon erwartet. Folgen Sie mir bitte, damit ich

Ihnen alles mitgeben kann, was das Baby bei Ihnen zu Hause braucht.«

Auf der Säuglingsstation lag ein winziges Baby in einem Stubenwagen unter einer Wärmelampe. Es war in eine weiß und hellgrün gestreifte Decke eingewickelt. Helen quietschte vor Begeisterung, als sie im schwarz gelockten Haar des kleinen Mädchens eine rosa Schleife entdeckte. Sie führte einen kleinen Freudentanz auf und streichelte dem Baby dann sanft über die dunkle Stirn.

Die Pflegerin lachte. »Ihr dürft sie gleich mit nach Hause nehmen und so viel auf den Arm nehmen, wie ihr wollt. Sie braucht jede Menge Zuwendung.«

Dann reichte sie mir einen ganzen Stapel Entlassungspapiere und Anweisungen. Sie machte eine Kopie von meinem Führerschein, während ich schnell die Formulare ausfüllte.

»Die Kleine ist süß, aber ich muss Sie auch warnen«, meinte die Pflegerin schließlich in ernstem Tonfall. »Die Drogen werden sich noch einige Tage, vielleicht sogar Wochen auswirken.«

»Wie schwer sind die Symptome?«, fragte ich.

»Manchmal zittert und weint sie und lässt sich kaum trösten. Am besten ist es, wenn sie lernt, selbst damit klarzukommen. Wickeln Sie die Kleine fest in eine Decke ein und nehmen Sie sie auf den Arm. Wenn man sie hin und her schaukelt, ihr etwas vorsingt und mit ruhiger Stimme spricht, scheint sie das zu trösten.«

»Das schaffen wir schon«, versicherte ich.

Helen nickte ebenfalls, als würde sie persönlich die Verantwortung übernehmen, dass alle Anweisungen befolgt wurden. In diesem Moment kam eine andere Pflegerin herein.

»Die Mutter des Kindes würde Sie gern kennenlernen«, sagte sie zu mir.

»Dazu sind Sie nicht verpflichtet«, wandte die erste Pflegerin ein. »Wir können ihr auch alle Informationen geben, die sie haben möchte.«

»Nein«, erwiderte ich, »ich gehe zu ihr. Kann ich sie jetzt sehen?« Helen war überglücklich, dass sie solange bei dem Baby bleiben durfte.

Ich folgte der Pflegerin in ein Krankenzimmer und sah eine junge Frau mit dunklem, welligem Haar und dunkler Hautfarbe im Bett liegen, die eine Dose Mineralwasser trank.

Als sie mich sah, stellte die Frau die Dose aufs Tablett und versuchte sich aufzurichten. Sie biss die Zähne zusammen und schloss die Augen, während sie sich an der Rückenlehne des Bettes abstützte. Ich konnte ihr ansehen, dass sie noch Schmerzen von der Operation hatte.

Ich stand am Fußende des Bettes. »Hallo, mein Name ist Debra. Ich kümmere mich für eine Weile um Ihr Baby. Sie haben eine hübsche Tochter!«

»Danke«, sagte die Frau kurz angebunden, den Blick zur Seite gewandt. »Ich werde für ein paar Wochen bei meinen Eltern wohnen und möchte meine Muttermilch abpumpen und einfrieren. Wären Sie bereit vorbeizukommen und sie abzuholen?« Sie sah mich kurz an und wandte dann den Blick wieder ab. »Ich möchte unbedingt, dass sie meine Milch bekommt.«

Offensichtlich fiel es der Frau schwer, mich anzuschauen. Für sie war ich wahrscheinlich Teil des Systems, das ihr das Kind wegnahm – keine ungewöhnliche Reaktion einer leiblichen Mutter, wenn das Jugendamt sich entschied, das Kind zur Pflege wegzugeben. An ihrer Stelle hätte ich mich auch schrecklich gefühlt.

»Ich spreche mal mit der Sozialarbeiterin und frage sie, ob das in Ordnung ist«, sagte ich und lächelte in der Hoffnung, ihr klarzumachen, dass ich nicht ihre Feindin war. »Wie heißt Ihre Tochter denn?«

»Ally.« Ihre Wangen röteten sich leicht, als sie den Namen aussprach. Sie senkte den Kopf und ihre Verärgerung schien sich zu legen, während ihr die Tränen über die Wange liefen und auf die Bettdecke tropften.

Es ist schon schwer genug, mit all den Gefühlen klarzukommen, die eine Mutter nach der Geburt überwältigen. Und dann im Krankenhaus bleiben zu müssen, während das neugeborene Kind fremden Menschen übergeben wird, das muss noch schwerer sein.

»Und wie heißen Sie?«, fragte ich schließlich.

»Ähm ... Karen Bower«, antwortete sie.

»Schön, Sie kennenzulernen, Karen.« Die Pflegerin warf mir einen Blick zu und machte einen Schritt in Richtung Tür. Ich folgte ihr aus dem Zimmer zurück auf die Säuglingsstation, wo Helen dem Baby nicht von der Seite gewichen war.

»Also, packen wir zusammen und dann ab nach Hause mit euch beiden«, sagte ich mit einem Lächeln. Ich unterschrieb ein Formular auf einem Klemmbrett und die Pflegerin händigte mir meinen Führerschein wieder aus. Wir legten das Baby in den Autositz, den seine Mutter mit ins Krankenhaus gebracht hatte, und gingen zurück zum Aufzug.

Es war schon spät am Nachmittag, als wir den Parkplatz der Klinik verließen. Das Pflegepersonal hatte uns Säuglingsnahrung und eine Tüte mit Creme, Shampoo und Windelproben mitgegeben, aber Helen und ich machten noch bei einem Geschäft halt, in dem wir Strampler, Bodys und Windeln kauften.

Als wir nach Hause kamen, nahmen Sadie und Charles voller Begeisterung das Baby abwechselnd auf den Arm, während ich die Wiege aus dem Abstellraum holte und sie frisch bezog. So viele Babys hatten schon bequem in diesem Bett geschlafen. Nun war Ally dran.

* * *

Al und ich hatten unsere Aufgabe als Pflegeeltern stets gemeinsam erfüllt. Die damit verbundenen Freuden hatten wir genossen und die Herausforderungen bewältigt. Als Ally zu uns kam, hatten wir zuvor schon über 140 Kinder betreut, manche nur für eine Nacht, andere für Wochen oder Monate, einige wenige waren mehrere Jahre bei uns gewesen.

1982 haben wir das erste Mal Pflegekinder bei uns aufgenommen. Damals waren wir drei Jahre verheiratet und bildeten eine Patchworkfamilie mit drei Kindern. (Unsere beiden anderen Kinder wurden in den nächsten Jahren geboren.) Eine Beziehung zu Gott hatte keiner von uns. Al war in einer katholischen Umgebung aufgewachsen, seine Mutter war katholisch und sein Vater evangelisch-lutherisch. Zur Kirche ging seine Familie nur selten. Ich gehörte zur presbyterianischen Kirche und besuchte als Kind häufig den Gottesdienst. Als ich älter wurde, ging meine Familie jedoch nicht mehr so regelmäßig dorthin. Ich habe meine Familie oft als »Kirchgänger mit problematischem Hintergrund« bezeichnet. Meine Eltern ließen sich scheiden, als ich acht war. Von da an gingen wir nur noch unregelmäßig zur Kirche.

Als Al und ich uns kennenlernten und heirateten, besuchten wir gelegentlich eine in der Nähe gelegene Kirche, meist zu bestimmten Anlässen wie Hochzeiten oder Beerdigungen und zu besonderen Feiertagen wie Weihnachten und Ostern. Ein wöchentliches Ereignis war unser Kirchenbesuch jedoch keinesfalls. Allerdings beteten wir mit unseren Kindern zu Tisch und beim Schlafengehen. 1980 wollte ich mich gern in der Lebensrechtsbewegung engagieren. Weil jedoch die Gemeinde, zu der wir gehörten, meine Ansichten nicht teilte, schickte ich Briefe an andere Gemeinden in unserer Umgebung, um herauszufinden, wer sich für das Lebensrecht Ungeborener einsetzte. Die einzige Gemeinde, die auf meine Anfrage antwortete, war eine kleine baptistische Gemeinde. Ich entschied mich, mit den Kindern gelegentlich dorthin zu gehen; Al kam jedoch nicht mit.

* * *

Eines Abends sahen Al und ich im Lokalfernsehen einen Werbespot, in dem unsere Stadtverwaltung dringend nach Familien suchte, die bereit waren, Kinder bei sich aufzunehmen – solche, die von ihren Eltern misshandelt oder vernachlässigt worden waren. Wir sahen uns an und waren uns sofort einig: Wir hatten ein schönes Zuhause, genug zu essen und Freiraum in unserem Herzen. All das wollten wir mit diesen Kindern teilen. Am nächsten Tag fuhr ich zu unserem Jugendamt und füllte einen Bewerbungsbogen für Pflegeeltern aus. Nach intensiven Gesprächen und einer Überprüfung unseres Zuhauses durfte unser erstes Pflegekind, ein kleiner Junge, bei uns einziehen.

In der ersten Zeit als Pflegeeltern sahen wir die Eltern, den jeweiligen Vormund und die Familienmitglieder, die eigentlich für diese unschuldigen Kinder verantwortlich waren, sehr kritisch und betrachteten uns zumindest punktuell als die Retter dieser vernachlässigten und misshandelten Kinder. Wir dachten nicht über die Hintergründe dieser Misshandlungen nach. Wir nahmen einfach an, dass die Erwachsenen eben drogen- oder alkoholabhängig waren oder früher selbst misshandelt worden waren und deshalb jetzt mit ihren Kindern genauso umgingen, wie man mit ihnen umgegangen war. Oder sie hatten ein Problem mit ihrer Aggressivität, das nie behandelt worden war. In unseren Augen waren solche Eltern einfach böse, sie hatten kein Gewissen und kannten keine Grenzen. Natürlich war das eine sehr vereinfachte Perspektive und obwohl wir nicht verstanden, was Menschen dazu brachte, solche Entscheidungen zu treffen, setzten wir uns doch mit ganzer Leidenschaft ein, um den Kindern zu helfen, die unter ihren Eltern litten oder von ihnen nicht versorgt wurden.

Eines unserer ersten Pflegekinder war ein fünf Tage alter Säugling. Der kleine Junge war an einem heißen Tag von seiner Mutter im Auto zurückgelassen worden, die sich mit Drogen aus dem Staub gemacht hatte. Sie wurde gefunden und verhaftet, doch die Polizei wusste nichts von dem Kind, bis der Freund der Mutter auftauchte, um eine Kaution für sie zu bezahlen. Der Säugling überlebte nur knapp und musste einen Monat im Krankenhaus bleiben, bevor wir ihn zu uns nach Hause holen durften.

Ein anderes Baby hatte aufgrund von Misshandlungen Schädelfrakturen erlitten. Manche Kinder wurden mit Zigaretten verbrannt oder verprügelt, sodass ihre kleinen Körper blaue Flecken oder sogar bleibende Narben davontrugen. Wenn unsere Kinder sahen, wie diese kleinen, hilflosen Wesen misshandelt worden waren, waren sie empört darüber. Sie äußerten das, was wir selbst auch dachten. Ihre Reaktionen reichten von: »Wer so was tut, gehört für den Rest seines Lebens eingesperrt« bis hin zu: »Man sollte diese Leute auch mal mit Zigaretten verbrennen oder gleich erschießen«. In ihren Gedanken gab es nicht viel Gnade oder Vergebung für diese Menschen. Al und ich dachten besonders in den ersten Jahren ganz ähnlich.

Doch nach vier Jahren veränderte sich unser Leben auf dramatische Weise. Al hatte ein massives Alkoholproblem und ich merkte, dass ich damit völlig überfordert war. Wir erlebten, wie unsere Ehe zerbrach, und fürchteten schon, dass die Scheidung der einzige Ausweg war. Al beschloss, sich in einer Klinik in Behandlung zu begeben, und ich merkte kurz danach, dass ich schwanger war.

Eines Sonntags, als Al noch in der Klinik war, ging ich mit unseren Kindern in den Gottesdienst und hörte eine Predigt über 5. Mose 5, wo es um »die Sünden der Eltern« geht. Gott gebrauchte diese Predigt, um mich dazu zu bewegen, dass ich auf die Knie ging und um Rettung bat. Denn ich hatte erkannt, wie die Sünden meiner Eltern, Großeltern und vergangener Generationen mein Leben beeinflusst hatten. Es ging dabei um Bitterkeit, mangelnde Vergebungsbereitschaft, Lust, Habgier und vieles mehr. Ich sah mit ganz neuen Augen, dass es diese Sünden auch in meinem Leben gab und dass Al und ich sie an die nächste Generation weitergaben, wenn dieser Kreislauf nicht unterbrochen wurde. Das Opfer Jesu durchbrach diesen Automatismus; wenn ich meine Sünden bekannte, dann würde er mich »von allem Bösen reinigen« (1. Johannes 1,9). Ich entschied mich für Jesus und betete, dass die Sünden und Belastungen meines Lebens weggenommen und durch sein Blut vergeben und gereinigt würden.

Ohne dass ich es wusste, fand Al während seiner Behandlung seinen ganz eigenen Weg zum Glauben. Als wir beide uns über das austauschten, was wir erfahren hatten, beschlossen wir, Gott zu vertrauen. Er konnte in uns neues Leben schaffen und unsere Ehe erneuern. Nach der Geburt von Charles gaben Al und ich bei einem Familientreffen vor allen Anwesenden unsere Entscheidung für Jesus bekannt. Seit seiner Entziehungskur hat Al keinen Alkohol mehr angerührt und lebt sein Leben für Christus. Seitdem hat Gott uns in viele herausfordernde Situationen geführt, durch die unser Glaube gewachsen ist, und er hat uns in seinen Dienst berufen.

Als wir den Zusammenhang von Sünde, Sündenbekenntnis, Vergebung und geistlichem Wachstum verstanden hatten, erkannten wir, dass wir nicht nur für das seelische und physische

Wohl unserer Kinder und Pflegekinder verantwortlich waren, sondern auch für das geistliche. Das veränderte einfach alles. Es war unsere Aufgabe, diesen Kindern die Wahrheit zu vermitteln, die auch sie und vielleicht sogar ihre Familien frei machen konnte. Wir konnten unseren Teil dazu beitragen, dass andere Menschen mit Christus in Berührung kamen, egal wie viel oder wie wenig Zeit wir mit jedem einzelnen Kind verbrachten. Wir waren dazu aufgerufen, auf jede erdenkliche Weise von der Hoffnung in Christus weiterzuerzählen. Daraufhin wurde der Gottesdienstbesuch am Sonntag für uns als Familie zur Regel, das Gebet nahm in unserem Alltag eine zentrale Stelle ein und wir lasen unseren Kindern regelmäßig Geschichten aus der Bibel vor.

Darüber hinaus erkannten wir, dass wir die Liebe Gottes auch an die Menschen weitergeben sollten, die in unseren Augen alles andere als liebenswürdig erschienen – an Eltern, die ihre Kinder misshandelten und vernachlässigten. Aber wie sollte ich es schaffen, diese Eltern zu lieben? Ich musste akzeptieren, dass ich ihnen nicht überlegen war – dass wir alle vor Gott Sünder sind. Ich wusste es nicht, aber ich setzte alles daran, dass Gott dieses Wunder in mir bewirken konnte. Und mir war auch klar, dass wirklich ein Wunder nötig war, um in meinem Herzen diese Liebe, Vergebungsbereitschaft und Gnade zu spüren.

Ich kam auf diesem Weg einen riesigen Schritt voran, als ich eine Bibelarbeit für das Zentrum für Schwangerschaftskonfliktberatung vorbereitete. Ich wollte einigen unserer Klientinnen helfen, mit dem sexuellen Missbrauch, den sie erlitten hatten, fertigzuwerden. Ich selbst war in jungen Jahren ebenfalls Missbrauchsopfer geworden und wünschte mir, dass Gottes Wahrheit mich verwandelte. Während ich diese Bibelarbeit vorbereitete, zeigte Gott mir, dass er es ist, der die Antworten hat, und es ohne ihn kein echtes Verstehen und keine Hoffnung auf Heilung gibt. Diese Bibelarbeit zum Thema »Heimliche Sünden« wurde im Selbstverlag gedruckt und von verschiedenen Organisationen in der Beratung Betroffener verwendet.

Als Al und ich unsere persönliche Begegnung mit Jesus hatten und mit seiner Vergebung und der Bibel in Berührung kamen, wollten wir uns gegenseitig dazu ermutigen, auch gegenüber den Eltern, die ihre Kinder misshandelten, ein vergebendes Herz zu haben. Durch unsere Bekehrung veränderte sich aber unsere natürliche Reaktion der Wut und des Wunsches nach Vergeltung nicht von heute auf morgen. Es blieb ein Kampf.

Natürlich wurde es für uns dadurch auch nicht einfacher zu ertragen, dass Kinder von ihren eigenen Eltern verletzt wurden, und wir waren jedes Mal innerlich aufgewühlt, wenn ein Kind wieder nach Hause geschickt wurde, weil die Mutter oder der Vater alle gerichtlichen Auflagen erfüllt hatte. Besonders tragisch war, dass sexuell missbrauchte Kinder häufig zu einem Elternteil zurückgeschickt wurden. Das hatte sie zwar nicht selbst missbraucht, würde die Kinder aber wahrscheinlich nicht vor dem nächsten Missbrauchsversuch schützen. Irgendwann mussten wir schließlich erkennen, dass wir das fehlerhafte System nicht verändern konnten, sondern dazu berufen waren, im Leben dieser Kinder und Eltern so lange zu wirken, wie Gott es uns erlaubte. Wir durften liebevoll für sie sorgen und sie mit einem anderen Lebensstil vertraut machen. Wir lernten, unseren Kindern zu erklären, dass solche Dinge in der Welt geschehen und wir nur den Part übernehmen können, zu dem wir berufen sind.

Erst viel später sollte ich erfahren, dass Gott auch das Unmögliche Wirklichkeit werden lassen kann, wenn er uns zu einer scheinbar unmöglichen Aufgabe beruft.

* * *

Die nächsten vierundzwanzig Stunden mit unserem neuen kleinen Gast vergingen wie im Flug. Wenn Ally wach war, hatte immer irgendjemand sie auf dem Arm.

Glücklicherweise zeigte sie keine Anzeichen einer Entwicklungsstörung. Vom ersten Tag an war sie aktiv und reagierte auf jede Zuwendung. Allerdings hatte sie Entzugserscheinungen, die mehrmals auftraten. Dann riss sie die Augen auf, schlug mit ihren kleinen Armen um sich, so als hätte sie vor etwas Angst, und fing an zu weinen. Manchmal zitterte sie und schüttelte sich, was weitere Tränen hervorrief. Wir taten unser Bestes, um sie zu beruhigen, legten ihr eine Wärmflasche auf den Bauch, trugen sie herum oder sangen ihr etwas vor. Das mochte sie besonders gern. Beim Singen schaute sie mich an und spitzte die Lippen, als wollte sie mitsingen.

Einen Tag nachdem wir Ally zu uns in unser bescheidenes Landhaus in der Goose Egg Road geholt hatten, bekam ich einen weiteren Anruf von Ellen.

»Das Baby, um das Sie sich kümmern, hat Geschwister, die ebenfalls Pflegeeltern brauchen. Die Eltern der Mutter haben schon das älteste Kind bei sich aufgenommen, aber sie können nicht alle Kinder nehmen.«

»Wie viele sind es denn?«, fragte ich. Ich hatte vier Betten für Pflegekinder, denn die beiden kleinen Brüder, um die wir uns gekümmert hatten, waren wieder zu ihrer Mutter zurückgekehrt.

»Vier«, antwortete Ellen. »Ein sechsjähriger Junge, zwei Mädchen, vier und fünf Jahre alt, und noch ein Junge, drei Jahre alt. Wenn Sie dazu bereit sind, dann könnten die Kinder im Lauf der nächsten Woche zu Ihnen kommen. Sie leben im Moment verstreut bei verschiedenen Familienangehörigen. Können Sie alle vier bei sich aufnehmen?«

Ich wusste, dass ich mich mit Al nicht abstimmen musste, weil er mit meiner Antwort einverstanden sein würde. Schon vor längerer Zeit waren wir übereingekommen, dass unsere Tür immer für weitere Kinder offen stand, solange wir freie Betten hatten.

»Auf jeden Fall! Bringen Sie sie alle her!«

Wieder ein scheinbar einfaches Ja.

Kapitel 2

Das Zuhause in der Goose Egg Road

Unser Wohnzimmer war von fröhlichem Gelächter erfüllt, als die Bower-Kinder innerhalb einer Woche wieder vereint waren und sich in die Arme fielen. Andrew, drei Jahre alt, kam als Erster, gefolgt von Kyle (sechs) und Kyra (fünf). Am 30. Juni schließlich wurde die Familie durch die Ankunft von Hannah, vier Jahre alt, vervollständigt.

Als wir das fröhliche Wiedersehen mit Hannah beobachteten, sahen Al und ich uns an. Wir beide wussten: Es waren Momente wie diese, die die Aufnahme von Geschwistergruppen zu einem erfüllenden Erlebnis machten. Die Kinder waren außer sich vor Freude, dass sie wieder alle zusammen sein konnten. Doch nun kam der krönende Augenblick. Ich ging ins Schlafzimmer, holte das schlafende Baby und brachte es ins Wohnzimmer.

»Das ist eure neue kleine Schwester«, flüsterte ich Hannah zu und kniete mich hin, damit sie die Kleine besser sehen konnte. »Sie heißt Ally.« Hannahs Augen leuchteten. Staunend streichelte sie die winzige Hand ihrer kleinen Schwester.

Es war immer unsere oberste Priorität, dass wir unsere Pflegekinder herzlich willkommen hießen und ihnen das Gefühl der Zugehörigkeit vermittelten, wenn wir sie zu uns nach Hause brachten. Die Bower-Kinder bildeten hier keine Ausnahme. So wie wir es mit ihren Geschwistern ein paar Tage zuvor gemacht hatten, zeigten wir nun auch Hannah ihr neues Zimmer – einen gemütlichen Raum im Erdgeschoss, den wir »das kleine Zimmer« nannten und in dem vier Kinderbetten standen. Andrew erklärte Hannah, welches Bett wem gehörte, und hopste in nullkommanichts auf seinem eigenen Bett herum, das in der Ecke stand, sodass wir ihn bremsen mussten. Glücklicherweise ließ er sich durch die Ankündigung von Keksen dazu verlocken, mit uns allen in die Küche zu kommen.

Unsere eigenen drei Kinder, die noch zu Hause wohnten – Sadie, Helen und Charles – kannten diese Abläufe schon. Sie wussten, es ging jetzt darum, dass die neuen Pflegekinder sich wohlfühlten. Ally wurde durch den Trubel im Raum wach und so machte Helen ihr ein Fläschchen und fütterte sie, während wir anderen plauderten und Schokoladenkekse knabberten.

Am Abend, als alle im Bett lagen, ging ich wie gewöhnlich von Kind zu Kind, um mit ihnen zu beten. Hannah kam erst zum Schluss an die Reihe, damit sie zusehen konnte, wie ich mit all ihren Geschwistern betete. Schließlich kniete ich neben ihrem Bett nieder. »Hannah, bei uns zu Hause beten wir und ich würde jetzt gern auch für dich beten. Ist das in Ordnung?«

Sie nickte.

»Lieber Gott, danke, dass du Hannah zu uns nach Hause gebracht hast, damit wir ihr deine Liebe zeigen können. Hilf ihrer Mama, dass sie dich auch kennenlernt, damit sie für ihre Kinder die allerbeste Mama sein kann. Wir lieben dich, Herr. Amen.«

Als ich das Gebet beendet hatte, gab ich Hannah einen Kuss auf die Stirn, so wie ich es auch bei ihren Geschwistern getan hatte. Später am Abend tat ich dasselbe auch für unsere eigenen Kinder und legte mich dann selbst auch hin.

Bevor ich einschlief, betete ich still und dankte Gott, dass er die Bower-Kinder zu uns gebracht hatte. Ich bat ihn, dass sie durch uns seine Liebe erfuhren. Das erinnerte mich an Brandon, einen kleinen Jungen, den wir mehrere Jahre zuvor bei uns aufgenommen hatten.

* * *

Als die Sozialarbeiterin uns das erste Mal wegen Brandon anrief, erklärte sie, dass er zwar erst fünf sei, aber schon in mehreren Heimen gewesen war, weil seine Mutter nicht mit ihm klarkam.

»Im Moment nimmt er drei Medikamente ein. Wir arbeiten mit einem Therapeuten und einem Arzt hier vor Ort zusammen und versuchen, seine Medikamente so einzustellen, dass er wieder nach Hause kann. Wären Sie bereit, ihn solange bei sich aufzunehmen?«

»Natürlich. Bringen Sie ihn her und wir werden sehen, was wir tun können«, antwortete ich.

Brandon sah aus, als sei er direkt aus einem Märchenbuch entsprungen. Er hatte kurzes blondes Haar, das sauber gescheitelt war, und auf seiner süßen kleinen Nase prangten Sommersprossen.

»Eines sollten Sie noch über Brandon wissen«, sagte die Sozialarbeiterin, bevor sie wieder ging. »Er will nicht, dass ihn jemand anfasst. Sie dürfen dieses Kind also nicht berühren.«

Brandon hatte gelernt, sich selbst die Haare zu kämmen, nachdem sie gescheitelt worden waren. Als ich ihm das erste Mal einen Scheitel zog, war ich extrem vorsichtig, ihn ja nicht mit den Händen zu streifen. Als ich ihn ein paarmal versehentlich berührte, wich er heftig vor mir zurück.

Zu jener Zeit hatten wir zwei Mädchen in Pflege, die in dem »kleinen Zimmer« im Erdgeschoss wohnten. Darum stellten wir Brandons Bett ins obere Stockwerk in das Zimmer von Charles, wo wir noch zwei weitere kleine Jungen untergebracht hatten. Wir mussten die Möbel ein wenig umstellen, damit Brandon in sein Bett klettern konnte. Er weigerte sich jedoch, sich ins Bett zu legen, wenn es nicht in der Mitte des Raumes stand, weit entfernt von den anderen.

An Brandons erstem Abend sah er mir dabei zu, wie ich die anderen Jungs nacheinander zudeckte, neben ihrem Bett niederkniete, ihnen die Hand auf Stirn, Brust oder Arm legte und für sie betete. Dann gab ich ihnen jeweils einen Kuss auf die Stirn, bevor ich zum nächsten Kind ging. Brandon beobachtete jede meiner Bewegungen ganz genau, mit äußerst besorgter Miene, wie ich feststellen musste. Als ich für alle anderen gebetet hatte, trat ich an Brandons Bett. Während ich ihn zudeckte, hob er die Arme und legte sie dann ganz steif links und rechts von sich auf die Bettdecke. Dabei sah er mich mit einem forschenden Blick an.

»Brandon, bei uns zu Hause beten wir«, erklärte ich ihm in einem fast flüsternden Tonfall. Ich hatte mich nicht neben sein Bett gekniet, sondern war stehen geblieben. »Ist es in Ordnung, wenn ich auch für dich bete? Ich werde dich dabei nicht berühren.«

Er sah mich schweigend an. Ich hielt meine Hand in weitem Abstand über seine Brust und schloss die Augen. »Lieber Jesus, danke, dass du Brandon zu uns gebracht hast. Danke, dass er hier sicher ist. Hilf ihm, keine Angst zu haben, und lass ihn wissen, dass du ihn liebst. Schenke ihm heute Nacht schöne Träume. Amen.«

Als ich die Augen wieder öffnete, standen seine weit offen und er sah mich intensiv an. »Gute Nacht, Brandon.« So gern ich ihm auch einen Kuss auf die Stirn gegeben hätte, ließ ich es doch lieber sein, lächelte ihm nur zu und verließ das Zimmer.

Ich hatte keine Ahnung, was Brandon in seinen ersten fünf Jahren erlebt hatte. Ich konnte ihn nur der Liebe Gottes anbefehlen und darauf vertrauen, dass mein Vater im Himmel mir half, diesen kleinen Jungen so zu lieben, wie er es tat. Abend für Abend wiederholte ich dasselbe Ritual und Brandon beobachtete jede meiner Bewegungen.

Nach einer gewissen Zeit beschloss ich, mich neben sein Bett zu knien, aber immer noch Abstand zu ihm zu halten. »Du hast ja gesehen, wie ich die anderen Kinder berühre, wenn ich für sie bete«, begann ich. »Das tue ich, weil ich gern möchte, dass sie meine Liebe und die Liebe von Jesus spüren können. Ich werde dich nicht berühren, sondern nur meine Hand hier über dich halten.«

Ich hielt meine Hand etwa dreißig Zentimeter über seine Brust. »Ist das so in Ordnung?«, fragte ich ihn und er nickte.

Doch eines Abends, als ich wieder mit geschlossenen Augen betete und meine Hand so ungefähr zehn Zentimeter über seiner Brust schwebte, spürte ich plötzlich seine Hand auf meiner. Er drückte meine Hand sanft nach unten, bis sie auf seiner Brust ruhte. Die Tränen schossen mir in die Augen, aber ich versuchte mich zu beherrschen und mit ruhiger Stimme weiterzusprechen. Ich konnte spüren, wie sein kleines Herz schlug, als ich sagte: »Bitte, Herr, rühre du Brandons Herz an. Lass ihn erkennen, wie sehr du ihn liebst.«

Ich machte die Augen auf und sagte: »Amen.« Brandon sah mich direkt an, dabei lag seine Hand immer noch auf meiner. Eine Weile schauten wir uns gegenseitig an und dann tätschelte ich seine Hand mit meiner anderen Hand. »Gute Nacht, Brandon.«

Am liebsten hätte ich getanzt, gesungen und alle im Haus aufgeweckt, um ihnen diesen atemberaubenden Durchbruch zu verkünden, doch ich musste meinen Jubel für mich behalten und schlüpfte leise aus dem Zimmer.

Am nächsten Abend kniete ich neben Brandons Bett nieder und hielt meine Hand wieder nur ein paar Zentimeter über seine Brust. Dieses Mal legte er seine Hand auf meine, noch bevor ich die Augen geschlossen hatte; er drückte sie auf seine Brust und ließ seine Hand auf meiner liegen, während ich betete. So ging es noch ein paar Abende weiter.

Und schließlich, am Ende der Woche, als ich meine Hand sanft unter seiner hervorzog, tippte sich Brandon plötzlich auf die Stirn und sah mich erwartungsvoll an. Zuerst verstand ich nicht, was er wollte.

»Was ist, Brandon?«

Wieder tippte er sich an die Stirn und meine Augen füllten sich mit Tränen. *Er will, dass ich ihm einen Kuss gebe.*

»Erlaubst du mir, dass ich dich auf die Stirn küsse?«, fragte ich.

Er nickte und ich folgte seiner Bitte. Von nun an endete jedes Abendgebet in all den Monaten, in denen Brandon bei uns lebte, damit, dass ich dem Jungen, den niemand berühren durfte, einen Gutenachtkuss auf die Stirn gab.

Für unsere Kinder und unsere Pflegekinder zu beten, war schon immer eine große Verantwortung und eine große Ehre für mich gewesen, doch Brandon lehrte mich, dass dies auch ein großer Vertrauensbeweis seitens der Kinder war.

Herr, betete ich still, während ich in den Armen meines Mannes lag und an Brandon dachte, *gebrauche unsere Familie und zeig doch bitte Kyle, Kyra, Hannah, Andrew und Ally deine Liebe. Lass sie erkennen, dass sie zutiefst geliebt sind.*

* * *

Der Juli war ein wunderbarer Monat für die Bower-Kinder, um sich bei uns einzuleben. Die Sommerferien hatten begonnen und so standen Helen, Sadie und Charles zur Verfügung, um mir mit den Kleinen zu helfen. Im Lauf der Jahre hatten wir herausgefunden, dass es unseren Pflegekindern enorm half, sich als Teil unserer Familie zu fühlen, wenn sie je nach Alter und Fähigkeiten etwas zum Familienleben beitragen konnten, indem sie kleine Aufgaben übernahmen.

Meine eigenen Kinder brachten ihnen bei, wie bestimmte Arbeiten erledigt werden mussten. Alle Kinder machten morgens ihre Betten und räumten die Zimmer auf. Bald schon hatten sie auch gelernt, dass es zur täglichen Morgenroutine gehört, sich die Zähne zu putzen, die Haare zu kämmen und sich anzuziehen. Kyra und Hannah halfen unseren Töchtern Helen und Sadie dabei, die Schmutzwäsche aus den Zimmern zu holen und die Kleidungsstücke nach der Wäsche zusammengelegt wieder zurückzubringen und sie dem jeweiligen Kind aufs Bett zu legen. Kyle und Andrew leerten gemeinsam mit Charles im ganzen Haus die Mülleimer, fegten die Garage und die Terrasse und saugten das Haus. Der dreijährige Andrew liebte das Staubsaugen. Sein Gesicht leuchtete stolz, während er das Gerät hin- und herschob. Er kam zwar nicht sehr weit, aber den kleinen Bereich, der ihm zugeteilt war, machte er gut sauber. Nach den Mahlzeiten räumten die Kinder den Tisch ab und Helen und Sadie halfen mir, die Küche wieder in Ordnung zu bringen.

Jede Woche verteilte ich die Aufgaben etwas anders, damit alle Kinder lernten, was zu tun war, wenn man sein Haus sauber und ordentlich halten wollte. Weil alle die ganze Woche über mithalfen, ging der Hausputz am Samstagmorgen nach dem Familienfrühstück recht schnell vonstatten. Am Ende der Woche erhielt jedes Kind für die getane Arbeit ein kleines Taschengeld. Ich konnte es den Bower-Kindern ansehen, wie stolz sie waren, als ich ihnen das erste Mal die »Belohnung« für ihren Fleiß aushändigte.

Danach hatten sie ganz offensichtlich noch mehr Freude an

ihren Aufgaben. Es stärkte ihr Selbstbewusstsein, dass sie genau wie alle anderen in der Familie etwas zu erledigen hatten. So gingen wir im Lauf der Jahre mit allen unseren Pflegekindern um, sofern sie nicht zu klein waren, um ihren Teil beizusteuern. Für viele war unser Zuhause das erste, das sie kannten, in dem alle, Erwachsene und Kinder, Pflichten übernahmen und lernten, Verantwortung für sich selbst zu übernehmen.

Al und ich erklärten ihnen, dass unser Beruf, den wir außerhalb des Hauses ausübten, auch ein Teil unserer Aufgaben als Erwachsene war. Al arbeitete viele Stunden in einem Veranstaltungszentrum in Casper, wo er für das Catering verantwortlich war. Ich war an mehreren Tagen in der Woche in einer christlichen Schwangerschaftskonfliktberatung für Frauen tätig. Seit fast zehn Jahren leitete ich dieses Zentrum schon, das ich ein Jahr, nachdem ich Christin geworden war, gegründet hatte.

Außerdem half ich ehrenamtlich als Laienseelsorgerin in einer Vollzugsanstalt unseres Bezirks mit, die knapp zwanzig Kilometer von unserem Zuhause entfernt war. Ich stand dort nicht nur für Gespräche zur Verfügung, die von den Insassen gewünscht wurden, sondern hielt auch alle zwei Wochen eine Bibelstunde für die Strafgefangenen, bevor sie zur Arbeit gingen. Mehrmals im Jahr fuhr ich außerdem zu einer Strafanstalt für Frauen in Lusk, die etwa 160 Kilometer entfernt war, und hielt dort Vorträge. Gott hatte mir ein Herz für Strafgefangene geschenkt.

Bei allen Mahlzeiten – ob zu Hause oder im Restaurant – fasste unsere Familie sich an den Händen und dankte dem Herrn für alles Gute und das Essen, das er uns geschenkt hatte. Nach den ersten Wochen bei uns zu Hause war es Andrew, der das »Beddn« übernehmen wollte, sooft er die Gelegenheit dazu bekam. Er war auch immer der Erste, der denen, die neben ihm saßen, die Hände reichte. Dann lächelte er stets und sagte: »Lasst uns beddn.«

Ich kaufte Sommerkleidchen für Hannah und Kyra und schicke Hemden für die Jungs, die sie sonntags zum Gottesdienst tragen konnten. Ein paar Sonntage blieben sie mit uns im Hauptgottesdienst sitzen, bis sie bereit waren, in den

Kindergottesdienst zu gehen. In unserer Gemeinde wurde man immer mit einer freundlichen Umarmung begrüßt und die Kinder reagierten dankbar auf die Wärme und Zuneigung, die sie dort empfingen.

Den Sommer über gingen wir oft mit den Kindern ins Schwimmbad, machten Picknicks auf dem Casper Mountain, grillten in unserem Garten oder sie liefen durch den Rasensprenger. Abends sahen wir zusammen fern und vertilgten jede Menge Popcorn. Die Kinder quietschten vor Vergnügen, als das Feuerwerk zum Unabhängigkeitstag am 4. Juli den ganzen Himmel über unserer Stadt erleuchtete und wir uns gemeinsam den jährlichen Festumzug von Casper ansahen. Die Straßen waren gesperrt und die meisten Geschäfte blieben an jenem Tag bis mittags geschlossen. Die Einwohner von Casper säumten die malerischen Straßen der Innenstadt.

Nach der Parade fanden in Casper wie jedes Jahr der Jahrmarkt und das Rodeo von Zentralwyoming statt. Die Bower-Kinder waren noch nie zuvor auf dem Jahrmarkt gewesen und sie freuten sich unbändig darüber, dass wir jeden Tag dorthin gingen. Sie genossen das Karussellfahren und aßen Zuckerwatte, sie lachten und jubelten den Cowboys zu, die auf Bullen und Pferden Rodeo ritten, und den Cowgirls, die beim Tonnenreiten in der Arena gegeneinander antraten. Ich selbst war auch mit großer Begeisterung dabei.

Eines Morgens, als die meisten von uns noch am Frühstückstisch saßen, kam Kyle in die Küche gelaufen und rief: »Da draußen stehen riesige Pferde in unserem Vorgarten!« Sofort rasten alle aus der Küche zur Haustür.

Das müssen wohl wieder die Percherons sein.

Tatsächlich hatten es die beiden Kaltblüter unserer Nachbarn wieder einmal geschafft, aus dem Stall auszubrechen und auf unser Grundstück zu kommen. Während ich die Nachbarn anrief, schlichen sich die Bower-Kinder nach draußen, um die beeindruckenden Tiere aus der Nähe zu betrachten. Helen sorgte dafür, dass alle genügend Abstand hielten und nur ganz leise redeten.

Charles dachte sich gern fantasiereiche Spiele im Freien aus

– Verstecken, Räuber und Gendarm, Cowboy und Indianer – und führte die kleine Truppe auf unserem vier Hektar großen Grundstück bei allerlei Expeditionen an. Beim Mittagessen unterhielten uns die Kinder mit ihren Berichten über Tiere, die sie entdeckt hatten: schwebende Adler und grasende Hirsche und Antilopen. Abends saßen wir im Garten, schauten uns den Sternenhimmel an und lauschten auf das Heulen der Kojoten. Ich freute mich, dass die Kinder das Leben auf dem Land so spannend fanden und darüber staunten.

* * *

Wie bei den meisten unserer Pflegekinder benahmen sich die Bower-Kinder in den ersten Wochen vorbildlich, doch dann begann die Zeit, in der sie ihre Grenzen austesteten. Allerdings war ihr Verhalten nicht ungewöhnlich. Sie zankten sich um Spielsachen, gelegentlich wurde jemand aufbrausend oder warf einem anderen Kind eine Gemeinheit an den Kopf – doch unsere jahrelange Erfahrung hatte uns gelehrt, solche Dinge gelassen hinzunehmen. Wir blieben ruhig, korrigierten das unerwünschte Verhalten sofort und machten deutlich, was bei uns zu Hause okay war und was nicht. Dann kehrten wir wieder zur Tagesordnung zurück und hofften das Beste. Die eigene Erfahrung war uns ein guter Lehrmeister gewesen und unsere eigenen Kinder standen uns bei all diesen Bemühungen stets zur Seite.

In all den Jahren hatten wir es auch immer wieder mit sehr problematischen Kindern zu tun gehabt, deren Verhalten teilweise sehr gestört war. Im Vergleich dazu waren die Bower-Kinder als Geschwistergruppe sehr kooperativ und passten sich gut an.

Es war auch sehr hilfreich, dass die Bowers alle jünger waren als unsere eigenen Kinder. In unserer Anfangszeit als Pflegeeltern hatten wir auch Kinder bei uns aufgenommen, die älter waren, sogar Teenager. Doch wir mussten die schwierige Erfahrung machen, dass es für unser Familienleben nicht förderlich war, wenn diese älteren Kinder einen negativen Einfluss auf unsere

Kinder hatten. In einem Sommer hatten wir fünf Mädchen im Teenageralter bei uns aufgenommen. Eines davon machte uns ständig Probleme und wurde von unseren Kindern und von den anderen vier Teenagern deswegen ausgegrenzt. Keiner mochte dieses Mädchen besonders. Al und ich hielten es für eine gute Idee, sie alle für eine Woche auf eine christliche Freizeit zu schicken. Wir sagten ihnen, dass sie sich dort gut benehmen müssten; wenn eine von ihnen aufgrund ihres Fehlverhaltens nach Hause geschickt würde, dann müsste sie anschließend in eine andere Pflegefamilie. Wir dachten, dass dies für die anderen vier eine ernste Warnung sei. Doch anscheinend war das keine unserer klügsten Entscheidungen. Tatsächlich wurde eines der Mädchen nach Hause geschickt, allerdings nicht das problematische. Traurig mussten wir mit ansehen, wie es unser Zuhause wieder verließ.

Ein anderes Mal hatten wir ein Mädchen im Teeniealter für mehrere Jahre bei uns aufgenommen und eine enge Beziehung zu ihm aufgebaut. Eines Tages aber lief es mit Freunden aus der Highschool weg und tauchte in einem anderen Bundesstaat wieder auf. Wir waren am Boden zerstört. Unsere Kinder waren tief verletzt und wir alle fühlten uns abgewiesen von dem Mädchen, das wir geliebt hatten und von dem wir gedacht hatten, dass es sich bei uns wohlfühlte. Wieder ein anderes Mal kletterten mehrere Mädchen im Teenageralter eines Nachts aus dem Fenster und trafen sich mit Jungen. Als sie um zwei Uhr morgens von der Polizei nach Hause gebracht wurden, erklärten sie uns, auf unserer Liste mit Verhaltensregeln hätte ja nicht draufgestanden, dass sie so etwas nicht tun durften.

Manche ältere Kinder fügten sich gut in unsere Familie ein und andere nicht und so mussten wir eine Entscheidung treffen, wie viel wir unserer Familie zumuten wollten. Schmerz und Enttäuschung sind ein ganz realer Bestandteil des Lebens als Pflegeeltern. Wir lernten, dass die Liebe mal nachsichtig und mal konsequent sein muss. Doch diese Konsequenzen wirken sich auf die ganze Familie aus, nicht nur auf diejenigen, die diese Strafe trifft. Wir wollten nicht, dass unsere Kinder darunter litten, wenn die älteren Kinder ihre schwierigen Lektionen lernten. Nachdem wir also in der Anfangszeit als Pflegeeltern eine Reihe von solchen problematischen Situationen erlebt hatten, trafen wir die Entscheidung, künftig nur noch Kinder bei uns aufzunehmen, die jünger waren als unsere eigenen Kinder, und das erwies sich als eine sehr hilfreiche Grenze.

Wir waren schon mehrere Jahre als Pflegeeltern tätig gewesen und hatten auch einige schwierige Kinder bei uns aufgenommen und erlebt, wie sich ihre Situation durch das liebevolle Miteinander im Alltag, durch das Einhalten von Regeln und den strukturierten Tagesablauf verbesserte. Das führte dazu, dass wir eine Weiterbildung machen durften, die uns spezielle Kenntnisse und Fähigkeiten vermittelte. Von da an durften wir auch Kinder mit Entwicklungsstörungen bei uns aufnehmen und Neugeborene, die durch den Alkohol- oder Drogenkonsum ihrer Mutter geschädigt waren. Nun waren wir so ausgebildet, dass wir auf ihre besonderen Bedürfnisse eingehen konnten. Wir lernten, diesen Kindern, wo nötig, Grenzen zu setzen und uns fremde Hilfe zu holen, wenn wir bei einem Kind keinerlei Fortschritte beobachten konnten.

Als der entspannte Sommer sich dem Ende neigte, informierte uns das Jugendamt darüber, dass wir die Bower-Kinder mindestens bis zum Herbst bei uns behalten würden. Also gingen wir einkaufen und besorgten das Schulmaterial für das Schuljahr 1996/97 sowie Kleidung für alle Kinder. Die nächste Herausforderung, die sich uns stellte, war die organisatorische Planung für die morgendlichen Abläufe und für die Fahrten zur Schule und zur Betreuung. Sadie ging in die Oberstufe der Highschool, Helen in die Mittelstufe und Charles war in der sechsten Klasse der Grundschule. Auch die beiden ältesten Bower-Kinder Kyle und Kyra besuchten die Grundschule, jedoch eine andere als Charles. Da die beiden schon genug Veränderungen in ihrem Leben gehabt hatten, wollten wir, dass sie in ihrer alten Schule blieben. Dort kannten sie die Lehrer und sie hatten ihre Freunde. Vormittags besuchte Hannah eine Vorschulgruppe im Zentrum von Casper, während Andrew und Ally bei unserer von allen innig geliebten Tagesmutter Starla blieben. Morgens, wenn die Pausenbrote eingepackt und die Schulranzen überprüft waren, zwängten sich alle Kinder in unseren blauen Toyota-Van und ich begann meine alltägliche Runde.

Nachdem ich die Kinder an den verschiedenen Stationen abgesetzt hatte, ging ich zur Arbeit im Zentrum für Schwangerschaftskonfliktberatung. Um die Mittagszeit holte ich Hannah ab und brachte sie zu Starla, wo sie mit ihren Geschwistern bis zum Abend blieb. Nach der Arbeit drehte ich wieder meine Runde und holte alle Kinder ab – von der Tagesmutter bis zur Highschool – und fuhr nach Hause. Es war ein wirklich ausgeklügeltes System – solange niemand krank wurde.

Die frühen Herbstmonate mit den Bower-Kindern verliefen so reibungslos wie der Sommer. Die gelegentlichen kleinen Streitereien unter den Geschwistern konnten schnell beigelegt werden. An Schultagen waren alle abends noch mit Hausaufgaben beschäftigt und an den Wochenenden machten wir Brettspiele und sahen gemeinsam fern. Ab und zu kam Elizabeth für ein verlängertes Wochenende vom College nach Hause und nahm die Kinder in unserem alten Pick-up mit auf eine wilde Fahrt auf der mit Salbeisträuchern überwucherten Prärie unseres Grundstücks. Wir konnten sie alle lachen und johlen hören, bis nach Einbruch der Dunkelheit die Scheinwerfer des Fahrzeugs aufflammten und bei jeder Kurve und jedem Erdhügel, den es überquerte, auf und ab hüpften. Obwohl Jason bei der Luftwaffe war und Elizabeth zum College ging, gesellten sich die beiden zu allen anderen Kindern, schnappten sich ein Kissen und Popcorn und schauten mit ihnen abends gemeinsam Videos.

Die Zeit mit unseren Pflegekindern lehrte uns, dass vertraute familiäre Abläufe mit klaren Erwartungen und einer gesunden Portion Liebe und Lachen unser Zusammenleben viel einfacher machten.

* * *

Die Bower-Kinder waren immer noch bei uns, als der Dezember kam. Die ersten Schneeflocken fielen und wir gingen wieder einkaufen, diesmal warme Winterjacken und Schneehosen. Beim ersten richtigen Schneesturm wurde aus unserem »Sonnenzimmer« das »Matschzimmer«, voll mit säuberlich aufgereihten Stiefeln und Handschuhen, Mützen und Schals, die an den Haken hingen.

Am ersten Samstag im Dezember holte Al die Kisten mit der Weihnachtsdekoration aus der Garage und brachte sie ins Wohnzimmer. Als die Kinder eine nach der anderen öffneten, verbreitete sich bei uns eine Atmosphäre von Weihnachten.

»Weihnachten kommt!«, jubelte Hannah.

Ich schaute voller Freude zu, wie die kleinen Hände glänzende Kugeln, Girlanden und Lichter auspackten und die Kinder zu Weihnachtsliedern aus dem Radio tanzten. Den ganzen Tag verbrachten wir damit, unser Haus für den festlichen Monat, der vor uns lag, zu schmücken.

»Bekommen wir auch einen Weihnachtsbaum?«, fragte Hannah meinen Mann.

»Na klar! Morgen holen wir ihn«, antwortete er, während er versuchte, die Lichterketten zu entwirren.

»Wollt ihr alle mithelfen, ihn zu schmücken?« Ich schaute Hannah und die anderen Kinder an.

»Ja!«, lautete die einstimmige Antwort.

Irgendwie gehören Weihnachten und Kinder einfach zusammen. Als ich ihre leuchtenden Gesichter sah, stellte ich den Kindern eine Frage: »Wisst ihr eigentlich, worum es an Weihnachten geht?«

»Ja, da kommt der Weihnachtsmann und bringt uns Spielsachen«, antwortete Hannah.

»Ja, das gehört zu Weihnachten, aber es ist nicht der wahre Grund für Weihnachten. An Weihnachten hat nämlich jemand Geburtstag. Wisst ihr, wer das ist?«

Verständnislos schauten sie mich an.

»Es ist der Geburtstag von Jesus, der wichtigste Geburtstag auf der ganzen Welt. Habt ihr schon einmal etwas über den Geburtstag von Jesus gehört?«

Die Bower-Kinder sahen einander fragend an, doch es kam keine Antwort. Meine Kinder schwiegen, denn sie wussten, dass jetzt der Zeitpunkt für etwas sehr Wichtiges gekommen war.

»Jesus ist Gottes Sohn«, fuhr ich fort. »Er wurde auf der Erde geboren und kam zu uns, um uns den Weg zu Gott zu zeigen und uns zu sagen, wie wir leben sollen.« Vier Paare brauner Augen schauten mich intensiv an, als ob sie sagen wollten: *Okay. Erzähl weiter.*

Ich kniete mich auf den Fußboden, öffnete die Schachtel mit der Weihnachtskrippe und begann die einzelnen Tonfiguren aus dem Papier zu wickeln. »Jesus wurde in einem Stall geboren, so wie dieser hier.« Ich legte das Jesuskind vor uns auf den Teppich. Die Kinder unterbrachen, was sie gerade taten, und setzten sich um mich herum. Während ich jedes Teil unserer Krippe auspackte, erzählte ich, wie sie alle – Maria, Josef, die Hirten, die Engel, die Drei Weisen und sogar die Tiere – gekommen waren, um das Jesuskind zu begrüßen.

»So, das ist der wahre Grund für Weihnachten. Jesus kam als das beste Geschenk der Liebe, das wir je in unserem Leben bekommen können. Wir machen uns Geschenke, um uns unsere Liebe zu zeigen. Der Weihnachtsmann ist der lustige Teil von Weihnachten, aber Jesus ist der wahre Grund für dieses Fest.«

Anscheinend waren die Kinder mit dieser Erklärung zufrieden. Sie nahmen die Krippenfiguren in die Hand und schauten sie an. Hannah nahm das Jesuskind und betrachtete es genau, als ob sie etwas anderes, etwas Besonderes in ihm sehen würde.

Bitte, Herr, schenk, dass sie dich kennenlernen, betete ich.

* * *

Ein paar Tage später, als alle Kinder zu Bett gegangen waren, saß ich in eine warme Decke gekuschelt auf der Couch. Das Haus war still, außer dem Knistern des Feuers in unserem Ofen hörte man nichts. Ich sah zu, wie die Flammen hinter der Glasscheibe an den Holzscheiten entlangzüngelten, während Al im Sessel saß und las.

Meine Gedanken kehrten zu einer anderen Geschwistergruppe zurück, die wir ein Jahr zuvor bei uns aufgenommen hatten. Ich hatte ihre Mutter kennengelernt, als sie von unserer Gemeinde für die Kinderbetreuung während der Gottesdienste angestellt wurde. Ein paar Jahre später kam diese Frau zu mir in die Schwangerschaftskonfliktberatung und eröffnete mir unter Tränen, dass sie schwanger sei. Die Beziehung zum Vater des Kindes war jedoch zerbrochen und sie hatte noch zwei weitere Kinder zu Hause.

»Ich kann dieses Kind nicht bekommen«, sagte sie weinend. Ich betete für sie und beriet sie, erklärte ihr, welche Hilfen ihr zur Verfügung standen und dass auch eine Adoption eine Möglichkeit sei.

Monate später kam die Sekretärin unseres Beratungszentrums in mein Büro und sagte, ich hätte einen Anruf aus Denver. Es war dieselbe Frau. Sie wollte mir mitteilen, dass sie Zwillinge zur Welt gebracht hatte – zwei Mädchen – und nach Casper zurückkehren wollte. Ich versprach ihr, sie auf jede erdenkliche Weise zu unterstützen.

Ein paar Wochen nach dem Anruf brachte die Frau ihre Zwillinge zu mir ins Zentrum. Es waren hübsche und gesunde Kinder. Ich überreichte der Mutter Babykleidung und bot ihr weitere Hilfe an, die es ihr ermöglichen würde, auf eigenen Füßen zu stehen. Sie kam mehrere Male wieder und jedes Mal betete ich mit ihr und erzählte ihr von Gottes Liebe. Dann verschwand sie plötzlich und ich sah und hörte nichts mehr von ihr.

Sechs Jahre später kam ich sonntags gerade vom Gottesdienst nach Hause, als das Telefon klingelte. Es war das Jugendamt, das mir mitteilte, es habe vier Geschwisterkinder, die im Moment noch auf dem Polizeirevier seien und eine Pflegefamilie brauchten. Die Mutter war wegen eines Drogendeliktes verhaftet worden und hatte darum gebeten, dass ihre Kinder zu mir kamen.

Ich fuhr zum Revier und traf dort vier schmutzige, lebhafte Kinder an: zwei Mädchen und zwei kleinere Jungen. Ich hatte keine Ahnung, wer die Kinder waren, bis mich am nächsten Morgen die Mitarbeiterin des Jugendamtes anrief und mir den Namen der Mutter nannte. Ich schaute die sechs Jahre alten Zwillinge an, die mir gegenüber am Küchentisch saßen.

Das sind die Babys, für die ich vor sechs Jahren in meinem Büro gebetet habe.

Ich wusste nicht, was aus den zwei älteren Geschwistern geworden war, aber die kleinen Brüder waren offensichtlich nach den Zwillingen geboren worden. Gott hatte sie aus einem bestimmten Grund in mein Leben zurückgebracht. Aus einem Grund, der weit wichtiger war als die äußere Versorgung während der Zeit, in der die Mutter Hilfe erhielt. *Vielleicht kann ich sie ja mit der Liebe Jesu bekannt machen.*

Die Holzscheite knisterten und weckten mich aus meinem Tagtraum. Dann fiel mir ein, dass ich genau hier gesessen hatte, als die Zwillinge eines Abends aus ihrem Zimmer kamen und zu mir sagten: »Debra, wir möchten Jesus in unser Herz einladen. Kannst du uns erklären, wie das geht?«

Meine Freundin Marilyn Pipkin, die ebenfalls in einem Zentrum für Schwangerschaftskonfliktberatung in Colorado arbeitete, war zufällig an jenem Abend zu Besuch bei mir. Sie nahm einen Zwilling auf den Schoß und ich den anderen und dann erklärten wir ihnen, was es bedeutet, Jesus in sein Herz einzuladen. Gemeinsam hörten wir zu, wie die kleinen Mädchen auf ihre ganz eigene Art und Weise Jesus um Rettung baten.

Würden die Bower-Kinder das auch tun? Würden sie auch eine Entscheidung für Jesus treffen, nachdem sie monatelang mitbekommen hatten, dass ich für sie betete? Ich schloss die Augen. *Rette diese Kinder, Herr. Hilf ihnen und ihrer Mutter, dass sie dich kennenlernen, so wie ich dich kenne. Du bist die Liebe. Du bist die Geborgenheit. Du bist ihre einzige Hoffnung.*

Kapitel 3

Warnhinweise

Ich durchstöberte Schränke und Schubladen, schaute unter die Betten und fand alle möglichen Kleidungsstücke, Spielsachen und Haarklammern. Schließlich war ich mit dem Aufräumen und Saubermachen des kleinen Zimmers fertig und alle aufgefundenen Schätze waren wieder an den richtigen Platz zurückgekehrt. Vor fünf Monaten waren die Bower-Kinder zu uns gekommen und in ein paar Stunden würden alle fünf Geschwister von ihrem ersten unbegleiteten Umgang mit Übernachtung bei ihrer Mutter Karen zurück sein.

An diesem zweiten Wochenende im Dezember genoss ich einen seltenen Samstagnachmittag allein mit meiner Familie. Ich ging durch das Haus und nahm die Stille und die friedliche Atmosphäre in mich auf. Der Duft des Tannenbaums erfüllte das Wohnzimmer. Al war zur Arbeit gegangen, Sadie besuchte eine Freundin und Helen und Charles waren in ihren Zimmern. Bestimmt genossen auch sie die Ruhe und Stille. Keine kleinen Kinder rannten im Wohnzimmer herum. Es gab kein lautes Rufen oder Geschrei, weil um Spielsachen gestritten wurde. Alle Kinderteller und -tassen waren säuberlich im Küchenschrank verstaut.

Ich betete, dass der Besuch der Kinder bei ihrer Mutter gut verlief, so wie ich es schon mehrmals getan hatte, seit die Mutter ihre Kinder am Abend zuvor abgeholt hatte. Seit Monaten war ich in Kontakt mit Karen, hatte sie zum Gottesdienst und in einen Hauskreis eingeladen, wo sie andere Frauen kennenlernte, mit denen sie sich anfreunden und von denen sie unterstützt werden konnte. In dem Beratungszentrum, wo ich arbeitete, hatte ich auch Gespräche mit ihr allein geführt. Als Pflegemutter versuchte ich immer zu helfen, wenn eine alleinerziehende Mutter genug Vertrauen zu mir gefasst hatte.

Karen war meinen Einladungen zum Gottesdienst gefolgt, vielleicht weil es ihr die Gelegenheit verschaffte, ihre Kinder zu sehen. Sie hatte sich auch ein paarmal mit mir im Beratungszentrum getroffen, wo wir uns darüber unterhielten, wie es den Kindern ging. Immer wenn wir uns sahen, berichtete sie mir, welche Fortschritte sie gemacht hatte und dass sie daran arbeitete, die Bedingungen des Jugendamtes zu erfüllen, um ihre Kinder zurückzubekommen. Ich war zwar nicht in die Gespräche, aktuellen Entwicklungen und Vereinbarungen zwischen Karen und dem Jugendamt mit eingebunden, aber sie schien sich ernsthaft darum zu bemühen, das zu tun, was von ihr verlangt wurde. Sie wollte zeigen, dass sie vertrauenswürdig und verantwortungsbewusst war. Anfang November hatte Al für Karen sogar eine befristete Teilzeitstelle in dem Veranstaltungszentrum gefunden, wo er arbeitete, damit sie finanziell unabhängig werden konnte – was nach ihrer Aussage auch zu den Bedingungen des Jugendamtes gehörte.

Ich dachte daran zurück, wie es vor ein paar Monaten gewesen war, nachdem die Kinder die ersten acht Wochen bei uns verbracht hatten. Das Jugendamt hatte mich gebeten, an einer Anhörung teilzunehmen, bei der zwei Mitarbeiterinnen des Jugendamtes anwesend waren sowie Karen und ihre Eltern (die Karens ältestes Kind DeAnn bei sich aufgenommen hatten). Wenn ich es richtig verstand, war ich nur aus einem einzigen Grund hinzugebeten worden: um zu berichten, welche Erfahrungen ich mit Karen gemacht hatte, seit ich sie im Juni kennengelernt hatte, und wie ich ihre Entwicklung einschätzte. Als man mich fragte, sprach ich in den höchsten Tönen von ihren Bemühungen und erklärte, dass Karen es meiner Meinung nach ernst damit meinte, das Sorgerecht für ihre Kinder zurückzuerlangen. Während ich sprach, sahen Karen und ich uns an und lächelten. Wie es schien, hatte sich eine Art Freundschaft zwischen uns entwickelt. Ich erzählte den Sozialarbeiterinnen, Karen hätte mir gesagt, wie hilfreich die Erziehungskurse waren, die sie besuchen musste. Was ich in der kurzen Zeit, in der ich Karen kannte, von ihr gesehen und erfahren hatte, empfand ich als sehr ermutigend.

Karens Eltern aber schienen ganz und gar nicht überzeugt. Sie schüttelten nur den Kopf und äußerten ernste Zweifel, was ihre Tochter betraf. Während ich sprach, hatte Karens Mutter die ganze Zeit einen besorgten Gesichtsausdruck. Der Blick war gesenkt, die Hände im Schoß gefaltet. Sie saß still da und sagte nichts, aber ihr Gesicht sprach Bände. Karens Vater dagegen brachte seinen Unmut viel deutlicher zum Ausdruck, während er mir zuhörte. Er rutschte offensichtlich verärgert auf dem Stuhl hin und her und schüttelte andauernd den Kopf. Damals dachte ich, dass die Eltern über Karens Verhalten in der Vergangenheit verärgert waren und deswegen ihr Blick getrübt war. Außerdem hatten sie (nach Karens Aussage) offen ihr Missfallen darüber geäußert, dass alle Kinder außer DeAnn gemischtrassig waren. Im Lauf der Monate bekam auch ich Zweifel. Ich hatte Karen erst zwei Monate lang beobachtet, während ihre Eltern sie schon seit fast dreißig Jahren kannten. Immerhin konnten frühere Verhaltensweisen auch ein Hinweis darauf sein, welche Entscheidungen jemand in der Zukunft treffen würde. Vielleicht hatten Karens Eltern ja gute Gründe dafür, ihre Eignung als Mutter anzuzweifeln. Ich erinnerte mich daran, wie die Sozialarbeiterin gelächelt hatte, als sie meinen Ausführungen zuhörte. Es war ein scharfer Kontrast zu der Sorge, die in den Augen von Karens Eltern zu lesen war, als sie meinen Ausführungen lauschten.

Infolge der Anhörung wurde ein vorläufiger Besuchsplan erstellt, der ab September umgesetzt wurde. Karen erfüllte eine weitere Auflage des Jugendamtes. Sie zog bei ihren Eltern aus und suchte sich etwas Eigenes. Im Oktober mietete sie ein kleines, neu renoviertes Haus in Casper. Zu Beginn gestattete das Jugendamt ihr den begleiteten Umgang. Ich brachte die Kinder jede Woche zu kurzen Besuchen dorthin, die unter der Aufsicht einer Sozialarbeiterin des Jugendamtes stattfanden. Die Kinder blieben höchstens zwei Stunden zum Spielen dort. Bald schon fiel mir auf, dass Kyle und Kyra äußerst gern ins Auto stiegen, wenn ich sie zu ihrer Mutter bringen wollte, Andrew jedoch war viel zurückhaltender und ernster, während Hannah sich sogar zu fürchten schien.

»Bitte, zwing mich nicht, dorthin zu gehen, Debwa«, bettelte sie. »Ich will hier bei dir bleiben.« Je näher ein Besuchstermin rückte, desto anhänglicher wurde sie. Ich bemühte mich, ihr klarzumachen, dass die Besuche nur kurz waren, dass ich ganz in der Nähe bleiben und eine nette Sozialarbeiterin dabei sein würde.

»Ich komme in zwei Stunden wieder und hole euch ab«, sagte ich zu ihr. Hannah willigte ein, doch als wir bei Karens Haus ankamen, wich Hannah mir eine Viertelstunde lang nicht von der Seite, bevor sie endlich zu den anderen lief und mit ihnen spielte.

Als ich später zurückkehrte, wirkten Hannah und Andrew still und in sich gekehrt. Ich wusste zwar aus meiner Erfahrung als Pflegemutter, dass für manche Kinder der Besuch bei den leiblichen Eltern zunächst nicht so leicht zu verkraften ist, doch da es keine Anzeichen von körperlicher Gewalt gab, schenkte ich den beiden Vorschulkindern einfach nur ein paar Extrakuscheleinheiten und etwas mehr Aufmerksamkeit, bis sie sich wieder beruhigt hatten. Trotzdem reagierten sie bei jedem weiteren Besuch genauso.

Gelegentlich kam Karen zum Gottesdienst, wo sie freundlich und schüchtern wirkte. Sie ging sogar ein paarmal mit uns essen. Was mir bei diesen Gelegenheiten auffiel, war ihre offensichtliche Nähe zu Kyle und Kyra und ihre distanzierte Haltung gegenüber Hannah und Andrew.

Das Jugendamt fragte mich regelmäßig nach meinen Beobachtungen und ich schilderte meine Eindrücke immer offen. Obwohl ich ein wachsendes Unbehagen empfand, wertete das Jugendamt die Besuche als Erfolg. Als ich mit Al darüber sprach, bestätigte er meine Beobachtungen.

Ende November räumte das Jugendamt Karen das Recht auf unbegleiteten Umgang ein. Wenn alles gut ging, würde es auch eine Übernachtung erlauben. Und wenn sich auch das als Erfolg herausstellte, würden die Kinder Heiligabend und den ersten Weihnachtstag bei ihrer Mutter verbringen. Hannah hatte Angst vor den Besuchen, die nun nicht mehr unter der Aufsicht des Jugendamtes standen. Sie weinte sogar. Obwohl es mir schwerfiel, redete ich ihr gut zu und begleitete sie behutsam zum Haus ihrer Mutter. Als ich die Kinder später abholte, schien Hannah glücklich zu sein. Die anderen Kinder umarmten ihre Mutter zum Abschied, Hannah aber musste ich jedes Mal dazu auffordern.

Da es Hannah bei Karen gut zu gehen schien und sie sich immer schnell wieder normal verhielt, nachdem sie dort gewesen war, beschloss das Jugendamt, die Besuche fortzusetzen. Es war wichtig für Hannah zu erfahren, dass sie dort nichts zu befürchten hatte. Soweit ich wusste, hatte man Karen die Kinder nicht deshalb weggenommen, weil sie von ihr in irgendeiner Weise misshandelt worden wären. Die Maßnahme war eingeleitet worden, weil man in Allys Blut Spuren von Kokain gefunden hatte und dies Zweifel an Karens Lebensstil, ihren Beziehungen und ihrer Eignung als verantwortungsbewusste Mutter hatte aufkommen lassen.

Meine Sorge um Hannah und Andrew und die offensichtlich unangenehme Beziehung zu ihrer Mutter veranlassten mich dazu, dass ich irgendwann in unserem Beratungszentrum ein Gespräch mit Karen führte. Ich brachte den Mut auf, sie direkt zu fragen, warum sie mit den beiden weniger liebevoll umging und sich ihnen gegenüber oft so distanziert und ablehnend verhielt.

Karen erklärte mir, ihre sechs Kinder hätten drei verschiedene Väter. Und es gab, gelinde ausgedrückt, beträchtliche Spannungen und Eifersucht zwischen zwein von ihnen: dem Vater von Hannah und Andrew und William, dem Vater zweier anderer Kinder. Je mehr Karen mir erzählte, umso mehr hatte ich den Eindruck, dass Williams innere Einstellung am besten mit dem Begriff *Hass* zu umschreiben war. Sie gestand mir, dass er Hannah und Andrew sehr unfreundlich behandelte, sie ihn aber trotzdem immer noch in ihr Leben ließ. Sie gab auch zu, dass sie den beiden Kindern oft aus dem Weg ging, um den Frieden in ihrer Beziehung zu William zu bewahren. Auf diese Weise wollte sie diesem Mann gegenüber, der einen erheblichen Einfluss auf sie zu haben schien, ihre Loyalität zeigen. Glücklicherweise war aber eine Auflage des Jugendamtes, dass Karen keinen Kontakt zu William haben durfte, denn er war wegen zahlreicher Vergehen immer wieder im Gefängnis gewesen. Dem Jugendamt ging es natürlich vor allem darum, dass Karen sich von Drogen und anderen negativen Einflüssen fernhielt.

Ab und zu sprachen Hannah und Andrew von diesem Mann und nannten ihn »gemein«. Doch immer, wenn ich ihnen Fragen nach dem gemeinen Mann stellte, machten sie sofort dicht. Also schnitt ich das Thema nur noch selten an, zeigte mich aber stets aufmerksam und mitfühlend, wenn sie selbst darauf zu sprechen kamen. Nach allem, was ich in den fünf Monaten, in denen die Kinder bei uns gelebt hatten, gehört und beobachtet hatte, wurde mir klar: Karens gestörtes Verhältnis zu Andrew und Hannah beschränkte sich nicht allein auf die Zeit, in der sie mit jenem Mann zusammen gewesen war. Sie hatte bis heute den beiden Kindern gegenüber dieselbe negative Einstellung wie dieser Mann.

Ich schaute auf die Uhr. *Noch ein paar Stunden. Wie ist wohl dieser erste Übernachtungsbesuch für die Kinder gewesen? In welcher Verfassung werden sie nach Hause kommen?* Ich merkte, dass ich mir Sorgen machte, und so betete ich für Hannahs und Andrews körperliche Unversehrtheit und ihr seelisches Wohlergehen. *DeAnn ist ja auch da, vielleicht hat sie einen positiven Einfluss.* Dennoch verfolgte mich den ganzen Nachmittag ein vages Gefühl des Unbehagens.

Endlich blitzten Scheinwerfer vor dem Wohnzimmerfenster auf. Die Kinder waren wieder da. Die Haustür flog auf und alle stürmten fröhlich plappernd herein. Das war ein gutes Zeichen. Karen, die Ally auf dem Arm hatte, folgte den Kindern und strahlte dabei übers ganze Gesicht. Sie sah genauso glücklich aus wie ihre Kinder.

Hannah drängte sich an den anderen Kindern vorbei, um als Erste bei mir zu sein. Ihr Haar war schön gekämmt und zu einem festen Pferdeschwanz gebunden. Im Haar hatte sie eine große Schleife. Sie hatte neue Kleider an und eine Puppe im Arm, die ich noch nie gesehen hatte. Sie stellte sich dicht vor mich hin und wollte mir etwas erzählen. Ich beugte mich zu ihr hinunter, um in ihr hübsches Gesicht zu schauen. Und dann sah ich es – ihre Stirn und ihr linkes Auge waren blau und geschwollen.

Bevor ich fragen konnte, was passiert war, platzte Hannah heraus: »Debwa! Ich bin gestern Abend in der Badewanne ausgerutscht. Da waren Seifenblasen drin und beim Raussteigen bin ich ausgerutscht.« Sie hatte die Augen theatralisch weit aufgerissen. Doch ihr Gesichtsausdruck war angespannt und ihr Lächeln wirkte gezwungen.

»Mama hat mir diese neue Puppe gekauft, weil ich so tapfer war. Ich durfte sie selber aussuchen«, sagte Hannah und hielt mir ihre Puppe hin, damit ich sie betrachten konnte.

»Wow! Da bist du aber ganz schön hingefallen. Das muss ja wehgetan haben«, sagte ich mit einem ebenso erzwungenen Lächeln und sah Karen an, die sich rasch hinter Hannah gestellt hatte.

»Ja. Die Kinder wollten alle in der Badewanne spielen und Hannah hat versucht, allein herauszusteigen. Als ich ihr gesagt habe, dass sie warten soll, hat sie nicht gehört und ist dann gegen die Wand der Badewanne geknallt.« Karen hatte ein breites Lächeln aufgesetzt. *Schauten sie und Hannah sich an, um sich ihre Geschichte gegenseitig zu bestätigen?*

Karen sah meinen fragenden Blick und meinte: »Na ja, Seifenblasen können ganz schön rutschig sein.« Sicherlich konnte Karen mir ansehen, dass ich Zweifel an ihrer Darstellung hatte. Die ganze Geschichte wurde mit etwas zu viel Theatralik präsentiert und wirkte einstudiert. Selbst wenn die »Blaues Auge in der Badewanne«-Geschichte sich als wahr herausstellte, ließ die Art des Berichts auf jeden Fall Zweifel aufkommen.

Rasch umarmte Karen jedes Kind, ging hinaus und fuhr im Dunkeln davon.

»Schön, dass ihr wieder hier seid«, sagte ich. »Und jetzt zieht eure Schlafanzüge an und kommt dann in die Küche. Es gibt noch Milch und Kekse, bevor ihr schlafen geht.«

Fünf Minuten später saßen die Kinder am Tisch und freuten sich auf ihren Snack. »Also, was habt ihr so alles mit eurer

Mama unternommen?«, fragte ich betont fröhlich, um die Kinder zum Reden zu ermutigen. Doch sie verstummten, tranken ihre Milch und knabberten an ihren Keksen herum.

»Seid ihr irgendwohin gefahren? Oder hattet ihr Besuch?« Da wurden sie noch schweigsamer und sahen sich an. Hannah saß mit hängenden Schultern da, den Blick auf die Krümel gerichtet, die auf ihrem Teller lagen. Kyle und Kyra starrten sie an. *Es ist wohl klüger, nicht auf eine Antwort zu beharren.* Aus ihrer Reaktion schloss ich, dass sie angewiesen worden waren, nichts zu erzählen. Offensichtlich gehorchten sie ihrer Mutter, ob es gut war oder nicht.

»Okay, Zeit für eine Gutenachtgeschichte. Ab ins Bett!« Die Kinder kannten zwar unsere Abläufe genau, aber ich hatte den Eindruck, dass sie trotzdem diese Ankündigung brauchten, um sich wieder bei uns einzugewöhnen. Für ein Kind kann sogar eine einzige Nacht fern von der vertrauten Umgebung eine abrupte Veränderung bedeuten. Alle krabbelten in ihre Betten und ich las ihnen etwas vor. Nach der Geschichte folgte das Abendgebet. Ich ging von Bett zu Bett, kniete mich hin, betete für jedes Kind und gab ihm einen Kuss auf die Stirn.

Als ich zu Hannah kam, deckte ich sie zu und betete, dass Gott ihr die Kraft gebe zu sagen, was ihr auf dem Herzen lag, und dass er gut auf sie aufpassen möge. Ich betete auch für Karen. Als ich die Augen wieder öffnete, sah Hannah mich mit großen Augen an, was sie wahrscheinlich während des ganzen Gebetes getan hatte. Ich blieb noch einen Augenblick, falls sie mir doch noch etwas sagen wollte, doch sie blieb stumm. Ich lächelte, gab auch ihr einen sanften Kuss auf die Stirn und flüsterte: »Ich hab dich lieb und Jesus hat dich noch viel mehr lieb.«

* * *

Der Montagmorgen war so kalt, dass ich ein Feuer in unserem Ofen anzündete. Al hatte am Sonntag bis spätabends gearbeitet und lag noch im Bett. Während ich darauf wartete, dass die Familie zum Leben erwachte, schenkte ich mir einen Becher heiß dampfenden Kaffee ein und hielt ihn fest, um mir die Hände zu wärmen. Bald schon würden die Wecker klingeln und ein paar hungrige Kinder würden sich rasch anziehen, ihre Betten machen und sich dann rund um den Frühstückstisch versammeln. Wenn alle satt waren, wurden die Pausenbrote eingepackt und die Schulranzen bereitgestellt. Und dann war der Moerke-Van bereit, sich auf seine tägliche Route zu begeben und alle zur Schule oder zur Betreuung zu fahren.

Als ich Hannah an jenem Morgen in die Vorschulklasse brachte, fragte ihr Lehrer sofort nach, als er ihr blaues Auge sah. Es war inzwischen noch dunkler und war angeschwollen. Hannah zuckte bei der Frage zusammen, wiederholte dann aber rasch ihre Seifenblasen- und Badewannengeschichte. Mit gerunzelter Stirn sah der Lehrer mich an. Ich schüttelte kaum merklich den Kopf, um ihm zu zeigen, dass auch ich den Wahrheitsgehalt dieser Geschichte anzweifelte.

Nachdem ich mich von Hannah verabschiedet hatte, fuhr ich zum Zentrum für Schwangerschaftskonfliktberatung. Kaum war ich dort angelangt, drehte ich die Heizung hoch, stellte die Kaffeemaschine an und platzierte drei Becher auf dem Tresen. Meine Sekretärin und die zweite Beraterin würden bald eintreffen.

Hannahs geschwollene Stirn und das blaue Auge gingen mir einfach nicht aus dem Sinn. Sollte ich die Sozialarbeiterin anrufen? Ich wusste, dass nicht jeder kleine Unfall und jeder blaue Fleck gemeldet werden mussten. Und doch, dies war immerhin der erste Übernachtungsbesuch bei Karen gewesen. Ich beschloss, das Jugendamt anzurufen und alles andere Ellen, der Sozialarbeiterin, zu überlassen. Sie schien sich immer gut um die Familien zu kümmern, die ihr anvertraut waren, und sie war professionell genug, um eine angemessene innere Distanz zu wahren.

Ich wählte ihre Nummer. »Hallo Ellen, hier ist Debra Moerke. Ich rufe an, weil ich mir wegen des Übernachtungsbesuchs der Bower-Kinder bei ihrer Mutter Gedanken mache. Hannah ist mit einem Bluterguss auf der Stirn und einem blauen Auge zurückgekommen. Karen und Hannah sagen beide, dass sie in der Badewanne ausgerutscht wäre. Ich habe da meine Zweifel. Vielleicht ist in Wirklichkeit etwas anderes passiert und sie wollen es mit einer einstudierten Geschichte vertuschen. Ich dachte, Sie sollten davon wissen.«

»Können Sie Hannah noch heute Morgen zu mir ins Büro bringen?«, war die Antwort von Ellen. »Wenn ich sie gesehen habe, kann ich sagen, ob sie ärztlich behandelt werden sollte. Was meinen Sie?«

Nun, da ich meinen Verdacht ausgesprochen hatte, schien er mir umso realer und mein Herz begann heftig zu klopfen. »Ich werde sie gleich aus der Vorschule abholen. Ich möchte aber nicht, dass sie Angst bekommt, weil sie ohne ihre Geschwister zu Ihnen kommen soll.« Ich wollte nicht, dass Hannah mir misstraute. Wir beide standen uns so nah und ich wollte, dass sie sich bei mir geborgen wusste.

»Ich werde keine große Sache daraus machen«, beruhigte mich Ellen. »Sie können ihr sagen, dass Sie bei mir im Büro vorbeifahren müssen, um Unterlagen abzuholen. Ich werde ganz vorsichtig damit umgehen. Wir könnten Hannah in das Spielzimmer mit dem durchsichtigen Spiegel bringen. Wie schnell können Sie hier sein?« Ich wusste, dass sie uns möglichst bald sehen wollte.

»Sobald meine Kollegin da ist«, antwortete ich. Dann legte ich auf, zog meinen Mantel an und nahm meine Handtasche. Während ich wartete, stieg die Aufregung in mir.

Ich hoffe, dass Hannahs Geschichte stimmt. Ich möchte so gern, dass Karen für Hannah die Mutter ist, die sie braucht.

Mein Verstand kämpfte gegen mein Herz und meine Gefühle an. Mir kamen die Tränen und meine Hände waren schweißnass. *Was wird passieren?*

Als die Sekretärin eintraf, sauste ich an ihr vorbei. »Tut mir leid, ich muss los!«, rief ich ihr noch zu, ohne sie überhaupt richtig begrüßt zu haben.

Am Auto angekommen, dauerte es ein wenig, bis ich meinen Schlüssel gefunden hatte. Durch den Tränenschleier sah ich alles nur verschwommen. Jetzt, wo ich meinem Verdacht ausgesprochen hatte und handelte, merkte ich erst, wie stark er tatsächlich war. *Was ist mit Hannah geschehen? Hat sie Angst, fühlt sie sich verwundbar und allein?* Ich schloss die Augen und betete: »Herr, hilf mir, ruhig zu bleiben. Lass nicht zu, dass meine Angst und meine Sorgen sich auf Hannah übertragen. Ich möchte, dass sie mir vertraut. Vor allem aber möchte ich, dass sie *dir* vertraut! Beruhige mein Herz und bereite ihres auf den Besuch bei Ellen vor.«

Ich öffnete die Augen wieder und atmete tief ein und aus. »Ich befehle Hannah, Ellen und mich in deine Hände, Herr.« Ich hoffte, dass das blaue Auge nur ein Unfall gewesen war. Aber mein Instinkt sagte mir, dass es nicht so war.

Kapitel 4

Spuren aus der Vergangenheit

»Hab dich! Jetzt bist *du* dran«, war Kyles triumphierende Stimme zu hören, gefolgt von Kyras Kichern.

»Ihr könnt jetzt wieder rauskommen!«, rief Helen durchs ganze Haus. Sie hatte ein Versteckspiel organisiert, um ein paar von den Kindern an diesem kalten Freitagnachmittag im Januar 1997 zu beschäftigen. Aus der Küche, wo ich das Abendbrot vorbereitete, hörte ich das Getrampel der kleinen Füße, die ins Wohnzimmer liefen. Nach dem Essen würde Karen die Kinder zu einem weiteren Übernachtungsbesuch abholen.

»Jetzt ist Kyra mit Suchen dran«, verkündete Helen. »Kyra, du musst bis zwanzig zählen, während die anderen sich wieder verstecken. Aber zähl dieses Mal nicht so schnell.«

Dann hörte ich aus Sadies Zimmer das vertraute Lachen von Hannah. »Das ist perfekt, Hannah. Und jetzt bitte lächeln!« Hannah hatte sich schicke Kleider angezogen und Sadie spielte die professionelle Fotografin – ein beliebtes Spiel der beiden.

Charles kam in die Küche geschlendert und ging an den Kühlschrank.

»Was gibt's heute Abend zu essen?«

»Hamburger. Hast du Hunger?«

Er nickte, während er sich ein Glas Milch einschenkte, und sprach dann aus, was ihn offenbar schon seit Wochen beschäftigte.

»Mama, warum darf Karen immer noch unbegleiteten Umgang mit den Kindern haben? Schließlich ist Hannah mit einem blauen Auge nach Hause gekommen. Das verstehe ich einfach nicht.«

»Nun ja, es könnte auch ein Unfall gewesen sein. Wir wissen nur, was Hannah und Karen uns erzählt haben.« Charles schaute mich mit skeptischem Blick an, aber ich setzte meine wenig überzeugende Argumentation trotzdem fort. »Ellen hat die Verletzung in der Akte notiert und Karen befragt und sie scheint einigermaßen überzeugt zu sein, dass Hannah in der Badewanne ausgerutscht ist. Und über Weihnachten ist Hannah freiwillig zum Übernachten zu ihrer Mutter gegangen. Unsere Aufgabe ist es zu beobachten und den Kindern zuzuhören, wenn sie von einem Besuch zurückkommen. Wir hoffen, dass so etwas nicht wieder passiert.«

Charles konnte seinen Unmut nicht verbergen. »Es ist einfach nicht richtig, Mama. Warum kriegen diese miesen Eltern immer eine zweite Chance? Wie viele verletzte Kinder haben wir in den letzten Jahren schon gesehen, die alle wieder zu ihren Eltern zurückgebracht wurden? Wie kann es sein, dass diese Leute ungestraft davonkommen? Das ist doch nicht fair!«

Ich schaute in das besorgte Gesicht meines Sohnes. Diese Unterhaltung hatten wir schon früher geführt und wir würden sie auch in Zukunft wieder führen. Tatsächlich hatte ich mit allen unseren Kindern schon ähnliche Gespräche gehabt. Charles war sehr beschützend gegenüber den Pflegekindern, die bei uns lebten. Mit seinen zehn Jahren hatte er wie alle unsere Kinder schon vieles gesehen – Verbrennungen durch Zigaretten, blaue Flecken und traumatisierte Seelen. Er wollte Gerechtigkeit für all diese Kinder und dass die Eltern bestraft wurden und man ihnen die Kinder sofort und dauerhaft wegnahm. Visitationen und Beratungsgespräche, das komplexe System der Rehabilitation und Familienzusammenführung – das alles war jenseits seiner Vorstellungskraft. Ich war stolz auf meinen Sohn, weil er sich so intensiv um das Schicksal dieser Kinder sorgte und ein so ausgeprägtes Empfinden für Richtig und Falsch hatte.

»Der Grund, warum solche Kinder bei uns landen, ist ja gerade, dass ihre Eltern nicht damit davonkommen«, versuchte ich zu erklären. »Wenn die Behörden entdecken, dass ein Kind misshandelt wurde oder keine sichere Umgebung hat, dann greifen sie ein. Deshalb werden Familien wie unsere gebraucht, die diese Kinder bei sich willkommen heißen, sie lieben und für sie sorgen, während das Jugendamt herauszufinden versucht, was tatsächlich los ist, wo die Probleme liegen und ob sie behoben werden können. Es untersucht, ob man den Kindern helfen kann oder ob es besser ist, wenn eine andere Familie sie adoptiert. Das alles braucht Zeit und es ist viel Arbeit herauszubekommen, was in diesen Familien wirklich vor sich geht und was die beste Lösung ist. Das ist ein schwieriger, unangenehmer Prozess, nicht wahr?«

»Denkst *du* denn, dass die Bower-Kinder bei Karen sicher sind?«

»Darum geht es ja gerade in der Zeit, die sie hier bei uns sind«, sagte ich und vermied dabei bewusst die Antwort auf die Frage, die auch mich umtrieb. »Während das Jugendamt das herausfindet, erfüllen wir unseren Teil der Aufgabe. Wir berichten, was wir sehen und hören. Und wir zeigen den Kindern, wie eine gesunde Familie aussieht. Wir lieben sie, sorgen für sie und lassen sie wissen, dass sie für uns und auch in Gottes Augen ganz besondere Menschen sind. Und so schwer das auch manchmal ist, wir können nur unseren Part so gut wie möglich erfüllen.«

Diese Antwort schien Charles vorübergehend zufriedenzustellen. Er trank seine Milch aus und verließ die Küche, während ich das Hackfleisch auftaute und weiter über die Bower-Kinder nachdachte.

In den fast sieben Monaten, in denen die Geschwister bei uns lebten, hatte ich sie alle lieb gewonnen. Es war nicht schwer gewesen, die Dynamik, die zwischen ihnen herrschte, zu erkennen. Kyle und Kyra waren dicke Freunde und machten fast alles gemeinsam. Mit ihren sechs und fünf Jahren hielten sie sich an die Familienregeln und gehorchten auch. In der Schule kamen sie gut zurecht und verstanden sich mit allen in der Familie. Allerdings kam es mir immer so vor, als ob sie eine Art Filter in sich trugen und ihre Worte sorgsam auswählten, um einen guten Eindruck zu hinterlassen.

Kyle hatte eindeutig einen großen Einfluss auf Kyra, Hannah und Andrew. Oft konnte er die drei mit einem einzigen strengen Blick in die Schranken weisen, wenn ihr Verhalten ihm missfiel.

Er war der Ernsteste von allen und fühlte sich ganz klar verantwortlich für alles, was sie taten – eine schwere Bürde für einen Sechsjährigen.

Kyra versuchte immer in einem positiven Licht zu erscheinen. Oft legte sie ihr »perfektes Kind«-Lächeln an den Tag. In vielerlei Hinsicht erinnerte sie mich an Karen. Sie konnte leise und lieb sein, doch auch sie setzte den gewissen Blick ein, wenn ihre jüngeren Geschwister sich danebenbenahmen. Wenn Hannah weinte oder jammerte, stellte sich Kyra oft schweigend vor sie hin und demonstrierte ihr mit ihrer Gegenwart und Körperhaltung ihre Missbilligung. Dann wurde Hannah sofort still. Kyra hatte auch eine kämpferische Seite und setzte sich energisch zur Wehr, wenn sie sich ungerecht behandelt fühlte.

Hannah war bei Weitem das gefühlvollste Kind, das andere gern umarmte. Sie mochte es auch, unsere Hände zu halten, zu kuscheln und gekitzelt zu werden. Ihr Kichern brachte mich immer zum Lächeln. Von Anfang an war sie eine enge Beziehung zu uns allen eingegangen, die nach und nach immer tiefer wurde.

Am Abend zuvor, als Al in seinem Sessel saß, war Hannah mit einem Buch in der Hand zu ihm gegangen.

»Liest du mir was vor?«, hatte sie gefragt. Al hatte sie auf den Schoß genommen und ihr vorgelesen, während Hannah sich wie ein kleiner Teddybär an ihn gekuschelt hatte.

Während Kyle und Kyra ihre Worte und Gefühle sorgfältig filterten, war bei Hannah genau das Gegenteil zu beobachten. Sie war die Emotionalste der Geschwister, war leicht zu verletzen und fing schnell an zu weinen. Wie sie sich fühlte, war sofort für alle sichtbar – Angst oder Aufregung, Furcht oder Vergnügen, Freude oder Traurigkeit.

Andrew wiederum war ein verspieltes Energiebündel. Er schien immer durch den Raum zu hüpfen, statt zu gehen – wenn er nicht gerade auf seinem Bett herumsprang. An jenem Morgen hatte ich in einen Streit zwischen ihm und Hannah eingreifen müssen. Er war auf Hannahs gemachtes Bett geklettert und war darauf herumgesprungen. Darüber hatte Hannah sich sehr geärgert, denn er hatte alles wieder in Unordnung gebracht.

Aber er war ein so liebenswürdiger, fröhlich lächelnder Junge, dass man nicht mehr als eine Minute lang mit ihm streng sein konnte. Allerdings hatte er auch eine raffinierte und spitzbübische Seite. Manchmal erwischte ich ihn dabei, wie er Kekse aus dem Schrank stibitzte, oder ich fand Kräcker, Kekse und einmal sogar Käse unter seinem Kopfkissen oder seinem Bett. Darüber war ich nicht sonderlich überrascht. Viele Pflegekinder horten Nahrungsmittel, was ein Symptom dafür ist, dass sie mit Mangelerfahrungen aufwachsen mussten. Oft ist es auch ein Anzeichen für unerfüllte emotionale Bedürfnisse. Sie horten und verstecken Dinge, die ihnen Trost spenden, und zeigen damit ihre Furcht, dass ihre Bedürfnisse nicht erfüllt werden, wenn sie nicht selbst dafür sorgen.

Die Persönlichkeit der kleinen Ally war noch dabei, sich zu entwickeln, doch bisher war sie ein anschmiegsames, fröhliches Baby.

Ja, diese fünf einzigartigen Kinder haben ihr Leben tief mit unserem verwoben.

Als das Abendessen fertig war, rief ich alle Kinder zu Tisch.

Bereits nach dem ersten Bissen sagte Andrew: »Mmmmh, Debwa, du bist eine richtig gute Köchin!« Das war einer seiner Lieblingssätze beim Essen.

»Ich koche auch gern für dich, Andrew, weil du es ganz besonders zu schätzen weißt«, antwortete ich und er strahlte mich an.

Nach dem Essen halfen mir Sadie und Helen dabei zu schauen, ob jedes Kind Zahnbürste, Schlafanzug und frische Kleider zum Wechseln eingepackt hatte, bevor Karen eintraf. Wie immer freuten sich Kyle und Kyra auf den Besuch bei ihrer Mutter. Andrew war stiller als sonst, aber durchaus bereit zu gehen. Hannah protestierte dieses Mal zwar nicht, bewegte sich jedoch langsam und wirkte zurückhaltend. Nachdem sie ihre Sachen gepackt hatte, suchte sie meine Nähe und schlang die Arme um meine Beine, während ich die Arbeitsfläche in der Küche abwischte. Als ich fertig war, nahm ich sie auf den Arm und sie schmiegte sich an mich.

»Mama ist da!«, rief Kyra von der Haustür, wo sie Ausschau gehalten hatte.

Hannah und ich zuckten zusammen. Ich setzte sie ab und kniete mich hin, um ihr in die Augen schauen zu können. »Wir sehen uns morgen nach dem Abendessen«, versicherte ich ihr. »Ich komme und hole euch ab, okay? Denk dran, dass ich dich lieb habe, und Jesus liebt dich noch viel mehr.«

Ich nahm ihr Gesicht in meine Hände und gab ihr einen Kuss auf beide Wangen. Sie reagierte nicht darauf, sondern sah mich nur traurig an.

Kyle öffnete seiner Mutter die Tür und er und Kyra schlangen die Arme um Karen. Andrew folgte ihrem Beispiel. Ich nahm Hannah an der Hand und ging mit ihr zur Tür, während Helen die kleine Ally brachte. »Gut, dann nehmt alle eure Taschen mit«, wies ich die Kinder an. »Viel Spaß!« Ich ließ Hannahs Hand los, als die Kinder eines nach dem anderen aus dem Haus gingen, Hannah als Letzte.

* * *

Das Recht auf unbegleiteten Umgang wurde auch weiterhin gewährt und so setzten sich die Besuche im Februar und März fort. Es gab zwar keine weiteren »Unfälle« mehr, die verdächtig waren, aber Andrew und besonders Hannah gingen immer nur zögerlich mit und hatten nach den Besuchen stets schlechte Laune. Manchmal flehte Hannah mich unter Tränen an, bei mir bleiben zu dürfen. An solchen Tagen zerriss es mir fast das Herz, wenn ich sie zu Karen schicken musste, und ich fragte mich, was sich wohl hinter ihrem Kummer verbarg. Wurde sie schlecht behandelt? Was geschah während dieser Besuche? Oder war es eher die Vergangenheit, die Hannah so stark belastete?

Mehrmals kam es vor, dass die kleineren Kinder nach einem solchen Besuch ganz unbedarft etwas von dem ausplapperten, was sie erlebt hatten. Aber sofort wurden sie durch die drohenden Blicke der beiden ältesten Kinder zum Schweigen gebracht.

Eines Abends, während ich Hannah badete, plauderte sie über alles Mögliche. Ich spitzte die Ohren, als sie den Besuch bei ihrer Mutter erwähnte. Doch dann schwieg sie plötzlich.

»Ist irgendetwas bei Mama zu Hause passiert?«, fragte ich.

»Ich kriege ganz, ganz große Probleme, wenn ich es sage«, erwiderte sie.

Ich drängte die Kinder nie dazu, mir etwas zu erzählen, denn ich wollte sie nicht in Gewissenskonflikte bringen. Für Pflegeeltern ist es immer ein schmaler Grat zwischen der Suche nach der Wahrheit und dem Untergraben der Autorität der leiblichen Eltern. Manchmal muss man etwas sagen und manchmal muss man schweigen. Ich wollte keinen Druck auf die Kinder ausüben. Allerdings besprach ich alle meine Beobachtungen mit der Sozialarbeiterin.

So schweigsam die Kinder auch waren, was die Besuche betraf, Karen wurde mir gegenüber immer offener und erzählte aus ihrer Vergangenheit, vor allem aus der Zeit mit William – dem Mann, zu dem sie laut gerichtlicher Anordnung keinen Kontakt haben durfte. Erst kurz zuvor hatte Karen mir gegenüber eingeräumt, dass dieser Mann den Vater von Hannah und Andrew zutiefst hasste und es Karen sehr übel genommen hatte, dass sie mit ihm leiert gewesen war. Das war so weit gegangen, dass er die beiden Kinder nicht nur gemieden hatte, sondern hart und unfreundlich zu ihnen gewesen war. Er hatte sie oft angeschrien und gewollt, dass sie sich in einem anderen Zimmer aufhielten, wenn er da war. Karen offenbarte mir sogar, William habe nicht nur den Kindern, sondern auch ihr selbst gegenüber ein explosives Temperament gehabt. Trotzdem war Karen so tief in dieses Verhältnis verstrickt gewesen, dass sie die Beziehung nicht beendet hatte, sondern sich große Mühe gegeben hatte, ihn zu beschwichtigen, denn sie hatte gewollt, dass er ein Teil ihres Lebens blieb. Insgeheim fragte ich mich, ob Karen sich den Anordnungen des Jugendamtes widersetzte und sich weiter mit William traf.

* * *

Eines Tages, als ich im Einkaufszentrum ein paar Dinge besorgte, traf ich zufällig Lisa, eine Freundin von Karen. Ich hatte sie ein paarmal bei Karen zu Hause gesehen, wenn ich die Kinder zu Besuch dorthin gebracht hatte. Ich mochte Lisa, denn sie war eine vernünftige Frau und die Kinder schienen ihr am Herzen zu liegen.

»Wie geht es denn so mit den Bower-Kindern?«, fragte sie mich.

Da ich keine vertraulichen Informationen weitergeben wollte, hielt ich meine Antwort so allgemein wie möglich. »Ganz gut. Wie denken Sie denn über die Kinder?«

Lisas Miene verfinsterte sich. »Debra, wenn ich ganz ehrlich bin, dann bin ich froh, dass die Kinder bei Ihnen sind und das Jugendamt Karen William untersagt hat. Er hat einen schlechten Einfluss auf Karen und war grausam zu Hannah und Andrew. Er ist ein richtig übler Kerl.«

»Darf ich fragen, inwieweit er grausam zu Hannah und Andrew gewesen ist?«

Vielleicht bekomme ich jetzt endlich ein paar Antworten.

Daraufhin zeichnete Lisa ein furchtbares Bild von den Misshandlungen. Wenn Hannah oder Andrew geweint hatten, laut gewesen oder William sonst wie verärgert hatten, dann hatte er sie gepackt, ihnen den Mund mit Klebeband zugeklebt, sie an den Händen gefesselt und in einen Schrank gesperrt, wo sie manchmal stundenlang hatten bleiben müssen.

»Und Karen ist nie eingeschritten«, erzählte Lisa weiter. »Ihre Beziehung zu diesem Mann ist so gestört, dass sie es ihm eher gleichtun würde, als ihre Kinder zu schützen. Ich habe mir ihr gegenüber den Mund fusselig geredet, aber sie hat nie gegen ihn aufbegehrt. Erst vor Kurzem habe ich sie gewarnt, dass sie so etwas niemals mehr zulassen darf. Ich hoffe, sie hält sich von ihm fern.«

Wirklich schockiert war ich nicht, denn ich hatte im Lauf der Jahre schon Schlimmeres gehört, aber innerlich war ich schwer erschüttert. Ich schloss einen Moment die Augen und ließ die schrecklichen Informationen sacken.

»Danke, dass Sie mir das erzählt haben«, sagte ich schließlich. »Das beantwortet einige Fragen.«

Später am selben Tag rief ich Ellen an und berichtete ihr, was ich erfahren hatte. Sie klang nicht überrascht, was in mir die Frage hervorrief, ob das Jugendamt dies alles bereits wusste.

Vielleicht war das ja der Grund dafür, dass Karen keinen Kontakt zu William haben und ihm die Kinder nicht überlassen durfte.

»William ist äußerst problematisch«, sagte Ellen. »Es ist gut, dass Karen anscheinend Wort hält und keinen Kontakt zu ihm hat. Haben die Kinder von irgendwelchen Begegnungen mit ihm erzählt?«

»Nein. Die Kinder erzählen gar nichts über ihre Besuche«, erklärte ich. »Ich habe das alles von Karens Freundin erfahren.«

»Ich werde das auf jeden Fall in der Akte vermerken«, versicherte Ellen.

Mehrere Tage später fuhr ich die Kinder zu einem Halbtagsbesuch bei Karen und hoffte auf eine Gelegenheit, mich allein mit ihr zu unterhalten. Als die Kinder zum Spielen ins Wohnzimmer gegangen waren, hatte ich ein paar Minuten mit Karen allein in der Küche.

»Ich möchte dich etwas fragen«, begann ich. »Es geht um William und die Kinder.«

»Okay«, sagte Karen vorsichtig.

»Ist es vorgekommen, dass William Hannah und Andrew mit einem Klebeband gefesselt und in den Schrank gesperrt hat?«

Karen schaute weg und antwortete dann leise: »Ja ... nun ja ... das ist manchmal ... tatsächlich passiert.« Sie schaute zu Boden. »William hat damit angefangen. Ich war nicht dafür, aber man kann William nicht widersprechen.«

Ihre Antwort bestätigte meine Befürchtungen. Es war kein einmaliges Ereignis gewesen. Es steckte ein Muster dahinter – etwas, was sich wiederholte.

»Wer hat dir davon erzählt?«, wollte Karen wissen.

»Das kann ich dir nicht sagen«, erwiderte ich, »aber es war keines der Kinder.«

Sie drängte nicht nach weiteren Antworten. In diesem Moment kam Kyra in die Küche und wir wechselten das Thema. Ein paar Minuten später ging ich wieder und fragte mich, welche Geheimnisse diese Familie sonst noch hütete.

* * *

Nun, da ich wusste, wie sehr Hannah und Andrew gelitten hatten, bevor sie ihrer Mutter weggenommen worden waren, verstand ich auch, warum die Beziehung zu ihr zerbrochen war. Die Geheimnisse dieser Familie waren noch dunkler und schrecklicher, als ich es mir vorgestellt hatte.

Das Vertrauen, das eigentlich zwischen Mutter und Kind existieren sollte, war zutiefst erschüttert. Karen hatte ihre Rolle als Mutter und Beschützerin von Hannah und Andrew nicht erfüllt. Und weil Kyle und Kyra mit eigenen Augen mit angesehen hatten, wie die jüngeren Kinder misshandelt worden waren, ohne dass die Mutter dagegen eingeschritten war, hatte Karen damit auch sie negativ beeinflusst und ihnen indirekt zu verstehen gegeben, dass ihre Geschwister eine solche Behandlung verdient hatten. Alle vier Kinder hatten wiederholt erlebt, wie ihre Mutter diesen bedrohlichen, gewalttätigen und rachsüchtigen Mann in ihr Haus gebeten, sein Verhalten toleriert und durch ihr Schweigen sogar unterstützt hatte.

So viele Fragen drängten sich mir nun auf: Wenn William Karen so stark unter Kontrolle hatte, gelang es ihr dann überhaupt, sich von ihm fernzuhalten? Wenn die Kinder bei ihrer Mutter waren, fürchteten sie dann, dass William unerwartet auftauchen würde? War es das, was Hannah und Andrew solche Angst einjagte? Waren sie deshalb immer so bedrückt und schlecht gelaunt, wenn sie zurückkamen? Welchen Einfluss hatte William auf Karens Fähigkeit, die Kinder zu lieben und für sie zu sorgen? War sie überhaupt zu einem gesunden und liebevollen Umgang mit Hannah und Andrew in der Lage?

Mir fielen mehrere Situationen ein, in denen Karen zunächst allen Kindern gegenüber freundlich gewesen war, dann aber Hannah ganz anders behandelt hatte. Karen hatte Hannah erst zum Lachen gebracht und sie dann mit einem einschüchternden Blick angeschaut. Daraufhin war Hannahs Lächeln verschwunden und sie hatte sich innerlich zurückgezogen und den Kopf gesenkt. Ich verstand nicht genau, was sich zwischen den beiden abspielte, aber es war jedenfalls nichts Gutes.

Alle vier Kinder hatten ein gutes Benehmen, begegneten ihrer Mutter aber mit Vorsicht. Es war, als wüssten sie nicht genau, wo die Grenze zwischen wahrer Zuneigung und Gleichgültigkeit verlief. Die unausgesprochenen Hinweise, aus denen sich dies ableiten ließ, waren bei Hannah und Andrew anders als bei Kyle und Kyra.

Mir war nun viel klarer, wie ich für die Bower-Kinder beten konnte. Hannah und Andrew brauchten Heilung von den Misshandlungen der Vergangenheit und Mut, solange ihre Mutter das Recht auf unbegleiteten Umgang mit ihnen hatte und sie zu Besuch bei ihr waren. Es war wichtig, dass Karen eine vertrauensvolle Beziehung zu ihnen entwickelte, auf die sie sich verlassen konnten. Kyle und Kyra mussten erkennen, dass die Art, wie ihre Mutter mit den beiden jüngeren Geschwistern umging, falsch war; sie sollten lernen, Mitgefühl zu entwickeln und Hannah und Andrew liebevoll zu behandeln. Und es war auch wichtig, dass unsere Familie ihnen in jeder Hinsicht ein Vorbild war, so gut wir es konnten.

Auch in meinen Gebeten für Karen tauchten nun neue Bitten auf – dass Gott sie von William und anderen schlechten Einflüssen fernhielt; dass sie erkannte, wie falsch ihr Verhalten in der Vergangenheit gewesen war und dass sie ein fürsorgliches Herz für ihre Kinder bekam. Ich beschloss, Karen wieder in die Gemeinde einzuladen, nicht nur, damit sie ihre Kinder sehen konnte, sondern auch, damit sie Jesus und seine Liebe zu ihr kennenlernte.

Ich war dem Herrn dankbar, dass er mir schon vor langer Zeit gezeigt hatte, wie ich die Abendgebete mit unseren Pflegekindern gestalten sollte. Als ich gerade erst zum Glauben gekommen war, hatte ich eine Predigt zum Thema »Ehre Vater und Mutter« gehört, die sehr beeindruckend gewesen war. Daraufhin hatten Al und ich beschlossen, dass wir unseren eigenen Kindern gern beibringen wollten, uns als ihre Eltern zu ehren. Als ich jedoch weiter über die Predigt nachdachte, merkte ich, dass ich auch selbst an mir arbeiten musste. Es gab nämlich Dinge, die ich meinen Eltern nicht vergeben hatte. Es war nichts Großes oder Schreckliches und dennoch belastete es mein Herz und war nicht aufgearbeitet. Mit der Zeit und mit viel Gebet lernte ich, meinen Eltern zu vergeben und sie zu ehren.

Al und ich waren der Auffassung, dass wir eine geistliche Verantwortung hatten. Wir wollten unseren Pflegekindern zeigen, wie sie ihre Eltern ehren konnten. Am Anfang hatten wir jedoch mit diesem Gedanken zu kämpfen. Wie konnten diese Kinder, die vernachlässigt oder misshandelt worden waren, ihre Eltern ehren? Nachdem wir uns lange damit beschäftigt hatten, kamen wir zu folgendem Schluss: Wir wollten den Kindern erklären, dass Misshandlungen falsch sind und Eltern ihren Kindern nicht wehtun dürfen. Aber wir würden Gott bitten, die Eltern zu verändern. Wenn ich abends mit jedem Kind einzeln betete, brachte ich auch seine Eltern im Gebet vor Gott, bat ihn, über sie zu wachen und ihre Herzen zu ihm zu wenden, in ihrem Leben zu wirken und ihnen zu helfen, bessere Eltern zu werden. Dann betete ich für das Kind, dass es bereit war, seine Eltern zu ehren und zu respektieren.

Unsere Pflegekinder und ihre Eltern Gott anzuvertrauen und die Kontrolle abzugeben, die ich über ihr Leben zu haben meinte, war oft ein Kampf, den ich mit Gott ausfocht. Ich wusste, dass ich genau wie bei meiner eigenen Familie sie alle in Gottes Hände befehlen sollte. Nur er kannte ihre Herzen. Nur er wusste um ihre Bedürfnisse. Meine Macht, sie zu beschützen, war begrenzt.

Eines Abends, kurz nachdem ich erfahren hatte, wie Hannah und Andrew von William misshandelt worden waren, sprach ich folgende Worte an Hannahs Bett: »Lieber Jesus, danke, dass du Hannah liebst und nur das Beste für sie willst. Wir beten für ihre Mama Karen. Wache über sie und hilf ihr, eine bessere Mama zu sein. Hilf ihr, dafür zu sorgen, dass niemand mehr Hannah wehtun kann. Und hilf Hannah, dass sie jemandem davon erzählen kann, wenn ihr etwas Schlimmes passiert ist oder etwas, was ihr Angst macht. Lass Hannah wissen, dass du immer bei ihr bist und sie liebst. Amen.«

Kapitel 5

Die Brücke

Kyra und Hannah saßen vorn neben mir auf den beiden Beifahrersitzen unseres Pick-up, als ich auf die Schnellstraße fuhr, die an diesem frühen Aprilmorgen vom Schnee noch ganz nass war. Ich brachte die Kinder zu einer Freundin zum Spielen. Die Sonne glitzerte auf der Fahrbahn, als wir uns der Brücke näherten. Der gefürchteten Brücke. Sie erinnerte mich jedes Mal an den Unfall damals. Wir mussten sie überqueren, um in die ländliche, von Salbeibüschen überwucherte Region zu gelangen, wo die Freundin der beiden Mädchen wohnte.

Trotz der traumatischen Erinnerung lächelte ich, denn ich wusste, dass die Sache mit der Brücke für alle Kinder eine der beliebtesten Geschichten war. Ich erzählte gern gute Familienerlebnisse und dieses hier musste man ganz bestimmt nicht aufpolieren, um sich die Aufmerksamkeit der Kinder zu sichern. Ich rechnete schon damit, dass ich die Geschichte gleich wieder würde erzählen müssen, und wurde nicht enttäuscht. Womit ich jedoch nicht rechnete, war der intensive Gedankenaustausch, den sie dieses Mal auslösen würde und der in den folgenden Monaten eine noch tiefere Bedeutung erlangen sollte.

»Zeig uns, wo du gegen die Brücke gekracht bist«, bat die sechsjährige Kyra mit einer Mischung aus Gruseln und Begeisterung in der Stimme, als die rostigen alten Strukturen des Bauwerks in Sicht kamen.

»Ja, genau. Zeig es uns, Debwa«, fügte Hannah hinzu, die inzwischen fünf war. Beide Mädchen hatten Ende März Geburtstag gehabt.

Ich hielt kurz vor der Brücke an. »Es war genau hier.« Ich deutete auf die erste Stelle, wo mein Wagen damals gegen die Brücke geknallt war, und wunderte mich, dass sich mein Magen bei der Erinnerung daran immer noch zusammenkrampfte. Es war nun über ein Jahr her und obwohl ich die Brücke seither schon viele Male überquert hatte, schien es erst gestern gewesen zu sein.

* * *

Helen war damals, als der Unfall passierte, elf Jahre alt. Sie wartete schon seit einer halben Stunde darauf, dass ich sie endlich zu der Übernachtungsparty bei ihrer Freundin fuhr. Sie hatte ihre Sachen gepackt und ging unruhig im Wohnzimmer auf und ab. Al hatte angeboten, sie zu fahren, doch ich war dagegen. Denn er hatte eine anstrengende Woche hinter sich und war erschöpft. Außerdem hatte er die Kinder die Woche über kaum gesehen, weil er jeden Abend erst spät nach Hause gekommen war. Und so würde er jetzt die Gelegenheit haben, sich mit ihnen gemeinsam zu entspannen. Kurz bevor Helen und ich das Haus verließen, kam Al zu uns. Die Hände in den Hosentaschen lehnte er am Türrahmen und sagte: »Ich weiß, es hat aufgehört zu schneien, aber die Straßen werden trotzdem schlecht befahrbar sein. Du fährst nicht über die Bessemer Bend Bridge, oder?«

Ich legte das Geschirrtuch beiseite und schaute aus dem Fenster. Ja, es schneite nicht mehr, aber die Temperaturen waren immer noch sehr niedrig. Ich wusste, das war ein Abend, an dem man besser zu Hause bleiben sollte, aber Helen freute sich schon seit Tagen auf die Party. »Es wird schon gehen. Über die Brücke ist es halt viel kürzer.«

»Auf der Brücke wird es glatt sein. Das ist keine gute Idee.«

»Ich bin vorsichtig. Wenn ich die andere Strecke nehme, ist es doppelt so weit. Je kürzer die Fahrt, desto besser. Ich schaffe das schon, Al.«

Al kam von hinten näher; ich konnte das Geräusch seiner Hausschuhe auf dem Linoleum hören. Ich drehte mich um und blickte in sein besorgtes Gesicht. »Wirklich, es wird schon gehen«, versicherte ich ihm noch einmal. »Ich fahre ganz langsam.

Ich möchte einfach nicht den ganzen Abend auf der Straße unterwegs sein.«

Er legte mir die Hände auf die Schultern und sah mir direkt in die Augen. Nach einer langen Pause nahm er mich in seine Arme und flüsterte: »Du kannst so stur sein.«

»Ich ... passe ... schon ... auf«, flüsterte ich voller Überzeugung.

Nachdem wir uns in unsere Jacken, Handschuhe und Mützen gezwängt hatten, griffen Helen und ich uns den Schlafsack, das Kopfkissen und den Rucksack.

»Mach dir keine Sorgen!«, rief ich Al noch vom Eingang aus zu und ging zu unserem Van, der von Schneehaufen umgeben in der Einfahrt stand.

Helen half mir, die verschneiten Fensterscheiben abzufegen, und dann stiegen wir ein. Während ich wartete, bis der Motor warm wurde, steckte ich meine kalten Hände zwischen die Knie. Helen rollte ihren Schlafsack aus und legte ihn sich über die Beine. »Wie viel Grad unter null haben wir denn, Mama?«

Mit klappernden Zähnen deutete ich auf die Anzeige auf dem Armaturenbrett: minus einundzwanzig Grad.

Im Schneckentempo fuhren wir bis zum Ende unseres vier Hektar großen Grundstücks und bogen schließlich in die Bessemer Road ein, auf der eine festgefahrene Schneedecke lag.

Endlich wurde es in unserem Auto warm, das sich vorher wie ein Eisschrank auf vier Rädern angefühlt hatte. Orangefarbene Lichtschimmer erschienen am Horizont, als der Mond über der Prärie aufging. Ich konnte die Umrisse der Rinder erkennen, die uns entlang der Straße folgten, und den Rauch, der aus den Schornsteinen der kleinen Landhäuser aufstieg, die über die ganze Gegend verstreut lagen. Vor uns erhoben sich die Stahlträger der Brücke über den North Platte River. Ich trat vorsichtig auf die Bremse und hielt das Steuer mit festem Griff. Ich hatte immer noch die warnenden Worte von Al im Ohr. Mit einem leisen Rumpeln glitt unser Van über die Holzplanken der Brücke. Nur wenige Sekunden später waren wir wieder auf der schneebedeckten Schotterstraße.

»Kein Problem.« Ich grinste vor mich hin, zufrieden, weil ich die Brücke wohlbehalten überquert und dadurch viel Zeit gespart hatte.

Wenige Hundert Meter vor dem Haus der Freundin begann Helen ihren Schlafsack wieder zusammenzurollen, der nun durch die Heizung warm und gemütlich war. Die Kreuzung, an der Helens Freundin wohnte, sah dunkel und verlassen aus. Nur ein schwaches gelbes Licht flackerte über der Veranda, als wir am Haus vorfuhren.

»Hab dich lieb, Mama.« Helen beugte sich zu mir herüber, damit ich ihr einen Kuss auf die Stirn geben konnte. Ich lachte, als ich sie zur Haustür stapfen sah. Ihre Stiefel versanken im hohen Schnee und sie hatte mit ihrem Schlafsack zu kämpfen, der wieder auseinandergegangen war und nun hinter ihr herschleifte. Die Freundin begrüßte Helen an der Haustür und winkte mir zu als Zeichen, dass ich losfahren konnte.

»Bis morgen«, sagte ich noch durch das geschlossene Fenster.

Nur das Flüstern des Windes antwortete mir. Die Reifen des Vans knirschten auf der schneebedeckten Straße, als ich wieder nach Hause fuhr. Ich war mit mir selbst zufrieden. Ich hatte den Hinweg über die Brücke und durch die Prärie ohne Zwischenfälle geschafft. Im Auto war es mittlerweile sehr warm und so lehnte ich mich entspannt in meinem Ledersitz zurück.

Al hat bestimmt ein gemütliches Feuer im Ofen angezündet. Ich freue mich schon, wenn ich wieder zu Hause bin und noch ein bisschen mit ihm reden kann. Hoffentlich waren die Kinder lieb.

Fasziniert vom Spiegelbild des Mondes im Wasser, schweiften meine Gedanken ab, während ich durch die Kurve fuhr, die auf die Brücke zusteuerte. Ich achtete nur wenig auf die Straße.

Nun näherte ich mich der Brücke von Norden her. Am Ende der Kurve bremste ich und rollte vorwärts. Die Vorderräder berührten die Brücke und in diesem Moment kam aus dem Nirgendwo ein Windstoß und blies mir den Schnee auf die Windschutzscheibe, sodass ich für kurze Zeit nichts mehr sehen konnte. Erschrocken umklammerte ich das Lenkrad.

Die Vorderräder des Vans wollten nicht in die Richtung, in die ich steuerte. Unerwartet schien irgendetwas den hinteren

Teil des Wagens zu erfassen und ihn hin und her zu schwenken. Dann brach der Van zur Seite aus.

Eis!

Mein Griff ums Lenkrad wurde noch fester. Meine Beine verkrampften sich.

Der Van drehte sich um die eigene Achse und mein Fuß rutschte vom Gas. Unkontrollierbar schlingerte das Fahrzeug auf das Brückengeländer zu. Ich machte mich auf den Aufprall gefasst.

Oh Gott, bitte lass mich nicht in den Fluss stürzen, dachte ich, als ich das eisige Wasser unter mir vorbeirauschen sah.

Ich konnte nur noch kurz Luft holen, dann krachte der Van frontal gegen das rostige Geländer der Brücke. Ich schrie, als ich das Glas der Scheinwerfer mit einem furchtbaren Krachen bersten hörte. Das Metall um mich herum knackte und knirschte, als würde man eine Limonadendose zerquetschen. Der Van prallte vom Geländer ab und drehte sich wie ein Propeller auf die andere Seite der Brücke zu. Über mir ragten bedrohlich die Stahlarme der Brücke, während ich auf das gegenüberliegende Geländer zuschleuderte und schließlich unsanft hineinkrachte. Mein Kopf schlug gegen das Seitenfenster.

Die Zeit schien sich zu verlangsamen, der Van jedoch nicht. Mit jedem Aufprall wurde mein Körper in die Gurte katapultiert, die sich strafften und mir in Bauch und Hüfte schnitten. Es schien, als würde die Brücke mit mir kämpfen, sie wirbelte mich herum, warf mich hin und her und drohte mich in den eisigen Fluss hinunterzuschleudern. Bei jeder Drehung und jeder Kollision sah ich das Spiegelbild des Mondes auf dem eiskalten, brausenden Gewässer nicht weit unter mir.

»Lieber Jesus, bitte lass das Geländer nicht brechen. Bitte lass meinen Van nicht in den Fluss stürzen. Bitte, bitte, bitte.« Dann hörte ich ein furchtbares quietschendes Geräusch und die Funken flogen, als mein Van am Brückengeländer entlangschrammte. Ich ließ das Lenkrad los und hielt mir die Augen zu.

Wenn ich nicht mehr zusehe, vielleicht hört es dann auf.

Wieder schleuderte das Fahrzeug seitwärts und kam dann abrupt zum Stehen. Ich spreizte die Finger, um hindurchschauen zu können und herauszufinden, wo ich gelandet war. Mein Blick war verschwommen, ich blinzelte ein paarmal.

Die Brücke hatte mich freigelassen und mich auf der anderen Seite auf die Bessemer Road ausgespuckt. Endlich war ich außer Gefahr und konnte nicht mehr ins Wasser geschleudert werden. Obwohl das Auto angehalten hatte, drehte sich innerlich noch alles bei mir und es überkam mich eine Welle der Übelkeit. Ich rang nach Luft. Mein Herz klopfte so heftig, als wolle es mir aus der Brust springen.

Als ich endlich wieder scharf sehen konnte, entdeckte ich ein flackerndes Licht vor mir auf dem Boden – einer der Scheinwerfer, der herausgesprungen war und nun hin und her baumelte. Im Auto war es still. Ich hörte nur mein pochendes Herz und ein zischendes Geräusch unter der Motorhaube. »Danke, Herr. Danke, Jesus.« Ich bedeckte mein Gesicht mit meinen schweißnassen, zitternden Händen.

»Al hatte mich gewarnt.« Ich holte tief Luft und ging vorsichtig aufs Gaspedal, in der Hoffnung, dass der Wagen vorwärtsrollen würde. Der Motor heulte auf. Metall knirschte und tatsächlich – der Van setzte sich in Bewegung! Ich redete ihm gut zu und steuerte ihn von der Brücke weg.

»Danke, dass du mich gerettet hast, Herr.«

Am liebsten wäre ich sitzen geblieben und hätte gewartet, bis meine Hände zu zittern aufhören würden und mein Herzschlag sich beruhigt hatte. Doch unser Zuhause war nicht einmal einen Kilometer entfernt und ich fürchtete, dass der Motor wieder stottern könnte und ich unterwegs stehen blieb. Also fuhr ich weiter. Während der Toyota langsam auf die Schnellstraße zuschlich, bekam ich krampfartige Rückenschmerzen. Auch die Beine taten mir weh und in meinem Kopf hämmerte es.

Was hat mein Stolz uns gekostet?

Hatte ich einen Totalschaden verursacht? Und selbst wenn das Auto repariert werden konnte (wonach es nicht aussah) und die Versicherung die meisten Kosten übernahm, würden wir dennoch zusätzliche Ausgaben haben.

Ich kroch mit dreißig Stundenkilometern weiter. Als ich unser Haus erreichte, blieb ich einen Moment still sitzen, bevor ich den Motor ausschaltete. Die Zeit konnte ich nicht zurückdrehen und das Ganze ungeschehen machen konnte ich auch nicht. Was würde Al dazu sagen? Ich schaltete in die Parkstellung und drehte den Schlüssel um. Der Motor heulte noch einmal kurz auf und verfiel dann in ein erbärmliches Schweigen.

Ich drückte die verbeulte Tür auf. Die Scharniere quietschten. Dann schloss ich die Tür vorsichtig, holte tief Luft und ging ins Haus. Ich hörte den Fernseher im Wohnzimmer.

Al saß in seinem dick gepolsterten Ledersessel und im Ofen brannte ein Feuer.

»Hallo Schatz, wie waren die Straßen?«

Ich stand in der Mitte des Raumes.

»Was ... was ist denn los? Alles in Ordnung?«

»Nein. Nicht wirklich.« Ich biss mir auf die Lippen und unterdrückte meine Tränen. »Du musst es dir ansehen«, sagte ich.

Ich nahm Al an der Hand und führte ihn nach draußen. Das Garagenlicht fiel auf das Autowrack, das aus etlichen Wunden zu bluten schien. An verschiedenen Stellen trat Flüssigkeit aus.

Al sah mich an. »Bei dir alles in Ordnung?«

»Ja. Ziemlich durchgeschüttelt, aber es geht mir gut.«

»Du bist über die Bessemer-Brücke gefahren, stimmt's?«

Ich lehnte den Kopf an seine Schulter. »Es tut mir so leid. Bitte verzeih mir, dass ich nicht auf dich gehört habe.« Nun konnte ich meine Tränen nicht mehr zurückhalten. Sie liefen mir über die Wangen.

Al hielt immer noch meine Hand und wischte mir mit der anderen die Tränen ab. »Ich bin so froh, dass du noch am Leben bist. Das ist alles, was zählt.« Dann zog er mich an sich und nahm mich fest in seine Arme.

* * *

Als ich den Mädchen meine Geschichte zu Ende erzählt hatte und mein Herz immer noch erfüllt war von der Liebe und Barmherzigkeit meines Mannes, reckten Kyra und Hannah die Hälse und schauten über das Armaturenbrett hinaus. Kyra streckte sich, so weit sie konnte, um einen Blick auf das unten vorbeirauschende Wasser zu erhaschen. Hannah jedoch sah nur kurz hin und lehnte sich dann wieder mit einem nachdenklichen, besorgten Gesichtsausdruck in ihrem Sitz zurück.

»Was wäre passiert, wenn das Geländer kaputtgegangen und dein Auto ins Wasser gefallen wäre?«, fragte sie.

»Dann hätte Jesus sich um mich gekümmert, Hannah.«

Der Name *Jesus* war mittlerweile allen Bower-Kindern vertraut. Sie hatten sich daran gewöhnt, dass wir beim Zubettgehen und bei den Mahlzeiten beteten und dass wir in den Gottesdienst gingen. Die Liebe Jesu wurde bei uns zu Hause weitergegeben und wir sprachen oft über ihn. Er gehörte zu unserer Familie.

Hannah schaute mich lange an und suchte offensichtlich nach einer überzeugenderen Antwort. »Aber Debwa, was wäre passiert, wenn dein Auto ins Wasser gefallen und das Wasser durch die Fenster hereingekommen wäre?«

»Dann wäre Jesus bei mir gewesen und hätte sich um mich gekümmert.«

Hannah beugte sich noch einmal nach vorne, um einen Blick auf den Fluss zu erhaschen. Plötzlich schossen ihr die Tränen in die Augen und sie fragte mit erstickter Stimme: »Aber Debwa, was wäre passiert, wenn das Wasser hereingekommen wäre und du ertrunken wärst?«

Ich schaute Hannah direkt an und flüsterte mit fester Stimme: »Jesus ... hätte sich ... um mich gekümmert. Ich liebe Jesus und vertraue ihm, dass er sich um mich kümmert, selbst wenn ich ertrinke.«

Hannah und ich schauten uns lange an und es schien, als sei die Seele, die mir aus diesen großen braunen Augen entgegenblickte, viel älter als nur fünf Jahre. Kyra beobachtete unsere stille Unterhaltung. Es war ein Augenblick, in dem ich ihnen etwas ganz Wichtiges vermittelte. *Werden die Mädchen das verstehen?* Hannah schien es verstehen zu wollen. Während sie mein Gesicht betrachtete, runzelte sie die Stirn und biss sich auf die Unterlippe, als könne sie meine Gedanken lesen, wenn sie mich nur lange und intensiv genug ansah. Als wir weiterfuhren, saß sie ganz ruhig da und war sehr schweigsam.

Was geht in dem kleinen Kopf dieses fünfjährigen Kindes vor? Ich bete, dass du es bist, Jesus. Führe Hannah so, dass sie in Zeiten der Gefahr zu dir ruft und lernt, dir zu vertrauen.

Ich hatte keine Ahnung, wie wichtig diese kleine Unterhaltung noch werden sollte. Genau da, wo damals mein Auto zerschellt war, hatte ich nun die Saat des Glaubens ausgestreut.

Kapitel 6

Der Abschied

An einem nassen, matschigen Morgen Anfang April fuhr ich Ally und Andrew zu unserer Tagesmutter Starla und brachte dann Hannah zur Vorschule und die anderen Kinder zu ihren jeweiligen Schulen, bevor ich mich auf den Weg zu einer Besprechung im Jugendamt machte. Die Scheibenwischer kamen kaum hinterher, die Windschutzscheibe vom Matsch zu befreien, der von den vorbeifahrenden Fahrzeugen aufspritzte. Die Bedingungen auf der Straße waren schlecht und der Verkehr rollte nur langsam.

Ich möchte zu dieser Besprechung nicht zu spät kommen.

Das Jugendamt hatte mich gebeten, an einem Gespräch teilzunehmen, bei dem die nächsten Schritte geplant wurden, um die Kinder wieder in Karens Obhut zurückzugeben. Ich war dankbar, in diesen Vorgang mit einbezogen zu werden. Nur wenige Minuten vor dem Termin fuhr ich auf den Parkplatz der Jugendbehörde.

In den darauffolgenden eineinhalb Stunden entwickelten Karen, Ellen und ich einen Sechsmonateplan, der in einzelne Wochen gegliedert war. Dazu gehörten Überprüfungen des Haushalts, Visitationen, Übernachtungsbesuche der Kinder, Erziehungskurse, Beratungsgespräche und unangekündigte Drogentests für Karen. Als wir fertig waren, fühlte ich mich sehr ermutigt. Es war ein solider Plan und Karen hatte eine positive Einstellung dazu. Ellen würde dem Familiengericht den Plan zur Genehmigung vorlegen. In all den Jahren als Pflegemutter hatte ich noch nie erlebt, dass ein Richter ablehnte, was die Sozialarbeiter vorschlugen. Wenn Karen als Mutter nicht geeignet war, dann würde das während dieser Zeit, in der sie intensiv überwacht wurde, ans Licht kommen. Und wenn sie sich als geeignet erwies, dann hatten die Kinder in diesen sechs Monaten genug Zeit, um sich wieder bei ihr einzuleben.

Ein paar Tage später lud ich Karen zu einem Gespräch in unser Beratungszentrum ein. Ich hoffte, weiterhin eine vertrauensvolle Beziehung zu ihr aufbauen zu können, damit ich sie unterstützen konnte, falls sie tatsächlich das Sorgerecht für ihre Kinder zurückerhielt. Außerdem war nicht zu übersehen, dass Karen in letzter Zeit zugenommen hatte. *War es möglich, dass sie wieder schwanger war?* Ich wollte sie nicht direkt danach fragen, aber vielleicht würde sie ja selbst auf das Thema zu sprechen kommen. Und wenn ja, dann würde ich ihr Vorschläge machen, wie unser Beratungszentrum ihr helfen konnte.

Wir unterhielten uns über eine Stunde lang und ich war dankbar für ihre Offenheit.

»Ich möchte so gern meine jüngeren Kinder selbst erziehen. DeAnn geht es bei meinen Eltern gut; ich denke, das ist der beste Platz für sie. Aber die anderen fünf sollten bei mir sein.«

»Es wird für dich als alleinerziehende Mutter nicht leicht werden«, sagte ich leise.

Ich hatte unausgesprochene Zweifel, die ich einfach nicht loswurde. Wenn Karen verärgert, gestresst und müde war, wie würde sie dann mit allem fertigwerden? Wäre sie bereit, fremde Hilfe anzunehmen? Wenn sie sich eingesperrt und einsam fühlte, würde sie dann William anrufen? Würde sie in ihren alten Lebensstil zurückfallen und sich an den Mann binden, der so grausam zu ihren Kindern gewesen war, und weitere Kinder mit ihm haben? Sie schien nicht daran interessiert zu sein, in ihr altes Leben zurückzukehren. Ich hoffte auf eine positive Veränderung und betete, dass Karen Gott in ihr Herz ließ, damit er ihr einen anderen Weg zeigen konnte.

In den nächsten sechs Monaten würde Karen viele Auflagen erfüllen müssen, die das Jugendamt ihr machte, damit sie ihre Kinder zurückbekam. Dazu gehörte unter anderem, dass sie eine Arbeitsstelle nachweisen musste (der befristete Job, den Al ihr vermittelt hatte, war im Dezember zu Ende gegangen). Außerdem brauchte sie eine größere Wohnung und sie musste eine Therapie machen. Der Plan forderte auch von ihr, sich weiterhin von den Menschen in ihrem Leben fernzuhalten, die Drogen nahmen, zum Beispiel von William.

Nun, da die Sozialarbeiterin nicht anwesend war, wirkte Karen ein wenig ungeduldig. Sie ärgerte sich über all die Vorschriften und Regeln, die sie würde erfüllen müssen. Dennoch erklärte sie sich bereit, sich daran zu halten. Ich betonte, dass all dies ja auch seine guten Seiten hatte. Davon wollte Karen zwar nichts hören, aber ihr war auch klar, dass es entweder so ging oder gar nicht.

Ich fragte Karen, wie sich ihrer Meinung nach ihre Beziehung zu Hannah und Andrew entwickelte. Sie gab zu, dass sie und Hannah oft aneinandergerieten und sie in Hannah die Ursache für viele ihrer Probleme sah. Außerdem nahm sie es Hannah übel, dass sie nicht gern zu Besuch kam. Im Januar, als die Kinder wieder über Nacht bei Karen bleiben sollten, hatte Hannah ein solches Theater gemacht, dass die Sozialarbeiterin ihr schließlich erlaubt hatte, bei uns zu bleiben. Karen hatte zwar zugestimmt, war aber nicht gerade glücklich darüber gewesen, und offensichtlich ärgerte sie sich deswegen immer noch.

»Für Hannah ist es wichtig, dass sie dich besuchen kann, ohne dass es Probleme oder Ärger gibt«, erklärte ich ihr.

»Aber Hannah tut immer so, als sei sie etwas Besonderes. Sie manipuliert alle, nur um mehr Aufmerksamkeit zu bekommen«, erwiderte Karen.

Dass Karen so dachte, enttäuschte mich sehr. Ich hatte Hannah mittlerweile gut kennengelernt und wusste, dass ihre Furcht vor einem Besuch bei ihrer Mutter echt war und kein Akt der Manipulation. Tatsächlich hatten Hannahs Ängste in letzter Zeit wieder zugenommen.

Ich fragte Karen, ob es vielleicht hilfreich wäre, wenn sie zunächst nur die anderen Kinder bei sich aufnahm und Hannah noch eine Weile bei uns blieb.

»Ich werde darüber nachdenken«, erwiderte sie.

»Karen, willst du Hannah wirklich bei dir zu Hause großziehen?«, fragte ich.

»Ich würde sie ja meinen Eltern überlassen oder ihrem Vater, aber meine Eltern können nicht noch ein Enkelkind bei sich aufnehmen und ihr Vater hat gesagt, dass er sich neben seiner Arbeit nicht um Hannah kümmern kann.«

Aus diesen Bemerkungen schloss ich, dass Karen bereit war, Hannah wegzugeben, wenn sie jemanden hätte, der sie nahm.

Je länger wir uns unterhielten, desto mehr Vorbehalte äußerte Karen gegenüber Hannah.

»Wenn du nicht möchtest, dass Hannah nach Hause kommt, könntest du dir dann vorstellen, dass wir die Vormundschaft für sie übernehmen oder sie adoptieren?« Ich hätte nie einen solchen Vorschlag gemacht, wenn ich nicht den Eindruck gehabt hätte, dass es Karen ganz egal war, wohin Hannah ging und wer sie bei sich aufnahm. Aber ... wer war ich, dass ich so etwas tat? Hatte ich wirklich das Recht, Karen diese Frage zu stellen?

In letzter Zeit hatte Hannah, wenn ich abends an ihrem Bett für ihre Mama betete, mir immer wieder zugeflüstert: »Kannst du nicht meine Mama sein?«

Dann küsste ich sie auf die Stirn und flüsterte zurück: »Das würde ich gern, aber du hast ja eine Mama und ich bin sicher, dass sie dich lieb hat und möchte, dass du nach Hause kommst.« Daraufhin sah Hannah mich erschrocken an und schüttelte den Kopf. Es machte mich tieftraurig.

Ich habe alle meine Kinder gleich lieb. Jedes von ihnen ist ein Geschenk. Ich könnte sie niemals mit einer solchen Verachtung und Ablehnung betrachten.

Aber ich war nicht Karen und ich war auch nicht in ihrer Situation. Ich ermahnte mich selbst dazu, nicht über Karen zu richten.

Ich konnte nur dafür beten, dass Karen es in Betracht zog, uns Hannah zu überlassen. Vielleicht würde sie in den nächsten sechs Monaten ja zu einer solchen Entscheidung gelangen.

An jenem Abend sprachen Al und ich noch einmal über den Sechsmonateplan.

»Ich wäre offen dafür, die Vormundschaft für Hannah zu übernehmen, wenn die anderen Kinder nach Hause zurückgekehrt sind«, sagte Al zu mir. »Wir könnten ausprobieren, wie es läuft und wie es Karen damit geht, dass Hannah nicht bei ihr lebt. Eine Adoption würde ich erst in Betracht ziehen, wenn wir die Situation getestet haben.«

»Ich werde noch einmal mit Karen reden und sehen, ob sie sich das vorstellen kann«, schlug ich vor.

Doch bis dahin würde ja noch ein wenig Zeit vergehen. Die Bower-Kinder würden noch bis August oder September bei uns sein. Mit unserer vorübergehend zehnköpfigen Familie hatten wir eine gute Alltagsroutine gefunden und das würden wir auch noch weitere sechs Monate so fortsetzen können.

* * *

Eines Abends, ungefähr eine Woche nach meinem Gespräch mit Karen, ging ich in Helens Zimmer, um frisch gewaschene Wäsche in die Schränke zu räumen. Zu meiner Überraschung fand ich Hannah dort ganz allein vor. Sie lag auf Helens Bett und spielte mit zwei Puppen. Hannah war selten allein anzutreffen und so beschloss ich, die Gelegenheit zu einem Gespräch zu nutzen.

Hannah zog ihren Puppen immer wieder neue Kleider an.

»Das ist ja ein hübsches Outfit«, bemerkte ich und strich mit der Hand über das Kleid einer Puppe.

»Das ist mein Lieblingskleid«, sagte Hannah und strahlte, als ich mich neben ihr auf dem Bett ausstreckte. Ein paar Minuten lang spielten wir gemeinsam mit den Puppen.

Meine Sorge um Hannah war nicht kleiner geworden. Ich hatte gedacht, die Besuche bei ihrer Mutter würden ihr mit der Zeit leichter fallen. Doch am vergangenen Wochenende hatte sie vor der Abfahrt einen regelrechten Aufstand gemacht und war sehr verängstigt zurückgekehrt. Irgendetwas bereitete ihr offensichtlich große Probleme und ich hatte einen Verdacht.

»War der Besuch bei deiner Mama letztes Wochenende schön?«, fragte ich. Ihr Gesicht wurde plötzlich ernst und sie sah sich um, ob niemand in Hörweite war. Dann schüttelte sie langsam den Kopf.

»Das tut mir leid«, sagte ich. »Willst du mir erzählen, was passiert ist?« Wieder schüttelte sie nur den Kopf und eine Träne kullerte ihr über die Wange.

»Wie wäre es, wenn ich dir ein paar Fragen stelle und du entweder nickst oder den Kopf schüttelst? Wäre das in Ordnung? Wir beide sind ja allein und niemand kann uns hören.«

Sie drehte sich auf den Rücken, rückte näher an mich heran und drückte ihre Puppe an sich. Dann nickte sie. Ich wusste, dass ich behutsam vorgehen musste, um sie nicht zu verschrecken.

»War jemand gemein zu dir?«

Sie nickte.

»Hattet ihr Besuch?«

Wieder ein Nicken. Sollte ich jetzt wirklich die Frage stellen, die mich so sehr umtrieb?

»War es der gemeine Mann? Ist William gekommen?«

Einen Augenblick schaute sie mich nur traurig an. Dann folgte ein schwaches Nicken. Sie fing an zu zittern und mir wurde klar, dass ich es hierbei belassen sollte. Ich streckte die Hand aus und strich ihr sanft über die Wange.

»Hattest du Angst?«, fragte ich.

Sie antwortete nicht, sondern schaute mich nur weiter mit großen Augen an. Sie zog sich wieder innerlich zurück. Ich nahm die andere Puppe in die Hand. »Ich glaube, ihr gefällt dieses pinkfarbene Kleid, das du ihr angezogen hast. Diese beiden Puppen sehen aus wie beste Freundinnen. Meine Puppe möchte deine jetzt gern umarmen.«

In diesem Moment kam Helen ins Zimmer gehüpft und unser Gespräch unter vier Augen war beendet. Obwohl ich nicht mit hundertprozentiger Sicherheit sagen konnte, dass William tatsächlich bei Karen gewesen war, beschloss ich, die Sozialarbeiterin am nächsten Morgen anzurufen.

»Hallo Ellen«, begann ich. »Ich rufe an, weil ich mir Sorgen mache. Ich habe das Gefühl, dass William wieder zu Karen geht.« Dann berichtete ich von meinem Gespräch mit Hannah am Abend zuvor.

»Nun, ich hätte Karen das zwar nicht zugetraut, aber wenn man sie erwischt, dann wird der Plan zur Familienzusammenführung wieder auf Eis gelegt.«

Ich war mir nicht sicher, was ich mir von dem Telefonat erhofft hatte, aber irgendwie entsprach diese Reaktion nicht meinen Erwartungen. Ich wollte die Zusicherung haben, dass das Jugendamt der Sache nachging. Natürlich konnten die Mitarbeiter Karens Haus nicht rund um die Uhr überwachen und mussten sich auf das verlassen, was sie ihnen erzählte. Und ich war keine Mitarbeiterin des Jugendamtes, sondern Pflegemutter. Ich konnte lediglich meine Beobachtungen und Sorgen mitteilen und mich für die Kinder einsetzen. Wenigstens, so beruhigte ich mich selbst, würde Karen für weitere sechs Monate unter der Aufsicht des Jugendamtes sein, bevor sie die Kinder zurückerhielt. Ich würde darum beten, dass die Wahrheit ans Licht kam. Aber was konnte ich in der Zwischenzeit für Hannah tun? Hier war ich mir nicht so sicher.

* * *

Am 16. April klingelte das Telefon in unserem Beratungszentrum.

»Debra, ich weiß gar nicht, wie ich Ihnen das sagen soll«, begann Ellen. »Es gibt Neuigkeiten. Ich bin zum Büro des Richters gegangen, um ihm den Sechsmonateplan vorzulegen, bekam dann aber zu hören, dass er mich nicht empfangen würde. Er hat gemeinsam mit mehreren Anwälten die Entscheidung getroffen, dass die fünf Bower-Kinder nach Hause zurückkehren sollen – und zwar sofort.«

Ich war völlig sprachlos. *Hatte ich Ellen richtig verstanden? Wie konnte das angehen? Was hatte der Richter sich dabei gedacht?* Ellen und ich wussten beide, dass Karen noch nicht bereit war, alle Kinder zurückzunehmen, und noch weniger waren die Kinder auf eine so abrupte Rückkehr vorbereitet.

Mühsam rang ich nach Luft und dann platzte es aus mir heraus: »Ellen, das ist wohl ein Scherz! Warum wollte er sich nicht mit Ihnen treffen? Warum wurde es Ihnen nicht gestattet, den Plan vorzulegen? Das verstehe ich nicht!« Ich kämpfte mit den Tränen.

»Ich verstehe es auch nicht. So etwas ist bisher noch nie vorgekommen. Ich hatte alles vorbereitet, hatte die Akte in der Hand, doch dann wurde ich gebeten, draußen zu warten. Dann kam jemand heraus und sagte mir, es sei eine Entscheidung gefallen. Ich war genauso schockiert wie Sie und habe sofort mit meinem Vorgesetzten Kontakt aufgenommen.«

Sie stockte. »Das ist alles, was ich Ihnen sagen kann. Sie müssen die Sachen der Kinder zusammenpacken und sie nach Hause zurückbringen. Heute. Ich mache die Unterlagen fertig. Ich muss jetzt auflegen.« Ihre Stimme klang frustriert und gestresst.

»Warten Sie!«, rief ich. »Was ist mit Hannah? Können wir uns etwas überlegen, damit sie noch hierbleiben kann, bis Karen und die anderen Kinder sich wieder aneinander gewöhnt haben? Sie wissen doch, das ist für Hannah keine gute Situation.«

»Alle Kinder wurden zurückbeordert. Heute! Sie müssen das tun, Debra.«

Ich hatte einen Kloß im Hals und mein Mund fühlte sich ganz trocken an, aber ich hatte keine Zeit, den Schock zu verarbeiten. Es wurde Zeit, die Kinder abzuholen. Meine eigenen Kinder holte ich zuerst ab. Als sie eines nach dem anderen ins Auto stiegen, erzählte ich ihnen von der Entscheidung des Richters. Das Erste, was sie mich fragten, war: »Und was ist mit Hannah? Sie muss doch heute noch nicht nach Hause zurück, oder?« Unsere Kinder waren fassungslos und ihnen stand dieselbe Furcht ins Gesicht geschrieben wie mir.

»Bitte sagt den Bower-Kindern noch nichts. Ich möchte es ihnen allen gemeinsam erzählen, wenn wir zu Hause sind.« Meine Kehle schnürte sich zusammen, als Karens Kinder eins nach dem anderen in den Van stiegen. Dennoch versuchte ich mich so normal wie möglich zu verhalten.

Als wir in unsere Einfahrt fuhren, wies ich die Kinder an: »Wenn ihr drinnen seid, hängt nur kurz eure Jacken auf, zieht die Stiefel aus und kommt dann in die Küche. Dort gibt es einen kleinen Snack. Ich muss mit euch allen reden. Und nein ... es gibt keinen Ärger.« Ich zwang mich selbst zu einem fröhlichen Lächeln, um die Kinder zu ermutigen. Ich sah, wie ihre Gesichter sich entspannten.

Schon nach wenigen Minuten saßen alle Kinder auf ihren üblichen Plätzen am Tisch. »Über was willst du denn mit uns reden, Debwa?«, fragte Andrew, während er sich einen Schokoladenkeks in den Mund steckte.

»Ich habe heute einen Anruf von Ellen aus dem Jugendamt bekommen. Sie hat gesagt, dass ihr heute alle nach Hause geht.«

Ich machte eine Pause, um die Reaktionen der Kinder zu beobachten. Sie alle hörten auf zu kauen und sahen mich an. Ihr Stirnrunzeln zeigte mir, dass sie von der Nachricht ebenso überrascht waren wie ich. Kyle redete als Erster.

»Heute?« Seine Augen fingen an zu strahlen und er setzte sich aufrecht hin. Kyra beobachtete die Reaktion ihres Bruders und lächelte ebenfalls.

»Ja, heute«, wiederholte ich.

Hannahs Augen weiteten sich vor Schreck. Sie legte ihren Keks hin und schluckte, was sie noch im Mund hatte, mühsam hinunter. Eine Weile sah sie mich nur an und fragte dann: »Ich auch?«

Andrew wirkte genauso erstarrt wie Hannah und sah den Ausdruck von Entsetzen auf ihrem Gesicht. Ally, erst zehn Monate alt, saß in ihrem Hochstuhl und interessierte sich mehr für ihre Frühstücksflocken und ihre Schnabeltasse mit Milch. Sie hatte keine Ahnung, wohin sie kam.

»Wenn ihr euren Snack aufgegessen habt, müssen wir uns ein paar Kisten besorgen und so viel wie möglich einpacken. Eure restlichen Sachen kann ich euch an einem anderen Tag vorbeibringen.«

Meine Kinder beobachteten, wie die Bower-Kinder jeweils auf die Nachricht reagierten. Dann schauten sie zu mir, wohl in der Erwartung, dass ich etwas Aufmunterndes zu Hannah sagen würde. Aber was? Es gab nichts, womit ich ihr die Rückkehr zu ihrer Mutter hätte erleichtern können. Ich wusste, dass meine Kinder sich auf die Zeit freuten, in der wir als Familie wieder unter uns waren, doch auch sie machten sich ernsthafte Sorgen um Hannah.

Als die Kekse aufgegessen waren, schickte ich meine Kinder mit Ally, Kyle, Kyra und Andrew los, um Kleider und Spielsachen einzupacken.

Dann wandte ich mich an Hannah: »Komm, wir setzen uns zusammen aufs Sofa.«

Ich setzte mich neben sie und sprach ganz leise mit ihr: »Ich habe mir der Sozialarbeiterin darüber gesprochen, wie es ist, wenn du zu deiner Mutter zurückgehst. Sie sagte mir, dass du mit den anderen Kindern mitgehen musst. Deshalb habe ich keine andere Wahl. Ich kann dich nicht hierbehalten. Aber ich verspreche dir, dass ich nach dir sehen werde, und auch das Jugendamt wird überprüfen, ob es dir gut geht.«

Meine geflüsterte Unterhaltung mit Hannah zog mehr Aufmerksamkeit auf sich, als wenn ich laut mit ihr gesprochen hätte. Kyle und Kyra schauten neugierig aus ihrem Zimmer. Ich spürte, dass sie sich mehr Sorgen um das machten, was Hannah mir sagen könnte, als darum, was ich ihr sagte. Ihre Mutter würde sie für alles zur Rechenschaft ziehen, was sie der Sozialarbeiterin oder mir sagten. Glücklicherweise konnten sie uns aber nicht verstehen.

»Aber ich will bei dir bleiben. Ich will hier wohnen. Ich will nicht weg.« Hannahs Augen füllten sich mit Tränen.

»Ich weiß. Wir wollen auch nicht, dass du gehst. Aber ich habe nicht die Erlaubnis, dich hierzubehalten. Vielleicht lässt deine Mama zu, dass du uns ab und zu besuchst. Es wird schon alles gut werden.« Ich konnte ihr ansehen, dass sie meinen aufmunternden Worten genauso wenig Glauben schenkte wie ich selbst.

Innerhalb einer halben Stunde war alles gepackt. Sadie, Helen und Charles luden die Kisten in das Auto. Sie nahmen alle Bower-Kinder zum Abschied in den Arm und halfen ihnen beim Anschnallen. Hannah saß stocksteif neben mir auf dem Beifahrersitz. Ich schaute sie immer wieder an, aber sie wandte mir ihren Blick nicht zu.

Ich kann das doch nicht tun.

Als wir den Feldweg entlangfuhren, der von unserem Haus wegführte, fing Hannah an zu weinen. Ihre herzzerreißenden Tränen spiegelten all die Trauer wider, die ich selbst auch innerlich empfand. Hannahs Geschwister – sogar Ally – saßen ganz still hinten im Wagen. Während wir auf die Schnellstraße fuhren, fing Hannah an zu flehen: »Bitte, zwing mich nicht zu gehen!« Sie flüsterte, als ob sie nicht wollte, dass ihre Geschwister sie hörten. Sie zitterte und hatte die Fäuste links und rechts neben sich geballt.

Ich hatte das Radio an und stellte die Lautstärke im hinteren Teil des Wagens lauter ein, um das zu übertönen, was ich Hannah sagen wollte. »Ich komme dich besuchen. Euch alle. Ganz oft. Es wird schon alles gut werden«, flüsterte ich.

Herr, was soll ich tun?

Je näher wir der Stadt kamen, umso lauter wurde Hannahs Schluchzen.

Innerlich kochte ich vor Wut über die Entscheidung des Richters. Ich konnte das doch nicht einfach so durchziehen. Ich musste etwas tun. Ich bog in eine Nebenstraße ab, die zum Gebäude des Jugendamtes führte und nicht zu Karens Haus.

Ich könnte die Kinder mit reinnehmen und um ein Gespräch mit Ellen bitten. Wir müssen einen Plan B für Hannah finden.

Kurz vor dem Jugendamt hielt ich am Straßenrand an und stieg aus. Die Kinder sahen besorgt aus. Ich sagte ihnen, ich würde gleich wiederkommen. Dann ging ich die Straße weiter in Richtung Jugendamt und wählte auf meinem Handy die Nummer von Ellen.

Während ich wartete, bis Ellen abnahm, stieg Hannah aus.

»Hannah, was machst du da? Du musst im Auto bleiben!«

Weinend lief sie auf mich zu. Als ich sie hochgenommen hatte, schlang sie ihre Beine um meine Hüften und die Arme um meinen Hals. Dann vergrub sie ihr Gesicht in meiner Brust. Ich konnte sie kaum halten, während ich mit dem Handy hantierte. Sie weinte unaufhörlich.

»Hallo, hier ist Ellen.« Ich konnte sie kaum verstehen, so laut weinte Hannah.

»Ellen, hier ist Debra Moerke. Ich bin mit den Kindern hier. Wir sind auf dem Weg zu Karen, aber Hannah ist völlig aufgelöst. Sie hat furchtbare Angst.« Mir versagte die Stimme und die Tränen liefen mir übers Gesicht. »Ich kann sie doch so nicht zurückbringen. Bitte, können wir nicht eine andere Lösung für sie finden?«

»Das liegt nicht mehr in meiner Hand. Der Richter hat es so angeordnet und Sie müssen sie alle nach Hause bringen. Bringen Sie Hannah hin und wir werden ein Auge auf alles haben. Ich weiß, das ist keine gute Situation für Hannah, aber ich werde dafür sorgen, dass die Familie überwacht wird und es Hannah gut geht. Es muss sein, Debbie.«

Hannah klammerte sich so fest an mich, dass ich kaum Luft bekam. Die anderen Kinder starrten uns durch die Autofenster an.

Ich fühlte eine Panik in mir aufsteigen wie nie zuvor in meinem Leben. Ich hatte mich immer für einen vernünftigen Menschen gehalten. Ausgeglichen. Zielbewusst. Doch jetzt hatte ich das Gefühl, als ginge es um Leben und Tod. Und so sagte ich etwas komplett Verrücktes. »Und was wäre, wenn ich sie in einen anderen Bundesstaat bringen würde oder sogar ganz außer Landes? Was würde dann passieren?«

Ellen sprach ganz langsam. »Debra, Sie würden wegen Kindesentführung angeklagt. Denken Sie an Ihre Familie. Tun Sie nichts Unüberlegtes.« Das brachte mich mit einem Schlag wieder in die Realität zurück. *Was konnte ich tun?* Niemand stand auf Hannahs Seite. Niemand war für uns da. Niemand hatte die Autorität, den Kurs zu ändern, den wir einschlagen mussten.

»In Ordnung«, sagte ich schließlich. »Aber Sie müssen mir versprechen, dass Sie ein Auge auf die Familie haben und sicherstellen, dass es Hannah gut geht.« In diesem Ton hatte ich noch nie mit einer Sozialarbeiterin gesprochen. Ich wusste, dass Ellen verstand, wie ernst es mir war. Aber ich glaubte nicht, dass sie verstand, wie viel Angst ich um Hannah hatte.

Als das Telefonat beendet war, konnte ich Hannah nur mit großer Mühe aus ihrer Umklammerung lösen. Ihre Fingernägel hinterließen sogar Kratzer an meinem Hals, weil ich sie gewaltsam wegziehen musste. Ich nahm sie noch einmal fest in den Arm und sagte: »Ich habe dich lieb, Hannah. Ich habe dich lieb und Jesus liebt dich auch.«

Es verging wohl eine Viertelstunde, bevor Hannah sich so weit beruhigt hatte, dass sie mir zuhören konnte. Ich erklärte ihr: »Du musst zu deiner Mutter zurück und ich kann das nicht verhindern. Aber ich verspreche dir, dass ich dich besuchen komme und mich darum kümmere, dass es dir gut geht.«

Ihre Augen bekamen wieder diesen verschleierten Blick der Resignation. *Sie macht wieder innerlich dicht.* Diese Reaktion hatte sie sich angewöhnt, wenn sie Angst hatte. Das Weinen hörte auf. Ihr Atem ging ruhiger. Sie wollte mich nicht mehr anschauen, sondern befreite sich aus der Umarmung.

Ich begleitete sie zum Auto und schnallte sie auf ihrem Sitz an. Immer noch weigerte sie sich, mich anzusehen.

Plötzlich wurde die Stille im Wagen durch Allys Quengeln unterbrochen. Sie weinte, bis ich ihr Fläschchen aus meiner Handtasche holte und es ihr gab. Kyle und Kyra sahen sich an. Tat Hannah ihnen leid oder planten sie, ihrer Mutter zu erzählen, wie Hannah sich verhalten hatte, und würden sie dadurch in Schwierigkeiten bringen? Aus Erfahrung wusste ich, dass ihre Loyalität stets ihrer Mutter galt, nicht Hannah. So hatte Karen sie erzogen.

Ich fuhr los. Das Haus, das Karen gemietet hatte, war ein schönes eingeschossiges Haus mit Garage, größer und neuer als das vorige, und im Garten stand eine Schaukel. Doch all das Neue und Schöne konnte die Furcht nicht wegnehmen, die wir beide, Hannah und ich, empfanden.

Kyle und Kyra stürmten aus dem Auto und liefen aufgeregt ins Haus zu ihrer Mutter. Andrew ließ sich mehr Zeit und ich musste erst einmal Ally aus ihrem Kindersitz holen. Hannah rührte sich nicht vom Fleck. Sie schnallte sich nicht ab und sah auch nicht aus dem Fenster. Sie saß unbeweglich da und starrte auf das Handschuhfach. Auf ihren hübschen dunklen Wangen waren immer noch die Spuren ihrer Tränen zu sehen.

Als ich in Richtung Haus blickte, war das Erste, was mir auffiel, Karens deutlich erkennbarer Babybauch – sie war also definitiv schwanger. Es war der denkbar schlechteste Zeitpunkt für mich, um diese Neuigkeit zu verdauen, also tat ich so, als hätte ich nichts bemerkt. Karen strahlte vor Freude, als sie Kyle und Kyra umarmte. Andrew kam nur zögernd nach.

Ich nahm Ally auf den Arm, holte die angebrochene Windelpackung aus dem Auto und ging zur Haustür. Die anderen drei Kinder waren bereits verschwunden.

»Sie haben die Schaukel im Garten entdeckt«, sagte Karen.

Während ich ihr Ally übergab, fragte ich: »Bist du überhaupt darauf vorbereitet, dass sie alle auf einmal zu dir kommen? Und dann auch noch so kurzfristig?«

Karen lachte und schüttelte den Kopf. »Ich weiß nicht. Ich war ziemlich überrascht, als Ellen mich anrief. Es ist alles ein bisschen viel.« Ihre Ehrlichkeit bestätigte meine Befürchtung. Würde die Situation sie überfordern? Würde sie deswegen in ihren alten Lebensstil abgleiten? Vor allem, da noch ein weiteres Kind unterwegs war? Ich lächelte und sagte, ich müsse noch einmal zum Auto zurück, um Hannah und das restliche Gepäck zu holen.

Hannah hatte sich keinen Zentimeter von der Stelle gerührt. Ihr Blick war immer noch auf das Handschuhfach geheftet.

Ich schnallte sie ab. »Du musst jetzt aussteigen, Schatz«, sagte ich so sanft wie möglich. Ich drehte sie um, sodass ihre Beine Richtung Autotür zeigten, und schob meine Hände unter ihre Arme. Sie war wie eine leblose Puppe. Als ich ihr in die Augen schauen wollte, drehte sie ihren Kopf von mir weg.

Seite an Seite gingen wir langsam zum Haus. Karen war mit Ally schon hineingegangen. Ich streckte Hannah meine Hand entgegen, doch sie wollte sie nicht nehmen und ging allein die Stufen hinauf, schnurstracks ins Wohnzimmer, wo sie sich auf den Rand der Couch setzte.

Ich konnte die anderen Kinder im Garten lachen hören. Karen beobachtete sie lächelnd durch die Terrassentür im Esszimmer. Ich nutzte den Augenblick, in dem Karen etwas abgelenkt war, und kniete mich neben Hannah hin.

Ich nahm ihre Hände in meine. »Ich weiß, du hast kein Vertrauen mehr zu den Erwachsenen. Wir haben dich alle enttäuscht. Aber Jesus *kannst* du vertrauen. Wenn du ihn brauchst, dann ruf zu ihm. Er lässt dich nie im Stich.« Für den Bruchteil einer Sekunde schaute Hannah mir in die Augen, dann sah sie wieder zu Boden.

Ich spürte, dass Gott mir sagte, ich solle Hannah ihm überlassen. Ich musste ihm vertrauen, so wie ich auch Hannah dazu ermutigt hatte, ihr Vertrauen auf ihn zu setzen. Der Schmerz durchbohrte mein Herz. Sich ganz und gar Gott zu überlassen, ist nie einfach, doch in diesem Augenblick fühlte ich mich dazu völlig außerstande. Und doch: Gott liebte Hannah mehr, als ich es tun konnte. *Herr, ich vertraue sie dir an.*

Aus dem Augenwinkel bemerkte ich, wie Karen sich umwandte und zu uns kam. Ich küsste Hannah auf die Stirn und stand schnell auf, denn ich wollte nicht allzu viel Aufmerksamkeit auf Hannah lenken. Doch es war schon zu spät.

Karen sah erst mich an und dann Hannah. »Was ist los, Hannah? Alles in Ordnung?«

Ich versuchte, unsere kurze emotionale Begegnung herunterzuspielen, lächelte Karen an und sagte: »Es ist alles gut. Sie ist nur ein bisschen müde heute.«

Hannah schaute nicht mehr auf, als ich zum Auto zurückging, um die letzten Kisten zu holen.

»Die restlichen Sachen bringe ich in den nächsten Tagen vorbei«, sagte ich. »Die Zeit war heute einfach zu knapp.«

Ich ging zur Terrassentür und winkte den Kindern zum Abschied zu. »Ruf mich gerne an, wenn du noch irgendetwas brauchst.«

Hannah saß immer noch regungslos auf der Couch. Mein Herz war so schwer, dass ich es kaum aushalten konnte. Ich stieg ins Auto, fuhr los und weinte während der gesamten Rückfahrt.

Teil zwei

Das Undenkbare

Kapitel 7

Verdachtsmomente

»Hallo Karen, hier ist Debbie«, meldete ich mich ein paar Tage später am Telefon. »Ich habe etwas gekocht, das die Kinder gerne mögen – Lasagne mit Knoblauchbrot und Salat. Wäre es in Ordnung, wenn ich das heute mitbringe? Ich komme ja noch mal vorbei, weil ich noch ein paar Sachen von den Kindern habe.«

Karen nahm das Angebot dankbar an und so verabredeten wir eine Uhrzeit. Die Tage seit der Rückkehr der Kinder zu Karen waren schwer für mich gewesen. Ich sah immer noch vor mir, wie Hannah sich an mich geklammert und geweint hatte. Ich fühlte mich schuldig, weil ich sie zurückgelassen hatte, und weinte mehr als einmal vor Kummer. War sie bei ihrer Mutter sicher? War sie traumatisiert? Wie mochte sie sich fühlen? Jeden Tag kämpfte ich gegen den Wunsch an hinzufahren und Hannah zu retten. Also tat ich das Einzige, was in meiner Macht stand – ich betete für sie. Immer wieder.

Ich wollte Gott von ganzem Herzen vertrauen und doch fiel es mir schwer zu verstehen, warum er es zugelassen hatte, dass Hannah in eine aus meiner Sicht gefährliche Situation geriet. Als Pflegemutter hatte ich mich mit der Tatsache abgefunden, dass wir in einer gefallenen Welt leben – einer Welt, in der Böses geschieht und Menschen misshandelt werden, sogar Kinder, die am wenigsten Schuld von uns allen tragen. Ich hatte allmählich erkannt, dass Gott nicht für das Böse verantwortlich ist – es ist das Werk des Feindes. Gottes Lösung für das Problem des Bösen ist eine ewig gültige: Nur die Rettung durch Christus schenkt uns die Ewigkeit, aus der das Böse ganz und gar verbannt ist. Doch dieses Wissen befreite mich nicht von dem Schmerz und der Sorge um Hannah. Ich konnte sie nur der Fürsorge Gottes anvertrauen.

Als ich bei Karen vorfuhr, freute ich mich schon sehr auf das Wiedersehen mit Hannah und ihren Geschwistern. Ich vermisste sie alle. Karen kam an die Tür.

»Die Kinder sind alle bei Freunden«, erklärte sie. Ich war furchtbar enttäuscht, aber auch ein wenig froh zu hören, dass Hannah mit ihren Geschwistern spielte.

Ich hoffe, das bedeutet, dass sie sich schon ein bisschen eingelebt hat und merkt, dass ihr nichts Böses geschieht. Wenigstens kann ich mich jetzt unter vier Augen mit Karen unterhalten.

»Wie ich sehe, bist du schwanger! Herzlichen Glückwunsch. Wann ist es denn so weit?«

»September«, antwortete Karen ohne jede Regung. Sie erwähnte auch nicht, wer der Vater ihres Kindes war, also fragte ich nicht danach. Es ging mich ja auch nichts an. Wir plauderten noch ein paar Minuten, dann ließ ich das Essen und die Kisten da und versprach, das Geschirr in den nächsten Tagen wieder abzuholen.

Ich fühlte mich nicht wohl bei dem Gedanken, dass ich mein Versprechen Hannah gegenüber, sie bald besuchen zu kommen, nicht hatte halten können. So wartete ich ein paar Tage ab, rief dann Karen an und fuhr wieder hin. Dieses Mal waren nur Andrew und Ally zu Hause.

Ich verbarg meine Sorge und fragte freundlich: »Wo sind die anderen denn alle? Anscheinend verpasse ich sie immer. Ich habe Andrew und Kyle ein Geschenk mitgebracht, weil sie ja bald Geburtstag haben.«

Karen hob Ally hoch, die über den Teppich zu ihr gekrabbelt war. »Es sind nur Andrew und Ally hier«, sagte sie. »Andrew musste zu Hause bleiben, weil er sich schlecht benommen hat.« Andrew, der neben seiner Mutter stand, sah mich mit feuchten Augen und einem Schmollmund an. Ich lächelte ihn an und verzog mein Gesicht zu einem gespielten Schmollen, um die Stimmung etwas aufzuheitern.

Ich stellte keine weiteren Fragen. Karen dankte mir für die Mahlzeit, während ich die Geschenke auf den Tisch legte und die saubere Auflaufform und die Salatschüssel an mich nahm. Auf dem Weg zur Haustür überlegte ich es mir jedoch anders. Ich ging zurück zum Tisch, nahm die Geschenke wieder an mich und sagte: »Ich bringe die Geburtstagsgeschenke für Kyle und Andrew morgen oder übermorgen her, wenn das in Ordnung ist.« Ich war froh, einen Grund gefunden zu haben, um noch einmal wiederzukommen.

Jede Kleinigkeit von den Bower-Kindern, die ich bei uns zu Hause noch fand, nahm ich zum Anlass für einen weiteren Besuch, um zu sehen, wie es den Kindern ging. Doch jedes Mal, wenn ich kam, war entweder keines der Kinder zu Hause oder nur eines oder zwei von ihnen. Karen sagte, sie seien gerade bei Freunden zum Spielen oder bei Verwandten. Bei keinem meiner Besuche traf ich Hannah an und vermutete, dass sie mit ihren Geschwistern unterwegs war. Der Gedanke, dass sie nachmittags mit den anderen spielte, beruhigte mich und so sagte ich nur zu Karen, dass ich mich schon darauf freute, die Kinder beim nächsten Mal alle wiederzusehen.

* * *

Im Mai war das Schuljahr zu Ende und wir hatten für eine Weile keine Pflegekinder zu Hause. Diese Pause erlaubte es uns, die Zeit mit unseren eigenen Kindern zu genießen und ihnen unsere ungeteilte Aufmerksamkeit zu schenken. Wir fuhren mit unserem Boot zum Alcova Lake zum Angeln, Wasserskifahren und zum Wildwasser-Tubing. Es gab viel zu lachen und wir hatten eine Menge Spaß miteinander. Warmes Wetter für Aktivitäten im Freien ist in Wyoming etwas Kostbares und so genoss ich es, die Kinder zu Swimmingpools und Übernachtungspartys, zu Filmnachmittagen und in Parks zu fahren. Hannah jedoch ging mir nie aus dem Sinn, ich behielt sie fest in meinem Herzen. Ich betete für sie, für ihre Geschwister und auch für Karen. »Bitte, Herr, pass auf sie auf. Schütze sie vor Schaden und hilf Karen, ihren Kindern eine liebevolle Mutter zu sein – *allen* ihren Kindern.«

Mehrere Sommerwochen vergingen, dann nahmen wir drei

kleine Mädchen, vier, fünf und ein Jahr alt, bei uns auf. Sie waren Schwestern. Dazu kam noch ein zweijähriger Junge mit seiner sechs Monate alten Schwester. Das Baby hatte Entwicklungsstörungen. Die Kleine hatte immer im Bett oder im Kindersitz gelegen und war kaum beachtet worden. Als sie zu uns kam, war sie verschmutzt und hatte einen stark entzündeten Po. Der kleine Körper fühlte sich aufgedunsen und weich an wie eine mit Wasser gefüllte Puppe. Das Mädchen reagierte nicht, wenn wir es ansprachen, darum fragte ich die Sozialarbeiterin, ob wir es in einer Beratungsstelle für Kinder mit Entwicklungsstörungen untersuchen lassen dürften. Nachdem die Mitarbeiterin dort ein paar Tests durchgeführt hatte, sagte sie uns, dass wir die Situation des Kindes durch viel Liebe, Zuneigung und jede Menge anregender Aktivitäten verbessern könnten. *Anregende Aktivitäten?* Da war sie bei uns genau richtig.

Während ich unsere Kinder und Pflegekinder beobachtete, wie sie es sich auf dem Fußboden im Wohnzimmer mit Kissen, Decken und Snacks für einen Abend mit viel Familienspaß gemütlich machten, hoffte ich, dass die Bower-Kinder gute Erinnerungen an solche Zeiten in unserem Haus mitgenommen hatten und nicht vergaßen, dass wir sie liebten. Schaute das Jugendamt regelmäßig nach Hannah, wie die Sozialarbeiterin es versprochen hatte? War Hannah immer noch die Zielscheibe von Karens negativer Aufmerksamkeit? Hielt sich der Mann, der Andrew und Hannah Angst machte, von ihnen fern, sodass er sie nicht verletzten oder sie gemein behandeln konnte? Immer wieder stellte ich mir diese Fragen und versuchte, die Kinder Gott anzuvertrauen und mich nicht einzumischen.

Als ich im Juni, etwa sechs Wochen, nachdem die Kinder zu Karen zurückgekehrt waren, im Supermarkt einkaufen ging, kam mir plötzlich Karen mit allen Kindern entgegen. Mein Herz fing wild an zu klopfen. Karen sah mich und zögerte einen Moment lang, doch als sie sah, dass ich rasch auf sie zuging, blieb sie stehen und wartete. Kyle, Kyra und Andrew standen neben ihrer Mutter. Ally saß im Kindersitz des Einkaufswagens und Hannah saß im Wagen. Bei ihrem Anblick machte mein Herz einen Sprung.

Ich lächelte und begrüßte sie alle. Karen erwiderte mein Lächeln, aber die Kinder rückten näher an ihre Mutter heran und schauten mich mit ernsten Gesichtern an. Sie sagten kein Wort. Alle Kinder sahen gepflegt aus ... außer Hannah. Ihr Haar war zerzaust und ihre Haut wirkte aschfahl.

»Hallo, Hannah«, sprach ich sie an.

Sie antwortete nicht. Sie hatte denselben distanzierten Gesichtsausdruck wie an dem Tag, als ich sie zu ihrer Mutter zurückgebracht hatte. Ich wollte mich Hannah gegenüber nicht anders verhalten als gegenüber ihren Geschwistern und ihr nicht mehr Aufmerksamkeit zukommen lassen als ihnen. Denn ich fürchtete, das würde ihre Situation nur schwieriger machen, wenn sie nach Hause kam.

»Wie schön, euch alle zu sehen«, sagte ich. »Wir vermissen euch!« Hannah sah nur kurz zu mir auf, dann senkte sie den Kopf wieder. Am liebsten hätte ich sie aus dem Wagen herausgeholt und wäre mit ihr davongelaufen.

Es wird schon gut gehen, sagte ich mir. *Das Jugendamt kennt ja die Situation und überprüft die Familie.* Doch es fiel mir schwer, meinen eigenen Beteuerungen zu glauben. Ich nahm mir vor, das Jugendamt anzurufen und meine Beobachtungen zu melden.

Es sollte der erste Anruf von vielen sein.

Am Montagmorgen ließ ich mich zu Ellen durchstellen. »Ich habe die Bower-Kinder am Wochenende in einem Laden getroffen«, erzählte ich. »Die Kinder sahen alle gut aus ... außer Hannah.« Ich beschrieb ihr Aussehen und ihr Verhalten und berichtete auch, dass sie im Einkaufswagen gesessen hatte, statt zu gehen. Ich fand es seltsam, dass nicht Andrew, der eineinhalb Jahre jünger war als sie, im Wagen gewesen war.

Ellens Reaktion fiel kühl aus. »Ich werde das dokumentieren. Danke für den Hinweis.«

Eigentlich hatte ich mehr erwartet als nur einen Akteneintrag. Ich versuchte das, was ich gesehen hatte, herunterzuspielen, doch es gelang mir nicht. Ich beschloss, dem Jugendamt von nun an alles zu melden, was mir fragwürdig vorkam. In all den Jahren hatte ich das Jugendamt nie angerufen, nachdem unsere Pflegekinder wieder in ihr altes Zuhause zurückgekehrt waren, weil es dafür nie einen Grund gegeben hatte. Doch im Fall der Bower-Kinder stimmte irgendetwas nicht. Und diesen Eindruck konnte ich nicht von mir abschütteln. Ich konnte es nicht auf sich beruhen lassen und einfach aufgeben. Hannah brauchte jemanden, der sich für sie einsetzte. Ich spürte, wie der Herr mich innerlich anstieß und sagte: *»Pass auf.«*

* * *

Im Juli fand ich wieder einen Grund für einen Besuch – Karens Geburtstag. Ich kochte eine Mahlzeit, backte ein Blech Kuchen und kaufte Eis. Ich rief Karen an, ob ich das Essen vorbeibringen dürfte, dann luden Helen und ich alles ins Auto und fuhren los. Helen hatte die Kinder nicht mehr wiedergesehen, seit sie zu ihrer Mutter zurückgekehrt waren. Sie freute sich auf den Besuch mindestens ebenso sehr wie ich, wusste aber auch, dass ich mir Sorgen machte.

Wir kamen am späten Nachmittag an in der Hoffnung, dass die ganze Familie versammelt wäre, um den Geburtstag ihrer Mutter zu feiern. Doch es waren nur Andrew und Ally zu Hause.

»Wo sind denn die anderen Kinder?«, wollte Helen wissen.

»Sie sind bei Freunden zum Spielen«, antwortete Karen. »Sie kommen erst ungefähr in einer Stunde wieder.«

Helen ging auf Andrew zu und umarmte ihn. Doch er ließ seine Arme hängen und sah fragend seine Mutter an, als wisse er nicht, ob es ihm Ärger einbringen würde, wenn er Helen in den Arm nahm. Ally klammerte sich an ihre Mutter. Zwischen den beiden schien sich eine Bindung entwickelt zu haben, was ein gutes Zeichen war. Doch Andrews Verhalten führte zu einem peinlichen Schweigen zwischen Helen, Karen und mir.

»Grüß die Kinder bitte herzlich von uns!«, rief ich mit fröhlicher Stimme – ein allzu offensichtlicher Versuch, den unangenehmen Moment zu überbrücken. Helen blickte zwischen Karen und mir hin und her und lächelte dann Andrew zu. Auch sie spürte die Spannung, die in der Luft lag. Sie zwinkerte Andrew zu und winkte ihm zum Abschied. Ihr Lächeln verblasste aber rasch, als sie sich wieder mir zuwandte. Andrew war nicht mehr dasselbe Kind, für das sie eine so tiefe geschwisterliche Zuneigung empfunden hatte. Als die Kinder noch bei uns gewesen waren, hatten die beiden sich immer im Spaß geneckt. Andrew liebte es, wenn Helen mit ihm Ringkämpfe gemacht, ihn durchgekitzelt und ihn zum Lachen gebracht hatte. Doch jetzt wirkte der kleine Junge verängstigt, unsicher und betreten.

Kaum saßen wir wieder im Auto und waren losgefahren, da brach Helen in Tränen aus.

»Mama, hier stimmt doch irgendwas nicht. Andrew benimmt sich, als würde er mich gar nicht kennen.« Ich fuhr an den Straßenrand und hielt an, damit wir uns in den Arm nehmen und weinen konnten.

»Ich weiß. Ich mache mir auch Sorgen.«

»Und was ist mit Hannah?«, fragte Helen. »Du hast gesagt, dass du sie nie zu Hause siehst. Meinst du, es geht ihr gut?« Helen lehnte sich in ihrem Sitz zurück und wischte sich die Tränen ab.

»Ich weiß es nicht. Das Jugendamt hat gesagt, dass sie Hausbesuche machen und ein Auge auf die Kinder haben. Immer wenn ich anrufe, sagen sie, dass alles in Ordnung sei und ich mir keine Sorgen machen solle. Sie meinen, ich solle nicht mehr anrufen. Sie hätten eine Sozialarbeiterin, die Hausbesuche macht, und wenn es irgendwelche Bedenken wegen der Kinder gäbe, würden sie sofort eingreifen.«

Ich schaute in den Rückspiegel und sah das Haus der Bowers. Nach außen wirkte es still und ruhig, fast friedlich. Aber mein Bauchgefühl sagte mir, dass es dort drinnen große Probleme gab.

* * *

Ich wartete bis zum August, bevor ich Karen wieder anrief und sie fragte, ob Helen und ich kommen und ein paar Sachen von den Kindern vorbeibringen dürften.

Dieses Mal waren alle Kinder zu Hause – nur Hannah nicht. Karen sagte, sie sei übers Wochenende bei ihrem Vater und ihrer Großmutter. Helen freute sich riesig über das Wiedersehen mit Kyle und Kyra.

Während wir mitten im Wohnzimmer standen und miteinander über dies und das plauderten, tapste die vierzehn Monate alte Ally am Sofa entlang und präsentierte uns stolz, dass sie schon fast ohne fremde Hilfe laufen konnte. Helen und ich lachten, als Ally vom Sofa zum Stuhl wackelte. Die anderen Kinder starrten Helen und mich mit einem aufgesetzten Lächeln an und beobachteten jeden unserer Schritte. Sie sagten kein Wort und kamen auch nicht auf uns zu, um uns zu umarmen oder von uns in den Arm genommen zu werden. Sie waren wie unbewegliche Statuen mit einem aufgemalten Lächeln und schienen förmlich darauf zu warten, bis wir wieder weg waren.

Als Helen und ich nach diesem zehnminütigen Besuch wieder im Auto saßen, waren wir uns einig, dass hier irgendetwas nicht stimmte. Wir hatten beide gemerkt, dass die Kinder anscheinend die Anweisung erhalten hatten, still zu sein und nicht mit uns zu reden. Karen jedoch verhielt sich wie immer – nett und gastfreundlich. Es war, als wüsste sie, dass sie sich normal verhalten musste, damit wir nicht anfingen, Fragen zu stellen. Und trotzdem konnten wir uns des Eindrucks nicht erwehren, dass wir misstrauisch beäugt wurden. Hatte Karen ihren Kindern eingeredet, dass wir nicht vertrauenswürdig seien? Dass wir nicht auf ihrer Seite standen? Wenn ja, dann war das für ein Kind eine schwere Last.

Ich fragte mich, ob sie sich auch so verhielten, wenn die Sozialarbeiterin kam. Ihr Schweigen und ihr erzwungenes Lächeln konnten auf eine unerfahrene Person ganz charmant wirken. Wurden die Besuche von einer erfahrenen Mitarbeiterin durchgeführt, die eine Antenne für die Manipulation und Kontrolle in diesem Haus hatte?

Am nächsten Morgen nervte ich Ellen mit einem erneuten Anruf. »Ich war gestern wieder bei den Bowers und es waren alle da. Außer Hannah. Karen sagte, dass Hannah bei ihrem Vater sei. Ich weiß, Sie dürfen mir keine Informationen mehr geben, weil die Kinder nicht mehr bei uns wohnen, aber ... Können Sie mir vielleicht sagen, wie oft die Hausbesuche von Ihrer Seite stattfinden?«

Ellen seufzte und antwortete: »Weil wir beide uns schon so lange kennen, sage ich Ihnen, dass Besuche weiterhin stattfinden und alles in Ordnung zu sein scheint. Sie müssen aufhören, sich wegen Hannah Sorgen zu machen, Debbie. Sie haben ja jetzt andere Pflegekinder, um die Sie sich kümmern müssen.«

Sie hat recht, sagte ich mir und doch schrie alles in mir, dass hier irgendetwas gehörig schieflief.

* * *

Der Sommer mit all seinen schönen Aktivitäten ging allmählich zu Ende. Unsere Pflegekinder übernachteten hin und wieder bei ihren Großeltern und es war geplant, dass sie irgendwann endgültig dort leben sollten. In wenigen Wochen würde die Schule wieder beginnen und wie immer waren wir nun hauptsächlich damit beschäftigt, Kleider, Schuhe, Schulranzen und Schulmaterial einzukaufen. Al passte auf die Kleinen auf, während ich mit unseren Kindern zum Einkaufszentrum fuhr. So konnte ich unseren Teenagern die Aufmerksamkeit schenken, die sie brauchten. Alle hatten einen guten Schulstart.

Als der September des Jahres 1997 sich dem Ende zuneigte, fiel mir ein, dass die Geburt von Karens Kind nun unmittelbar bevorstand. Ich hatte ein Geschenk für sie und kleine Geschenke für jedes der Kinder besorgt, damit auch sie sich wertgeschätzt fühlten. Ich rief Karen an, doch sie ging nicht ans Telefon, also hinterließ ich eine Nachricht auf dem Anrufbeantworter und bat um einen Rückruf. Doch nichts geschah. Nach ein paar weiteren Anrufen nahm Karen endlich Kontakt zu mir auf.

»Hallo, Karen! Wir haben uns lange nicht gesehen. Wie geht es dir?« Wir unterhielten uns ein paar Minuten über die beschwerliche letzte Phase der Schwangerschaft. Dann fragte ich, ob ich die Geschenke vorbeibringen dürfte.

Karen zögerte zunächst. »Vielleicht nächste Woche. Wie haben sehr viel zu tun mit der Schule und den anderen Aktivitäten der Kinder.«

»Und wenn ich die Geschenke einfach nur vorbeibringe? Du musst dafür gar nicht zu Hause sein.« Auch wenn ich dann die Kinder nicht sehen konnte, wollte ich Karen deutlich machen, dass wir an sie dachten. Immer noch hoffte ich darauf, eine Beziehung zu ihr aufbauen zu können, doch meine Hoffnung schwand allmählich. Normalerweise brachte ich ehemaligen Pflegekindern oder deren leiblichen Eltern keine Geschenke oder gekochtes Essen vorbei und hielt auch keinen Kontakt zu ihnen. Doch in diesem Fall empfand ich die Situation anders, weil ich bereits Kontakt zu Karen aufgebaut hatte und ihre Kinder so lange bei uns gewesen waren.

»Klar. Äh ... am besten hinterlegst du die Sachen vor der Haustür. Danke!« Karen sprach leiser als sonst. Auch hatte sie bisher nie gezögert, mir einen Besuch zu gestatten. Ich war innerlich aufgewühlt. Der Schulstart nach den Ferien bedeutete bestimmt zusätzlichen Stress. Vor allem, da jeden Tag das Baby kommen konnte. Vielleicht war Karen wieder mit William zusammen. War er der Vater ihres Kindes?

Am 26. September brachte Karen ihren Sohn Steven zur Welt. In der zweiten Oktoberwoche beschloss ich, Karen die Geschenke vorbeizubringen. Helen fragte, ob sie mitkommen könne.

Während der Fahrt fing es an zu regnen.

»Sollen wir die Geschenke wirklich vor die Haustür legen? Schließlich regnet es«, fragte Helen.

»Das werden wir sehen, wenn wir da sind«, antwortete ich über das rhythmische Geräusch der Scheibenwischer hinweg.

Als wir bei Karen ankamen, schien der Himmel aufzuklaren. Es fielen nur noch ein paar Tropfen, während wir zur Haustür gingen, doch der Boden dort war nass. Ich klingelte und klopfte ein paarmal, doch niemand machte auf.

»Sollen wir die Sachen einfach hierlassen, Mama?«

»Lieber nicht. Es könnte ja wieder regnen.« Ich sah mich nach einem trockenen Platz um, wo wir die Geschenke ablegen konnten. Bei der Haustür schien dies jedoch nicht möglich zu sein.

Als wir mit unseren Geschenken schon wieder in Richtung Auto gingen, entdeckte ich eine Seitentür, die zur Garage führte. Wenn sie nicht abgeschlossen war, konnten wir die Geschenke ja dort ablegen. Die Tür war unverschlossen. Als Helen und ich hineingehen wollten, kam uns ein überwältigender Gestank fast wie eine Flutwelle entgegen und brannte uns regelrecht in den Augen. Ich konnte kaum atmen, als ich die Geschenke auf dem Boden ablegte.

Die Garage schien halb leer zu sein. Neben der Tür stand eine große Kunststoff-Mülltonne auf Rädern.

Helen und ich gingen rasch wieder zur Tür und schnappten nach Luft. »Was ist denn das für ein furchtbarer Gestank?«, fragte Helen und hielt sich dabei Mund und Nase zu. Ihre Augen tränten.

»Es riecht wie vergammeltes Fleisch«, sagte ich. »Vielleicht ist Karens Gefriertruhe kaputtgegangen.« Ich folgte Helen nach draußen und hielt mir dabei ebenfalls die Nase zu.

»Lass uns schnell einsteigen«, drängte ich. »Ich kriege ja kaum noch Luft.« Ich bedeutete Helen, sich zu beeilen, griff nach der Garagentür und machte sie zu.

Kurz bevor wir bei unserem Wagen waren, drehten wir uns beide noch einmal nach der Garage um, als erwarteten wir eine Explosion oder als würde irgendetwas Ungewöhnliches auftauchen, das diesen Geruch erklärte. Doch nichts geschah. Wir sahen uns an.

»Was denkst du, Mama?«

»Nichts. Ich denke gar nichts«, sagte ich, doch wir wussten beide, dass das nicht stimmte. Für einen Sekundenbruchteil ließ ich meiner Fantasie freien Lauf und dachte das Undenkbare. Doch dann verdrängte ich diese bizarren Gedanken wieder aus meinem Kopf. *Meine Sorgen bringen mich noch um den Verstand,* versuchte ich mich zu beruhigen. *Ich werde Karen anrufen und sie fragen, was da so stinkt. Bestimmt hat sie das auch schon bemerkt und kann uns eine logische Erklärung dafür geben.*

Auf dem ganzen Nachhauseweg unterhielten Helen und ich uns über den üblen Gestank. Vielleicht hatte sich ein Tier in die Garage verirrt und war dort verendet. Oder ... die Theorie mit dem Gefrierschrank. Der Geruch war so penetrant, dass wir beide uns zu Hause sofort die Zähne putzten, um den Geruch nach verdorbenem Fleisch loszuwerden. Wir cremten uns ein und besprühten uns mit Parfüm.

Es half alles nichts.

Noch am selben Abend rief ich Karen an und sagte ihr, wo wir die Geschenke wegen des Regens hingelegt hatten. Dann fragte ich sie nach dem Geruch in der Garage.

»Oh. Ja. Ich musste Essen wegwerfen, das verdorben war. Ich weiß, es stinkt furchtbar, nicht wahr?« Ihre Stimme klang zögerlich, aber ruhig. Ich schob meine irrationalen Gedanken beiseite und glaubte ihr.

* * *

Am darauffolgenden Wochenende fuhren Charles und ich bei den Bowers vorbei. Diesmal rief ich nicht vorher an. Ich sagte Charles, ich wolle Geschirr abholen, das ich dort vergessen hatte. Er wollte mit reingehen, um die Kinder auch einmal wiederzusehen.

Ich klopfte an der Tür und Kyra öffnete sie ein wenig und linste durch den Spalt. Als sie uns sah, erschrak sie. Ohne ein Wort zu sagen, schob sie die Tür wieder bis auf ein paar Zentimeter zu. Ich konnte hören, wie sie mit jemandem sprach. Kurz darauf machte sie die Tür wieder auf, streckte ihren Kopf hindurch und sagte: »Kleinen Moment.« Dann schloss sie die Tür langsam, bis sie ins Schloss fiel. Wir standen draußen auf den Stufen und warteten darauf, eingelassen zu werden.

Plötzlich schwang die Tür weit auf und Karen winkte uns hinein. Sie führte uns ins Wohnzimmer, wo Ally auf dem Fußboden spielte und Andrew und Kyra Seite an Seite neben einer Wiege aus Holz standen. Wie kleine Soldaten hatten sie sich aufgestellt, jedoch dieses Mal nicht mit einem aufgesetzten Lächeln, sondern mit ernsten Gesichtern.

»Ich wollte nur kurz vorbeischauen, um die Auflaufform abzuholen, die ich letztes Mal vergessen habe«, sagte ich, »und natürlich, um den neuen kleinen Erdenbürger zu bestaunen. Charles wollte auch gern die Kinder wieder einmal sehen.«

Karen lächelte warmherzig und ging dann in Richtung Küche.

Ich sah, wie sie Kyra und Andrew einen strengen Blick zuwarf, als ob sie ihnen befehlen wollte: *Sagt bloß nichts, während ich euch den Rücken zukehre.* Sie kam rasch wieder zurück und gab mir die Form. Charles schaute die Bower-Kinder mit demselben ernsten Gesichtsausdruck an wie sie uns.

Ich ging zu der Wiege, die Kyra hin- und herschaukelte, und warf einen Blick hinein. »Er ist so hübsch wie deine anderen Kinder«, sagte ich.

Dann schaute ich Kyra an. »Wie heißt er denn?«, fragte ich. Sie gab mir keine Antwort.

»Steven«, sagte Karen, die aus der Küche zurückkam.

»Wo sind denn Hannah und Kyle?«, wollte ich wissen.

Andrew antwortete, immer noch ganz steif: »Kyle spielt mit einem Freund und Hannah wurde weggeschickt.«

Karen sah aus, als wollte sie Andrew einen Hieb verpassen. Sie biss offensichtlich die Zähne zusammen und fast schienen ihr die Augen aus dem Kopf zu springen, so mühsam konnte sie sich nur beherrschen.

»Äh ... ja ... Hannah ist für eine Weile bei einer Freundin von uns untergekommen. Sie konnte sich nicht benehmen und hat einfach zu viele Probleme gemacht. Und Kyle ist wie immer bei seinem Freund«, sagte sie und lachte. Es wurde still im Raum, als Andrew seine Mutter wütend anstarrte und seine kleine Faust ballte. Dann verdunkelten sich seine schönen braunen Augen und er fing fast an zu weinen.

Alles in mir verkrampfte sich, als ich diesen mit Blicken ausgetragenen Machtkampf zwischen Andrew und Karen beobachtete. Irgendetwas stimmte hier ganz und gar nicht, und zwar nicht nur zwischen den beiden, sondern auch mit Hannah.

Schließlich brach ich das Schweigen. »Nun gut, wir müssen jetzt wieder los.« Alle schienen erleichtert aufzuatmen. Als Charles und ich das Haus verließen, war mir bange um Andrew. Würde er den Zorn seiner Mutter zu spüren bekommen? Ich beschloss, am Montag das Jugendamt anzurufen.

Am Montagmorgen fuhr ich die Kinder wie üblich zur Schule und zur Tagesmutter und begab mich dann direkt in mein Büro. Ich ging durch den Empfangsbereich und betete, während ich die Lichter anknipste, die Heizung aufdrehte und meine Jacke an die Garderobe hängte. Dann griff ich zum Telefon. Diesmal, so nahm ich mir vor, würde ich hartnäckiger sein, wenn die Sozialarbeiterin abnahm. Irgendetwas lief doch hier gründlich schief und es war Zeit, dass jemand, der die Autorität dazu hatte, etwas unternahm.

»Amt für Kinder, Jugend und Familie, wie kann ich Ihnen helfen?«

Die vertraute Begrüßungsformel frustrierte mich. *Darum geht es ja genau bei meinem Anruf. Jemand muss helfen. Wird man mir überhaupt zuhören?*

»Ich muss unbedingt mit einer Mitarbeiterin sprechen, die für den Fall der Familie Bower zuständig ist«, sagte ich.

»Ich verbinde Sie«, lautete die Antwort.

»Guten Tag, hier ist Kim. Wie kann ich Ihnen helfen?« Ich hatte mit Kim schon mehrmals zu tun gehabt und wusste, dass sie seit vielen Jahren im Jugendamt tätig war. *Vielleicht kann ich durch sie etwas erreichen.*

»Hallo, Kim. Hier ist Debbie Moerke.«

»Hallo, Debbie. Wie geht es Ihnen?«

»Eigentlich nicht so gut. Ich rufe wegen Familie Bower an. Vor allem wegen Hannah. Ich habe schon mehrmals angerufen, doch alle Mitarbeiter, mit denen ich gesprochen habe, versichern mir immer, es sei dort alles in Ordnung. Ich glaube das aber nicht.«

»Wieso haben Sie diesen Eindruck?«

Ich erzählte von Andrews Bemerkung, dass Hannah weggeschickt worden sei, und wie oft ich schon dort gewesen war und Hannah nie angetroffen hatte. Ich berichtete ihr auch von der Begegnung im Supermarkt und von der schlechten Beziehung zwischen Hannah und ihrer Mutter. Ich fragte, ob weiterhin Besuche seitens des Jugendamtes durchgeführt würden und ob jemand Hannah bei diesen Besuchen gesehen hätte.

»Ja. Eine neue Sozialarbeiterin ist mehrmals dort gewesen und hat alle Kinder gesehen.« Eigentlich hätte diese Information mich beruhigen müssen, doch dann kam mir ein Gedanke in den Sinn.

»Ich kenne die Mutter. Sie ist sehr gut darin, andere zu manipulieren. Ich könnte mir durchaus vorstellen, dass sie das Kind einer Freundin für Hannah ausgibt, um die Sozialarbeiterin zufriedenzustellen. Als ich das erste Mal dort zu Besuch war, standen noch Fotos von den Kindern herum, doch mir ist aufgefallen, dass es jetzt keine mehr gibt. Wenn eine neue Sozialarbeiterin kommt, die nicht weiß, wie Hannah aussieht, könnte sie sich täuschen lassen.« Die Worte strömten nur so aus mir heraus, als ich mir das ganze Szenarium überlegte. Ich wusste, wie verrückt sich das anhörte, aber es war durchaus möglich.

»Debbie, ich glaube nicht, dass das passieren kann. Die Sozialarbeiterin hat gesagt, dass sie während ihres Besuches alle Kinder gesehen hat. Ich werde sie aber noch einmal darauf ansprechen und sie fragen, ob ihr etwas Ungewöhnliches aufgefallen ist. Danke für Ihren Anruf.«

Wieder wurde ich abgewimmelt. Würde Kim tatsächlich noch einmal nachbohren?

Ich konnte nichts weiter tun. Mir waren die Hände gebunden und ich merkte, dass ich allmählich zur Belastung für Karen und das Jugendamt wurde. War es an der Zeit, das Ganze ruhen zu lassen und es in Gottes Hände zu legen?

Kapitel 8

Der Wettbewerb

Das Jahr 1998 begann und ich wusste, dass es größere Veränderungen mit sich bringen würde. Erstens nahm ich mir vor, meine Besuche bei Karen sein zu lassen. Obwohl ich mir immer noch Sorgen um Hannah machte und mich schuldig fühlte, weil es mir nicht gelungen war, mit ihr in Kontakt zu treten, wusste ich doch zugleich, dass ich alles in meiner Macht Stehende getan hatte. Da sie nicht mehr bei Karen zu Hause lebte, konnte ich sie ja auch nicht mehr besuchen. Ich verließ mich darauf, dass das Jugendamt die Sache weiterverfolgen würde. Das fiel mir nicht leicht, aber ich tat mein Bestes, um alles in Gottes Hände zu legen.

Dazu kam, dass ich im vergangenen Jahr den Eindruck gehabt hatte, es sei für mich an der Zeit, die Leitung unseres Zentrums für Schwangerschaftskonfliktberatung abzugeben – nicht weil mir die Kraft dazu fehlte, sondern weil ich mich innerlich dazu veranlasst fühlte. Zehn Jahre meines Lebens hatte ich in dieses Beratungszentrum investiert und war überzeugt, dass es bei dem jetzigen Team in guten Händen war. Also gab ich den Stab weiter in der tiefen Überzeugung, dass Gottes Timing perfekt war und er mich in eine andere Aufgabe führen würde.

Dennoch blickte ich etwas wehmütig auf meine Anfangszeit im Beratungszentrum zurück. Als ich die Leitung dort übernommen hatte, war ich erst ein Jahr zuvor zum Glauben gekommen. Alle Beraterinnen waren schon viel länger Christinnen und doch wollte der Vorstand mich in dieser Position haben.

Kurz nachdem ich meine Arbeit aufgenommen hatte, nahm ich an einem Seminar teil, das helfen sollte, die eigenen geistlichen Gaben zu entdecken. Einen Tag danach verkündete ich dreien unserer Beraterinnen begeistert: »Ich weiß jetzt, welche geistlichen Gaben ich habe!«

»Toll«, sagten sie. »Welche denn?«

»Zwei«, fuhr ich fort. »Die erste ist die Gabe der Prophetie. Ich bin eine, die alles entweder schwarz oder weiß sieht, deshalb ist für mich am Ende nur eines wichtig: Was Gottes Wort sagt, ist wahr. Und zweitens habe ich die Gabe der Vermahnung!«

Die drei starrten mich mit offenem Mund an. Dann erwiderte die eine von ihnen sehr freundlich: »Nein, Debbie. Nicht *Vermahnung*. Du meinst wohl *Ermahnung*. Du hast die Gabe der Ermahnung.«

»Ach ja, stimmt. So heißt es richtig.« Und so kommt es, dass selbst heute noch ein paar enge Freundinnen von mir mich damit necken, ich hätte die Gabe der »Vermahnung«.

Als ich die Leitung des Beratungszentrums übernahm, dachte ich, alle Christen würden sich für das ungeborene Leben engagieren, doch ich wurde bald eines Besseren belehrt. Zu meinem Kummer musste ich bei meinen Vorträgen in christlichen Gemeinden und Organisationen, wo ich um Unterstützung für unser Anliegen bat, feststellen, dass nicht wenige meiner Zuhörer mich am liebsten mit faulen Tomaten beworfen hätten, sobald ich das Thema Abtreibung ansprach. Schmerzlich musste ich erkennen, wie naiv ich gewesen war, und mein neu erworbener Glaube gelangte an einen Tiefpunkt.

Was habe ich in einem solchen Amt zu suchen?, fragte ich mich. *Ich bin zwar Christin, aber wieso bilde ich mir ein, ich könne anderen dienen und sie anleiten?* Am liebsten hätte ich mich irgendwo verkrochen und meine Wunden geleckt. Einen Tag nach einer besonders schmerzhaften Begegnung war ich mit dem Auto unterwegs. Ich fühlte eine bittere Enttäuschung und beschloss, auf einen Parkplatz zu fahren und mich an Ort und Stelle an den Herrn zu wenden.

Ich weinte, während ich betete: »Herr, ich verstehe das nicht. Was ist meine Aufgabe? Anscheinend mache ich es im Moment nicht richtig.« Ich dachte, ich würde Gottes Willen nicht erfüllen, weil ich so viel Schmerz und Leid erfuhr. Ach, wie wenig wusste ich damals über den Glauben! Inzwischen habe ich gelernt, dass man in der Regel sehr wohl auf dem richtigen Weg ist, wenn man sich elend fühlt.

In diesem Moment spürte ich genau, wie Gott sagte: *»Okay. Du möchtest, dass ich dir deine Aufgabe vor Augen male? Dann schau her.«*

Ich sah vor meinem inneren Auge das große unterirdische Abwassersystem einer Stadt. Ich selbst befand mich darin und stand bis zu den Knöcheln im Abwasser. Im Dunkeln stapfte ich durch den Dreck und das einzige bisschen Licht kam durch die Schlitze oben, wo sich die Kanaldeckel befanden. Dieses Bild fühlte sich so real an, dass ich den Gestank förmlich riechen konnte.

Ich kam an eine Leiter aus Metall, die hinauf zu einem der Kanaldeckel führte. Gott sagte zu mir: *»Das hier ist dein Job. Die Freiheit und das Leben in mir findet nur, wer durch den Kanaldeckel nach oben gelangt. Deine Aufgabe besteht darin, hier zu stehen. Und wenn jemand vorbeikommt, dann sollst du ihm auf diese Leiter hinauf nach oben helfen. Du musst alles tun, was dazu notwendig ist. Falte deine Hände zu einem Steigbügel und lass die Menschen hinaufsteigen. Knie dich in das schmutzige Wasser und lass sie auf deine Schultern klettern. Du tust alles, was nötig ist, damit sie auf die Leiter gelangen, den Kanaldeckel wegschieben können und den Weg zum Licht finden. Das ist deine Aufgabe. Bist du dazu bereit?«*

Es hörte sich an wie bei Mission Impossible. *»Auch wenn es ein dreckiger Job ist? Auch wenn du allein bist? Auch wenn du bis zu den Knöcheln im Abwasser stehst? Bist du bereit, an diesem Kanaldeckel Wache zu stehen? Bist du bereit, mir zu dienen, indem du anderen Menschen dienst?«*

Ich wusste, dass ich in diesem Moment eine wichtige Lebensentscheidung traf. »Ja, Herr, ich bin bereit. Ich werde das tun, wozu du mich berufen hast.«

Wenn ich mich mal deprimiert und wertlos fühle, hilflos oder hoffnungslos und mich frage, warum ich überhaupt hier auf der Erde bin, dann kommt mir immer dieses Bild in den Sinn. Mein Job besteht darin, am Kanaldeckel Wache zu halten. Manchmal stinkt es dort. Und manchmal bin ich einsam. Es gibt Menschen, die einfach vorbeigehen und die Hilfe nicht annehmen wollen. Manchmal bewerfen sie mich sogar mit Dreck. Doch trotz allem sagt Gott zu mir: *»Ich habe dich zu dieser besonderen Aufgabe berufen. Sie mag in den Augen der anderen nicht besonders toll aussehen, aber du bist meinem Ruf gefolgt.«*

Dieses Erlebnis wurde zur Grundlage meiner Arbeit in der Schwangerenkonfliktberatung, beim Besuchsdienst im Gefängnis und als Pflegemutter. Ich verstand den Sinn dessen, was ich tat, und erkannte, dass man einen Kanaldeckel auf vielerlei Weise bewachen kann. Nun war es an der Zeit, Gottes Rat zu suchen, wenn es um den nächsten Ort ging, an dem ich ihm mit dieser Fähigkeit dienen konnte.

In der Zwischenzeit war ich weiterhin als Laienseelsorgerin in unserem lokalen Gefängnis tätig. Alle zwei Wochen führte ich dort eine Bibelstunde durch und stand auf Abruf als Seelsorgerin bereit. Ich hatte ein Herz für die Strafgefangenen, der zeitliche Aufwand hielt sich in Grenzen und die Arbeit war höchst befriedigend.

* * *

Nichts jedoch hätte mich auf die nächste Gelegenheit des Dienens vorbereiten können, die sich im Februar für mich auftat. Denn eigentlich sah das Ganze von außen betrachtet gar nicht nach einem Dienst aus, sondern eher nach einem Spaß-Event.

Ich war gerade bei Starla, um eines unserer Pflegekinder abzuholen. Starla war nicht nur als Tagesmutter tätig, sondern koordinierte auch für den Bundesstaat Wyoming den Wettbewerb Mrs. International. Sie setzte sich mit Leib und Seele für diese Aufgabe ein. Dabei traten verheiratete Frauen an, die sich sozial engagierten und hohe moralische Werte vertraten. Anders als bei Miss America brauchte man sich hier nicht im Bikini zu präsentieren und musste an keinem Talentwettbewerb teilnehmen. Es ging vielmehr darum, öffentliche Vorträge zu halten, und um Leitungsverantwortung und Selbstvertrauen. Man sollte die Plattform vorstellen, auf der die jeweilige Frau besondere Leistungen erbrachte.

»Der ›Mrs. Wyoming-Wettbewerb‹ steht wieder vor der Tür«, verkündete Starla beiläufig.

»Das ist ja toll, Starla. Ich weiß, wie viel Freude dir das macht.«

»Die anderen Regionen unseres Bundesstaats haben schon ein paar Vertreterinnen aufgestellt«, fuhr sie fort, »aber ich habe noch niemanden für Casper.«

Trotz dieser Einleitung sah ich es nicht kommen.

»Debbie, könntest du dir vorstellen, Casper zu repräsentieren?«

Ich lachte. »Starla, das ist wirklich nicht mein Ding. Ich habe Pflegekinder, mache einen geistlichen Dienst und engagiere mich in der Schwangerenkonfliktberatung und der Gefängnisseelsorge. Von irgendwelchen Wettbewerben habe ich keine Ahnung. Außerdem bin ich nicht in der Lage, mehr als fünf Meter in High Heels zu gehen.«

Doch Starla ließ meine Einwände nicht gelten. »Debbie, genau wegen all dem, was du tust, bist du ja die ideale Kandidatin.« Sie drückte mir ein Bewerbungsformular in die Hand. »Denk einfach mal drüber nach.«

Beim Abendessen mit der Familie sprach ich das Thema an. »Ihr werdet nicht glauben, was mir heute passiert ist.« Als ich von dem Wettbewerb erzählte, fingen alle an zu lachen. Plötzlich aber wechselten meine Kinder die Gangart und redeten alle gleichzeitig auf mich ein.

»Mama, da solltest du mitmachen!«

»Ja, melde dich an.«

»Tu es, Mama.«

Dann ergriff Al das Wort. »Ich glaube, du solltest das machen! Fast alles, was du sonst so tust, ist furchtbar schwierig und ernst. Auch wenn du sagst, das sei alles reiner Quatsch, finde ich, dass du genau so etwas mal tun solltest. Ich finde, das ist genau das, was du brauchst: etwas Leichtes und zugleich Lustiges.«

Ich wehrte mich mit Händen und Füßen, aber meine Familie ließ nicht locker.

Schließlich brachten sie mich dazu, das Bewerbungsformular auszufüllen. Am nächsten Tag brachte ich es zu Starla. Ich konnte selbst kaum glauben, dass ich mich auf diese verrückte Idee tatsächlich eingelassen hatte.

»Also ... was kommt als Nächstes?«, wollte ich von Starla wissen.

»Morgen ist die Bewerbungsfrist zu Ende. Da du die einzige Kandidatin für Casper bist, wirst du im Mai gegen die anderen Kandidatinnen um den Titel der Mrs. Wyoming antreten. Liz, die früher mal den Wettbewerb gewonnen hat, kann dir helfen. Sie kann dir alles sagen, was dein Outfit betrifft und welche Fragen die Jury dir stellt, einfach alles.«

Starla informierte mich über jeden weiteren Schritt und übergab mich schließlich in Liz' Obhut, die mir alles beibrachte, was ich für die Vorbereitung auf den Wettbewerb wissen musste. Wir hatten zu der Zeit zwei Pflegekinder und ich hatte eigentlich alle Hände voll zu tun. Gestresst, wie ich war, stellte ich meine Teilnahme immer wieder infrage. *Was werden die Leute denken? Wie werden andere Christen mich sehen?* Ich war unsicher, voller Zweifel, und das Ganze kam mir irgendwie total verrückt vor. *Ich bin keine große Schönheit und fühle mich in flachen Pumps und langen Röcken viel wohler. Und wenn ich vor Publikum sprechen soll, dann schleiche ich mich lieber durch eine Seitentür hinein und hinaus.*

Ich fragte mich, wie ich aus der Sache wieder herauskommen könnte. Also vereinbarte ich einen Termin mit unserem Pastor. Bestimmt würde er mir von der Teilnahme abraten. Am nächsten Tag suchte ich ihn auf.

»Es ist mir fast schon peinlich, Ihnen zu sagen, wozu ich mich bereit erklärt habe«, begann ich, als ich sein Büro betrat.

»Du liebe Zeit. Nehmen Sie Platz und erzählen Sie, was los ist.« Pastor Bergie schaute mich aufmerksam an.

»Ich wurde gefragt, ob ich am Wettbewerb der Mrs. Wyoming International teilnehmen möchte, und ich habe Ja gesagt.« Verschämt senkte ich den Blick und erwartete seine Reaktion.

Einen Augenblick lang sagte er gar nichts. »Und ...?«

»Und ich denke, dass ich das nicht tun sollte.«

»Warum nicht?«

»Ich weiß nicht, ob eine Person in geistlicher Leitungsverantwortung so etwas tun sollte.«

»Also, ich finde, das ist doch eine wunderbare Sache.«

Ich war verblüfft. Wie konnte er nur so etwas sagen? Mein erstaunter Blick brachte ihn wohl dazu, seine Gedanken weiter auszuführen.

»Vor Jahren saßen meine Frau und ich bei zwei Wettbewerben in der Jury. Wir haben gemerkt, dass diese Wettbewerbe Frauen eine gute Plattform bieten, um in unserer Gesellschaft ihre Stimme zu erheben. Das ist doch gut. Debbie, Sie erhalten hier die Gelegenheit, viele Menschen zu erreichen und andere Frauen zu inspirieren, sich ebenfalls sozial zu engagieren. Sie sollten diese Chance ergreifen!«

Wirklich?, seufzte ich innerlich.

»Bisher haben Sie sich immer in sehr anspruchsvollen Projekten engagiert, die alles von Ihnen gefordert haben. Sie sollten es jetzt etwas leichter nehmen. Tun Sie mal etwas, was Ihnen Spaß macht. Gott kann diese neue Unternehmung gebrauchen, und das wird er auch. Meinen Segen haben Sie jedenfalls.«

Das war nicht das, was ich hatte hören wollen, aber meine Familie hatte mir ja auch nichts anderes mit auf den Weg gegeben.

Wie sollte ich nur aus dieser Sache wieder rauskommen?

In den darauffolgenden Wochen hatte ich mehrere Termine bei Liz in ihrem Salon. Während sie mir die Haare tönte, die Fingernägel lackierte und die Augenbrauen zupfte, erklärte sie mir, was alles auf mich zukommen würde. Haltung, Selbstvertrauen, mein Outfit – alles war wichtig. Ich würde drei verschiedene Garderoben tragen: Sportkleidung, Freizeitdress und Abendkleid. Sie stellte mir verschiedene Fragen, mit denen ich rechnen musste: *Was unternehmen Sie in Ihrer Freizeit? Was ist Ihre größte Sorge angesichts der derzeitigen Lage in der Welt? Was sind Ihre liebsten Hobbys und warum?*

Inmitten all meiner Zweifel begann ich allmählich zu glauben, dass Gott tatsächlich hinter meiner Teilnahme an diesem Wettbewerb stand, um mich auf irgendetwas vorzubereiten. Immer wieder rätselte ich, was das wohl sein könnte. Würden die gewonnenen Erfahrungen mir dabei helfen, künftig auf Veranstaltungen für Frauen zu sprechen? Oder vor einer Gemeinde? Oder sollte ich nur aus meiner Komfortzone herausgelockt werden? Vielleicht wollte Gott mir eine Beschäftigung geben, um mich von meiner Sorge um Hannah abzulenken, damit das Jugendamt seine Arbeit tun konnte, ohne von mir gestört zu werden.

Doch nicht alle befürworteten meine Unternehmung. Eine Frau aus der Gemeinde sagte mir, sie finde es völlig unangebracht. Eine Freundin war schockiert und andere einfach nur von mir enttäuscht.

Immer noch fühlte ich mich bei der ganzen Sache nicht wohl. Doch je mehr ich nach einem Ausweg suchte, desto deutlicher spürte ich, dass Gott mir sagte, ich solle den Weg weitergehen; er ließ es mich durch meine Familie wissen, durch meinen Pastor und durch eine innere Stimme, die einfach nicht still sein wollte.

Ich tat, was ich für das Vernünftigste hielt, und verabredete mich mit einem guten Freund, Ron Kirkegaard, einem christlichen Therapeuten. Ich wusste, dass ich ihm und seinem Rat vertrauen konnte.

Nach dem üblichen Small Talk kam Ron zur Sache: »Also, worüber möchtest du mit mir sprechen?«

»Ich habe ein Problem, mit dem ich nicht klarkomme, und brauche deinen Rat«, platzte ich heraus. Ich spürte, dass ich rot wurde, und das war mir peinlich. Rons Lächeln verschwand. Er lehnte sich auf seinem Stuhl zurück und machte sich auf eine Ankündigung von mir gefasst.

»Ich habe mich zu einem Wettbewerb angemeldet, aber irgendwie passt das nicht zu mir. Ich komme mir dumm vor und sitze zwischen allen Stühlen. Auf der einen Seite sind meine Familie und meine Freunde, die unbedingt wollen, dass ich es tue, auf der anderen sind mehrere christliche Freunde, die das gar nicht gut finden. Sie sagen, meine Entscheidung zur Teilnahme lasse mich in ihren Augen fragwürdig erscheinen.« Die Tränen liefen mir übers Gesicht. »Ich weiß, das alles hört sich bestimmt ziemlich dumm an, aber ich habe wirklich damit zu kämpfen.«

»Ich finde das gar nicht dumm«, erwiderte Ron. »Aber warum solltest du an diesem Wettbewerb nicht teilnehmen? Bedeutet es, dass du irgendetwas gegen den Willen Gottes tun sollst?

Oder gegen deinen Glauben? Oder deine moralischen Werte? Ich finde es toll! Und ich werde auf jeden Fall einer deiner größten Unterstützer sein. Sieh mal, Debbie, du kannst es nicht allen Leuten recht machen, vor allem nicht den Christen. Tu es und genieße es. Ich glaube, dir fehlt es einfach an Selbstvertrauen, weil du dich auf ein neues, unbekanntes Gebiet begeben musst.«

Ich seufzte. Wieder hatte ich nicht das gehört, was ich hatte hören wollen. Wie es aussah, konnte ich mich aus dem »Mrs. Wyoming«-Wettbewerb nicht mehr herausziehen. Ich sollte also aufhören zu jammern, das Ganze akzeptieren und es durchstehen. Ich sollte die Erfahrung annehmen und die Augen offen halten für das, was Gott daraus machen wollte.

Der März und der April vergingen wie im Flug. Ich befolgte Starlas und Liz' Ratschläge und trainierte, verlor ein paar Kilos, übte das Gehen auf der Bühne und sogar den schnellen Garderobenwechsel. Das alles kam mir so dumm vor, aber es bedeutete zumindest ein gewisses Maß an Entspannung nach dem anstrengenden Jahr mit den Bower-Kindern und meiner Sorge um Hannah.

Ich entwarf auch eine schriftliche Erklärung, die ich einreichen würde, und legte das Thema für meinen öffentlichen Vortrag fest: *Veränderung bewirken.* Ich berichtete davon, wie sich das Leben der Pflegekinder veränderte, die wir in unsere Familie aufnahmen. Ich forderte meine Zuhörer auf, nicht darauf zu warten, bis die Behörden sich um die Menschen in unserer Umgebung kümmerten. Auch wir selbst können das Leben von anderen verändern, die uns wichtig sind, und ihnen unsere Liebe tatkräftig zeigen.

* * *

Mitte Mai fand schließlich der Wettbewerb statt. Ich war eine von fünf Frauen, die für die »Mrs. Wyoming« antraten. Die Veranstaltung wurde in einem alten historischen Gebäude in der Wolcott Street in Casper abgehalten. Gern hätte ich das Gebäude als charmant beschrieben, doch es war einfach nur alt.

Vor Aufregung wie benommen sah ich aus dem Augenwinkel,

wie Starla den Umkleideraum betrat. »Du bist bereit!«, rief sie und schlang ihre Arme um mich. »Du schaffst das schon!« Sie war von dem ganzen Tamtam viel begeisterter als ich.

In dem überfüllten Umkleideraum häuften sich Kleidungsstücke und Abendkleider. An einer Wand waren Damenschuhe aufgereiht. An der anderen waren dicht nebeneinander provisorische Schminktische. In der Ecke stand ein einsamer, staubiger, dick gepolsterter Stuhl und an Wänden und Decke waren dunkle, aus der Mode gekommene Eichenpaneele. Der einzige Ankleidespiegel hing an der Innenseite einer Schranktür. Die spärliche Deckenbeleuchtung und die wenigen Tischlampen, die über den ganzen Raum verteilt waren, warfen Schatten, was das Schminken erschwerte. Doch wir alle machten einfach das Beste aus dem Raum, der uns zugeteilt worden war.

Ich genoss die Gegenwart der anderen vier Frauen, während wir uns ein wenig kennenlernten. Meine Augen wanderten durch den Raum. *Wer würde gewinnen?* Bestimmt Mrs. Star Valley. Sie war selbstbewusst, gut aussehend, besaß die perfekte Figur und ein Lächeln, das jeden Fremden willkommen hieß. Sowohl ihr Abendkleid als auch die Sportkleidung passten einfach perfekt zu ihr. Ja, ganz bestimmt würde sie als Siegerin das Podium verlassen.

Ich schlüpfte in mein Abendkleid, das ich mit zwei guten Freundinnen ausgesucht hatte. Es war elegant, aber trotzdem bescheiden. Bei jedem Schritt glitzerten und tanzten die übers ganze Kleid verstreuten Pailletten auf dem schwarzen Stoff.

Unter den Zuschauern waren meine Familie und Freunde, um mich zu unterstützen, und ich begann allmählich zu glauben, dass Gott mich aus einem bestimmten Grund hierhergestellt hatte. Welcher das aber sein könnte, war mir ein Rätsel.

Die Musik begann. Dann begrüßte der Moderator die Gäste und der Wettbewerb fing an. Die Jury stellte uns verschiedene Fragen, eine davon ist mir besonders im Gedächtnis geblieben. »Wenn es ein Fahrzeug gäbe, das Sie besonders gut beschreiben würde, welches wäre das aus der Sicht Ihres Ehemannes und warum?« Ich schaute zu Al, der mich anlächelte.

»Ein Rolls-Royce«, antwortete eine der Mitbewerberinnen.

»Ein Sportwagen«, meinte eine andere. »Ein SUV«, erklärte die dritte.

Als der Moderator zu mir kam, sagte ich: »Ein Bus. Ich glaube, ein Bus würde am besten zu mir passen. Manchmal bin ich ein bisschen breiter, als ich es gerne möchte, aber mein Mann liebt mich trotzdem. Ich nehme immer Leute mit, die Probleme haben, und versuche ihnen zu helfen, dorthin zu gelangen, wo sie sein sollten, seelisch, körperlich oder geistlich. Ein Bus hat außerdem viele Fenster, durch die man hinausschauen kann, und das beschreibt mich auch ganz gut. Zu mir passt entweder ein Bus oder ein Cabrio. Denn manchmal begebe ich mich auch in Situationen, in denen mir der Wind um die Ohren weht. Aber meistens, glaube ich, ist es eher der Bus.«

Lachen erfüllte den Saal. Al nickte und lachte mit den anderen. Auch die Mitglieder der Jury schienen sich zu amüsieren und machten sich Notizen.

Nachdem wir unseren Auftritt, die Rede und die Befragung hinter uns gebracht hatten, wurden wir wieder hinter die Bühne gebracht, wo wir miteinander lachten und uns darüber austauschten, was unserer Meinung nach unsere schwächsten und peinlichsten Momente während des Wettbewerbs gewesen waren. Unser lebhaftes Plaudern zeigte, wie nervös und angespannt wir waren. Dann kam das Signal zur Rückkehr auf die Bühne, wo die Siegerin verkündet werden sollte.

»Bevor wir hören werden, wer an diesem Abend zur Mrs. Wyoming International gekrönt wird, werden wir uns die einzelnen Bewertungen anschauen«, sagte der Moderator ins Mikrofon. »Die Damen, die an diesem Wettbewerb teilgenommen haben, hatten die Gelegenheit, sich gegenseitig in folgenden Kategorien zu bewerten: Charme, Beauty und soziales Engagement. Und die Gewinner sind ... Mrs. Casper in den Kategorien Charme und soziales Engagement und Mrs. Star Valley in der Kategorie Beauty.« Heftiger Applaus war zu hören, als Mrs. Star Valley und ich nach vorne traten, um unsere Auszeichnungen entgegenzunehmen.

Ich war erstaunt und gerührt, dass die anderen Frauen in zwei Kategorien für mich gestimmt hatten. Ich hätte an diesem

Punkt fröhlich nach Hause gehen können, aber noch gab es für mich kein Entrinnen.

Ich trat wieder in die Reihe meiner Mitbewerberinnen zurück. Wir hielten uns alle an den Händen, während die Preisträgerin des »Mrs. Wyoming International«-Wettbewerbs von 1997 auf die Bühne kam, in der Hand den Umschlag, der den Namen der Gewinnerin enthielt. Ich drückte Mrs. Star Valley die Hand und rückte näher an sie heran, in der Gewissheit, dass sie den Preis erhalten würde. Sie erwiderte meinen Händedruck und stieß mich mit der Hüfte an.

»Und die neue ... Mrs. Wyoming International ... für 1998 ist ... Mrs. Casper, Debra Moerke!« Mein Lächeln gefror. Mrs. Star Valley und ich sahen uns erstaunt an. Das konnte doch nicht sein.

Das entspricht irgendwie gar nicht dem, was ich bin und tue. Was haben die sich bloß dabei gedacht?

Meine Familie und meine Freunde sprangen auf und klatschten begeistert zusammen mit den anderen Zuschauern.

Die amtierende Mrs. Wyoming nahm mich bei der Hand und führte mich zur Vorderseite der Bühne, wo sie eine riesige Krone entgegennahm, die auf einem Samtkissen dargereicht wurde. Sie nahm mir die violett-weiße Mrs.-Casper-Schärpe ab und ersetzte sie durch eine ebenfalls violett-weiße, mit Strass verzierte Schärpe, auf der »Mrs. Wyoming International« zu lesen war. Dann befestigte sie die Krone in meiner Hochsteckfrisur, während jemand anderes mir einen Strauß langstieliger roter Rosen in den Arm legte.

»Und nun zeigen Sie sich«, forderte Mrs. Wyoming 1997 mich mit einem breiten Lächeln auf. Sie gab mir einen Kuss auf die Wange und lotste mich vorwärts. Ich war fast starr vor Schreck. Und dann dämmerte es mir: Jetzt, wo ich gewonnen hatte, würde ich im August an dem landesweiten Wettbewerb für Mrs. International in Tyler, Texas, teilnehmen müssen. *Was in aller Welt wollte Gott nur damit bezwecken?*

* * *

Ende des Monats erhielt ich einen Anruf vom Direktor der *Central Wyoming Rescue Mission* in Casper, einer Hilfsorganisation für obdachlose Menschen. Carl und ich waren uns in den letzten Jahren schon mehrmals begegnet. Er gehörte zu dem Team, das unser Zentrum für Schwangerschaftskonfliktberatung geistlich unterstützte, und wir beide arbeiteten außerdem in einem lokalen Seelsorger-Team mit. Ich hatte großen Respekt vor ihm und der Arbeit der *Rescue Mission,* die es sich zur Aufgabe gemacht hatte, bedürftigen Menschen warme Mahlzeiten und Wohnraum zu vermitteln.

»Debra, Sie wissen ja, dass die *Rescue Mission* sich in all den Jahren vorwiegend um Männer gekümmert hat. Im vergangenen Jahr jedoch haben immer mehr Frauen und Kinder unsere Hilfe gesucht. Bisher hatten wir noch kein weibliches Mitglied in unserem Leitungsteam, das sich der Frauen und der Kinder annahm. Wir wollten Sie daher fragen, ob Sie sich vorstellen könnten, als Seelsorgerin für Frauen und Kinder bei uns tätig zu sein. Wären Sie bereit, darüber nachzudenken?«

Mein Herz machte einen Sprung. Ich wusste sofort, dass Gott mich genau an diesem Platz haben wollte. Bereits im Juni fing ich an, drei Tage in der Woche dort mitzuarbeiten.

Immer noch hatte ich keine Ahnung, warum Gott die Zeit zwischen meiner Tätigkeit im Beratungszentrum für Schwangere und meiner Mitarbeit bei der *Rescue Mission* mit dem Wettbewerb ausgefüllt hatte. Auf jeden Fall hatte mich dieser ein wenig von meiner Sorge um Hannah abgelenkt. Ich hatte wieder Kraft geschöpft und war bereit für eine neue Aufgabe.

Neuen Herausforderungen hatte ich mich schon immer gern gestellt und hatte nichts dagegen, andere Wege einzuschlagen. Und so freute ich mich darauf, die Seelsorgearbeit unter Frauen und Kindern in der *Rescue Mission* aufzubauen und Menschen durch Lebenskrisen hindurchzuhelfen. Ich ahnte nicht, dass Gott, noch während ich diesen neuen Dienst begann, in meinem eigenen Leben eine furchtbare Krise zulassen würde, die sich auf fast alle Bereiche auswirkte. Ich wurde nicht nur aus meiner Komfortzone herausgeholt, sondern bis an die Grenzen meiner Kräfte gefordert, weit über das hinaus, was zu tragen ich mich imstande sah.

Kapitel 9

Das gelbe Telefon

Das große gelbe Telefon mit der Wählscheibe, das in unserer Küche an der Wand hing, war eine mindestens genauso wichtige Vorrichtung wie das Spülbecken. Und an vielen Tagen schien es auch ebenso häufig benutzt zu werden. Vielleicht sogar mehr. Das Beste daran war das lange Kabel, das bis in jede Ecke der Küche reichte und sogar ein Stück weit ins Esszimmer. Das Klingeln des Telefons war so laut, dass man es überall im Haus hören konnte. Irgendwie passte dieses Gerät perfekt zu uns – altmodisch, aber gemütlich.

An jenem Tag Ende Juni 1998 hörte ich es klingeln, während ich gerade im Badezimmer im Erdgeschoss die Wanne schrubbte. Ich streifte meine Gummihandschuhe ab und ging in die Küche, um den Anruf entgegenzunehmen.

»Hallo, Debbie, hier ist Jill vom Jugendamt.«

Ich hatte schon seit Längerem keinen Anruf mehr von Jill erhalten. Sie war eine junge, noch relativ neue Sozialarbeiterin, mit der ich vor einiger Zeit zusammengearbeitet hatte. Ich fühlte mich ihr verbunden, denn wir konnten uns über unseren gemeinsamen Glauben an Jesus austauschen, und ich freute mich immer, wenn ich Jill im Jugendamt begegnete.

»Ich habe heute eine Akte erhalten«, sagte Jill. »Es geht darin um mehrere Kinder, die Sie, wie ich gelesen habe, in der Vergangenheit in Pflege hatten; es handelt sich um die Kinder von Karen Bower.« Ich war überrascht – das Jugendamt rief *mich* wegen Karen an. Sonst war es immer umgekehrt gewesen. Mittlerweile waren vierzehn Monate vergangen, seit ich gezwungen gewesen war, die Bower-Kinder zu ihrer Mutter zurückzubringen.

»Die Mutter wurde kürzlich wegen schweren Diebstahls verhaftet«, fuhr Jill fort, »und wurde jetzt zu zwei Jahren Gefängnis verurteilt. Sie ist in der Frauenvollzugsanstalt in Lusk. Nun versuchen wir ihre Kinder ausfindig zu machen, um sie in Pflegefamilien unterzubringen. Die meisten von ihnen haben wir gefunden, aber zwei fehlen uns noch. Ich dachte, Sie könnten mir hier vielleicht weiterhelfen. Haben Sie eine Idee, wo die beiden sein könnten?« Jills Stimme klang ruhig und professionell.

»Ihre Mutter ist im Gefängnis?« Ich war entsetzt über diese Nachricht. »Ich war schon längere Zeit nicht mehr bei Karen. Welche Kinder fehlen denn?«

»Andrew und Hannah.«

Mein Puls beschleunigte sich.

»Andrew könnte bei einer Freundin seiner Mutter in Denver sein«, sagte ich. »Als Karen keine Geduld mehr mit ihm hatte, hat sie ihn für eine Weile dorthin geschickt. Allerdings kann ich Ihnen über diese Freundin nichts sagen und ich weiß auch nicht, wo sie wohnt. Wegen Hannah habe ich das Jugendamt letztes Jahr immer wieder angerufen und gefragt, ob jemand sie gesehen hat. Ich habe mir Sorgen gemacht, weil Hannah nie da war, wenn ich die Familie besucht habe. Ihre Mutter hatte immer eine Ausrede parat – sie sei bei einer Geburtstagsfeier, bei ihrem Vater oder ihrer Großmutter oder bei einer Freundin zum Spielen. Mir kam das seltsam vor, dass ich den Geschwistern von Hannah begegnet bin, aber sie nie da war.

Nachdem ich das Jugendamt viele Male angerufen und meine Sorge mitgeteilt hatte, sagte eine der Sozialarbeiterinnen mir, freundlich ausgedrückt, ich solle mich in Zukunft raushalten und sie ihren Job machen lassen. Ich hatte immer das Gefühl, dass da was nicht stimmte, aber wo Hannah sein kann, das weiß ich auch nicht.« Ich konnte selbst die Sorge in meiner Stimme hören, als ich das alles bei Jill ablud. Ich schwieg und es entstand eine lange Pause.

»Jill, sind Sie noch am Apparat?«

»Ja. Debbie, wir beide kennen uns noch nicht lange, aber ich vertraue Ihrer Einschätzung und Ihrem Bauchgefühl. Was wollen Sie mir mit alldem sagen? Ich höre Ihnen zu.« Ich hatte den Eindruck, dass Jill es wirklich ernst meinte.

»Ich glaube, dass hier irgendetwas ziemlich faul ist, Jill. Eigentlich benutze ich solche Worte nie, aber mein Bauch und mein Herz sagen mir, dass es so ist.« Ich fühlte, wie die Wut in mir aufstieg und mir die Tränen in die Augen schossen. Die Stimme versagte mir. »Ich habe das schon so lange gespürt. Aber niemand wollte mir zuhören ... bis heute.«

Wieder trat eine lange Stille ein.

»Ich werde Ihr Anliegen aufnehmen, Debbie. Ich vertraue Ihrem Instinkt und werde sofort bei der Polizei eine Vermisstenanzeige aufgeben.« Jills entschlossener Tonfall machte mir Mut.

»Gott sei Dank. Bitte lassen Sie es mich wissen, wenn Sie etwas herausgefunden haben.« Ich wusste nicht, ob ich mich über Jills Entschluss freuen oder mich fürchten sollte. Das Gespräch fand an einem Freitag statt. Vier Tage lang hörte ich nichts und versuchte mit aller Kraft, meine Sorgen bei Gott im Gebet abzuladen.

* * *

Eine warme Brise strömte an diesem Julitag durch das offene Küchenfenster herein und sorgte bei der Hitze für ein wenig Abkühlung. Ich stand in der Küche und bereitete das Abendessen vor. Al saß am Computer in dem kleinen Zimmer, das ans Esszimmer angrenzte. Die Kinder, zwei unserer eigenen und ein Pflegekind, hatten es sich auf dem Fußboden vor dem Fernseher gemütlich gemacht. Es waren nur das gedämpfte Geräusch der Kindersendung zu hören und das leise Wehen des Windes draußen.

Ich holte die Pfanne aus dem Fach unter dem Ofen heraus, stellte den Herd an und fing an, das Hackfleisch für die Tacos anzubraten. Als das Fleisch zu brutzeln begann, klingelte das Telefon, das an der Wand hing. »Ich gehe ran!«, rief ich.

»Hallo Jill«, sagte ich, als ich die Stimme am anderen Ende erkannte. »Wie kommt es, dass Sie mich um halb sechs noch anrufen?«, fragte ich scherzhaft. »Ich dachte, beim Jugendamt machen alle um fünf Feierabend.«

»Was machen Sie gerade?«, fragte Jill mit leiser, ruhiger Stimme.

»Ich koche das Abendessen«, antwortete ich, nun stutzig geworden.

»Es ist besser, wenn Sie sich hinsetzen.«

»Okay.« Ich schaltete die Herdplatte runter und ging ein paar Schritte zurück. Dabei merkte ich, wie sich mein Magen zusammenkrampfte. »Was ist los?«

»Ich wollte Sie anrufen und es Ihnen persönlich sagen, bevor Sie es in den Abendnachrichten sehen. Hannah ist gefunden worden ...«

»Wo?«, unterbrach ich aufgeregt.

»Debbie ... man hat ihre Leiche gefunden in der Garage des Hauses, wo sie gewohnt hat. Sie ist eindeutig schon längere Zeit tot. Ihr Leichnam war in einem schwarzen Müllsack. Es tut mir so, so leid.«

Alle Luft schien aus dem Raum zu entweichen. Ich konnte kaum noch atmen. Ich fing an, im Kreis zu gehen, und wickelte mich dabei in die lange Telefonleitung ein, als wolle sie mir das Herz abschnüren und es daran hindern, Blut in meinen Kopf zu pumpen.

»Nein, nein, nein«, flüsterte ich.

Ich konnte nicht mehr denken, sondern spürte nur noch überall den Schmerz, wie er meinen Magen umklammerte und mir das Herz aus dem Leib riss. Ich blieb mitten in der Küche stehen und war wie erstarrt. Dabei brachte ich kein weiteres Wort mehr heraus.

»Ich muss auflegen«, sagte Jill mit gebrochener Stimme. »Aus Sorge und aus Respekt vor Ihnen wollte ich, dass Sie es als Erste erfahren.«

»Danke«, brachte ich nur noch mühsam heraus. Ich hielt mir den Telefonhörer noch lange ans Ohr, nachdem Jill aufgelegt hatte. Wenn ich ihn nicht wieder auf die Gabel hängte, konnte ich vielleicht die Realität dieser schrecklichen Nachricht verdrängen. Vielleicht würde Jill gleich wieder anrufen und mir sagen, dass sie sich geirrt hatte.

Lieber Jesus, kann das wirklich passiert sein? Hannah tot? Wie soll ich das Al sagen? Und wie den Kindern? Was soll ich bloß tun? Meine Gedanken überschlugen sich, während mein Körper sich nur noch in Zeitlupe bewegte.

Ich legte den Hörer auf und hielt ihn noch eine Weile umfasst, während ich mich mit der anderen Hand an der Wand abstützte. In mir brannte der Schmerz. Ich hatte keine Luft zum Atmen und brachte kein Wort über die Lippen.

Endlich gelang es mir, kurz Luft zu holen, und so schrie ich: »Al! Ich brauche dich! Ich brauche dich jetzt.« Meine Rufe waren schwach, aber eindringlich. »Al!«

»Was ist denn?« Seine Stimme klang ein wenig verärgert, weil er in seiner Arbeit unterbrochen worden war. Doch als er mich sah, nahm sein Gesicht einen sanften und besorgten Ausdruck an. »Was ist los?«, flüsterte er.

»Sie haben Hannahs Leiche gefunden. Sie ist tot. Unsere süße kleine Hannah.« Ich fing laut an zu weinen. Als er mich in seine Arme nahm, fühlte ich, wie sein Körper zitterte, und dann hörte ich auch ihn weinen und spürte die Tränen auf seiner Wange, die er fest gegen meine gepresst hatte.

Unser Weinen alarmierte die Kinder und sie kamen aus dem Wohnzimmer gelaufen. Mit weit aufgerissenen Augen standen sie vor uns. So hatten sie uns noch nie erlebt, wie wir uns in Tränen aufgelöst aneinanderklammerten. Ich wandte mich zu ihnen und rief: »Sie haben Hannah gefunden!« Mehr brauchte ich nicht zu sagen. Unsere Verzweiflung machte ihnen deutlich, dass das eine schlechte Nachricht war. Sie schlangen ihre Arme um uns und weinten bitterlich. So standen wir als Familie da, am Boden zerstört, Herz und Seele zerrissen, von einem Schmerz und einer Trauer ergriffen, wie wir es nie zuvor erlebt hatten. Wir konnten uns nicht länger auf den Beinen halten und so sanken wir immer noch eng umschlungen auf die Knie, auf den Teppich, als gingen wir in unserem Verlust unter. Das konnte einfach nicht wahr sein.

Während ich die Kinder im Arm hielt, sah ich den Sessel von Al im Wohnzimmer stehen. Ich sah Hannah vor mir, wie sie dort saß, während Al ihr ein Buch vorlas. Ich sah sie lächeln und sich an ihn kuscheln, während er Seite um Seite umblätterte. Ich konnte sie sehen. Sie konnte doch nicht einfach weg sein.

Helen übernachtete bei einer Freundin. Ich würde sie anrufen müssen, um ihr die schreckliche Nachricht mitzuteilen. Es würde ihr das Herz brechen. Sie hatte Hannah so gern gehabt.

Sie war uns allen so ans Herz gewachsen

* * *

Es folgte eine qualvolle, schlaflose Nacht, in der ich mit Gott rang. Warum? Warum hatte er es zugelassen, dass Karen das Sorgerecht für Hannah zurückbekommen und ihr Kind umgebracht hatte? Es ergab alles keinen Sinn, vor allem, weil wir doch so sehr darum gekämpft hatten, Hannah bei uns zu behalten, wo sie in Sicherheit gewesen wäre. Warum war es mir nicht gelungen, das Jugendamt aufzurütteln, damit es sich um Hannahs Wohlergehen kümmerte? War das alles meine Schuld?

Immer wieder durchlebte ich in Gedanken jenen schrecklichen Tag, an dem ich Hannah zu ihrer Mutter hatte zurückbringen müssen. Völlig niedergeschlagen über die Entscheidung des Richters und voller Sorge um Hannah hatte ich genau gewusst, dass sie dort nicht in Sicherheit sein und auch keine Liebe erfahren würde.

In dieser Nacht fand ich keinen Schlaf. Ich stopfte immer wieder mein Kissen zurecht und wälzte mich hin und her. Meine Gedanken kamen einfach nicht zur Ruhe. *Ich hätte sie dort herausholen sollen.* Aber das Gesetz war nicht auf meiner Seite gewesen. Erst als es zu spät war, war das Gesetz eingeschritten. Aus den Nachrichten erfuhren wir, dass die Mutter, die bereits wegen eines anderen Deliktes in Haft war, des Mordes angeklagt worden war. Karen saß also in jener Nacht hinter Gittern, doch ich selbst fühlte mich auch eingesperrt – in unaussprechlicher Trauer und unaufhörlichem Schmerz. Ich lag in der Dunkelheit meines Zimmers, gefangen in der Dunkelheit meiner Seele.

Ich war beinahe überrascht, als die ersten Sonnenstrahlen durch einen Spalt in den Vorhängen unseres Schlafzimmers fielen. Irgendwie hatte ich nicht damit gerechnet, dass es je wieder hell werden würde. Während der Rest der Familie noch schlief, schlüpfte ich aus dem Bett, nahm meinen Morgenmantel und ging nach unten, um Kaffee zu kochen. Da Sommerferien waren, würde es im Haus noch etwas länger still bleiben.

Ich saß am Küchentisch, das Kinn auf meine gefalteten Hände gestützt, und sah zu, wie der Kaffee in die Glaskanne lief, bis er die Markierung für zehn Tassen erreicht hatte. Dann holte ich eine Tasse aus dem Schrank, füllte sie bis zur Hälfte mit dem dampfenden Getränk und goss kaltes Wasser aus dem Hahn nach. Als ich gerade den ersten Schluck trinken wollte, klingelte das gelbe Telefon.

Ich starrte es eine Weile an und fürchtete mich fast davor, es abzunehmen, weil es mir in so kurzer Zeit so schlechte Nachrichten gebracht hatte. Ich konnte mir nicht vorstellen, wer uns so früh am Morgen anrufen wollte. Doch dann nahm ich schnell ab, bevor alle durch das Klingeln geweckt wurden.

»Hallo. Hier Moerke.« Meine Stimme klang leise und leblos.

»Guten Tag. Sie sind mit der Frauenvollzugsanstalt von Natrona County verbunden«, erklang eine automatisierte Stimme. »Dies ist ein R-Gespräch eines Insassen dieser Strafanstalt. Wenn Sie bereit sind, die Gebühren für das Gespräch zu übernehmen, sagen Sie bitte: Ja. Wenn nicht, legen Sie bitte auf.«

Ein Insasse? Das Wort ging mir durch Mark und Bein. Ich konnte mir nur eine einzige Insassin vorstellen – die eine, um die sich diese Nacht alle meine Gedanken gedreht hatten. Ich spürte, wie sich der Druck hinter meinen Augen aufbaute, und biss die Zähne zusammen. Ich konnte fast nicht mehr schlucken.

Soll das ein Witz sein? Empört darüber, dass Karen versuchte, mich anzurufen, packte ich den Hörer noch fester. *Du willst mich wohl auf den Arm nehmen!* Ich drehte mich um und wollte wieder auflegen. *Meint sie wirklich, ich würde die Gebühren bezahlen und ihren Anruf entgegennehmen? Was denkt sie sich eigentlich dabei? Ist sie vollkommen übergeschnappt?* Meine Gedanken überschlugen sich, während ich den Hörer fest in der Hand hielt und ihn von meinem Ohr weg in Richtung Wand bewegte. »Kommt gar nicht infrage«, flüsterte ich und wollte schon auflegen.

In dieser Sekunde hörte ich eine Stimme in meinem Kopf. *»Wenn sie mich anrufen würde, würde ich den Anruf entgegennehmen?«* Mein Herz erkannte die Stimme. Es war Jesus. Ich zuckte zusammen. *»Du bist meine Hände, meine Füße und meine Stimme. Willst du mich repräsentieren oder nicht?«*

Ich wusste, dass ich den Anruf annehmen musste. »Herr, sei mit mir. Ich kann das nicht allein tun«, flüsterte ich. Dann schaute ich nach oben zum Himmel und hörte mich klar und deutlich Ja sagen – zu dem Telefonautomaten und zu Jesus.

»Debra? Debra, bist du das?«, hörte ich daraufhin Karens vertraute Stimme am anderen Ende der Leitung.

»Ja, ich bin's.« Ich brachte die Worte kaum heraus. Ich ließ die Schultern sinken, mein Kinn entspannte sich. Ich hatte aufgegeben. Das jedenfalls schienen meine Stimme und mein Körper zum Ausdruck zu bringen. Oder vielleicht doch nicht? Unterstellte ich mich nicht vielmehr der Führung meines Herrn?

»Kannst du mich besuchen kommen?«, fragte Karen mit verzweifelter Stimme. »Ich muss dich unbedingt sprechen.«

Bei diesen Worten schien es mir, als würde die Welt für einen Moment aufhören, sich weiterzudrehen – die Zeit stand still, während ich versuchte, diese kühne Bitte zu verarbeiten. Ob ich sie besuchen würde? Ein geradezu überirdischer Zorn stieg aus einer dunklen Tiefe in mir auf. Sie *besuchen*? Viel lieber hätte ich durch die Telefonleitung nach ihr gelangt, sie am Kragen gepackt und ihr das Herz aus dem Leib gerissen. Am liebsten hätte ich sie gegen die Küchenwand geschleudert und sie angeschrien: »Was ist eigentlich los mit dir?« Doch genauso schnell, wie er gekommen war, legte sich mein Zorn wieder und ich hörte in mir das Echo der Worte: *»Du bist meine Hände, meine Füße und meine Stimme. Willst du mich repräsentieren oder nicht?«*

»Ich weiß es nicht. Ich muss sehen.« Mit diesen unverblümt ehrlichen Worten legte ich auf. Ich wusste nicht, was ich sonst noch sagen sollte. Die Entscheidung würde ja nicht allein bei mir liegen. Was würde Al dazu sagen? Oder die Kinder? Und zugleich wusste ich im selben Moment, dass ich hingehen würde. Doch was würde ich ihr sagen, wenn ich dort war?

Kapitel 10

Das Schlachtfeld

Es waren ungefähr vierundzwanzig Stunden vergangen, seit wir die schlimme Nachricht von Hannahs Tod bekommen hatten, und vielleicht zwölf Stunden, seit Karen mich früh am Morgen angerufen hatte. Eine stille Trauer nagte an unseren Herzen, während wir beim Abendessen am Tisch saßen. Sadie, Helen, Charles und sogar unsere Pflegetochter stocherten nur in ihrem Essen herum. Al hatte seines kaum angerührt und ich selbst brachte fast keinen Bissen hinunter. Niemand hatte Appetit und zugleich wollte sich auch niemand aus dem Kreis der Familie lösen. Wir alle brauchten Trost.

Ich schaute auf die Uhr. Die Besuchszeit in der Strafanstalt endete um 21:00 Uhr. Wenn ich Karen noch sehen wollte, musste ich spätestens um 20:00 Uhr aufbrechen. Ich hatte also noch zwanzig Minuten Zeit, um zu Ende zu essen und das Geschirr abzuwaschen. Ich bewegte mich in einem ruhigen Tempo und versuchte gelassen zu erscheinen. Für einen kurzen Besuch wäre sicherlich noch genug Zeit.

Am späten Nachmittag hatten Al und ich uns darüber unterhalten. Als ich ihn nach seiner Meinung fragte, zögerte er und schaute mich dann mit ernster Miene an. Er schien schockiert darüber zu sein, dass ich so etwas überhaupt in Betracht zog.

»Debbie, hast du nicht schon genug durchgemacht? Was könnte sie dir schon zu erzählen haben? Und was würdest du ihr sagen? Ich möchte nicht, dass du noch mehr Schweres erleidest, nur damit Karen sich besser fühlt.«

Seine Argumente waren vernünftig. Ich dachte ja genau wie er. Den ganzen Tag über war ich hin- und hergerissen gewesen.

Wenn mein Zorn gerade die Oberhand gewann, dann wollte ich mit Karen nichts zu tun haben. *Lass sie doch allein dort verrotten. Sie hat es nicht anders verdient.* Andererseits aber wollte ich so sein, wie Gott mich haben wollte. Ich wünschte mir, ein lebendes Beispiel für Gottes Gnade zu sein. Und schließlich konnte ich die Botschaft, die der Herr mir gegeben hatte, nicht verleugnen. Sie gefiel mir nicht, aber abstreiten konnte ich sie nicht.

»Während des Telefonats mit Karen hatte ich aber den Eindruck, dass der Heilige Geist mich dazu auffordert hinzugehen«, sagte ich zu Al.

Er schüttelte den Kopf, als ob er nicht hören wollte, was ich sagte. Er bezweifelte meine Worte zwar nicht, aber weil er mich schützen wollte und wütend auf Karen war, fiel es ihm schwer, mein Vorhaben zu unterstützen. Er bat mich um etwas Bedenkzeit. Ich konnte ihn gut verstehen. Kurz vor dem Abendessen schließlich gab er mir zögernd seine Zustimmung.

Als das letzte Geschirr wieder im Küchenschrank verschwunden und die Arbeitsfläche sauber gewischt war, nahm ich meine Schürze ab und hängte sie auf. Die Kinder hatten ihre Arbeit in der Küche erledigt und waren ins Wohnzimmer gegangen, um fernzusehen. Al schloss sich ihnen an und setzte sich in seinen Sessel.

»Hey, ihr Lieben! Ich mache noch mal schnell einen Besuch. Ich bin bald wieder zurück und schaue mir den Rest des Films mit euch zusammen an.« Meine Ankündigung sollte fröhlich und lebhaft klingen und so hoffte ich, nur ein »Okay ... tschüss, Mama« zu hören, während ich meine Handtasche und den Autoschlüssel holte.

»Wen besuchst du denn?«, rief Charles, als ich gerade die Türklinke in der Hand hatte. Ich zuckte zusammen.

»Nur eine Freundin. Bin bald wieder da.« Ich hoffte, das Haus verlassen zu haben, bevor noch mehr Fragen auftauchten.

»Fährst du zum Gefängnis?«, fragte Helen. Ihr Ton war anklagend.

Ich wollte eine direkte Antwort vermeiden. *Was sollte ich ihnen sagen?* Mein Zögern verursachte noch größere Aufmerksamkeit.

»Gehst du Karen besuchen?« Charles richtete sich abrupt auf. Plötzlich schauten mich alle Kinder an.

»Ja.«

Sadie schüttelte den Kopf, marschierte in ihr Zimmer und schlug die Tür hinter sich zu. Charles und Helen starrten mich weiter an. Sie saßen da wie erstarrt und ihre Gesichter waren rot vor Zorn.

»Warum?«, fragte Helen mit erhobener Stimme.

»Weil ich glaube, dass Gott das von mir erwartet.« Was sollte ich sonst sagen? Es war die Wahrheit.

Charles schüttelte den Kopf und legte sich wieder auf den Teppich. Helen schaute mich immer noch mit ungläubigem Gesichtsausdruck an. Al schwieg.

Ihr Zorn war berechtigt. Wie konnte ihre Mutter Zeit mit jemandem verbringen, der etwas so Undenkbares getan hatte? Ich wusste, dass jetzt nicht der richtige Augenblick war, um mit ihnen über ihren Schmerz und ihre Wut zu reden. Ich hatte ja mit meinen eigenen Gefühlen schon genug zu kämpfen. Also konnte ich nur für sie und für Al beten.

Obwohl ich mir alle Mühe gab, ihnen zu erklären, dass ich als Christin hingehen musste, um zu tun, was Gott von mir wollte, konnten sie es nicht verstehen. Meine Kinder waren ja noch jung im Glauben. Sie hatten noch nicht die Prüfungen erlebt, die Gott uns zumutet, damit unser Glaube und unser Vertrauen zu ihm wachsen können.

Es war schwer für mich, dass auch Al mein Vorhaben nicht unterstützte. Allerdings unterstützte er *mich*. Das hatte er immer getan. Und das bedeutete mir unendlich viel. Er zweifelte nicht daran, dass Gott mich zu diesem Besuch aufgefordert hatte. Es war eine Glaubensprüfung für uns beide.

So ließ ich meine Familie also verärgert und verletzt zurück. Ich war nicht diejenige, die ihnen die Augen öffnen und ihren Herzen Frieden schenken konnte. Das konnte nur Gott tun. Ich musste gehen.

»Ich habe euch alle lieb. Ich komme bald zurück.«

Während ich auf unserem holprigen Feldweg entlangfuhr, um zur Schnellstraße zu gelangen, war ich überzeugt, das

Richtige zu tun. Dennoch quälte mich der Gedanke, dass ich eigentlich überhaupt nicht hingehen wollte. »Ich bin bereit, das zu tun«, sagte ich laut vor mich hin, um mich selbst davon zu überzeugen. Ich spürte eine Kraft in mir – jedoch nur, bis ich ans Ende des Feldweges gelangte und in Richtung Stadt abbiegen wollte.

Plötzlich hatte ich das Gefühl, als hätte mir jemand einen Schlag in die Magengrube verpasst. Mir war richtig übel. Ich war benommen und durcheinander und ich nahm kaum die anderen Fahrzeuge wahr, die an mir vorübersausten. Ich musste unbedingt von der Straße abfahren und mich erst einmal beruhigen, bevor ich noch einen Unfall verursachte.

Ich fuhr rechts heran und spürte, wie mich eine Welle der Trauer erfasste. Ich schaltete in Parkstellung und legte meinen Kopf aufs Lenkrad. Tränen strömten mir übers Gesicht. Es kam mir so vor, als würde alles Leben aus mir herausgesaugt werden. Ich bekam kaum noch Luft.

Vielleicht will der Feind meinen Schmerz dazu gebrauchen, um mich von dem Besuch bei Karen abzuhalten. Ja, ich bin zutiefst aufgewühlt durch das, was mit Hannah passiert ist, aber das Ganze hat auch eine geistliche Seite. Allmählich erlangte ich meine Fassung wieder. Ich war kein Mensch, der schnell alles dem Widersacher Gottes in die Schuhe schob, aber manchmal verführt er uns dadurch, dass uns etwas als leichter Ausweg erscheint. *Ist das nicht unser alltäglicher Kampf? Ein Tauziehen zwischen dem, was Gott von uns will, und der Versuchung, den leichten Weg zu gehen?* Ich wollte den Feind nicht gewinnen lassen, sondern mich zusammenreißen und hingehen.

»Gott, bitte gib mir, was ich brauche, um deinen Willen zu tun«, betete ich.

Ich dachte an die Jahre zurück, in denen ich mittwochmorgens eine Bibelstunde im Frauengefängnis gehalten hatte. Ich erinnerte mich an die vielen Gefangenen, die ich besucht hatte, weil sie sich eine Seelsorgerin gewünscht hatten. Ich hatte diese Besuche immer gern gemacht. Aber dieses Mal war es anders. Hier ging es um etwas Persönliches – ein Besuch, den ich mir nie hätte träumen lassen. Was wollte sie von mir? Was sollte ich ihr sagen, wie mich ihr gegenüber verhalten? Was, wenn ich die Beherrschung verlor?

Ich spürte, wie in mir ein Kampf tobte – Zorn, Trauer, der Wunsch, Gott zu gehorchen, und die Furcht, dieser Herausforderung nicht gewachsen zu sein.

Das dringende Bedürfnis nach frischer Luft ließ mich das Fenster herunterkurbeln und den Kopf hinausstrecken. Ich hatte das Gefühl, aus einem tiefen Gewässer aufzutauchen und nach Sauerstoff zu schnappen. Ich atmete mehrmals tief ein und aus und schließlich schlug mein Herz ruhiger und ich konnte mich wieder konzentrieren. Ganz allmählich wurden das Brummen des abendlichen Verkehrs und das Zirpen der Grillen lauter als mein eigener Herzschlag. Ich lehnte den Kopf an den Rahmen des geöffneten Fensters, schloss die Augen und flüsterte: »Danke, Jesus.«

Als ich die Augen wieder aufschlug, wusste ich, dass es jetzt Zeit war weiterzufahren. Sonst würden die anderen Autofahrer noch denken, ich hätte eine Panne. Aber ich wollte wildfremden Menschen nicht meine Situation erklären müssen. Also fuhr ich los. »Lass nicht zu, dass mein Zorn und meine Furcht mich davon abhalten, deinen Willen zu tun, Herr«, betete ich laut.

Plötzlich schienen alle meine Sinne geweckt zu sein. Die Sterne leuchteten ungewöhnlich hell vor dem dunkler werdenden Abendhimmel und der Mond trat klar hervor. Ich hieß das freundliche Gesicht des Mondes willkommen, das mich über die Brücke begleitete, quer durch die Stadt und den Hügel hinauf zum Gefängnisparkplatz.

Ich schaltete den Motor aus und ließ mir ein paar Minuten Zeit, bevor ich das Gebäude mit seinen grauen Steinmauern betrat. Riesige Spiralen aus Stacheldraht befanden sich rundherum auf den Mauern des Hofes, in dem die Gefangenen tagsüber Freigang hatten, und glitzerten wie Diamanten, während die Lichter des Parkplatzes sie beschienen. Alles kam mir viel intensiver vor als sonst. Ich hatte den Eindruck, als hätte mich etwas Dunkles verfolgt, seit ich von zu Hause aufgebrochen war. Aber jetzt auf dem vertrauten Parkplatz des Gefängnisses fühlte ich mich sicher. Der Herr war nahe.

Ich holte noch einmal tief Luft und atmete langsam wieder aus. Dann zwang ich mich auszusteigen und quer über den Parkplatz zum Eingang zu gehen. Der leere Empfangsbereich hatte schon viele Besucher gesehen; der Vinylboden war abgenutzt. Mitten im Raum befand sich hinter einem Fenster aus Sicherheitsglas ein laminierter Tresen, der als einziger Eingang zum Gefängnis diente. Das praktisch farblose Design verbreitete eine sterile Atmosphäre. Niemand war anwesend außer der Frau hinter dem Glasfenster.

»Hallo, Debbie! Was machen Sie denn noch so spät hier? Die Besuchszeit ist fast vorbei. Ich nehme an, Sie kommen zu einem seelsorgerlichen Besuch.« Jean arbeitete schon lange in der Strafanstalt. Wir beide unterhielten uns immer ein paar Minuten, bevor ich hineinging.

»Hallo, Jean. Ja, stimmt ... ich komme wegen Karen Bower. Ich weiß, dass ich nicht mehr viel Zeit habe, aber sie hat mich um einen Besuch gebeten.« Ich wusste, dass ich nicht so freundlich und fröhlich klang wie sonst, hoffte aber, dass Jean mir keine weiteren Fragen stellte und sich nicht noch ein Weilchen mit mir unterhielt. Ich wollte einfach nur das Besucherformular ausfüllen, den Autoschlüssel und den Führerschein abgeben und diesen Besuch so schnell wie möglich hinter mich bringen.

»Kennen Sie sie persönlich?«, fragte Jean. »Die Sache steht ja überall in den Zeitungen.«

»Ja«, antwortete ich leise. Jean schaute mich einen Augenblick lang an. Bestimmt konnte sie mir ansehen, dass ich geweint hatte.

»Okay, meine Liebe. Sie dürfen jetzt hinein. Alles Gute.« Ich wusste Jeans Anteilnahme zu schätzen, brachte aber nicht die Kraft auf, ihr zu antworten. Ich lächelte ihr nur zu und ging zum Besuchereingang.

Meine Beine fühlten sich so schwer an wie Blei. Jeder einzelne Schritt war ein Kampf. Die Tränen strömten mir übers Gesicht, als die Tür des Eingangsbereiches hinter mir ins Schloss fiel. Ich hatte nur ein einziges Taschentuch dabei und das reichte nicht, um all die Tränen aufzufangen. Ich wusste, dass das Schloss der Besuchertür sich öffnen würde, sobald ich in den

Bereich der Überwachungskamera trat. Diesen Besuch musste ich unbedingt einigermaßen beherrscht und ruhig antreten.

»Hilf mir, Herr«, betete ich.

Plötzlich schien ich in einer unsichtbaren, sanften und warmen Umarmung gefangen. Friede erfüllte mich vom Kopf bis zu den Zehen, sodass Körper und Seele ganz ruhig wurden. Es war, als ob ich in einer kalten, verschneiten Winternacht in mein gemütliches, vorgewärmtes Bett kroch. Doch die Wärme bedeckte mich nicht nur äußerlich, sie erfüllte mich geradezu. Die schwere Last fiel von meinem Herzen ab. Meine zitternden Hände wurden ruhig. Ich hörte nicht nur zu weinen auf, sondern meine Augen waren plötzlich trocken. Ich wusste, dass der Herr mein Gebet ganz direkt und sofort beantwortet hatte.

Wurde mir diese *Gnade* tatsächlich zuteil? Die Gnade, für Karen Bower da zu sein, so wie Jesus es auch war? Bereitete Gott mich darauf vor, Hände, Füße und Sprachrohr des Einen zu sein, der uns alle wahrhaftig liebt? Was hatte Gott mit dieser übernatürlichen Gnade vor? Irgendwie wusste ich, dass sie nicht für mich allein bestimmt war, sondern auch für Karen. Ich war von Ehrfurcht erfüllt bei dem Gedanken, dass Gott mich auf so eine außergewöhnliche Weise gebrauchen wollte.

Als die Sicherheitstür entriegelt wurde, machte ich sie auf. Als ich den kurzen Flur entlangging, hörte ich, wie sich schon die nächste Tür öffnete, noch bevor ich sie erreicht hatte. Ein Wärter erwartete mich dort.

»Guten Abend«, begrüßte er mich mit ausdrucksloser Stimme.

»Guten Abend.«

Als ich den besonderen Besuchsbereich für Anwälte und Seelsorger erreichte, sagte der Wärter, ich könnte mir den Raum aussuchen, denn es sei außer mir niemand da.

»Sie wollen Bower besuchen, nicht wahr?«, vergewisserte er sich.

»Ja.«

Der Wärter verschwand durch die Sicherheitstür des Besucherbereiches und ich beobachtete ihn durch das Glasfenster, wie er zur nächsten Tür ging. Ich zog einen der Plastikstühle hinter einem kleinen Tisch hervor und stellte ihn dorthin, wo ich den Wärter demnächst mit Karen würde kommen sehen. Ich meinte mich innerlich besser auf die Begegnung einstellen zu können, wenn ich Karen schon sah, bevor die Tür aufging. Der Geruch von Schweiß und Reinigungsmitteln stieg mir in die Nase. Im Gefängnis roch es oft so, doch an diesem Abend schien es besonders penetrant zu sein.

»Der Wärter holt nun Karen, Debbie«, hörte ich Jeans Stimme über den Lautsprecher. »Es wird ein paar Minuten dauern. Er muss sie von der Krankenstation holen.« Ich winkte der Kamera oben in der Ecke des Flurs zu, um mich zu bedanken. *Warum die Krankenstation? Ist Karen etwa krank?*

Mehrere Minuten vergingen, dann hörte ich, wie die Metalltüren in den Fluren eine nach der anderen geöffnet wurden. Schließlich erblickte ich Karen durch das Fenster der Sicherheitstür. Sie trug marineblaue Häftlingskleidung. Während sie sich näherte, schaute sie durch das Fenster und unsere Blicke trafen sich. Erstaunt zog sie die Augenbrauen hoch. Wir lächelten uns kurz an und der sie begleitende Wärter bat den Sicherheitsdienst über Funk, die Tür des Besucherbereiches zu öffnen.

Warum lächelte ich sie an? Sie hatte doch schließlich Hannah umgebracht!

War ich hier als Seelsorgerin, als eine Botschafterin der Gnade oder als die Pflegemutter, deren geliebtes Pflegekind ermordet worden war?

Der Wärter zog die schwere Tür auf und bedeutete Karen hindurchzugehen. Dann nickte er mir zu und schloss die Tür wieder hinter sich.

»Die Gefangene Bower befindet sich gesichert im Besuchsraum zu einem Seelsorgebesuch«, gab der Wärter noch an die Zentrale durch, bevor er durch die Tür verschwand.

Ein Seelsorgebesuch? War es das wirklich? Ich war mir selbst nicht sicher, was für eine Art von Besuch dies sein sollte, doch innerlich fühlte ich mich ganz bestimmt nicht wie bei meinen üblichen Seelsorgegesprächen. In meiner Seele herrschte Aufruhr.

Unwillkürlich streckte ich die Arme nach Karen aus. Wir hatten uns immer zur Begrüßung umarmt, also schien es auch jetzt eine natürliche Geste zu sein. Es wäre viel seltsamer gewesen, es nicht zu tun. *Jesus würde sie in den Arm nehmen,* dachte ich.

»Du bist gekommen!« Ich konnte Überraschung und Erleichterung in ihrer Stimme hören. Natürlich hatte sie nicht ahnen können, wer sie besuchen wollte. Sie hatte ja nicht gewusst, ob ich kommen würde oder nicht.

»Danke«, sagte sie leise.

Ich lächelte ein wenig, erwiderte aber nichts. Wir nahmen uns jeder einen Plastikstuhl und setzten uns in einer der Besuchskabinen an einen Tisch.

»Weißt du, wo meine Kinder sind?«, fragte Karen.

»Vier sind in Pflegefamilien. Ich weiß nicht, ob Andrew schon gefunden wurde. Und DeAnn ist weiterhin bei deinen Eltern«, erklärte ich in nüchternem Ton.

Ein paar Sekunden vergingen, in denen wir uns nicht ansahen und keine von uns etwas sagte.

»Ich vermute, du weißt inzwischen, was passiert ist«, begann Karen schließlich.

»Ich weiß nur ganz wenig«, sagte ich, die Hände im Schoß gefaltet.

Schweigen.

Karen sah zu Boden, dann wieder zu mir. Sie schien nervös zu sein, aber nicht unbedingt aufgewühlt. Keine Tränen. Kein Zeichen von Kummer oder Reue. Ich hielt den Blickkontakt zu ihr und wartete. Die Gegenwart Gottes im Raum konnte ich förmlich spüren. Ich wusste, dass er da war, weil ich einen unerklärlichen inneren Frieden verspürte und klar denken konnte. Vielleicht würden sich die Emotionen später einstellen, wenn ich das Gefängnis wieder verlassen hatte. Aber in diesem Moment jedenfalls war ich innerlich ruhig.

»Was ist passiert?«, fragte ich mit leiser Stimme.

Karen schaute mich einen Moment lang an, stieß ein lang gezogenes Seufzen aus und begann jenen schrecklichen Abend zu beschreiben, an dem Hannah gestorben war.

»Ich war wegen irgendetwas wütend auf sie. Was es war, das

weiß ich nicht mehr. Wir standen oben an der Treppe und ich habe ihr befohlen hinunterzugehen. Sie hat geweint und mir widersprochen und sich nicht vom Fleck gerührt. Da habe ich sie geschubst und sie ist die ganze Treppe runtergefallen. Weil sie anfing zu schreien, bin ich immer wütender geworden, ich bin runter zu ihr und habe ihr zu verstehen gegeben, dass sie damit aufhören soll. Aber sie hat immer weitergeschrien und da habe ich sie getreten. Es waren Schuhe mit Holzsohlen. Immer fester habe ich zugetreten, bis ich ihren Schädel krachen gehört habe und ihre Gesichtszüge ganz verzerrt waren. Ich glaube, ich habe ihr den Schädel gebrochen. Dann hat sie endlich aufgehört zu schreien. Sie hat einfach nur dagelegen und gestöhnt.«

Voller Entsetzen hörte ich zu und saß unbeweglich auf meinem Stuhl. Karen erzählte mir all dies ganz sachlich. Keine Tränen und anscheinend kein Schmerz und kein Trauma. Nur ein klarer, offenbar gefühlloser Bericht der Ereignisse. Es war völlig surreal.

»Ich wusste nicht, was ich tun sollte«, fuhr Karen ohne Umschweife fort. »Ich habe sie eine Minute lang beobachtet und mir war klar, dass sie schwer verletzt war. Dann habe ich sie genommen, sie ins Schlafzimmer im Erdgeschoss gebracht und sie aufs Bett gelegt. Ich bin nach oben zu den Kindern gelaufen und habe ihnen gesagt, sie sollten sich nicht rühren, sondern in ihren Zimmern bleiben. Dann bin ich wieder zu Hannah zurück. Sie hat keinen Laut mehr von sich gegeben und aus ihrem Ohr ist Blut gelaufen. Ich habe gesehen, dass sie in einem schlechten Zustand war.« Karen hielt einen Moment inne.

Ich kannte das Haus ja und konnte mir die tragische Szene genau vorstellen – die Gewalt und den ganzen Wahnsinn.

»Wenn du wusstest, dass es ihr so schlecht ging, warum hast du dann nicht den Rettungsdienst gerufen?«, fragte ich, die Antwort bereits ahnend.

»Ich hatte Angst. Mir war klar, dass sie es wahrscheinlich nicht schaffen würde oder dass sie so verletzt war, dass ... nun ja. Ich bin in Panik geraten.«

»Was hast du dann gemacht?«, fragte ich, ohne zu wissen, ob ich die Antwort überhaupt hören wollte.

»Ich habe eine gelbe Decke genommen, habe sie darin eingewickelt und sie auf dem Bett liegen gelassen, bis die Kinder eingeschlafen waren.« Karen rieb sich nervös die Hände, während sie sprach, so als könnte sie dadurch Trost finden.

»Was hast du denn den Kindern gesagt?«, wollte ich wissen. Ich konnte es selbst nicht fassen, wie ruhig ich war.

»Ich habe ihnen gesagt, dass Hannah sehr unartig gewesen sei und deshalb früh hatte schlafen gehen müssen. Ich habe ihnen verboten herunterzukommen.« Wieder blickte Karen zu Boden, dann auf die Betonwand neben ihr und schließlich zu mir, als erwarte sie meine nächste Frage. Versuchte sie ihre Gedanken zu ordnen oder ließ sie ihre Blicke umherwandern, um nicht ständig die Szene vor sich zu sehen, wie sie auf Hannah eingetreten hatte?

»Und was hast du dann getan?«

»Ich habe wieder nach Hannah geschaut und gemerkt, dass sie tot war. Ich wusste nicht, was ich tun sollte. Ich konnte sie ja schlecht auf dem Bett liegen lassen. Wo sollte ich sie hinbringen? Da fiel mir nichts ein. Und ich wollte auch nicht, dass sie weit weg von mir war. Ich wollte sie in meiner Nähe haben. Also habe ich einen großen Müllsack geholt und sie hineingelegt. Dann habe ich sie in die Garage getragen und unter einen Tisch geschoben.« Karen sah wieder nach unten, dann lehnte sie sich in ihrem Stuhl zurück, als ob sie mir damit sagen wollte, dass sie nun irgendwie die große Last abgelegt hatte, die sie schon seit so langer Zeit mit sich herumtrug. Sie stieß einen tiefen Seufzer aus und sah mich an.

Ich aber wollte nicht, dass sie von ihrer Last erleichtert wurde, sondern eher, dass sie davon erdrückt wurde.

Wir saßen beide eine Weile schweigend da, während ich ihr blasses Gesicht anschaute und dachte: *Oh, lieber Gott, das hier ist real. Es passiert tatsächlich.*

»Warum hast du sie denn die ganze Zeit dort gelassen, anstatt sie zu begraben oder … irgendetwas anderes?« All die Fragen, die ich stellte, überstiegen meinen Verstand. Eine Stimme in mir wollte laut schreien, wollte alle Zurückhaltung ablegen. Aber der Heilige Geist ließ mich ruhig bleiben. Ich wusste einfach, dass er es war. Denn es war nicht so, dass ich die Sache zu verdrängen suchte. Mir war völlig bewusst: Die grausame Geschichte, die ich da hörte, hatte sich tatsächlich ereignet.

Karen erzählte weiter. »Ich konnte mich einfach nicht dazu überwinden, sie wegzubringen. Noch Wochen später ging ich abends in die Garage, wenn die Kinder schliefen, setzte mich dort auf einen Klappstuhl und redete mit ihr. Ich weiß nicht, warum. Ich musste es einfach tun. Nach einer Weile konnte ich mir einfach nicht mehr vorstellen, dass sie nicht dort war. Ich wusste, wo sie war, wenn ich sie in meiner Nähe behielt.« Karen schüttelte langsam den Kopf. Immer noch schien sie selbst nicht zu wissen, warum sie Hannah in der Garage gelassen hatte.

»Und was hast du den Kindern erzählt?« Ich wusste, dass wir nicht mehr viel Zeit hatten. Die Besuchszeit war fast zu Ende und bald würde der Wärter kommen und Karen wieder zurückbringen.

»Am Morgen habe ich ihnen erzählt, dass Hannah zur Strafe für schlechtes Benehmen in Zukunft bei einer Freundin wohnen würde.«

»Und sie haben nicht mehr nach ihr gefragt?«, hakte ich nach.

»Nein. Nicht wirklich. Wenn, dann erinnerte ich sie nur daran, dass Hannah jetzt woanders wohnte.« Karen betrachtete sich ihre Fingernägel.

»Hast du all das auch der Polizei erzählt?«, fragte ich.

»Ja. Sie sind ins Gefängnis in Lusk gekommen und haben mein Geständnis auf Band aufgenommen.«

Offenbar musste Karen sich alles, was sie zehn Monate zuvor getan hatte, von der Seele reden. Ich glaubte jedoch nicht, dass sie mir wirklich ihr Herz ausschüttete. Weder weinte sie noch zitterte sie oder rang die Hände. Es war, als sei sie einfach nur erleichtert, dass jetzt alles ans Licht gekommen war. Doch ich sah keine Reue bei ihr. War sie in den letzten Monaten so abgestumpft, so verhärtet? Wie konnte sie ein so furchtbares Verbrechen begehen, die Leiche so lange verstecken und ihr grausames Geheimnis vor so vielen Menschen verbergen?

So schlimm und schockierend es war, die schrecklichen Details des Geschehenen zu hören, ich konnte in diesem Moment nicht weinen oder laut schreien und empört den Raum verlassen. Letzteres hätte ich auch nicht einfach tun können, selbst wenn ich es gewollt hätte – schließlich war ich in einem gesicherten Raum und hätte fünf bis zehn Minuten warten müssen, bis der Wärter kam. Es war keine Situation, der man so schnell entfliehen konnte. Ich musste bleiben und mir den schrecklichen Albtraum anhören, aus dem Karen nie wieder erwachen würde.

»Ich weiß, dass ich jetzt große Probleme habe«, gestand sie.

Das fand ich merkwürdig. Sie machte sich Gedanken darüber, dass *sie* in großen Schwierigkeiten steckte. Eigentlich sollte sie Schuldgefühle haben, weil sie die Verantwortung für Hannahs Tod trug. Dachte sie gar nicht darüber nach, dass sie Hannah jahrelang misshandelt hatte, während sie unter dem Einfluss von Alkohol und Drogen stand oder unter dem Einfluss schlechter Menschen? Bedeutete für sie der Mord an ihrer Tochter nichts weiter, als dass sie »große Probleme« hatte? Es kam mir alles so bizarr vor. Wir sprachen hier von den schlimmsten Dingen, von Misshandlungen und Mord, und Karen dachte nur daran, dass sie jetzt »große Probleme« hatte.

Vor einem Jahr hatte ich den Sozialarbeiterinnen des Jugendamtes mitgeteilt, dass ich mir große Sorgen um Hannahs Sicherheit machte. Sie hatten mir geantwortet, ich sei nicht mehr die Pflegemutter der Bower-Kinder und sie selbst seien jetzt für die Kinder verantwortlich, die bei ihrer Mutter lebten. Und nun waren meine schlimmsten Befürchtungen wahr geworden. Verzweifelt schüttelte ich den Kopf und konnte es nicht fassen.

Das kann doch nicht wirklich passiert sein. Ich sitze hier nicht Karen Bower gegenüber und höre ihr zu, wie sie mir vom Mord an ihrer kleinen fünfjährigen Tochter erzählt. Das wunderbare Mädchen, das von unserer Familie so geliebt wurde. Das ist alles zu viel. Es ist vollkommen verrückt. Dieses furchtbare Ereignis sollte sich nicht in meinem Leben abspielen. Und doch saß ich hier.

Karen fragte mich, ob ich etwas über ihre anderen Kinder wisse. Ich verneinte. Dann erzählte sie mir, sie sei gerade wegen schweren Diebstahls zu zwei Jahren Gefängnis verurteilt worden. Plötzlich schoss es mir durch den Kopf, dass es vielleicht gar nicht so gut war, dass Karen mir alles gestanden hatte. Sie mochte sich dadurch besser fühlen, aber ich wusste, dass sich bald Anwälte einschalten würden und gar nicht erfreut darüber wären, dass Karen ein volles Geständnis gegenüber einer Seelsorgerin abgelegt hatte, die zudem die ehemalige Pflegemutter ihrer Kinder war. Ich wusste, dass ich den Besuch sofort beenden musste.

»Karen, ich muss wieder los, nach Hause zu meiner Familie.«

»Wirst du mich wieder besuchen?«, fragte sie mit gebrochener Stimme. »Es ist schwer für mich, hier zu sein, und niemand will mich besuchen. Weder meine Eltern noch meine Freunde.«

Welche Freunde? Ich wusste, dass viele der Leute, mit denen sie zusammen war, Drogen nahmen und nicht erpicht darauf waren, einen Besuch im Gefängnis zu machen. Andere wiederum waren wahrscheinlich äußerst wütend über das, was sie getan hatte. Wer hatte schon Lust, sie zu besuchen? *Ich. Warum, Herr, hast du ausgerechnet mich dazu berufen? Wer bin ich schon?*

»Ja, ich werde versuchen wiederzukommen. Es ist nicht so einfach für mich. Meine Familie will das nicht, aber ich werde es versuchen.«

Ich drückte auf den Knopf der Sprechanlage an der Wand und bat darum, Karen abzuholen. Nun hatten wir nur noch ein paar Minuten allein. Auch wenn ich den Eindruck hatte, dass Karens Herz verhärtet war, sah ich doch auch die Erleichterung in ihren Augen, weil sie die Wahrheit nun nicht mehr verbergen musste. Ich fragte sie, ob ich mit ihr beten dürfte. Sie nickte und wir fassten uns an den Händen. Ich betete, dass die Wahrheit offengelegt würde und dass Gott Karen seine Gnade und Liebe zeigte, wenn sie ihn darum bat. Ich wusste, dass der Heilige Geist mich bei diesem Gebet leitete. Während wir beteten, packte mich das blanke Entsetzen darüber, dass ich die Hände einer Mörderin hielt, der Frau, die Hannah zu Tode getreten hatte.

Mir versagte fast die Stimme und mir war klar, dass ich schnell in die sichere Umgebung meines Autos zurückmusste, wo ich die Freiheit hatte, mich bei Gott auszuweinen. In meinem Herzen baute sich ein solcher Druck auf, dass ich einfach nicht mehr konnte. Mir war so übel, als hätte ich eine giftige Substanz eingenommen. Ich brauchte jemanden, bei dem ich all das loswerden konnte. Und das war der Herr. Nur er konnte mit einem so tödlichen Gift umgehen.

Nach dem »Amen« standen Karen und ich auf und gingen schweigend zur Tür. Wir hörten, wie draußen eine Sicherheitstür nach der anderen aufging, während der Wärter sich näherte. Als sich die Tür des Besuchsraumes öffnete, umarmten wir uns noch einmal.

Während Karen hinausging, fiel mir noch etwas ein. »Ach ja! Noch eine kurze Frage.«

»Ja, was denn?«

»Warum bist du eigentlich auf der Krankenstation?«

Sie zögerte einen Moment, dann wandte sie den Blick ab und erwiderte: »Weil mein Fall als besonders brisant eingestuft wird und … ich im fünften Monat schwanger bin.«

Teil drei

Die Nachwirkungen

Kapitel 11

Die alles entscheidende Frage

Still verließen Al, Sadie, Helen, Charles und ich unser Haus und gingen zum Van. Wie üblich wehte uns der kräftige Wind von Wyoming entgegen, den wir oft als lästig empfanden. Doch an diesem Morgen fühlte er sich an wie eine warme, tröstende Decke. Mein Herz, wie gefroren vor Trauer, brauchte diesen Trost.

Wir schnallten uns an und bereiteten uns innerlich auf die traurige Fahrt zu Hannahs Beerdigung vor. Schweigend fuhren wir zu den Natrona Memorial Gardens. Keiner von uns war bereit, die Realität jener dunklen Tat zu akzeptieren, die Hannah das Leben gekostet hatte. Die zwanzigminütige Fahrt war dafür viel zu kurz. Wir brauchten mehr Zeit.

Zwölf Tage waren vergangen, seit ich Karen im Gefängnis besucht und sie mir ihr schockierendes Geständnis gemacht hatte. Saß sie nun in ihrer Zelle und dachte an die Beerdigung ihrer Tochter? Trauerte sie um das Kind, das durch sie zu Tode gekommen war? Und was war mit dem Kind, das sie erwartete – für das sie niemals eine Mutter würde sein können?

Ich dachte an die Zeit zurück, in der ich das Zentrum für Schwangerschaftskonfliktberatung geleitet hatte. Eines Abends war ich auf einer wenig befahrenen, abgelegenen Landstraße nach Hause gefahren und hatte an einer Kreuzung gehalten. Es wurde langsam dunkel, als ich zum Himmel hochschaute. Graue Wolken bildeten sich.

In diesem Moment wurde ich an etwas erinnert, etwas, das schon lange zurücklag und das ich erfolgreich verdrängt hatte. Mit siebzehn hatte ich abgetrieben. Plötzlich war die Erinnerung daran wieder sehr präsent.

Diese Schuld konnte ich jetzt entweder leugnen oder die Wahrheit bekennen, sie Jesus zu Füßen legen und seine Vergebung empfangen. Ich entschied mich für das Bekennen und die Vergebung und brachte meine Schuld vor ihn. Und nun, da ich seine Vergebung empfangen hatte, würde er mich dazu gebrauchen, anderen den Weg zur Vergebung zu zeigen. Das war die Bestätigung für meine Berufung zur Leiterin des Beratungszentrums.

Und nun, auf dem Weg zu Hannahs Beerdigung, musste ich erkennen, dass meine Sünde nicht anders war als die von Karen. Wir beide waren verantwortlich für den Tod unseres Kindes. Gab es für Karen ebenfalls Vergebung? Ich wusste, dass die Antwort Ja lautete. Gott wird uns immer vergeben, wenn wir ihn darum bitten. Würde ich Karen vergeben, so wie Jesus mir vergeben hatte? So gern ich auch glauben wollte, dass ich das konnte, wurde mir zugleich bewusst, wie sehr ich Karen verurteilte. Und so bat ich Gott dort im Auto, mir zu helfen, dass ich Karen vergeben konnte, so wie er mir vergeben hatte.

Wir fuhren auf das Friedhofsgelände und suchten uns einen Parkplatz. Als ich ausstieg, umfing mich der Geruch von feuchter Erde und frisch gemähtem Gras. Nur gute zehn Meter entfernt flatterte der weiche cremefarbene Stoff eines Baldachins im Wind und darunter befand sich ein kleiner weißer Sarg. Zwei Pastoren, die ich aus der Stadt kannte, standen Seite an Seite daneben und hielten jeder eine Bibel in der Hand. Eine kleine Trauergemeinde hatte sich versammelt und legte Blumen auf den Rasen. Der Anblick des winzigen Sargs durchbohrte mein Herz. Für einige war dieser Tag vielleicht der Abschluss eines Albtraums. Doch ich war noch nicht so weit. Mein Herz war immer noch zerrissen.

Als Al uns zum Grab führte, löste sich ein Mann aus der Gruppe und kam auf uns zu. Weil sich das Sonnenlicht auf seiner dunklen Brille spiegelte, konnte ich ihn erst erkennen, als er dichter bei uns war und die Brille abnahm. Es war Karens Bruder. Ich hatte ihn das erste Mal gesehen, als ich Hannah kennenlernte, die bei ihm und seiner Familie gewohnt hatte, während Karen nach Allys Geburt im Krankenhaus war. Ich hatte Hannah auch einige Male für einen Besuch zu ihm hingefahren.

Er kam mit so energischem Tempo auf mich zu, dass Al sich schützend an meine Seite stellte. Doch als er nur noch ein paar Schritte entfernt war, breitete er die Arme aus und zog mich an sich. Er hielt mich fest und fing an zu weinen. »Es tut mir so leid. Ich weiß, dass Sie alles versucht haben.«

Seine Worte trafen mich mitten ins Herz und ich antwortete unter Tränen: »Wir alle haben es versucht. Es tut mir so leid für Sie.«

Er sah Al und unsere Kinder an. »Ich möchte Ihnen allen danken.« Dann wischte er sich die Tränen ab, wandte sich um und ging wieder zu den anderen zurück. Wir folgten ihm langsam nach.

In einiger Entfernung erblickte ich drei Mitarbeiter des Jugendamtes, die sich abseits der Trauergemeinde hielten. Offensichtlich waren sie gekommen, um Hannah die letzte Ehre zu erweisen. Viele Menschen in der Stadt waren wütend und gaben dem Jugendamt die Verantwortung für die Tragödie. Ich erkannte Ellen, die Sozialarbeiterin, und dachte daran, wie sie, Karen und ich den Sechsmonateplan erstellt hatten, um die Kinder allmählich wieder in die Obhut ihrer Mutter zurückzuführen. Sie war es ja gewesen, die dem Gericht den Plan vorlegen wollte. Und ihr war mitgeteilt worden, der Richter habe entschieden, dass die Kinder noch am selben Tag wieder nach Hause geschickt werden sollten.

Ich sah Al an und wusste, dass er Verständnis dafür hatte, wenn ich die drei Mitarbeiter ansprach. Und so ging ich auf Ellen zu. Wir nahmen uns in den Arm und weinten.

Ellen versagte die Stimme. Sie konnte nur noch flüstern: »Wir haben es versucht. Sie haben es versucht.«

Dann sah ich ihren Vorgesetzten an, der neben ihr stand. Als Pflegemutter kannte ich ihn schon seit vielen Jahren. Ich mochte und respektierte ihn. Als ich auf ihn zuging, senkte er den Blick und fing an zu weinen.

»Bitte, tun Sie das nicht«, flüsterte ich und wischte mir selbst die Tränen aus den Augen. »Wir kennen uns doch schon so lange. Bitte, schauen Sie mich an.« Er hob den Blick nur kurz und ich sah, wie ihm die Tränen übers Gesicht liefen.

»Wir werden das gemeinsam überstehen und so etwas wird nie wieder passieren«, sagte ich. Er nickte nur schwach, während ich ihn umarmte. Dann vergrub er sein Gesicht an meiner Schulter und weinte. Dabei zitterte er am ganzen Körper. Aber er war nicht in der Lage, meine Umarmung zu erwidern. Er war ein gebrochener Mann, an Herz und Seele. Ich hielt ihn noch einen Moment lang fest. Als ich hörte, wie einer der Pastoren zu sprechen begann, kehrte ich zu meiner Familie zurück.

Ich konnte das Bild einfach nicht abschütteln: Hannahs kleiner Körper monatelang in einem Plastiksack versteckt. Ich starrte den weißen Sarg an. *Die Dunkelheit versucht immer, das Licht zu überwältigen. Ich werde das nicht zulassen.* Als die Trauer wie eine Flutwelle in meine Seele drang, schloss ich die Augen und bat Gott, dieses schreckliche Bild durch ein anderes zu ersetzen, wie er Hannah in seine Arme nahm. Ich glaubte fest daran, dass Hannah in dem Augenblick, in dem sie ihren letzten Atemzug tat, in seinen Armen war. Sie war jetzt bei ihm – an dem besten Ort, an dem sie je sein konnte. Keine Angst mehr. Keine Schmerzen.

Die Trauerfeier endete mit einem Gebet. Die letzten Worte des Pastors lauteten: »Geht hin in Frieden.«

Als die Trauergemeinde sich auflöste, bahnte sich Hannahs Vater einen Weg zu uns. Ich erkannte ihn, weil er Hannah ein paarmal gebracht hatte, nachdem sie bei ihm zu Besuch gewesen war. »Danke für alles, was Sie für Hannah getan haben«, sagte er. Dann konnte er nicht mehr weitersprechen. Er drehte sich um und ging.

Al, die Kinder und ich suchten die Bower-Kinder, um auch ihnen eine tröstende Umarmung zu geben. (Andrew war bei einer von Karens Freundinnen zu Hause gefunden worden.) Es brach mir das Herz, ihre traurigen Gesichter zu sehen. Wir schüttelten den beiden Pastoren die Hand und dankten ihnen für ihre Botschaft der Hoffnung und des Heils. Dann gingen wir weit hinter den anderen zurück zu unserem Auto.

Karen würde in den nächsten Tagen aus der Untersuchungshaft in die Strafanstalt verlegt werden. Ich hatte ihr versprochen, von der Trauerfeier zu berichten, und so plante ich für den kommenden Tag einen Besuch bei ihr.

* * *

Wieder saß ich in einer Besucherkabine und wartete auf Karen. In meinen Gedanken spielten sich all die Szenen von Neuem ab – der Anruf, durch den ich von Hannahs Tod erfuhr, der erste Besuch bei Karen, als sie mir eröffnete, sie sei mit ihrem achten Kind schwanger, und die Trauerfeier für Hannah. So vieles, was in so kurzer Zeit verarbeitet werden musste. Das Geräusch der sich öffnenden Sicherheitstüren im Flur draußen holte mich wieder in die Gegenwart zurück.

Ein zweites Mal würden wir uns von Angesicht zu Angesicht gegenübersitzen. War ich bereit dazu? Zumindest war ich nicht so angespannt wie bei meinem ersten Besuch.

Karen sah blass aus, als sie durch die Tür kam und auf mich zuschlurfte. Ich umarmte sie, während der Wärter hinausging und die Tür verriegelte.

»Wie geht es dir?«, fragte ich.

Karen zuckte mit den Schultern. »Eigentlich gut, aber ich habe die ganze Nacht nicht geschlafen. Mein Rücken tut weh und es ist kalt auf der Krankenstation. Sie lassen einem nicht viele Decken da, wenn man wegen Selbstmordgefahr unter Beobachtung steht.«

»Bist du denn selbstmordgefährdet?«

»Ich glaube nicht. Das ist halt ihre übliche Vorgehensweise wegen meiner Tat und wegen der hormonellen Veränderungen durch die Schwangerschaft.« Karens Tonfall war schwach, fast leblos.

»Vielleicht kannst du dich heute Nachmittag ja ein bisschen ausruhen.« Mein Kommentar klang so normal in dieser alles andere als normalen Umgebung.

»Warst du gestern bei der Trauerfeier?«, fragte Karen und rutschte auf ihrem Stuhl hin und her.

»Ja.« Eine neue Welle der Trauer erfasste mich und ich konnte einen Moment lang nicht sprechen.

Karen klopfte mit den Fingern leicht auf den Tisch. »Willst du mir davon erzählen? Wer war da? Alle meine Kinder? Wer war bei ihnen? Wie geht es ihnen?« Tränen schossen ihr in die

Augen, während sie all diese Fragen stellte. Ich wusste, dass sie sich einen ausführlichen Bericht wünschte. Also holte ich tief Luft.

»Es war ein windiger, aber schöner Tag.« Wir lächelten beide, denn in Casper ist es fast immer windig. »Die Trauerfeier fand auf dem Friedhof statt. Viele Leute sind gekommen – deine Kinder, deine Eltern und dein Bruder, zwei Pastoren, Vertreter des Jugendamts, unsere Familie, Hannahs Papa und seine Familie und Verwandten, glaube ich. Die Pastoren haben eine schöne Ansprache gehalten. Jemand hatte einen schönen kleinen weißen Sarg für Hannah gespendet.« Ich hielt inne, als ich ihr tränenüberströmtes Gesicht sah.

»Gut. Das ist nett«, sagte sie. Ich spürte, wie sehr sie sich für Hannah ein würdevolles Begräbnis gewünscht hatte. Und ich merkte, dass auch sie selbst gern Ruhe finden wollte. Hannahs Tod war für alle ein Schock gewesen, nicht aber für Karen. Für sie war er eine schwere Bürde, die sie ein Jahr lang mit sich herumgetragen hatte. Um die Augen hatte sie dunkle Ringe, und das zeigte mir, dass sie am Ende war. Am Ende und bereit, alles loszulassen.

Den Mord. Die Lügen. Das Versteckspiel.

Ich beugte mich vor zu ihr. Wir waren nun beide bereit zu reden und unsere Zurückhaltung aufzugeben.

Ich erzählte ihr, dass die Kinder alle schön angezogen gewesen waren und gesund aussahen und dass ich sie alle in den Arm genommen hatte. Sie lächelte. Dann saßen wir wieder eine Weile schweigend da. Erinnerungen an Hannah tanzten in meinem Kopf herum. Ihr strahlendes Lächeln und ihre leuchtenden Augen. Ihr staunender Blick und wie gern sie immer kuscheln wollte. Mir fiel auf, dass Karen Hannahs Namen nicht in den Mund nahm. Ich spürte, wie der Kummer wieder in mein Herz strömte. Aber ich wischte mir die Tränen ab, bevor sie mir übers Gesicht laufen konnten. Noch durfte ich die Schleusen nicht öffnen. Nicht jetzt. Nicht hier.

Schließlich brach Karen die Stille. »Weißt du, ich wollte auch so gern dabei sein, aber sie haben mich nicht gelassen.«

Ich konnte nicht glauben, was ich da gerade gehört hatte.

»Hast du wirklich gedacht, dass sie dich einfach hingehen lassen würden? Dass die Behörden dich hier rauslassen? Du bist doch diejenige, die sie umgebracht hat. Es hätte auf dem Friedhof einen Aufruhr gegeben, wenn du dort aufgetaucht wärst.« Ich hörte, wie meine Stimme immer lauter wurde und einen anklagenden, wütenden Ton annahm, also schwieg ich rasch wieder und versuchte mich zu beherrschen.

»Ich wollte ja nicht zum Grab. Ich hatte nur gehofft, ich könnte in einem Polizeiauto sitzen und aus der Entfernung zusehen.«

Ich starrte sie einen Moment lang nur an, dann wandte ich den Blick ab, zu verwundert, um auf ihre Worte zu reagieren.

Wieder herrschte Schweigen.

Karen räusperte sich. »Es gibt keine Vergebung für das, was ich getan habe, oder?«

Ihre Worte trafen mich wie ein Blitz. Vergebung? Ich war nicht bereit, jetzt schon über dieses Thema zu reden. Ich war immer noch in Schock und Trauer. Was sollte ich ihr darauf antworten? Vergebung dafür, dass sie Hannah getötet hatte? Wessen Vergebung wollte sie?

»Wer soll dir denn vergeben?«

»Gott.«

Ich lehnte mich zurück und wartete darauf, dass der Herr mir die richtigen Worte schenkte. Es musste seine Wahrheit sein. Von mir würde nur eine Verurteilung kommen.

»Ja. Es gibt Vergebung ... selbst für das, was du getan hast.« Noch während ich diese Worte aussprach, staunte ich über ihre Bedeutung. »Ich bin sicher, dass Gott jetzt in tiefer Trauer ist, denn er hat Hannah geliebt. Er liebt sie auch jetzt. Aber er liebt auch dich.« Ich wusste, dass es wohl der Heilige Geist war, der das sagte, denn auch jetzt hätte ich am liebsten ausgeholt und Karen eine Ohrfeige verpasst.

»Gott sagt uns in seinem Wort, dass denen, die ihn lieben und ihm in Demut begegnen, jede Sünde vergeben werden kann. Vor seiner Bekehrung hat der Apostel Paulus die Menschen, die an Jesus als den Sohn Gottes glaubten, gehasst. Er hat sie verfolgt, ins Gefängnis geworfen, gefoltert und getötet. Gott ließ eine Krise im Leben von Paulus zu, um seine Aufmerksamkeit zu erlangen. Ich denke, du bist genau an derselben Stelle. Auch auf Paulus hat die Vergebung gewartet. Doch nicht nur Vergebung – Gott gebrauchte ihn auch auf großartige Weise, um die Frohe Botschaft von Jesus weiterzuverbreiten. Einem anderen Menschen das Leben zu nehmen, ist keine unverzeihliche Sünde, wenn die betreffende Person ihre Sünde aufrichtig bereut und sich wirklich Gott zuwendet. In 1. Johannes 1,9 heißt es: ›Wenn wir unsere Sünden bekennen, dann erweist sich Gott als treu und gerecht: Er wird unsere Sünden vergeben und uns von allem Bösen reinigen.‹ Ja, Karen, es gibt Vergebung für das, was du getan hast, aber nur durch Jesus.«

Sie nickte, während ihr die Tränen übers Gesicht liefen.

Mein Herz klopfte wie wild, aber wir sprachen beide nicht. Nur Gott konnte sie an diesem Punkt erreichen. Ich hatte keine weiteren Worte der Hoffnung für sie. Und sie hatte keine weiteren Fragen. Die alles entscheidende Frage hatte sie gestellt. Und ich hatte ihr die alles entscheidende Wahrheit gesagt.

Ich spürte, wie sich mein von Kummer und Wut durchbohrtes Herz veränderte, als wir dort in der kalten Besucherkabine saßen, und ich Gott bat, zu uns beiden zu sprechen. »Möchtest du diese Vergebung und Hoffnung in Jesus finden?«, hörte ich mich fragen. Mein Herz schien vom Heiligen Geist erfüllt zu werden. Er übernahm die Leitung. Es war nur durch Gottes Kraft möglich, dass ich eine solche Hoffnung weitergeben konnte. Und nur durch Gottes Gnade konnte ich Karen die Wahrheit über ihre Sünde sagen.

»Ja, ich möchte ihn in meinem Leben haben. Ich möchte, dass er in mein Herz kommt, und ich bitte ihn um Vergebung.«

Ich nahm ihre Hände und sie hielt meine entschlossen fest. Ihre Hände waren warm und feucht. Wir neigten beide den Kopf und ich bot ihr an, sie mit einem einfachen Gebet anzuleiten. Es war nichts, was ich auswendig gelernt hatte, und es waren keine großen Worte. Ich erklärte Karen, dass wir alle Sünder sind, die einen Retter brauchen. Wir müssen Jesus als Gottes Sohn annehmen, der auf diese Erde gekommen ist, damit wir in ihm Rettung, Hoffnung und Vergebung finden können. Dann betete ich: »Komm in mein Herz, Herr. Rette mich und vergib mir alle meine Sünden. Ich liebe dich und möchte dir nachfolgen. Amen.«

Karen sprach mir die Worte nach und mir schien, dass sie Gottes Vergebung ehrlich suchte. Zweifelte ich an ihrer Aufrichtigkeit? Ja, ich hatte schon meine Fragen. Aber dieses Gebet war eine Sache allein zwischen Karen und Gott. Ich zweifelte nicht daran, dass Gott es gehört hatte. Und auch nicht, dass er sie retten und ihr vergeben konnte. Ich hatte meinen Teil getan. Ich hatte das Evangelium weitergegeben und mit Karen gebetet. War ich in der Lage, so großmütig zu vergeben wie Gott? Das war eine Frage zwischen Gott und mir. Und es wurmte mich zu erkennen, dass ich die Antwort auf diese Frage noch nicht geben konnte. Ich wusste nur eines sicher: Ich war immer noch von tiefem Schmerz erfüllt. Und von Wut.

Kapitel 12

Unerwartete Kosten

In den Tagen nach der Beerdigung legte sich eine feierliche Stille über unser Haus. Die Szenen am Grab gingen mir immer wieder durch den Kopf. Wie wir die Zufahrt zum Friedhof entlangfuhren, der frisch ausgehobene Erdhügel auf dem Rasen, die Bower-Kinder, wie sie weinten, die Mitarbeiter des Jugendamtes, die isoliert am Rand der Trauergemeinde standen – all das kreiste in meinem Kopf herum wie ein sich langsam drehendes Karussell, das niemals stillstand. Wenn ich allein war, kamen mir oft die Tränen.

Jeden Tag hoffte ich auf Heilung, damit unsere Familie wieder in die Normalität zurückfand. Nachts hörte ich unterdrücktes Weinen aus den Kinderzimmern. Für manche unter den Trauernden mochte die Beerdigung eine Art Abschluss gewesen sein. Aber nicht für mich. Und auch nicht für meine Familie. Würden wir je wieder nach vorne blicken können? Es war, als sei unsere ganze Familie von einem Lastwagen angefahren worden. Und nun lagen wir alle verletzt auf der Straße und bluteten. Mir war klar, dass wir jemanden brauchten, der uns dabei half, unseren Schmerz zu verarbeiten. Jemand, dem wir vertrauen konnten und der uns ermutigte, das auszusprechen, was in unseren Herzen vorging.

Ich rief unseren guten Freund Ron an, einen christlichen Therapeuten. Er lud uns nach Feierabend in sein Büro ein und versprach, sich so viel Zeit für uns zu nehmen, wie wir brauchten. Zuerst wollten die Kinder nicht mitkommen, willigten dann aber doch ein. Ron hatte Klappstühle in einem Kreis aufgestellt, eröffnete das Gespräch mit einem Gebet und bat dann jeden Einzelnen von uns zu erzählen, wie es ihm ging. Es war schmerzhaft, aber gut für uns zu hören, wie die anderen dachten und fühlten. Rons sanfte Art und seine ruhige Stimme machten dieses Treffen etwas angenehmer für uns. Nach eineinhalb Stunden und vielen Tränen entließ Ron uns mit einer Umarmung und wir fuhren wieder nach Hause.

Die Tage vergingen und eines Morgens, als gerade Putztag war, klingelte das gelbe Telefon an der Wand. Charles war gerade beim Staubsaugen und ich konnte über den Lärm hinweg seine Stimme hören: »Mama! Telefon!« Ich eilte in die Küche, nahm den Hörer ab und schrie über den Staubsaugerlärm hinweg: »Hallo?«

Die leise Stimme am anderen Ende der Leitung war kaum zu hören. Ich zog das Kabel hinter mir her durch die Küche in eine Ecke, wo man den Staubsauger nicht so laut hörte.

»Hallo?«, wiederholte ich. »Tut mir leid, ich konnte Sie nicht verstehen.«

»Hallo. Hier ist Renee. Karens Freundin.« Ich hatte Renee schon ein paarmal getroffen und sie auch bei der Beerdigung gesehen, wo wir uns begrüßt hatten. Warum rief sie mich an?

Ich hielt die Hand schützend um die Sprechmuschel und sagte mit leiserer Stimme: »Hallo! Wie geht es Ihnen?«

Schweigen, dann ein tiefes Seufzen. Ich machte mich auf etwas gefasst, unsicher, ob ich dieses Gespräch überhaupt führen wollte.

Dann sprudelten die Worte nur so aus ihr heraus. »Also«, begann sie mit nervöser Stimme, »ich belästige Sie nur ungern mit dieser Sache, aber Karen hat mir geschrieben und mich gefragt, ob ich ihre Sachen aus dem Haus in Säcke packen und sie irgendwo einlagern könnte, sobald die Ermittlungen der Polizei abgeschlossen sind und ihr Eigentum freigegeben wird. Der Vermieter will die Sachen so schnell wie möglich loswerden. Das Haus ist voll mit allem möglichen Zeug. Kleider, Spielsachen, Geschirr, Wäsche ... es nimmt kein Ende. Ich werde einen Monat lang für das Einlagern bezahlen. Und das war's. Ich will mit Karen nach all dem nichts mehr zu tun haben. Ich tue das nur für die Kinder. Wie ich höre, sind Sie die Einzige, die noch Kontakt zu ihr hat.«

»Können Sie mir sagen, wo …?«, versuchte ich sie zu unterbrechen.

»Teilen Sie ihr bitte mit, dass ich die Miete fürs Unterstellen nur für einen Monat bezahlen werde. Am liebsten würde ich das gar nicht tun, aber es könnte ja sein, dass noch Sachen dabei sind, die die Kinder gebrauchen können. Auf jeden Fall muss jemand anderes die Sachen aus dem Lagerraum holen.« Renees Stimme klang höflich, aber bestimmt. Ich hatte sie immer für einen liebevollen Menschen gehalten. Ich spürte, wie sehr ihr die Bower-Kinder am Herzen lagen, und hatte auch gehört, dass sie sich um das Sorgerecht für wenigstens ein paar der Kinder bemühte, seit sie von Hannahs Tod erfahren hatte. Karen hatte mir früher immer wieder erzählt, dass Renee ihr manchmal Hilfe angeboten hatte. Ich war mir sicher, dass Renee mit dem Verlust von Hannah schwer zu kämpfen hatte.

Viele Fragen wirbelten mir durch den Kopf. Was dachte sich Karen dabei? Wer sollte ihrer Meinung nach ihre Sachen bekommen? Und was würde damit passieren, wenn der eine Monat vorüber war? Ich wusste nicht, was ich sagen sollte.

»Danke für die Information«, antwortete ich schließlich. Ich wollte mich hilfsbereit zeigen. »Ich, äh, werde darüber nachdenken, was man da tun kann.«

Warum habe ich das gesagt? Warum übernehme ich die Verantwortung?

»Wo befindet sich der Lagerraum?« Ich ging davon aus, dass ich mindestens dreißig Tage Zeit hatte, mir eine Lösung zu überlegen.

»Im Westen der Stadt. Ich kenne jemanden, der einen Lieferwagen hat. Er kann die Sachen holen, wenn Sie Platz dafür haben. Ich gebe Ihnen seinen Namen und seine Telefonnummer. Danach will ich *nichts mehr* damit zu tun haben.«

»Danke für Ihren Anruf. Das war sehr nett von Ihnen.«

Sie gab mir keine Antwort mehr.

Frustriert legte ich den Hörer auf. Warum nur fühlte ich mich hier verantwortlich?

Karens Familie kann doch die Sachen aus dem Lagerraum holen, wenn sie will. Und wenn nicht, dann wäre es bestimmt nicht das ers-

te Mal, dass jemand etwas einlagert und es nicht wieder abholt. Es ist nicht mein Eigentum, also auch nicht mein Problem.«

Meine Verärgerung ließ den Frust nur noch größer werden. Ich versuchte eine kleine Selbsttherapie. Wurde mir hier etwas *aufgedrückt* oder *wollte* ich es übernehmen? Wieder hörte ich diese Stimme, die mich aufforderte, es zu tun. Dieselbe Stimme, die auch gefragt hatte: *»Würde ich ihren Anruf entgegennehmen?«* Ich wünschte, die Stimme würde sich jemand anderen aussuchen, zu dem sie sprach. Ich konnte mir nicht vorstellen, dass sich aus meiner Einmischung irgendetwas Gutes ergeben könnte.

* * *

Eine Woche später erfuhr ich, wo sich die Kinder alle aufhielten. Sie waren auf Freunde und Familienangehörige verteilt worden. Das Jugendamt nahm seltsamerweise keinerlei Anrufe entgegen. Es gab nicht einmal einen Anrufbeantworter, auf dem man eine Nachricht hätte hinterlassen können.

Ungefähr um dieselbe Zeit meldete sich Karen bei mir und bat mich um einen weiteren Besuch. Ich beschloss, zum Gefängnis zu fahren, nachdem ich die Kinder aus der Schule abgeholt hatte. Da ich sie nicht weiter belasten wollte, erzählte ich ihnen nicht, wen ich besuchte, und kam mir vor, als sei ich in geheimer Mission unterwegs. Ich sagte ihnen, ich müsse in der Stadt noch etwas erledigen, und fuhr dann zur Strafanstalt.

Bei Jean trug ich mein Treffen als Seelsorgebesuch ein. Als ich zum Eingang der Besuchsräume ging, spürte ich einen Druck in der Brust. Einen Moment lang starrte ich die Türklinke an. Sie zu ergreifen, schien mir alle Energie zu entziehen, und so zog ich sie mühsam auf. Es erinnerte mich daran, wie wenig Kraft ich in Wirklichkeit ohne Gott hatte. Wie ein Schock durchfuhr mich ein Gefühl des Untergangs, als die Sicherheitstür hinter mir ins Schloss fiel.

Ich war von meiner Angst überrascht. Wo war der Friede Gottes geblieben, den ich bei meinen zwei ersten Besuchen verspürt hatte? Meine Trauer um Hannah und mein Kampf, Karen vergeben zu können, arbeiteten sich wieder an die Oberfläche. Während ich zwischen den Sicherheitstüren wartete, betete ich laut: »Herr, sei mit mir.« Sekunden später ging die Tür vor mir auf.

Ich betrat den Flur zu dem viereckigen Betonblock, in dem die Räume für besondere Besuche waren, und ging an einer geschlossenen Tür vorüber, hinter der leise Stimmen zu hören waren. Ein Anwalt, Pastor oder Laienseelsorger sprach dort mit einem der Strafgefangenen. Immer wenn mehr als ein Besuch gleichzeitig stattfand, mussten die Sicherheitstüren zu jedem einzelnen Raum verschlossen und gesichert sein. Ich merkte, dass ich dieses Mal nicht so gern mit Karen zusammen eingesperrt sein wollte. Ich fürchtete, in Tränen auszubrechen oder schreckliche Dinge zu sagen.

Mein Atem wurde flach, mein Herz raste. Ich wollte diesen Besuch nicht, doch jetzt war es zu spät, denn in einer Minute würde Karen da sein. *Vielleicht verändert sich meine Einstellung, wenn ich sie kommen sehe.* Ich saß auf dem blauen Plastikstuhl dem Glasfenster gegenüber und wartete. Dabei versuchte ich mich der Führung Gottes für diesen Besuch anzuvertrauen.

Zehn Minuten vergingen. Fünfzehn. Ich sah auf die Uhr. Ich wollte pünktlich zu Hause sein, um noch das Abendbrot vorzubereiten.

Schließlich hörte ich, wie über Funk kommuniziert wurde, und sah Karen durch die Glasscheibe auf mich zukommen. Der Wärter nahm sein Funkgerät und drückte den Sendeknopf.

»Kontrollzentrum, bitte die Tür zum besonderen Besuchsbereich öffnen.« Als das Schloss aufging, stand ich auf, um Karen zu begrüßen. Unsere Blicke trafen sich und Karen lächelte kurz. Ich lächelte ebenso kurz zurück. Dann ging ich auf sie zu und wir umarmten uns. Ihre Umarmung war fest und wirkte aufrichtig.

»Wie geht es dir? Bewegt sich das Baby viel?«, fragte ich, um das Gespräch ein wenig zu steuern und mit dem Offensichtlichen zu beginnen.

»Es geht. Ich bin auf der Krankenstation. Da ist es ziemlich langweilig. Eine der Schwestern hat mir gesagt, das sei nicht nur, weil ich schwanger bin, sondern auch aus Sicherheitsgründen. Es wäre für mich in einem allgemeinen Schlafsaal oder einer Wohneinheit zu gefährlich.«

Ich hatte nie daran gedacht, dass es für Karen im Gefängnis gefährlich sein könnte, doch plötzlich schien mir das logisch. Kinderschänder und -mörder werden von den anderen Gefangenen oft gehasst. Ich wusste nicht, was ich daraufhin antworten sollte.

»Weißt du irgendetwas über die Kinder?« Karen saß vornübergebeugt, die Haare strähnig. Sie begann ihre Hände zu kneten.

»Ich weiß nicht viel«, erwiderte ich. »Sie sind in verschiedenen Familien untergebracht. In Pflegefamilien vermutlich. Keiner rückt mit irgendwelchen Informationen heraus und im Jugendamt geht niemand ans Telefon. Es heißt, sie haben alle Kanäle dichtgemacht, bis die Ermittlungen abgeschlossen sind. Das ist wirklich blöd! Denn es sind ja Pflegefamilien da, die mit ihnen sprechen müssen. Ich weiß, dass das Jugendamt jetzt ziemlich unter Beschuss steht, und es ist ja klar, dass es intensive Befragungen geben muss. Die Bevölkerung ist empört. Es steht in allen Zeitungen und ich höre es überall in der Stadt. Leute, die wissen, dass ich Pflegemutter bin, sprechen mich an und fragen, ob ich etwas über den Fall weiß.«

Karen starrte mich an. Einen Moment lang stand nicht mehr sie als Zielscheibe da, sondern die Leute im Jugendamt waren die Bösen. Ich merkte, wie mein Ärger über das Versagen des Sozialsystems in Casper ein seltsames Gefühl des Mitleids für Karen hervorrief – als ob diese Tragödie hätte verhindert werden können, wenn das Jugendamt die Kinder nicht verfrüht zu Karen zurückgeschickt hätte. Ich spürte ein innerliches Tauziehen bei mir, das mich verwirrte. Es war ja nicht das Jugendamt gewesen, das Hannah umgebracht hatte. Gerade eben noch hatte ich Hannahs Mörderin umarmt.

Wieder saßen wir schweigend da. Es gab so viel zu verarbeiten. Wir beide hatten Fragen. Wo sollten wir anfangen? Hatten wir schon genug Vertrauen zueinander, um sie zu stellen? Würde es rechtliche Konsequenzen haben, wenn wir sie stellten – und beantworteten?

Ich erzählte von Renees Anruf. Karen fragte, ob ich einen weiteren Monat für die Lagerkosten aufkommen könnte, bis sie eine Lösung gefunden hatte.

Es ärgerte mich, dass sie mich um so etwas bat. »Karen, es ist doch sinnlos, weiter für die Einlagerung zu bezahlen. Gibt es denn niemanden, der die Sachen abholen und aufbewahren kann? Deine Familie? Freunde?«

Sie schüttelte den Kopf, während ich weitere Vorschläge machte. Es gab niemanden.

»Du bist die Einzige, die bereit ist, mir zu helfen«, sagte sie. Sie bettelte mich nicht an. Sie stellte nur die Fakten fest.

»Ich werde sehen, was ich tun kann«, gab ich schließlich nach. »Allerdings kann ich kein Geld für die Einlagerung ausgeben. Al wäre nicht gerade glücklich darüber. Ich muss jetzt gehen. Darf ich noch mit dir beten?« Ich wollte raus aus dem Gefängnis, fühlte mich unter Druck. War es mein Gewissen oder Gott oder weil ich keine Antworten hatte? Ich drückte den Knopf der Sprechanlage an der Wand und wusste, dass wir noch Zeit zum Beten hatten, bevor der Wärter kam.

Ich nahm Karens Hände und betete, dass Gott die Herzen ihrer Kinder bewahrte, die Wahrheit offenlegte und in Karens Geist wirkte, damit sie lernte, ihm zu vertrauen. Sie dankte mir und wir saßen noch eine Weile still da, bis der Wärter kam und sie wieder zur Krankenstation zurückbrachte.

Als ich wieder auf dem Parkplatz war, schüttete ich Gott mein Herz aus: »Was willst du? Was soll ich tun? Du schickst mir Karen, die ihr Kind umgebracht hat, ein Kind, das ich geliebt habe. Meine Familie ist noch tief verletzt und wütend und unglücklich darüber, dass ich mit Karen rede. Ich möchte ihren Kindern helfen, aber die sind alle bei anderen Familien. Wer wird sich weiter um sie kümmern? Und dann ist bei Karen noch ein Kind unterwegs. Und beim Jugendamt reagiert niemand auf meine Anrufe. Ich kann mit ihnen nicht einmal über die zwei Pflegekinder sprechen, die bei uns zu Hause leben. Und wenn es stimmt, was Karen sagt und was jetzt auch in den Zeitungen steht, dann kann es sein, dass Karen die Todesstrafe bekommt. Wie soll ich das alles verkraften? Und wann hört es endlich einmal auf?« Ich klagte und weinte, während ich vom Parkplatz fuhr und mich beeilte, nach Hause zu kommen.

Wohl wissend, dass ich zu spät dran war, stürmte ich durch die Haustür. Mein Versuch, mich ganz unauffällig zu verhalten und nicht preiszugeben, wo ich gewesen war, gestaltete sich als schwierig. *Mach langsam. Beweg dich ruhig. Gehen, nicht rennen. Verhalte dich so, als wäre es ein ganz normaler Tag gewesen.* Ich hasste dieses Versteckspiel, durch das ich mich so isoliert fühlte.

Ich holte Töpfe und Pfannen aus dem Küchenschrank.

Al folgte mir, während er ein paar Chips knabberte. »Wir haben uns schon gefragt, wann du kommst. Wir sind alle am Verhungern.«

»Tut mir leid. Ich hatte mit jemandem ein Gespräch.« Al schaute mich an und hörte auf zu kauen.

Ich vermied es, ihm in die Augen zu schauen, und machte den Kühlschrank auf.

»Ein Gespräch mit ... *jemandem?*« Ihm war sofort klar, wo ich gewesen war. Ich war nervös und unruhig. »Worüber habt ihr gesprochen?«, fragte Al und leckte sich ein paar Chipskrümel von den Fingern.

Ich antwortete ihm im Flüsterton. »Karen wollte wissen, ob ich etwas mit ihren Sachen machen kann, die in einem Lagerhaus sind.«

»Nämlich was?« Seine Frage klang verärgert. Er ging mit zwei großen Schritten zum Mülleimer und stopfte die leere Chipstüte hinein.

»Nun ja, vielleicht könnte ich alles hierherholen und es in der Garage unterbringen? Ich könnte die Sachen später durchschauen und Karens Kindern das eine oder andere bringen, was sie noch brauchen können.« Ich konnte selbst nicht glauben, was ich da sagte. Es war, als legte Gott mir die Worte in den Mund, bevor ich sie aussprechen konnte.

Al schaute mich mit einem starren, kalten Ausdruck an. Sein Schweigen sprach Bände. Und das konnte ich ihm nicht übel nehmen. Doch ich hatte das Gefühl, als gebe mir der Herr wieder so einen Schubs wie an dem Tag, als ich Karens ersten Anruf aus dem Gefängnis entgegengenommen hatte. Das war gar nicht ich, die Karen auf diese Weise Hilfe anbot. Es war Jesus in mir, der mir den Anstoß dazu gab. *Anscheinend gefällt es ihm, mich so in seinen Dienst zu nehmen.*

Ich hielt dem Blick von Al stand. Es war eine Art Showdown, wenn auch kein wütender. Al schüttelte den Kopf. »Tu, was du für richtig hältst.« Dann verließ er die Küche und fragte mich noch im Gehen: »Wann gibt's Abendessen?«

Ich wollte es zwar nicht zugeben, aber es sah ganz danach aus, als hätte Gott meine Gebete erhört. Ich hatte ihn gefragt, was ich tun sollte, und er hatte es mir gesagt. Ich würde also Karens eingelagerten Hausrat übernehmen und ... was dann? Was sollte ich damit tun? Und wie viel war es überhaupt? Und wann würde ich die Zeit finden, alles durchzusehen?

Ich steckte gerade mitten in den Vorbereitungen für den landesweiten »Mrs. International«-Wettbewerb in Texas und würde mich bald auf die Reise dorthin konzentrieren müssen. Immer noch hatte ich Auftritte als Mrs. Wyoming zu absolvieren. Ich hatte meinen Beruf, meine Familie und Pflegekinder, um die ich mich kümmern musste. Natürlich konnte ich Karens Hausrat erst einmal entgegennehmen und ihn im hinteren Teil der Garage unterbringen, bis ich eine endgültige Entscheidung getroffen hatte. Doch dadurch stellte sich ein weiteres Problem. Wie würde ich meinen Kindern erklären, was es mit den Sachen dort in unserer Garage auf sich hatte? Sie waren immer noch wütend und litten darunter, wie Hannah zu Tode gekommen war.

Am nächsten Tag rief ich die Nummer an, die Renee mir gegeben hatte, und vereinbarte einen Termin für die Lieferung von Karens Sachen. Al war bei der Arbeit und die Kinder waren in der Schule, als der Mann mit dem Lieferwagen kam. Es war der perfekte Zeitpunkt. Ich konnte die Säcke in der Garage hinter unserem Boot abstellen, wo die Kinder sie hoffentlich nicht bemerken würden.

»Wo soll das Ganze hin?«, fragte der Mann in einem ruppigen Ton und stülpte sich ein paar abgetragene Arbeitshandschuhe über.

»Hier in die Einfahrt.«

Er klatschte in die Hände und sagte: »Na, dann los!«

Der kleine Lastwagen war bis zum Rand mit schwarzen Plastiksäcken gefüllt, etwa fünfzehn bis zwanzig. Der Mann kletterte auf die Ladefläche und warf einen nach dem anderen in unsere Einfahrt.

Plumps! Plumps! Plumps! Die Säcke fielen auf den Betonboden und ich schleppte sie in die Garage. Es war noch weit mehr, als ich befürchtet hatte. Warum hatte Gott zugelassen, dass ich bereit gewesen war, sie zu nehmen?

Als der Mann den letzten Sack vom Lastwagen geworfen hatte, stieg er ein und fuhr davon, noch bevor ich mich bei ihm bedanken konnte. Der Wagen zog den ganzen Weg entlang eine riesige Staubwolke hinter sich her. Ich betrachtete den Berg prall gefüllter schwarzer Plastiksäcke, die die Hälfte unserer Garage einnahmen. Es würde Stunden dauern, sie alle durchzusehen. Und es gab keine Möglichkeit, sie irgendwie vor den Blicken meiner Familie zu verstecken. Dafür waren es einfach zu viele.

Al und die Kinder werden sagen, dass ich den Verstand verloren habe. Und vielleicht haben sie sogar recht.

* * *

Es war nur eine Frage von wenigen Tagen, bis eines der Kinder die Säcke entdeckt hatte. Ich tat mein Bestes, ihnen die Sache zu erklären, doch ihr Zorn gegenüber Karen flammte erneut auf, ebenso wie ihr Ärger darüber, dass ich sie besuchte und ihr meine Hilfe anbot. Ich konnte sie alle gut verstehen, doch weil Al mich unterstützte, konnte ich den Kurs halten.

Wenige Tage später erhielt ich zu meiner Überraschung einen Anruf von der Polizei. Man fragte mich, ob ich zusammen mit Al aufs Revier kommen und ein paar Fragen beantworten könnte. Wir willigten ein.

Was würden sie wissen wollen? Welche Informationen konnten wir ihnen geben? Karen hatte bei der Polizei den Mord an Hannah gestanden. Konnten wir noch irgendetwas Hilfreiches beitragen oder mehr Licht in den Fall bringen, wo Karen doch schon ein Geständnis abgelegt hatte?

Dennoch hielten wir es für unsere Pflicht, mit der Polizei zu reden, wenn sie uns dazu aufforderte. Wir fühlten uns verwundbar. Würden sie mich fragen, was Karen mir bei meinem ersten Besuch gesagt hatte? Wir überlegten, ob wir einen Anwalt engagieren sollten, entschieden uns dann aber dagegen.

Detective Marsh empfing uns im Eingangsbereich des Polizeireviers. Er war zwanglos gekleidet und sein Auftreten war ebenso lässig und freundlich wie seine äußere Erscheinung.

»Danke, dass Sie zu uns aufs Revier gekommen sind. Ich weiß, dass ist eine schwierige Situation für Ihre Familie. Ich habe gehört, dass Sie die Bower-Kinder längere Zeit bei sich zu Hause aufgenommen hatten«, sagte er, während er uns in einen Raum führte, in dem mehrere Tische und Stühle standen. Zwei weitere Männer und eine Frau saßen dort an Tischen und arbeiteten.

Der Detective holte mir einen Stuhl und deutete auf einen anderen, damit Al sich auch setzen konnte. »Bitte nehmen Sie Platz. Möchten Sie ein Glas Wasser?« Wir schüttelten beide den Kopf und hofften, dass wir nicht lange bleiben mussten.

Detective Marsh schob für sich einen weiteren Stuhl an den Tisch und setzte sich seitlich darauf, sodass er einen Arm über die Stuhllehne legen konnte, als wolle er durch diese entspannte Geste dazu beitragen, dass wir uns nicht eingeschüchtert fühlten. Dann kam einer der beiden anderen Männer zu uns an den Tisch und setzte sich neben Al.

»Wie lange sind Sie schon Pflegeeltern?« Die erste Frage kam von Detective Marsh.

»Fast sechzehn Jahre, glaube ich«, gab ich zur Antwort und sah Al fragend an.

»Ja, ich denke, es sind jetzt beinahe sechzehn Jahre«, bestätigte er.

»Wie lange waren die Bower-Kinder bei Ihnen zu Hause?«

»Zehn oder elf Monate, glaube ich«, sagte ich und Al nickte zustimmend.

»Wissen Sie etwas über die Väter der Kinder?« Als Detective Marsh diese Frage stellte, wandte der Mann, der neben Al saß, den Kopf und hörte intensiv zu.

»Nein, ich habe nur einen von ihnen kurz gesehen«, antwortete ich. »Hannahs Vater.«

Der andere Mann stellte sich uns nun ebenfalls als Detective vor. Er übernahm die Befragung und wollte wissen, wie es gewesen war, als die Kinder aufgrund der richterlichen Anordnung wieder zu ihrer Mutter zurückkehrten, und was sich in der Zeit danach ereignet hatte. Er fragte auch, ob wir Hannah in dieser Zeit gesehen hätten.

Plötzlich spürte ich, wie die Wut in meinem Bauch aufkeimte. *Jetzt stellen sie Fragen! Und wie oft habe ich das Jugendamt aus Sorge über Hannahs Sicherheit angerufen? Wenn damals jemand nachgefragt oder zugehört hätte, dann würden wir heute hier alle nicht sitzen. Hannah wäre noch am Leben und wohlauf.* Ich versuchte mich wieder zu beruhigen. Schließlich war es nicht der Fehler der Polizei gewesen.

Ich berichtete, dass ich das Jugendamt viele Male angerufen und meine Besorgnis geäußert hätte, nachdem die Kinder wieder zu Hause waren. Das Jugendamt habe mir erklärt, es überprüfe die Familie regelmäßig, auch Hannah, und es sei alles in Ordnung.

»Wie wir gehört haben, haben Sie Karen Bower im Gefängnis besucht. Worüber haben Sie beide gesprochen?«, fragte Detective Marsh.

»Ich glaube nicht, dass ich darüber mit Ihnen reden kann«, entgegnete ich. »Da ich Karens Seelsorgerin bin, waren unsere Gespräche vertraulich.« Mir wurde klar, dass ich mich juristisch beraten lassen musste, bevor ich etwas zu diesem Thema sagen konnte.

Ich wusste ja, dass Karen noch an dem Abend, als Hannahs Leiche gefunden worden war, ein Geständnis bei der Polizei abgelegt hatte. Daher glaubte ich nicht, dass sie meine Aussage wirklich brauchten. Ich erinnerte mich, dass ein weiser Mensch einmal zu mir gesagt hatte: »Wenn du nicht weißt, was du tun sollst, dann tu erst einmal lieber nichts.« Ich würde also nichts tun und sagen, bis ich entweder von einem Anwalt oder von Gott klare Anweisungen erhalten hatte.

Ich erwähnte, dass ich Karens Hausrat in unserer Garage gelagert hatte. Waren diese Dinge noch von Bedeutung für die Ermittlungen? Detective Marsh verneinte – die Behörden hatten Karens Haus durchsucht und den verbleibenden Inhalt freigegeben.

Schließlich war die Befragung zu Ende, die beiden Polizisten dankten uns und Al und ich waren froh, es hinter uns zu haben. Nach einer Woche bekamen wir wieder einen Anruf, dieses Mal von einem privaten Ermittler. Er fragte, ob Al und ich bereit wären, uns in einem Restaurant oder an einem anderen Ort, wo wir uns wohlfühlten, mit ihm zu treffen.

Uns wohlfühlen? Das war kaum die zutreffende Bezeichnung. Wir wussten noch nicht einmal, für wen der Mann arbeitete – für das Jugendamt, für Karens Anwälte oder für ihre Familie. Doch naiv, wie wir waren, stimmten wir einem Treffen zu. Seine Fragen deckten weitgehend dieselben Themen ab wie die von Detective Marsh und so wiederholten wir unsere Antworten einfach.

Danach kehrten Al und ich ausgelaugt und frustriert nach Hause zurück. Was hatte ich uns da eingebrockt, als ich jenen schicksalhaften Anruf von Karen entgegennahm? Ich wusste zwar, dass Gott mich zu dem Besuch bei ihr bewegt hatte, aber jetzt war mir nicht mehr wohl bei alledem. War es nicht genug, dass unsere Garage voll war mit Karens Hausrat? Jetzt hatte ich auch noch das unangenehme Gefühl, unter juristischer Beobachtung zu stehen.

Was würde meine Verbindung zu Karen uns noch alles kosten?

Kapitel 13

Segensreiche Gespräche

Karen war wieder in das zwei Autostunden entfernte Gefängnis in Lusk verlegt worden. Obwohl ich den inneren Drang verspürte, sie noch einmal zu besuchen, wartete ich ein paar Wochen ab, bevor ich mich auf den Weg machte.

Nur Al wusste, wohin ich an jenem Tag fuhr. Ich konnte es meinen Kindern oder anderen Leuten einfach nicht sagen. Ich wollte dafür keine Kritik mehr hören und keine bösen Blicke mehr ernten. Ich brach früh am Morgen auf, um genug Zeit für die weite Fahrt zu haben.

Als ich mich Lusk näherte, fing mein Herz heftig an zu pochen. Ich fuhr durch die idyllischen Straßen, dann über die Eisenbahnschienen zum Stadtrand und schließlich in die hinterste Reihe der Parkplätze auf dem vertrauten Gelände der Strafanstalt. Fünf Jahre lang hatte ich hier zweimal jährlich als Referentin eines christlichen Besuchsdienstes zu den weiblichen Gefangenen gesprochen. Nun aber hatte ich, um Karen als einzelne Gefangene besuchen zu können, auf das Vorrecht, in Zukunft als Gastrednerin zu kommen, endgültig verzichten müssen, was mir sehr schwergefallen war.

Das riesige graue Betongebäude, das von einem hohen Zaun mit Stacheldraht umgeben war, sah bedrohlich aus. Dieser Besuch würde anders sein als die Besuche im örtlichen Gefängnis von Casper. Das hier war eine berüchtigte Strafanstalt. Während der Motor meines Wagens noch lief, lehnte ich den Kopf zurück und schloss die Augen. Ich musste ein paarmal tief durchatmen und um Gottes Gnade und seine Weisheit bitten. Gnade brauchte ich, um einen weiteren Besuch trotz meiner aufgewühlten

Gefühle zu überstehen, und Weisheit, damit ich wusste, was ich Karen sagen und wie ich ihr helfen konnte.

Als ich über den großen Parkplatz ging, betete ich: »Also, Herr, ich bin jetzt hier. Hilf mir, damit ich weiß, was ich sagen soll.«

Als ich die kleine Sprechanlage neben dem Eingangstor erreichte, drückte ich den silbernen Knopf und wartete. Keine Antwort. Ich drückte noch einmal, während sich hinter mir mehrere Leute näherten. Dieses Mal ertönte eine Stimme aus dem Lautsprecher: »Wie kann ich Ihnen helfen?«

Ein Mann, der neben mir stand, antwortete: »Wir möchten jemanden besuchen.«

»Wen möchten Sie besuchen?«, fragte die Stimme.

Der Mann nannte den Namen eines Gefangenen und dessen Nummer. Eine Frau trat vor und nannte einen anderen Namen und eine Nummer. Ich wartete in dem Wissen, dass ich Karens Namen gleich laut aussprechen musste. Da ihr Fall immer noch in allen Nachrichtensendungen erwähnt wurde, würde mein heimlicher Besuch nun ans Tageslicht kommen.

Ich begab mich näher an die Sprechanlage. »Karen Bower«, sagte ich mit leiser Stimme in der Hoffnung, dass die anderen es nicht verstehen würden. Ich wurde rot vor Verlegenheit, während ich den anderen zum Tor folgte, und vermied es, sie anzusehen. Ich starrte auf meinen Führerschein, den ich nervös in meinen Händen hin und her drehte.

Schließlich öffnete sich das Tor und unsere kleine Gruppe ging durch in den Eingangsbereich des Gefängnisses, wo wir unsere Sachen in Schließfächern verstauten. Ich hielt mich abseits von den anderen, während wir eine weitere Viertelstunde warteten, bis ein Wärter kam. Er forderte jeden Besucher auf, den Führerschein vorzuzeigen und sich in die Besucherliste einzutragen. Ich ließ alle anderen vor.

Als die anderen Besucher sich eingetragen hatten und durch den Sicherheitsscan gegangen waren, öffnete der Wärter die Tür, um alle in den Besucherbereich zu lassen – alle außer mir. »Debra Moerke«, rief er mich mit so lauter Stimme, dass es durch den ganzen Warteraum schallte, »die Gefangene Bower befindet sich unter strenger Überwachung, darum ist ein Besuch im allgemeinen Besuchsraum nicht möglich. Der Besuch muss im geschlossenen Bereich stattfinden, in einer abgeteilten Kabine mit Fenster und Telefon.«

Spätestens jetzt wussten die anderen, wen ich besuchen wollte. Die Schande von Karens Verbrechen hing über mir wie eine dicke Wolke. Ich lächelte dem Wärter schwach zu.

»Ich bin gleich wieder bei Ihnen«, sagte er.

Die Sicherheitstür fiel ins Schloss und ich war allein in der verlassenen, sterilen Eingangshalle. Kurze Zeit später erschien der Wärter wieder und bat mich, ihm zu folgen. Wir gingen einen kurzen Flur entlang, vorüber an Türen, hinter denen die Einzelkabinen für Besucher waren. Jede Tür hatte ein großes Fenster, sodass die Besuche überwacht werden konnten. Der Wärter führte mich in einen dieser Räume. Dort war ein Plastikstuhl, ein kurzer Tresen, ein Telefon und eine Glasscheibe, auf deren gegenüberliegender Seite ein exakt gleich gestalteter Raum zu sehen war. »Die Gefangene Bower wird nun geholt«, kündigte der Wärter an, während er die Tür hinter sich schloss.

Wenige Augenblicke später wurde Karen von zwei Wärtern in den gegenüberliegenden Raum gebracht. Sie trug einen orangefarbenen Häftlingsanzug und ihre Füße waren aneinandergekettet, sodass sie sich nur schlurfend fortbewegen konnte. Um ihre Hüften war ein Gürtel mit einem großen silberfarbenen Ring geschlungen, an dem ihre Handschellen befestigt waren. Mein Herz verkrampfte sich, als ich sie so in Handschellen und Ketten sah. Mit diesem Anblick hatte ich nicht gerechnet. In Casper hatten wir uns im selben Raum befunden, ohne Handschellen und Ketten. Ohne Vorwarnung füllten sich meine Augen mit Tränen. Als Karen mich erblickte, kamen ihr ebenfalls die Tränen und sie schaute nach unten, als ob sie ihr Gesicht vor mir verbergen wollte.

Einer der Wärter nahm Karens Arm und half ihr, sich hinzusetzen. Als sie saß, hob sie ihren Blick. Wir schauten uns lange an und sahen, wie uns die Tränen übers Gesicht liefen.

Dann nahm ich den Telefonhörer. Karen neigte sich seitwärts und versuchte ihren Hörer abzunehmen. Doch weil ihre Hände immer noch am Gürtel angekettet waren, konnte sie ihn kaum erreichen. Sie musste ihn weit weg von sich halten und sagte: »Wir werden wohl laut sprechen müssen, wenn wir uns verstehen wollen.«

Das ist doch unglaublich. Wie sollen die Gefangenen durch das Telefon sprechen, wenn sie sich den Hörer gar nicht ans Ohr halten können? Wieder einmal wurde mir klar, dass es im Gefängnis nicht darum ging, Menschen komfortabel unterzubringen, sondern sie in ihrer Freiheit einzuschränken. Wir mussten also das Beste daraus machen.

»Wie geht es dir?«, fragte ich, während ich mir die Tränen abwischte.

Karens Tränen tropften auf ihr Hemd. »Es geht. Besser als im anderen Gefängnis. Abgesehen davon, dass ich Handschellen und Fußketten trage.« Wir lachten beide und taten so, als würden wir das, was so ernst war, leichtnehmen.

»Hast du schon etwas von deinem Anwalt gehört?«, fragte ich.

»Nur dass die Staatsanwaltschaft definitiv die Todesstrafe fordern will. Ich weiß nicht, wie das alles ausgehen wird. Aber das wurde mir jedenfalls gesagt.« Karen kaute auf ihren Lippen herum, während sie mich durch die Glasscheibe ansah.

Die Todesstrafe. Ist das alles wirklich wahr, Herr? Mein Verstand konnte diese schreckliche Information kaum verarbeiten. »Wie geht es dir damit?«, fragte ich schließlich. *Was für eine dumme Frage!*

»Ich weiß nicht. Es macht mich traurig wegen meiner Kinder. Aber vielleicht wäre es ja das Beste. Es ist entweder das oder lebenslänglich im Gefängnis. Ich glaube nicht, dass ich den Rest meines Lebens hier verbringen will.« Wieder stiegen ihr die Tränen in die Augen. Sie schüttelte den Kopf, als verstünde sie selbst nicht so genau, was sie da von sich gab.

Was sollte ich ihr sagen?

»Hast du irgendwas gehört? Von den Kindern, meine ich«, wechselte Karen das Thema, während sie mit dem Hörer kämpfte, der ihr aus der Hand zu rutschen drohte.

»Nein, ich denke, es geht ihnen gut. Hast du etwas von deinen Eltern gehört?«

»Nein. Niemand lässt etwas von sich hören. Außer dir.« Sie schenkte mir ein warmes Lächeln. »Es gibt etwas Wichtiges, das ich dich fragen möchte.« Karen lehnte sich näher an das Fenster, das uns trennte.

»Ja, was denn?« Ich rückte ebenfalls näher heran. Beinahe konnten wir uns durch die Scheibe besser verstehen als durch das Telefon.

»Konntet ihr euch vorstellen, die Vormundschaft für das Baby zu übernehmen, wenn es geboren ist? Ich will nicht, dass das Jugendamt das tut. Dann weiß ich nämlich nicht, was mit dem Kind passieren wird.« Sie runzelte fast flehentlich die Stirn, als hoffte sie, auf diese Weise die Antwort zu bekommen, die sie hören wollte.

Ich lehnte mich im Stuhl zurück und konnte es nicht fassen.

Herr, immer wenn ich denke, dass die Situation nicht noch verrückter werden kann, trifft mich die nächste Schockwelle.

Ich versuchte meine Emotionen in den Griff zu bekommen und schaute durch die Glasscheibe die Frau an, die nicht gewollt hatte, dass ich Hannah nahm. Und dann hatte sie sie ermordet. Und nun wollte sie, dass ich ihr ungeborenes Kind an mich nahm, sobald es zur Welt gekommen war.

Ich weiß nicht, wie lange ich einfach nur so dasaß, vor mich hin starrte und versuchte, das Gehörte zu verdauen. »Gibt es denn niemanden in deiner Familie oder jemand anderen, dem du das Baby anvertrauen möchtest? Deine Eltern oder eine Freundin?«

»Nein. Du bist die Einzige. Bei dir weiß ich, dass es gut versorgt und geliebt wird, und ich werde innerlich Frieden haben, weil ich weiß, wo es ist.« Sie saß bewegungslos da und wartete auf meine Antwort.

»Ich weiß nicht«, stammelte ich. »Das kann ich dir jetzt noch nicht sagen. Ich muss erst mit Al und meinen Kindern reden. Ich bin mir nicht sicher, ob das wirklich die beste Lösung für das Baby ist. Darüber muss ich beten und ich bitte dich, das auch zu tun.« Allein der Gedanke daran überforderte mich. Ich brauchte Zeit.

»Ich habe darüber gebetet«, erwiderte Karen mit festem Ton.

»Deshalb rede ich ja jetzt mit dir.« Unsere Blicke trafen sich und in diesem Moment entwickelte sich zwischen uns eine besondere Verbindung, wie es sie vorher noch nicht gegeben hatte.

Aber warum ich? Bin ich nicht die Letzte, der sie das Sorgerecht für ihre Kinder anvertrauen würde? Und ist sie nicht die Letzte, deren Kind ich bei mir aufnehmen wollte? Will ich wirklich diese Art von dauerhafter Verbindung zu ihr haben?

»Ich werde mit Al sprechen und es dir dann mitteilen.« Am liebsten hätte ich den Besuch sofort beendet. Karens Bitte ließ plötzlich tiefe Gefühle der Wut in mir aufsteigen. Warum hatte sie Hannah ermordet, anstatt ihr zu erlauben, auch weiterhin in unserer Familie zu bleiben? Dadurch hätte dieser ganze Albtraum doch verhindert werden können. »Wann bist du das nächste Mal in Casper? Wir könnten dann weiter über dieses Thema sprechen.«

»Ich habe keine Ahnung. Ich weiß es immer erst, wenn ich im Transporter sitze und dorthin unterwegs bin. Ich kann dich aber aus dem Gefängnis anrufen und wir können dann weiterreden. Ist das okay?« Ihr schwaches Lächeln und ihre hochgezogenen Augenbrauen verrieten ihre Vorfreude und Hoffnung. Es war eindeutig, dass sie kein Nein als Antwort erhalten wollte und dass es ihr auch nicht recht war, wenn der Besuch rasch zu Ende ging.

»Ja, dann können wir wieder reden«, sagte ich und erwiderte ihr Lächeln, auch wenn meines nicht echt war.

Durch die Glasscheibe hindurch sah ich einen Wärter in der Nähe und gab ihm ein Zeichen, dass wir fertig waren. Karen und ich schauten uns noch einmal an und ich winkte ihr zum Abschied, als der Wärter ihr beim Aufstehen half. Sie drehte sich um und schlurfte mit ihm in Richtung Flur – ein erbarmungswürdiger Anblick.

Als die letzte Gefängnistür sich öffnete und mich auf den Parkplatz entließ, liefen mir die Tränen übers Gesicht. Noch bevor ich bei meinem Wagen angekommen war, fing ich regelrecht an zu schluchzen. Ich konnte kaum noch etwas sehen, als ich den Schlüssel ins Schloss steckte, um die Autotür zu öffnen. Rasch schaltete ich den Motor ein und wählte den Rückwärtsgang. Ich konnte nicht schnell genug aus Lusk wegkommen, weg von dem Gefängnis. Ich wollte mit Gott allein sein.

Während der langen Heimfahrt bat ich Gott, mir Frieden zu schenken. Ich brauchte ihn dringend. Ich empfand eine dermaßen große Wut im Bauch, dass ich am liebsten laut geschrien hätte. Durch Hannahs Tod war ich am Boden zerstört gewesen, aber ich hatte mir selbst nicht erlaubt, wütend zu sein. Wirklich wutend. Ich fürchtete mich davor, meine Wut rauszulassen. Was würde geschehen, wenn ich es doch täte? Ginge dann alles kaputt? Würde sie meine Familie zerstören? Karen? Daran, was geschehen war, konnte ich nichts ändern. Weder konnte ich Hannah zurückholen noch ungeschehen machen, was Karen getan hatte. Diese Situation hatte ich nicht unter Kontrolle und ich wusste nicht, wie ich das alles verarbeiten sollte. Es war, als würde ich Hannah ein weiteres Mal in Karens Hände geben.

Irgendwie gelang es mir, mich wieder zusammenzureißen, bis ich unser Zuhause erreichte. Ich wollte nicht wie ein emotionales Wrack wirken, wenn ich Al oder meinen Kindern gegenübertrat.

Es vergingen mehrere Tage, bis ich mich dazu in der Lage fühlte, mit Al über Karens Anfrage zu sprechen. Wir fuhren irgendwohin, um einen Kaffee zu trinken und Kuchen zu essen. Ich wollte das Gespräch mit ihm nicht zu Hause führen, weil wir dort nicht wirklich ungestört waren. Außerdem war ich mir gar nicht sicher, ob ich das alles überhaupt wollte. Ich war so durcheinander. Schließlich aber teilte ich ihm mit, ich müsse mit ihm über etwas sprechen, das Karen mir gesagt hatte.

Als wir im Café saßen, erzählte ich Al von dem Gedanken, für Karens Baby die Vormundschaft zu übernehmen. Er verdrehte nur die Augen und schüttelte den Kopf.

»Über so etwas können wir später reden, Debbie. Du musst dich jetzt auf den Wettbewerb konzentrieren. Können wir uns darauf einigen, dass wir darüber beten und es dann besprechen, wenn wir aus Texas zurück sind?« Es war wie immer ein vernünftiger Vorschlag von ihm. Wir würden warten, bis der »Mrs. International«-Wettbewerb vorüber war.

* * *

Ich war verpflichtet, an dem Wettbewerb teilzunehmen, egal was gerade in meinem Privatleben los war. Es war nun also an der Zeit, mich auf die Vorbereitungen zu konzentrieren. Was ich noch brauchte, waren ein Abendkleid und Garderobe für einen halb formellen Anlass. Liz hatte mir eine Dame in South Dakota empfohlen, die sich auf Outfits für Wettbewerbe spezialisiert hatte. Ich rief sie an und wir vereinbarten einen Zeitraum, in dem ich zu ihr kommen konnte. Ich war zwar dankbar, dass die Dame sich für mich Zeit nahm, aber ich fürchtete die weite Reise von vier bis fünf Stunden. Ich würde den ganzen Tag unterwegs sein, vielleicht sogar übernachten müssen. Eigentlich hatte ich für so etwas Banales keine Zeit und so ärgerte ich mich wieder einmal über den Wettbewerb und fragte mich, wieso Gott mich so geführt hatte, dass ich so etwas in mein Leben hineinließ, wo doch meine Familie durch Hannahs Tod so niedergeschmettert war. Wofür waren eine glitzernde Krone und eine Satinschärpe gut angesichts der Trauer über ein ermordetes Mädchen und der drohenden Todesstrafe für die Mörderin? Könnte ich mich nicht einfach entschuldigen und den Organisatoren mitteilen, dass Mrs. Wyoming nicht würde kommen können?

Eine Freundin hatte die Idee, dass sich vielleicht eine Fluggesellschaft finden würde, die mir einen günstigen Hin- und Rückflug nach South Dakota spendierte, wenn ich sie als Sponsorin benannte. Es war einen Versuch wert und so ging ich zum Flughafen von Natrona County. In der Eingangshalle traf ich zufällig einen Bekannten von Al und mir, Dale Leatham. Er arbeitete als Zollbeamter und war außerdem bei Delta Airlines als Kundenbetreuer angestellt.

»Bist du hier, um jemanden abzuholen?«, fragte er mich.

»Nein. Ich möchte gern herausfinden, ob ich einen verbilligten oder sogar einen gesponserten Flug nach South Dakota bekommen kann, um dort ein Abendkleid zu kaufen.«

»Ach ja! Ich habe gesehen, dass du den ›Mrs. Wyoming‹-Wettbewerb gewonnen hast. Herzlichen Glückwunsch! Ich finde das großartig!« Er schüttelte mir die Hand. »Was gesponserte Flüge betrifft, glaube ich, dass die Fluggesellschaften das nicht ermöglichen können. Aber vielleicht kann ich dir ja helfen.« Seine Worte klangen ermutigend, obwohl ich mir nicht vorstellen konnte, auf welche Weise er mir helfen wollte.

»Ich habe einen Freund, der Frachtflüge in verschiedene Städte organisiert. Ich weiß, dass er auch manchmal nach South Dakota fliegt. Vielleicht kann er dich ja mitnehmen, wenn er das nächste Mal dorthin muss. Möchtest du, dass ich ihn mal frage? Wenn ich ihm sage, worum es geht, macht er vielleicht gerne mit.«

Dankbar umarmte ich Dale, schrieb meine Telefonnummer auf ein Stück Papier und überlegte, ob die Begegnung mit ihm die unerwartete Antwort auf meine Gebete war.

Schon am nächsten Tag rief Dale mich an. »Es klappt!«, verkündete er. »Kannst du nächsten Mittwoch um sechs Uhr morgens aufbrechen? Der Pilot wird dich hinfliegen und dann ein paar Stunden später nach Casper zurückkehren.«

Rasch vereinbarte ich einen Termin mit der Dame in South Dakota und organisierte alles, was meine Familie betraf. Ich würde Casper um sechs Uhr morgens verlassen und gegen Mittag bereits wieder mit den Kleidern im Gepäck zurück sein.

Ich traf mich um halb sechs Uhr morgens mit dem Piloten. Noch ziemlich verschlafen trank ich meinen Kaffee aus, den ich mir unterwegs gekauft hatte, und kletterte in das kleine Frachtflugzeug. Es sah ein wenig aus wie die FedEx-Maschine, die Tom Hanks in dem Kinofilm *Verschollen* geflogen hatte. Tatsächlich saß ich sogar im Laderaum. Kisten und Koffer waren hinter einem Sicherheitsnetz festgeschnallt. Ich klappte den Sitz hinter dem Piloten herunter und schnallte mich an.

»Es wird ziemlich laut und unruhig, also sehen Sie zu, dass Ihr Gurt fest und gesichert ist«, schrie der Pilot über den Lärm der Motoren hinweg.

Ich konnte kaum glauben, dass all dies wirklich geschah. Ich hoffte, dass mir nicht schlecht würde, denn ich saß mit dem Gesicht zur Seite des Flugzeugs und konnte nicht nach vorne schauen. Ich holte tief Luft, als die Maschine aufheulte und sich den Weg hinauf in die Lüfte bahnte. Das Fahrwerk wurde eingezogen und wir waren unterwegs.

In der nächsten Stunde gab es keine Unterhaltung, abgesehen von ein paar kurzen Zurufen des Piloten, der mich fragte, ob alles in Ordnung sei.

Nein, es war nicht alles in Ordnung. Da war ich hoch oben am Himmel, das Röhren des Motors durchdrang meine Ohren, das kleine Flugzeug schwankte und zitterte und brachte meinen Magen in Aufruhr, während die Erinnerung an Hannah meine Gedanken füllte. Ich haderte mit dem Gedanken, dass ich unterwegs war, um mir Kleider zu kaufen. *Ich sollte etwas ganz anderes tun. Etwas Konstruktives. Dieser Wettbewerb ist einfach sinnlos.*

Während ich mich mit schönen Erinnerungen und bitteren Gefühlen herumschlug, wusste ich, dass nur Gottes Wort mir helfen konnte, mich auf ein Ziel auszurichten, und mich davon abhielt, meinen Gefühlen hier im Flugzeug freien Raum zu lassen. Ich musste etwas von Gott hören. Also holte ich meine kleine Bibel aus der Handtasche. Trotz der Auf- und Abwärtsbewegungen und der Erschütterungen des Flugzeugs versuchte ich mich auf die kleine Schrift zu konzentrieren. Mein Lesezeichen, ein braunes Seidenband, lag im Jakobusbrief. Ich schob es beiseite und begann zu lesen.

> *Liebe Brüder und Schwestern! Betrachtet es als besonderen Grund zur Freude, wenn euer Glaube immer wieder hart auf die Probe gestellt wird. Ihr wisst doch, dass er durch solche Bewährungsproben fest und unerschütterlich wird. Diese Standhaftigkeit soll in eurem ganzen Leben ihre Wirkung entfalten, damit ihr in jeder Beziehung zu reifen und tadellosen Christen werdet, denen es an nichts mehr fehlt. Wenn es jemandem von euch an Weisheit mangelt zu entscheiden, was in einer bestimmten Angelegenheit zu tun ist, soll er Gott darum bitten, und Gott wird sie ihm geben. Ihr wisst doch, dass er niemandem sein Unvermögen vorwirft und dass er jeden reich beschenkt.*
> *Jakobus 1,2–5*

Der Herr schien direkt zu mir zu sprechen. Als ich weiterlas, fiel mir noch ein Vers auf, der mich tief berührte.

Glücklich ist, wer die Bewährungsproben besteht und im Glauben festbleibt. Gott wird ihn mit dem Siegeskranz, dem ewigen Leben, krönen. Das hat er allen versprochen, die ihn lieben.
Jakobus 1,12

Der Siegeskranz. Der Kranz des ewigen Lebens.

Ich las Vers 12 immer und immer wieder, während mein Herz dabei ehrfürchtig pochte. Plötzlich erkannte ich ohne jeden Zweifel, was der Herr mir durch meine Teilnahme an dem Wettbewerb sagen wollte. Ja, er sprach zu mir über Siegeskränze ... aber er wollte mir dadurch zeigen, dass es nicht die Kronen und Juwelen für unsere irdischen Leistungen sind, auf die es ankommt. Ihm ist der geistliche Siegeskranz wichtig – der Siegeskranz des ewigen Lebens –, den wir erhalten, wenn wir uns ganz in Gottes Hand begeben und die Prüfungen dieses irdischen Lebens überstehen.

Ich war wie vom Donner gerührt und so passte es ganz gut, dass das Flugzeug in Turbulenzen geriet und vibrierte, sodass ich es bis in die Knochen spürte. Voller Zuversicht hielt ich mich am Rahmen meines Sitzes fest.

Ich schaffe das. Ich kann alle Turbulenzen überstehen, die auf mich zukommen. Dieser Wettbewerb ist kein oberflächlicher Abweg. Meine Teilnahme ist ein Teil dessen, was du mich lehren willst. Ich tue das, was mein Vater im Himmel von mir will, indem ich den Siegeskranz der Hingabe und des Gehorsams in Empfang nehme und ihn dann vor dem Kreuz ablege.

Mein Part in diesen Wettbewerben und in Hannahs Geschichte und all dem, was danach kam, bestand einfach nur darin, alles meinem Vater im Himmel hinzulegen und das zu tun, worum er mich bat.

Und so flog ich dort buchstäblich durch den Himmel und rief meinem Herrn zu: »Ich bin dabei, lieber Herr. Bei allem, was du mir schickst, ich bin dabei und setze alles ein, was ich habe.«

Kapitel 14

Die Entscheidung

Obwohl die Kinder hinten im Auto saßen, konnten Al und ich die weite Fahrt nach Texas zum landesweiten Wettbewerb nutzen, um über die Frage der Vormundschaft für Karens noch ungeborenes Kind zu sprechen. Allerdings war es noch zu früh für eine endgültige Entscheidung. Wir sprachen leise miteinander und benutzten eine Art Code.

In Tyler angekommen, konnte ich mich voll und ganz auf den Wettbewerb konzentrieren.

Vier Tage lang schwirrte unsere Gruppe von fünfzig Frauen durch das Hotel, örtliche Restaurants und Veranstaltungen. Wir alle trugen unsere Schärpen und waren eher durch die Namen unserer Bundesstaaten bekannt als durch unsere persönlichen. Ich erinnere mich noch daran, dass ich Mrs. Florida und Mrs. Missouri gern mochte, aber ihre Namen weiß ich nicht mehr.

Bald schon merkte ich, wie ernst viele der anderen Frauen nicht nur diesen Wettbewerb nahmen, sondern auch die vielen anderen, an denen sie teilgenommen hatten. Für einige war es eines der wichtigsten Ereignisse in ihrem Leben. Und andere fanden ihre Identität darin, welchen Rang sie am Ende des Wettbewerbs einnehmen würden. Ich dachte immer wieder an das, was ich während des Fluges in der Frachtmaschine erkannt hatte: dass diese Erfahrung mir die Gelegenheit bot, die Krone des Lebens zu feiern, und mein Ziel letztendlich darin bestand, meine Krone vor dem Kreuz Jesu abzulegen. Das machte mich frei von den Sorgen, unter denen so viele meiner Mitbewerberinnen litten.

Allerdings kam ich mir unter all diesen Frauen doch sehr provinziell, unkultiviert und unbedarft vor. Selbst hinter der Bühne fühlte ich mich verunsichert durch ihre Outfits, ihre Dessous und die persönlichen Friseure und Kosmetikerinnen, die sie mitbrachten. Ich musste mich ganz bewusst daran erinnern, dass mein Wert in meiner Identität in Christus lag. Glücklicherweise gab es unter meinen Mitbewerberinnen auch eine kleine Gruppe von Christinnen. Ich fühlte mich zu ihnen hingezogen und fragte sie, ob sie bereit wären, sich jeden Tag zwischen dem Frühstück und dem Mittagessen mit mir zum Gebet und einer gemeinsamen Andacht zu treffen. Fünf von ihnen willigten ein und so trafen wir uns in einem kleinen Raum abseits des Bankettsaals und beteten jeden Tag füreinander. Ihre Gebete zu hören und mich mit ihnen darüber auszutauschen, was Gott in unserem Leben getan hatte, half mir über meine Gefühle der Verunsicherung hinweg.

Die Tage waren ausgefüllt mit Interviews, Fotoshootings, Proben, gemeinsamen Festessen und einer abendlichen Party in einem Western-Restaurant, zu der auch die Ehemänner eingeladen waren. Vier Tage und drei Nächte vergingen wie im Flug. Ich hatte das Gefühl, in der ganzen Zeit höchstens drei Stunden pro Nacht geschlafen zu haben.

Während meiner Befragung durch die Jury wollte man von mir wissen: »Wenn dieser Wettbewerb vorüber ist und Sie auf dem Heimweg sind, was möchten Sie dann im Rückblick gerne erreicht haben?«

»Das ist eine einfache Frage. Ich möchte am Abend des Wettbewerbs die richtigen Tanzschritte vollführt und das Ganze mit acht Zentimeter hohen Absätzen geschafft haben.« Die Jurorin lachte, nicht ahnend, dass ich meine Antwort ernst gemeint hatte.

Als ich am letzten Abend des Wettbewerbs in die Zuschauerreihen blickte und dort meine Kinder neben Dale und Lauree sitzen sah, war ich so dankbar für die Liebe und Unterstützung, mit der Gott mich gesegnet hatte. Ich wusste, dass meine Identität nicht vom Ergebnis des Wettbewerbs abhängig war. Ich war eine geliebte Tochter Gottes, der es so geführt hatte, dass ich im Leben dieser wunderbaren Menschen eine wichtige Rolle spielen durfte. Ich dachte an Karen und das Kind, das sie trug. Würde ich auch in ihrer beider Leben auf lange Sicht eine wichtige Rolle übernehmen? Ich wusste es noch nicht.

Als der Wettbewerb vorüber war, freute ich mich, wieder nach Hause zu fahren. Ich weiß nicht einmal mehr, wer damals gewonnen hat – außer dass nicht ich es war. Ich wollte wieder zurück nach Casper und zurück in das Leben, das Gott mir dort gegeben hatte. Ich trug zwar immer noch die Mrs.-Wyoming-Krone, aber es war mir viel wichtiger zu wissen, dass ich Gott gehorcht und mein Bestes gegeben hatte. Ich fühlte mich befreit in dem Wissen, dass die Wettbewerbe nun vorbei waren. Ich wusste, dass der Augenblick meiner Krönung nicht auf der Bühne stattgefunden hatte, sondern dort oben in der Luft in jenem Frachtflugzeug. Diese Erfahrung ließ mich dankbar sein für mein einfaches Leben mit meiner Familie. Mehr als je zuvor war mir bewusst, dass ich die Krone des Lebens trug und für Gott, meinen Vater im Himmel, leben wollte.

Auf der Heimfahrt dachte ich immer wieder an Karen und das Baby, das sie erwartete. Wenn wir zurück in Casper waren, würden Al und ich vor einer Entscheidung stehen, die vielleicht unser ganzes Leben verändern würde.

Ich wurde den Gedanken nicht los, dass eine vorübergehende Vormundschaft nicht die beste Lösung für das Baby war. Wie würde es dem Kind damit gehen? Würde Karen von mir erwarten, dass ich es all die Jahre immer wieder zu Besuchen ins Gefängnis mitbrachte? Und würde ich ihm eines Tages die ganze traurige Geschichte erzählen müssen?

Nach einer mehrtägigen Reise kamen wir dann endlich wieder zu Hause an. Es war August und die oberste Priorität bestand im Einkauf von Schulkleidung und Schulmaterialien. Al und ich schoben unsere schwierige Entscheidung daher noch um eine Woche auf.

Doch schließlich war der Zeitpunkt gekommen. Eines Samstagmorgens begann Al das Gespräch in der Küche. »Ich habe lange darüber nachgedacht und glaube, dass eine Vormundschaft nicht die beste Lösung für das Baby wäre«, sagte er bei einer Tasse Kaffee. »Welche Sicherheit hätte das Kind dann, wenn es heranwächst?« Ich war erleichtert, dass Al zum selben Schluss gekommen war wie ich.

»Es wäre anders, wenn wir das Kind adoptieren würden«, meinte ich. »Die Eltern eines adoptierten Kindes haben alle juristischen Rechte, während die Vormundschaft sich auch ändern kann. Ich möchte nicht, dass andere Leute wieder ein Kind aus unserer Familie herausreißen können.« Mein Herzschlag beschleunigte sich, als ich an die Zeiten zurückdachte, in denen ich die Sozialarbeiterin verzweifelt gebeten hatte, Hannah zu schützen, aber anscheinend nicht gehört worden war. Ich hatte damals keinen rechtlichen Status in Hannahs Leben, außer dass ich früher einmal ihre Pflegemutter gewesen war.

Al nickte. Wir saßen einen Augenblick schweigend da. »Also ... was meinst du zu einer Adoption?«, fragte ich schließlich.

»Ich halte das ... für die einzige Möglichkeit.«

»Wenn Karen also mit einer Adoption einverstanden ist, würden wir es dann tun? Ich bin mir nicht sicher, ob wir das wirklich wollen. Aber wenn wir es nicht tun, dann muss das Jugendamt eine Familie finden, die das Baby adoptiert, stimmt's?«

Der Gesichtsausdruck von Al blieb unverändert. Er dachte nach.

Dann sagte er: »Ja, aber wir wissen ja, wie das läuft. Das Baby wird vielleicht erst einmal für längere Zeit bei Pflegeeltern untergebracht, bevor es adoptiert wird. Ich weiß nicht, was in diesem Fall das Beste wäre.« Wir beide seufzten frustriert.

Wieder saßen wir eine Weile schweigend da und tranken unseren Kaffee. Schließlich schaute Al mich an und fragte: »Was meinst du?«

Plötzlich wurde ich von meinen Gefühlen überwältigt. Die Last der Entscheidung wurde mir schmerzlich bewusst. Ich kämpfte gegen die Tränen an, die mir zeigten, wie sehr ich immer noch Heilung brauchte. Dann sagte ich: »Wir haben alles versucht, um Hannah zu schützen, aber es lag nicht in unserer Hand. Eigentlich konnten wir gar nichts tun. Wenn wir dieses Kind adoptieren würden, dann hätten wir auch aus juristischer Sicht die Kontrolle. Wir hätten dann nicht nur die Verantwortung, sondern auch die Möglichkeit, dieses Kind zu schützen.«

Meine Stimme spiegelte die Leidenschaft in meinem Herzen wider: »Hannah konnten wir nicht retten, aber wir können dieses Kind retten. Es ist immerhin Hannahs Bruder oder Schwester.«

Al hatte das Kinn auf die Hand gestützt. Er schaute mich an und sagte: »Ist dir eigentlich klar, dass ich fast siebzig bin, wenn dieses Kind seinen Highschool-Abschluss macht?« Ich schaute ihn an und lächelte. Grinsend fuhr er fort: »Vielleicht sitze ich dann schon im Rollstuhl.«

Ich grinste zurück. »Nun betrachte es doch einmal so: Dann hast du wenigstens jemanden, der dich im Rollstuhl herumschiebt.« Wir mussten beide lachen. Dann sahen wir uns an und wussten plötzlich: Ja. Wenn Gott diese Tür öffnet. Ja. Wir vertrauten darauf, dass Gott eine Lösung schenken würde, wenn er diesen Weg für uns bestimmt hatte. Und wenn es so war, dann waren unsere Herzen bereit, dieses Kind als unser eigenes anzunehmen.

Wir würden also einer Adoption zustimmen, jedoch nicht einer Vormundschaft. Wenn Karen ihre Zustimmung zu der Adoption gab, dann würden wir diesen Schritt gehen. Wir waren uns bei dieser Entscheidung einig. Nun mussten wir nur noch unsere Kinder fragen.

* * *

»Wir können vielleicht das Baby adoptieren? Da bin ich dabei!«, rief die vierzehnjährige Helen und zappelte vor Begeisterung. Helen, der Babyfan. Wir kannten ihre Antwort schon, bevor wir uns mit unseren Kindern zusammensetzten, um ihre Meinung zur Frage der Adoption zu hören. Und wie würde es bei Charles und Sadie sein? Das wollten wir nun herausfinden.

»Das ist einfach nicht fair. Sie wollte uns Hannah nicht überlassen und dann hat sie sie umgebracht«, sagte Charles in einem vorwurfsvollen Ton. »Und jetzt sollen wir uns um ihr neues Baby kümmern?«

Ich konnte den Ärger meines Zwölfjährigen gut verstehen. Würde er in diesem Baby je unser Kind sehen können und nicht das von Karen?

»Karen darf dieses Baby nicht behalten, egal was passiert«, erklärte ich ihm. »Sie wird entweder den Rest ihres Lebens im Gefängnis verbringen oder sie bekommt die Todesstrafe. Hannah zu retten, stand nicht in unserer Macht. Aber wenn dieses Kind von Rechts wegen unseres wird, dann können wir es vor Karen und vor dem Pflegeeltern-System schützen.«

Ich konnte ihm ansehen, wie er seine Meinung änderte. »Karen würde also mit der Erziehung dieses Kindes nichts zu tun haben?«, fragte er. »Es würde direkt aus dem Krankenhaus zu uns kommen? Es wäre unser Baby und nicht ihres?«

»Ja, genau«, versicherte ihm Al. »Das Baby würde mit Nachnamen Moerke heißen und nicht Bower.«

»Dann ja«, verkündete Charles.

Sadie, die nun sechzehn war, schien immer noch hin- und hergerissen. Sie ließ sich das Ganze durch den Kopf gehen und schien zu zögern. Schließlich aber sagte sie: »Okay, einverstanden.«

Jason war immer noch bei der amerikanischen Luftwaffe in Deutschland stationiert und unsere Älteste, Elizabeth, woanders. Die beiden hatten schon in der Zeit, als Hannah bei uns war, nicht zu Hause gewohnt, uns aber aus der Ferne immer unterstützt und ermutigt. Beide sagten, dass sie auf jeden Fall hinter uns stehen würden, egal wie wir uns entschieden.

Nun wussten wir also, was die gesamte Familie Moerke zu dem Thema dachte. Aber was würde Karen dazu sagen? Das Kind zu adoptieren, hatte sie uns nicht angeboten, sondern nur gefragt, ob wir die Vormundschaft übernehmen würden. Solange sich niemand sonst meldete, der sich um das Baby kümmern wollte – was nicht sehr wahrscheinlich war –, würde sich Karen entscheiden müssen, ob sie uns als Adoptiveltern wollte oder ob sie das Kind dem Jugendamt überließ.

Ich schrieb Karen einen Brief, in dem ich ihr mitteilte, dass wir uns das nächste Mal, wenn sie wieder in Casper war, über das Baby unterhalten könnten. Ich würde ihr die verschiedenen Möglichkeiten aufzeigen und das Ergebnis in Gottes Hand legen.

Doch als die Tage vergingen, merkte ich zu meiner Überraschung, dass ich bei dem Thema immer noch innerlich gespalten war. Hatten Al und ich wirklich die richtige Entscheidung getroffen? Würde uns das nicht für immer mit Hannahs Mörderin verbinden? Würden wir uns über dieses Kind wirklich von Herzen freuen können, ohne dass immer ein Schatten von Trauer darüberlag? Der Schmerz um Hannah verfolgte mich weiter und ich merkte, dass ich immer noch eine Menge Trauerarbeit zu leisten hatte. Ich weinte oft. Ich weinte, wenn ich in der Badewanne saß oder allein Auto fuhr. Ich weinte, wenn ich allein zu Hause war, weil Al an der Arbeit war und die Kinder unterwegs. Ich weinte oft. Und immer allein. Ich wusste, dass diese Tränen notwendig waren, um Hannahs Verlust zu betrauern, aber ich musste genau aufpassen, wann und wo ich diesen Schmerz herausließ.

Ich beschloss, nicht mit meinen Freundinnen vor Ort darüber zu reden. Sie wollten mich vor den Qualen schützen, die ich durchlitt, wenn ich Karen besuchte – Qualen, die ich nicht leugnen konnte, obwohl ich wusste, dass Gott mich dazu berufen hatte, mich um Karen zu kümmern. Meine Freundinnen hätten mir geraten, den Kontakt zu ihr abzubrechen. Dazu kam die Entrüstung, die in der Öffentlichkeit herrschte. Die Stimmung ihr gegenüber war feindselig. Wer würde meine Entscheidung verstehen, Hannahs Mörderin zu besuchen, mit ihr zu beten und die Adoption ihres Kindes in Betracht zu ziehen? Ich konnte mit dem Hass, der sich über Karen entlud, einfach nicht umgehen. Schließlich hatte ich mit dem Tumult meiner eigenen Gefühle schon genug zu tun. Es war alles so kompliziert.

Wenigstens hatte ich Dale und Lauree in Texas, denen ich mich anvertrauen konnte. Wir fühlten uns miteinander verbunden, weil wir beschlossen hatten, uns immer die Wahrheit Gottes zu sagen, unsere geistliche Verantwortung aufzuzeigen und uns gegenseitig zu ermutigen. Ich wusste genau, was ich von ihnen brauchte.

»Ihr sollt mich nicht bemuttern«, erklärte ich ihnen. »Und versucht nicht, mich zu trösten. Sagt mir einfach Gottes Wahrheit. Das ist alles, was ich brauche.« Die Gefühle der beiden waren gemischt, aber sie sagten mir auch, dass sie unsere Entscheidung für eine Adoption unterstützen und dafür beten würden, dass Gottes Wille geschah.

Trotz allem brauchte ich noch mehr Zeit, um mich allein mit Gott durch mein Gefühlswirrwarr hindurchzukämpfen.

* * *

Wenige Wochen nach der Entscheidung, die wir mit unseren Kindern getroffen hatten, erhielt ich wieder ein R-Gespräch von Karen aus dem Gefängnis in Casper.

»Hallo, Debra? Ich bin wieder in Casper. Kannst du mich besuchen kommen?« Karen hörte sich besser an als bei meinem letzten Besuch. Ihre Stimme klang fest, wenn auch ein bisschen aufgeregt. Sie schien froh zu sein, meine Stimme zu hören.

»Ja. Ich komme heute Abend vorbei.«

»Gut. Ich möchte dich unbedingt sehen. Hast du mit Al über das Baby gesprochen?«

»Wir haben darüber geredet. Ich erzähl dir alles, wenn ich bei dir bin. Ich möchte das nicht am Telefon besprechen.«

Durch unser Küchenfenster beobachtete ich einen wunderbaren Sonnenuntergang, während ich das Geschirr vom Abendessen abwusch und es auf das Abtropfgestell platzierte. Die Kinder hatten ihre abendlichen Aufgaben erledigt und sich in ihre Zimmer zurückgezogen, um Schularbeiten zu machen. Al entspannte sich in seinem Sessel und schaute eine Nachrichtensendung.

Ich verkündete allen, dass ich noch einmal wegmüsse und bald wieder zurück sei. Nach einem leisen »Ich fahre jetzt los« zu Al, gepaart mit einem vielsagenden Blick, nahm ich den Autoschlüssel.

Als ich im Gefängnis ankam, war eine Handvoll Leute im Eingangsbereich. Am Sicherheitsschalter hieß mich Jean mit einem freundlichen Lächeln willkommen. »Ich glaube, ich weiß, wen Sie besuchen möchten«, sagte sie. »Kommen Sie rein. Ich lasse die Gefangene holen.«

Ich war dankbar, dass Jean meinen Besuch nicht über die Sprechanlage aufgerufen hatte. Obwohl schon zwei Monate vergangen waren, seit Hannahs Ermordung bekannt geworden war, berichteten die lokalen Medien immer noch über die Tat und den bevorstehenden Prozess. Die öffentliche Empörung war groß. Dankbar lächelte ich Jean zu.

Dann begab ich mich in die Besucherkabine und wartete. Schon wenige Minuten später erschien ein Wärter mit Karen.

Wir umarmten uns zur Begrüßung. Noch bevor Karen auf dem Stuhl Platz genommen hatte, fragte sie: »Was habt Al und du wegen des Kindes entschieden?« Dann setzte sie sich hin und faltete die Hände auf dem Tisch. Sie war bereit, alles Organisatorische zu besprechen. Aber ich war mir nicht sicher, ob ich schon dazu bereit war. Bisher hatte ich noch keine endgültige Bestätigung vom Herrn erhalten und wusste daher nicht, was ich ihr anbieten sollte.

»Wir haben miteinander geredet«, begann ich, lehnte mich in meinem Stuhl zurück und legte die Hände in den Schoß. Ich wollte, dass es ein entspanntes, unkompliziertes Gespräch wurde. Und ich wollte den Eindruck vermeiden, als ginge es hier nur um etwas Organisatorisches.

»Also, Folgendes haben Al und ich uns wegen deiner Anfrage überlegt.«

Karen neigte den Kopf zur Seite, bereit zuzuhören.

»Wir glauben nicht, dass eine Vormundschaft das Beste für das Baby ist.«

Karens hoffnungsvolles Gesicht nahm einen enttäuschten Ausdruck an.

»Warte. Das ist noch nicht alles«, fuhr ich fort. »Du weißt, dass du niemals in der Lage sein wirst, dieses Kind großzuziehen. Du bist im Gefängnis und das Kind hat keine weiteren Familienangehörigen, an die es sich wenden könnte. Mit einer Vormundschaft würde es sein ganzes Leben lang im Ungewissen sein. Wenn das Jugendamt das Sorgerecht übernehmen will, wird es vor Gericht gehen, damit dir alle Rechte entzogen werden. Dann wird es das Baby zur Adoption freigeben oder es Fremden zur Pflege überlassen, weil sich kein Familienmitglied meldet. Es ist deine Entscheidung. Al und ich sind bereit, das Baby zu adoptieren, aber eine Vormundschaft übernehmen wir nicht. Du kannst die Entscheidung dem Jugendamt überlassen oder sie selbst treffen. Darüber musst du gründlich nachdenken und beten, um herauszufinden, was für dein Kind das Beste ist.«

Unsere Blicke trafen sich wie schon häufig. Es war, als ob wir uns zutiefst verstanden, wenn wir uns ansahen. Als ob wir uns eine Wahrheit vermittelten, die man mit Worten nicht ausdrücken konnte. Etwas begann sich in mir zu regen. Plötzlich schienen sich positive Gefühle für Karen in einer ganz neuen Tiefe zu bilden – es waren Gefühle, wie nur Gott sie schenken kann. Eine allmählich wachsende Liebe holte uns heraus aus der harten Realität, in der wir lebten, und versetzte uns an einen Ort, an dem die pure Gnade herrschte.

»Ich weiß nicht«, sagte Karen. »Ich möchte nicht, dass das Jugendamt die Fürsorge für das Kind übernimmt, aber ich bin mir auch nicht sicher, ob ich alle meine Rechte abtreten und das Baby zur Adoption freigeben möchte.«

Ich saß still da und ließ Karen über die verschiedenen Optionen nachdenken.

»Das Baby kommt erst Ende Oktober zur Welt«, sagte ich dann. »Das gibt dir noch etwas Zeit zum Nachdenken. Wenn du zu dem Schluss kommst, dass wir das Baby adoptieren sollen, dann müssen wir einen Anwalt finden, der den Prozess einleitet. Wir werden weiter darüber reden. Es bleibt aber deine Entscheidung. Ich vertraue Gott, dass er dir dabei helfen wird.«

Allerdings musste auch ich meinen eigenen Rat befolgen und darauf vertrauen, dass Gott das richtige Ergebnis herbeiführte. Ich durfte mir nicht erlauben, mich emotional an ein bestimmtes Ergebnis zu binden. Nicht jetzt, wo ich mich immer noch so verletzt fühlte. Ich wusste nicht wirklich, was das Beste für dieses unschuldige, ahnungslose Wesen war, das da in Karens Bauch heranwuchs. Genau wie Karen musste ich auf Gottes Antwort warten.

Der Besuch war kurz, er dauerte nur etwa eine Viertelstunde. Als ich wieder zu Hause war, ging ich ins Wohnzimmer, wo Al mich mit einem fragenden Blick empfing. Ich lächelte und zwinkerte ihm zu, um ihn wissen zu lassen, dass ich die Nachricht überbracht hatte. Nun mussten wir warten, bis Gott zu Karen sprach. Egal wie lange es dauern würde.

* * *

Zwei Tage später rief ich im Gefängnis an und erfuhr, dass Karen wieder nach Lusk zurückgebracht worden war. Ich würde also warten müssen, bis ich wieder einen Brief von ihr erhielt und erfuhr, wann ein weiterer Besuch arrangiert werden konnte.

Es vergingen ein paar Tage, bis ein Brief von Karen kam. Er enthielt den Namen und die Telefonnummer einer Rechtsanwältin. Sie wollte, dass ich die Frau anrief und das Thema der Adoption mit ihr besprach. Karen teilte mir nicht mit, ob sie bereit war, auf ihre Rechte als Mutter zu verzichten; sie unternahm einfach nur den ersten Schritt. Ich nahm Kontakt zu der Anwältin auf und sie informierte mich über die Vorgehensweise. Ich sagte ihr, dass ich sie wieder anrufen würde.

Ich schrieb Karen und schlug ihr vor, zu einem weiteren Besuch nach Lusk zu kommen, damit wir über ihre Entscheidung sprechen konnten.

Auf der Fahrt zum Gefängnis in Lusk betete ich. War ich wirklich die beste Mutter für Karens Baby? War es weise, dieses Kind in einem Zuhause aufwachsen zu lassen, wo der brutale Mord an Hannah für immer präsent sein würde? Wäre das Kind nicht bei einem jungen kinderlosen Paar, das weit weg von dieser Tragödie lebte, besser aufgehoben? Mit solchen Gedanken schlug ich mich herum und sie kosteten mich so manche schlaflose Nacht. Nur Gott wusste, was für das kleine Kind das Beste war. Wir hatten nach seinem Willen gefragt und nun musste ich darin Ruhe finden.

Im Gefängnis angekommen, saß ich wieder in dem kleinen Raum und sah zu, wie ein Wärter Karen hereinbrachte. Sie trug immer noch Fußketten und Handschellen, die an einem Gürtel befestigt waren, doch dieses Mal schloss der Wärter eine der Handschellen auf, sodass Karen den Telefonhörer besser halten konnte.

Sie verlor keine Zeit, sondern kam sofort zur Sache. »Ich habe mich entschlossen, dir und Al das Baby zu überlassen. Die Anwältin, von der ich dir geschrieben habe, will uns dabei helfen. Sie wird die ganzen Formalitäten zu einem günstigen Preis für mich erledigen, aber ich habe kein Geld. Könnt ihr sie bezahlen? Und ihr müsst, glaube ich, dann auch euren eigenen Anwalt bezahlen. Könnt ihr das tun?« Ihr müdes Gesicht und ihre geschwollenen Augen offenbarten den Stress und die inneren Kämpfe, die sie ausgefochten hatte.

Ich hatte einen Kloß im Hals. Das Sprechen fiel mir schwer. »Wenn wir das tun, dann nehmen wir deine Anwältin. Ich möchte sicherstellen, dass wir uns in allem einig sind und später nichts zu bereuen haben. Bist du damit einverstanden?«

Ich heftete meinen Blick auf sie und versuchte, aus ihren Augen und ihrem Gesichtsausdruck etwas abzulesen. Ich suchte nach einem Zeichen der Aufrichtigkeit. Der Überzeugung. Ich wollte nicht, dass sie eine so wichtige Entscheidung leichtfertig traf. Ich musste mir sicher sein, dass Karen genau wusste, was sie da sagte.

»Ja«, sagte sie, ihren Blick fest auf mich gerichtet.

Unsere gemeinsame Entscheidung war damit getroffen. Gottes Entscheidung musste jedoch erst noch deutlich werden.

Kapitel 15

Eine unerwartete Pattsituation

Es war ein ohrenbetäubendes Schweigen.
Seit sechzehn Jahren war ich nun Pflegemutter und ich war es gewohnt, häufig mit dem Jugendamt zu kommunizieren. Ob es darum ging, neue Kinder bei uns aufzunehmen oder Kinder wieder in ihre Ursprungsfamilie zurückzubringen, ob Hausbesuche stattgefunden hatten oder bevorstanden, ob es um die gesundheitliche Entwicklung oder sonstige Fortschritte der Kinder ging – immer hatte ich die hervorragende Kommunikation zwischen uns und dem Jugendamt zu schätzen gewusst. Mein gelbes Telefon hatte wie eine Art Nabelschnur fungiert, durch die wichtige Informationen hin und her flossen und die jedes unserer 140 Pflegekinder mit der Behörde verband, die für ihr Wohlergehen verantwortlich war. So war es gewesen bis zu dem Tag, an dem die Bower-Kinder plötzlich wieder zu ihrer Mutter zurückgebracht wurden. Danach wurde das gelbe Telefon für mich zu einem nutzlosen Kanal; es schien, als würden all die Sorgen um Hannah, die ich über diese Leitung äußerte, in einer Art schwarzem Loch verschwinden – in den Untiefen einer scheinbar inkompetenten Behörde. Doch selbst dann hatte ich noch in jeden einzelnen Anruf Hoffnungen investiert. In jenen frustrierenden Monaten, als Hannah vermisst wurde, hatte ich weiter Anfragen des Jugendamtes entgegengenommen und Kinder bei uns aufgenommen, die ein Zuhause brauchten.

Nun aber brodelte es in unserer Stadt. Die Leute waren wütend darüber, dass ein Kind neun Monate lang tot in einer Garage gelegen hatte und das Jugendamt noch nicht einmal gemerkt hatte, dass es nicht mehr da war. Das Amt schwieg – und zwar nicht nur ein paar Tage, sondern wochenlang. Und nicht nur mir gegenüber, sondern auch der Presse und anderen Pflegefamilien gegenüber. Es war, als hätten die Mitarbeiter die Türen verrammelt und die Rollläden heruntergelassen, bis ihre Anwälte ihnen gesagt hatten, wie sie sich der empörten Bevölkerung gegenüber verhalten sollten. Es gab Leserbriefe und Zeitungsartikel und in der ganzen Stadt wurde darüber gesprochen. Die Wut schien sich fast mehr gegen das Jugendamt zu richten als gegen Karen.

»Ich wette, dort rollen jetzt einige Köpfe.«

»Die müssen mit einem großen Prozess rechnen.«

»Die haben einen Riesenfehler gemacht. Wie kann ein Kind dermaßen durchs Raster fallen?«

Eine Lokalzeitung berichtete, Hannahs Vater habe eine Klage gegen das Jugendamt eingereicht.

Natürlich fanden der Zorn und die Kritik aus der Bevölkerung auch bei mir ein Echo. Wir alle wollten Antworten.

Dann rief in der ersten Septemberwoche, zwei Monate nach dem schrecklichen Anruf, dass Hannahs Leiche entdeckt worden sei, eine Sozialarbeiterin des Jugendamtes bei mir an. Es war jemand, den ich nicht kannte. Ich war überrascht und hatte die Hoffnung, dass die Kommunikation mit der Behörde nun wieder aufgenommen werden konnte. Die Frau am Telefon erklärte mir jedoch mit fester Stimme, dass unsere Unterhaltung sich auf die beiden Pflegekinder beschränken würde, die wir gerade bei uns hatten – ein zu früh geborener Säugling und ein achtjähriger Junge. Andere Fragen würden nicht beantwortet. Die Erklärung wirkte auswendig gelernt, wahrscheinlich eine Anweisung, die sie von Anwälten und Vorgesetzten bekommen hatte.

Unser Gespräch war kurz. Von meinen Besuchen bei Karen erzählte ich nichts, denn ich hatte den Eindruck, dass ich diese Information lieber für mich behalten sollte. Ich war zwar dankbar, endlich einen Anruf von der Behörde erhalten zu haben, fragte mich aber weiterhin, was wohl hinter den verschlossenen

Türen vor sich ging und warum keine Anrufe beantwortet wurden.

In der Zwischenzeit hatte uns die Adoptionsanwältin Formulare zum Ausfüllen gegeben und Kopien von verschiedenen Urkunden und Dokumenten angefordert. Es waren nur noch ungefähr fünf Wochen bis zur Geburt des Babys. Bis dahin musste alles vorbereitet sein, damit sie unseren Fall dem Gericht vorlegen konnte.

Dann aber stießen wir auf ein Problem. Karen wollte gern, dass ihr Kind den Nachnamen Bower behielt. Hier waren Al und ich jedoch ganz und gar nicht ihrer Meinung. Wenn wir das Kind adoptierten, dann musste es auch den Namen unserer Familie tragen. Wir sprachen darüber, ob Karens Nachname vielleicht als eine Art zweiter Vorname fungieren könnte. Wir erklärten uns bereit, über diesen Vorschlag nachzudenken, sagten aber auch, dass Moerke unbedingt der offizielle Nachname sein müsse. Das Kind würde sonst immer den Eindruck haben, kein volles Mitglied unserer Familie zu sein.

Einen Adoptionsplan auszuarbeiten, dem alle zustimmen konnten, brauchte Zeit – Zeit, die wir nicht hatten. Karens Kaiserschnitt war für Ende Oktober angesetzt, aber das Baby konnte natürlich auch früher kommen. Wenn wir bis zu seiner Geburt nicht alles unter Dach und Fach hatten, würde sich das Jugendamt einschalten und das Kind an sich nehmen. Wir mussten also Kompromisse schließen und willigten ein, noch einmal über dem Ganzen zu beten und dann das zu tun, was uns allen für das Kind das Beste schien.

Während ich betete und die Entscheidung in Gottes Hände legte, erinnerte ich mich an eine Geschichte aus der Bibel, die in 1. Könige 3,16-28 steht. Dort wird von zwei Frauen erzählt, die im selben Haus wohnten und beide jeweils einen Sohn zur Welt brachten im Abstand von drei Tagen. In der Nacht legte sich eine der Frauen versehentlich auf ihren Sohn und erdrückte ihn. Sie schlich sich daraufhin zum Bett der anderen Frau, die tief schlief, und vertauschte die beiden Babys.

Am nächsten Morgen wachte die andere Frau auf und merkte, dass das Baby an ihrer Seite tot war und dass es sich nicht um ihren Sohn handelte. Die beiden Frauen erschienen vor König Salomo und jede von ihnen behauptete, das lebende Kind sei ihres. Keine von ihnen wollte nachgeben und so sagte der König schließlich: »Bringt mir ein Schwert!« Dann befahl er: »Teilt das lebendige Kind in zwei gleiche Teile und gebt dann jeder der beiden Frauen eine Hälfte!«

Die echte Mutter, die eine tiefe Liebe zu ihrem Kind empfand, rief: »Bitte, Herr, tötet das Kind nicht, ich flehe Euch an! Lieber soll sie es bekommen!«

Die andere Frau aber entgegnete: »Doch, zerschneidet es nur, es soll weder mir noch dir gehören!«

Da befahl der König, das Kind der ersten Frau zu geben und erklärte sie zur Mutter des Jungen. Dann heißt es in der Bibel: »Bald wusste man in ganz Israel, wie weise König Salomo geurteilt hatte, und alle hatten große Ehrfurcht vor ihm. Denn sie merkten, dass Gott ihn ganz besonders mit Weisheit beschenkt hatte, um gerechte Urteile zu fällen« (1. Könige 3,28).

Friede erfüllte mein Herz, als ich über diese Geschichte nachdachte. Sie machte mir bewusst, dass der Herr als der höchste Richter Karens und unser Herz kannte und wusste, dass wir alle das Beste für das Kind wollten. Als der vollkommene Richter wusste Gott bereits, was die beste Option für das Kind sein würde, selbst wenn das bedeuten würde, dass es in die Obhut des Jugendamtes gelangte. Ich musste offen sein für das, was er beschloss. Ich musste bereit sein, das Kind in seine Hände zu legen und meine Rechte und Wünsche aufzugeben. Ich wollte seinem Willen vertrauen, denn ich wusste, dass seine Wege weit höher sind als alles, was wir uns vorstellen können.

Nachdem wir uns mehrere Wochen mit dem Adoptionsplan beschäftigt hatten, beschloss Karen, ihre juristischen Rechte und ihren Wunsch, dass das Baby ihren Nachnamen erhalten sollte, aufzugeben, damit ihr Kind die Chance auf ein gutes Leben hatte bei Menschen, die es liebten und die sie kannte. Das hatte für sie den Vorteil, dass sie wusste, bei wem ihr Kind aufwuchs, und dass sie in Erfahrung bringen konnte, wie es ihm ging.

Die Anwältin stellte die Unterlagen zusammen, wir unterschrieben alle und dann warteten wir. Nachdem die Papiere beim zuständigen Gericht eingereicht worden waren, erhielt ich einen Anruf von unserer Anwältin. Sie sagte zu mir: »Ich muss Sie leider warnen. Das Jugendamt hat erfahren, dass Sie den Adoptionsantrag mit Karen gemeinsam gestellt haben. Sie wollen bei der Anhörung erscheinen und Ihren Antrag auf das Sorgerecht anfechten. Sie wollen nämlich selbst die Vormundschaft für das Kind bekommen, sobald es geboren ist.«

Diese Worte durchbohrten mir das Herz und ich fühlte Panik in mir aufsteigen. Ich konnte nicht mehr sprechen. In meinen Ohren war ein schriller Ton zu hören und ich sah alles verschwommen vor mir. Das Jugendamt wollte unseren Antrag »anfechten«? Allein die Worte klangen schon wie eine Attacke. Ich war fassungslos bei dem Gedanken, dass sie gegen meinen Mann und mich vorgehen wollten, nachdem wir sechzehn Jahre lang eng mit ihnen zusammengearbeitet hatten. Warum? Ich hatte uns immer als ein Team gesehen, dem es darum ging, Kinder zu schützen und ihnen zu helfen. Und nun fochten sie unseren Antrag auf das Sorgerecht an? Es konnte nicht daran liegen, dass die Behörde uns für unfähig hielt. Immerhin hatten wir noch zwei Pflegekinder bei uns zu Hause.

Ich beschloss, die Sozialarbeiterin anzurufen, die ich im vergangenen Jahr kennen und schätzen gelernt hatte – Jill, die so viel Vertrauen zu mir hatte, dass sie mich anrief und fragte, ob ich ihr helfen könne, Hannah aufzuspüren. Und sie war es ja auch gewesen, die mir mitgeteilt hatte, dass Hannahs Leiche gefunden worden war, bevor ich es aus den Abendnachrichten erfahren musste. Ich wollte aus ihrem Mund hören, warum das Jugendamt verhindern wollte, dass wir Karens Baby adoptierten.

Ich ging in der Küche auf und ab und lauschte auf das endlose Klingeln des Telefons beim Jugendamt. »Nun nehmt doch endlich ab!«, rief ich in den Hörer hinein.

Ich fühlte mich irgendwie verraten. Das hier waren doch genau dieselben Leute, denen ich jahrelang vertraut hatte, von denen ich einige in hohem Maß respektierte, ja sie sogar sehr mochte. Ich wusste genau, dass sie uns nicht für unfähig hielten, das Kind großzuziehen. Was hatte ich nur getan, dass sie mich so bekämpfen wollten? Hier musste doch mehr dahinterstecken.

Ich atmete erleichtert auf, als endlich jemand ans Telefon ging.

»Amt für Kinder, Jugend und Familie – wie kann ich Ihnen helfen?«

»Ich möchte bitte gern mit Jill sprechen.« Ich atmete tief ein, um meine zitternde Stimme zu beruhigen.

»Darf ich fragen, wer am Apparat ist?«, hörte ich die vertraute Stimme der Mitarbeiterin am Empfang sagen.

»Debra Moerke«, antwortete ich, während mein Herz heftig klopfte.

Die Mitarbeiterin erklärte mir, Jill sei in einer Sitzung und ich könne ihr gern eine Nachricht auf dem Anrufbeantworter hinterlassen.

Da ich offenbar keine andere Wahl hatte, willigte ich ein.

»Hallo Jill«, sagte ich, nachdem die Mitarbeiterin mich mit Jills Anrufbeantworter verbunden hatte, »hier ist Debbie Moerke. Könnten Sie mich bitte zurückrufen? Möglichst heute noch? Danke.« Meine Nachricht war kurz, beinahe schroff.

Sie kann sich wahrscheinlich denken, warum ich anrufe. Bestimmt weiß sie, dass ich vom Plan des Jugendamtes gehört habe, die Adoption anzufechten. Aber das ist mir egal. Sie muss mit mir reden. Sie soll mir erklären, was da eigentlich vor sich geht.

Der Tag ging zu Ende, ohne dass ich einen Rückruf erhielt. Mein Frust wurde immer größer und so beschloss ich, am nächsten Morgen persönlich im Jugendamt zu erscheinen und dort so lange zu warten, bis jemand bereit war, mich zu empfangen.

* * *

Am nächsten Tag, als Al zur Arbeit gegangen war und die Kinder in der Schule waren, fuhr ich zum Jugendamt und stellte mich in der Schlange an, die beim Empfang wartete. Durch eine Glasscheibe konnte ich die Büroangestellten an ihren Schreibtischen arbeiten sehen. Eine Frau schaute mit überraschtem Blick zu mir auf. Sie beobachtete mich, nahm ihren Telefonhörer, tippte eine Nummer und sprach hinein. Plötzlich öffnete sich eine Seitentür und Jill stand da.

»Debbie! Hallo. Kommen Sie bitte mit mir?« Sie hörte sich freundlich an, aber ihre Wangen schienen gerötet, als ich durch den Empfangsbereich auf sie zuging.

»Ich freue mich, Sie zu sehen«, sagte Jill in einem professionellen Tonfall, während sie mich durch einen langen Flur führte. Als ich an offenen Bürotüren vorüberging, schauten die Sozialarbeiterinnen verwundert von ihren Schreibtischen auf. An ihren Gesichtern konnte man ablesen, dass sie genau wussten, warum ich hier war.

Jill betrat ein geräumiges Büro und deutete auf einen Stuhl. »Bitte, nehmen Sie Platz.« Dann setzte sie sich hinter ihren Schreibtisch. »Was kann ich für Sie tun?« Ihr Lächeln wirkte gezwungen.

Wo war die warmherzige junge Sozialarbeiterin geblieben, die auch Christin war und die ich so gern mochte? Jills Verhalten weckte ein gewisses Unbehagen in mir. Ich schaute mich im Büro um und fragte mich, ob es wohl irgendwo einen durchlässigen Spiegel oder ein verstecktes Aufnahmegerät gab. Während ich meine Augen durch den Raum schweifen ließ, merkte ich, wie Jill mich beobachtete. Wahrscheinlich ahnte sie, dass ich der Umgebung nicht traute.

Ich lächelte ihr kurz zu, während ich versuchte, es mir auf meinem Stuhl bequem zu machen. »Ich habe gehört, dass das Jugendamt unseren Antrag auf Adoption von Karen Bowers Kind anfechten will. Ich verstehe nicht, warum, und dachte mir, dass Sie es mir vielleicht erklären können.«

Ich wusste, dass mein Besuch für Jill schwierig war. Sie vertrat das Jugendamt und wir beide wussten, dass unser Verhältnis seit dem Zeitpunkt, an dem man Hannahs Leiche gefunden hatte, ein anderes war. Hannahs Ermordung hatte dafür gesorgt, dass wir nun in zwei gegnerischen Lagern waren. Ich brauchte auf das Jugendamt keine Rücksicht zu nehmen, Jill aber schon. Ich respektierte sie und versuchte es ihr leicht zu machen, wobei ich mich fragte, ob jemand uns bei unserem Gespräch zusah oder zuhörte.

Jill, die kerzengerade auf ihrem Stuhl saß, holte tief Luft und sagte dann leise: »Wir wissen, dass Sie Karen immer wieder im Gefängnis besucht haben. Unsere Aufgabe ist es, Kinder zu schützen« – bei diesen Worten krampfte sich mein Magen zusammen – »und wir haben den Eindruck, dass Ihre Beziehung zu Karen dem Kind schaden könnte, wenn Sie das Sorgerecht erhalten. Sie könnten das Kind zum Beispiel mit ins Gefängnis nehmen und das wäre gefährlich. Darum ist das Jugendamt zu der Überzeugung gelangt, dass es im Interesse des Kindes wäre, wenn wir die Vormundschaft und das Sorgerecht übernehmen.«

Stirnrunzelnd sah ich Jill an und hielt ihrem Blick stand. Ich überlegte einen Moment. *Wegen des Mordes an einem Kind, das unter eurer Aufsicht stand, ist eure Behörde seit Wochen nicht mehr erreichbar – und ihr macht euch Sorgen wegen uns?* Der Zorn stieg in mir auf. »Wirklich?«, zischte ich.

Jill schaute mich erschrocken an, als rechne sie mit einem heftigen Wutausbruch.

Ich beugte mich nach vorne, holte tief Luft und sprach dann offen aus, was ich dachte. »Sie wissen genau, dass dieses Baby bei uns nicht nur sicher wäre, sondern auch geliebt würde. Ich glaube, das Jugendamt versucht sein Gesicht zu wahren und die Kontrolle über alle Kinder von Karen zu erlangen, weil es darin versagt hat, Hannah zu schützen. Ich weiß, dass es einen Gerichtsprozess gegen das Jugendamt geben wird, und vermute, dass das Jugendamt sich selbst als die beste Option für Karens Baby darstellen will. Aber wer war denn vierzehn Monate lang für Hannah und ihre Geschwister verantwortlich? Ich jedenfalls nicht. Wer hat denn nicht mitbekommen, was im Haus ihrer Mutter vor sich ging, nachdem die Kinder nicht mehr bei uns waren? Und wer hat neun Monate lang nicht gemerkt, dass Hannah von ihrer Mutter totgetreten, in einen Müllsack gepackt und in der Garage versteckt worden ist?«

Mit tiefer Stimme fuhr ich unerbittlich fort: »Seit sechzehn Jahren sind wir als Pflegeeltern für das Jugendamt tätig. Mehrmals wurden mein Mann und ich gebeten, bei Schulungen für neue Pflegeeltern mitzuarbeiten, weil das Jugendamt der Meinung war, dass wir als Pflegefamilie gute Arbeit leisten. Und als ein Fernsehteam aus Casper zum Muttertag einen Beitrag über Pflegemütter in unserer Stadt bringen wollte, da nannte das Jugendamt ihm meinen Namen. Wir haben im Moment zwei Pflegekinder. Das Jugendamt hat uns die Kinder nicht weggenommen mit der Begründung, wir seien als Pflegeeltern ungeeignet oder fragwürdig. Und nun meinen die Sozialarbeiterinnen hier, ich würde Karens Baby in Gefahr bringen, wenn ich es adoptieren will?«

Jill erwiderte nichts.

Ich sprach leise, aber mit fester Stimme weiter. »Ich weiß, Sie sind in einer schwierigen Lage. Ich habe keine Ahnung, ob ich jetzt gerade aufgenommen oder beobachtet werde, aber eines will ich Ihnen noch sagen. Ich werde das tun, wozu Gott mich beruft, bevor ich das tue, was Menschen von mir wollen. Sie sind Christin. Ich weiß, dass Sie verstehen, was ich damit meine. Gott hat Al und mir klargemacht, dass wir die nötigen Schritte unternehmen sollen, um dieses Kind zu adoptieren, und das werden wir auch tun. Früher habe ich vor Gericht für das Jugendamt ausgesagt. Wie es scheint, stehen wir dieses Mal auf verschiedenen Seiten. Das macht mich sehr traurig, aber ich werde trotzdem um dieses Kind kämpfen. Ich hatte nicht die Macht, Hannah zu beschützen, aber jetzt habe ich die Möglichkeit, mich um dieses kleine Kind zu kümmern, und ich glaube, dass Gott mich dazu berufen hat.«

Jill sagte immer noch nichts. Ich konnte jedoch ein schwaches Leuchten in ihren Augen sehen und die Andeutung eines Lächelns. Versuchte sie mir damit etwas zu sagen? Ihre Angespanntheit schien sich zu lösen. Ihre Schultern wirkten nicht mehr steif.

Einen Moment lang saßen wir nur da und schauten uns an. Keine von uns sprach ein Wort.

Dann stand ich auf, dankte Jill, dass sie sich Zeit für mich genommen hatte, und verließ das Büro.

Kapitel 16

Die Ankunft

Durch den Telefonhörer erklang die übliche automatische Nachricht aus dem Gefängnis von Casper. Karen war wieder in der Stadt. Ich wusste, dass ihre Zeit hier begrenzt war und sie in ein oder zwei Tagen wieder ins Frauengefängnis nach Lusk zurückmusste. Es war also sehr wichtig, dass wir die kurze Zeit nutzten, um unseren Plan zu Ende zu bringen.

Seit meinem Gespräch mit Jill im Jugendamt war eine Woche vergangen. Ich machte mir große Sorgen um die Zukunft von Karens Kind, während der Geburtstermin immer näher rückte. Ich wünschte mir ein unerschütterliches Vertrauen zu Gott, aber das gelang mir oft nicht. Ich musste mich selbst immer wieder daran erinnern, dass ich Gottes Willen ganz und gar akzeptieren wollte und dass dieser vollkommen war – egal, wie er aussah.

Es wurde Abend, und als das Geschirr abgewaschen und die Küche aufgeräumt war, versammelten Al und ich unsere Kinder im Wohnzimmer, um mit ihnen über den derzeitigen Stand des Adoptionsprozesses zu sprechen. Die Kinder räumten ein, dass sie bei dem Ganzen gemischte Gefühle hatten. Was wäre das Beste für das Baby? Würde es schwierig sein, ein Geschwisterkind von Hannah bei uns zu Hause zu haben, das uns ständig an Hannah erinnerte und an das, was passiert war? Gab es Menschen in unserer Umgebung, die der Meinung waren, dass wir Karens Kind lieber nicht adoptieren sollten? War es vielleicht besser für uns alle, wenn das Kind weit weg von Casper in einer Familie aufwuchs? All das waren wichtige Fragen. Dann aber kam die wichtigste. Wenn Gott uns dazu berufen hatte, für dieses kleine Kind Verantwortung zu übernehmen, wie sollten wir es vor dem Pflegefamilien-System schützen? Bei Hannah war uns das nicht gelungen.

Unsere Entscheidung fiel einstimmig aus. Wir wollten die nächsten Schritte unternehmen und sehen, was Gott mit diesem Kind und mit unserer Familie vorhatte.

Am Ende unseres Gespräches sagte ich meinen Kindern, ich würde nun in die Stadt fahren. »Karen ist im Gefängnis in Casper. Ich möchte ihr erzählen, zu welchem Schluss wir gekommen sind.« Ich sah, wie sich ihre Haltung bei der Erwähnung von Karen sofort veränderte. Sie verschränkten die Arme, starrten aus dem Fenster, schüttelten den Kopf – die Ablehnung stand ihnen ins Gesicht geschrieben. Doch keiner gab einen Kommentar ab. Niemand sagte, ich solle nicht zu ihr fahren.

Ich gab Al und den Kindern einen Kuss auf die Stirn, schnappte mir meine Autoschlüssel und fuhr los. Es war eine einsame Fahrt. Die große Verantwortung und die Ungewissheit, was die Zukunft bringen würde, lasteten schwer auf mir. Die Fragen, die meine Familie gestellt hatte, waren dieselben, die auch mich schon seit Wochen beschäftigten. Als ich auf den Parkplatz der Strafanstalt fuhr, sprach ich ein stilles Gebet, das all meine Unsicherheit zum Ausdruck brachte. *Was soll ich tun, Gott? Es ist so schwer. Ich glaube, wir sollten Schritte nach vorn gehen.* Zweifelte ich an Gott oder an mir selbst? Ich senkte den Kopf und schloss die Augen. *Ich brauche eine Bestätigung von dir, Herr.*

Während ich allein im Besucherbereich wartete, ging ich in dem kleinen Flur hin und her und dachte an all meine Gespräche mit Karen. In den letzten drei Monaten waren wir in unserer Beziehung weitergekommen. Wie würde das Gerichtsurteil lauten – Todesstrafe oder lebenslänglich? Würden wir danach weiterhin im Gespräch bleiben? Und falls das Kind doch dem Jugendamt übergeben würde, was hatten wir dann zu besprechen? Was außer Gott würde uns dann noch verbinden?

Als Karen schließlich kam, sah man ihr die Schwangerschaft schon von Weitem an. Sie massierte ihren Bauch, während sie auf mich zukam. Ihre Wangen waren rosa und ihr Haar ordentlich gekämmt. Wir mussten beide lachen bei dem Versuch, uns trotz ihres dicken Bauches zu umarmen.

»Du siehst gut aus! Wie geht es dir?«, fragte ich, während wir uns setzten.

»Gut. Ich kann endlich wieder schlafen. Ich habe morgen einen Arzttermin, deshalb haben sie mich nach Casper gebracht. Ich glaube, es bleibt bei Ende Oktober oder Anfang November, aber ich werde sehen, was die Ärztin sagt. Beim letzten Termin meinte sie, dass alles gut aussieht.« Karen sprach mit froher Stimme. Sie schien innerlich ruhig und nicht bedrückt zu sein. Vielleicht lag es ja daran, dass sie bei diesem Besuch keine Handschellen und Fußketten tragen musste.

»Ich habe mit meiner Familie gesprochen«, sagte ich. »Alle sind mit der Adoption einverstanden, obwohl es auch ein paar Bedenken gibt. Die Gefühle sind durchaus gemischt. Ich habe das meinen Kindern noch nicht gesagt, aber letzte Woche hat sich das Jugendamt dagegen ausgesprochen, dass wir das Kind adoptieren.« Ich schaute Karen genau an, weil ich ihre Reaktion sehen wollte.

Sie schürzte die Lippen und schüttelte den Kopf, wie sie es oft tat, wenn sie mit etwas nicht einverstanden war. »Ich weiß. Die Anwältin hat es mir gesagt. Ich kann das nicht glauben! Aber sie sagt auch, dass es juristisch gesehen keinen Grund gibt, warum das Jugendamt das Sorgerecht bekommen soll. Wir haben gute Chancen, dass die Adoption genehmigt wird.«

Ich zuckte mit den Schultern. »Ich weiß nicht. Anscheinend denken sie, dass es gute Gründe gibt, die Adoption zu verhindern.«

Karen lehnte sich abrupt zurück. Das Hemd ihres blauen Häftlingsanzugs schien über ihren Bauch zu tanzen. Wir lachten beide, als sich das Baby bewegte und mit den Füßen trat. Bei dem Anblick ging mir das Herz auf. Ich erkannte, wie real dieses Leben in ihr war, und fühlte mich zu dem ungeborenen Kind hingezogen. Einen wunderbaren Moment lang dachte ich nur an das Baby und nicht an die Tragödie um Hannah. Ich spürte, wie Gott unser Herz weg vom Tod und hin zum Leben wandte.

»Darf ich meine Hände auf deinen Bauch legen und für das Baby um Gottes Segen und Schutz beten?«, fragte ich.

Karen nickte und lächelte. Ich zog meinen Stuhl näher zu ihr heran, bis ich ihr Knie an Knie gegenübersaß. Ich legte beide Hände auf ihren Bauch, spürte das Kind in ihr und begann zu beten. Karen legte ihre Hände auf meine.

Zunächst fühlte sich das warm und tröstlich an. Doch dann dachte ich daran, dass dieselben Hände Hannahs kleinen Körper in einen Müllsack gestopft und in die Garage getragen hatten, wo sie fast ein Jahr versteckt blieb. Ich zog meine Hände zurück und legte sie auf Karens. Diese simple Geste schenkte mir die emotionale Freiheit, sowohl für das Baby als auch für Karen zu beten und darum, dass Gottes Wille geschah und sein perfekter Plan Wirklichkeit wurde. Indem ich meinen Willen und meine Wünsche, meinen Schmerz und meine Verunsicherung losließ, legte ich Karen und das Kind in Gottes Hände. Er hatte alles unter Kontrolle, nicht ich. Sein Plan für die beiden war schon dabei, sich zu erfüllen. Welche Rolle ich in ihrem Leben spielen würde, sollte sich noch zeigen. Plötzlich hatte ich das Gefühl, dass ich einen Schritt weitergekommen war und dass es mir gelingen würde loszulassen und alles Gott zu Füßen zu legen.

Nach dem Arzttermin am nächsten Tag wurde Karen wieder nach Lusk zurückgebracht. Nun würde ich sie mindestens zwei Wochen lang nicht mehr sehen. Das Warten auf die Geburt begann.

Meine Freundin Pammy hatte mir angeboten, mich ins Krankenhaus zu begleiten, wenn Al geschäftlich unterwegs sein sollte, und so teilte ich ihr den neuen Termin für den Kaiserschnitt mit: den 5. November. Da es nur noch wenige Wochen bis zur Geburt waren, fragte ich mich, was das Jugendamt wohl vorhatte. Mit Sicherheit kannten auch sie das neue Datum. Würden sie hereinschneien und das Kind sofort mitnehmen? Jetzt konnten wir alle nur noch abwarten. Würde das Baby sich noch vor dem geplanten Kaiserschnitt auf den Weg machen? Wenn nicht, dann war der 5. November jedenfalls in meinem Kalender markiert und ich würde mich im Gebet für die Geburt und die Schlacht im Gerichtssaal wappnen. Unsere Anwältin hatte uns erklärt, dass die Adoption ein zweistufiger Prozess war. Zunächst mussten wir bei einer Anhörung das Sorgerecht erlangen. Dann mussten wir warten, bis das Gericht die Adoption genehmigt hatte. Wann aber würde die Anhörung stattfinden? Wir konnten nur hoffen, dass all dies bis zur Geburt geklärt war.

* * *

Am 28. Oktober erhielt ich einen Anruf von einem leitenden Mitarbeiter des Gefängnisses. Er teilte mir mit, dass Karen noch am selben Abend nach Casper gebracht würde. Das Baby war bereit und der Arzt hatte den Kaiserschnitt für den folgenden Morgen um 5:00 Uhr angesetzt. Der leitende Mitarbeiter sagte mir, ich hätte die Erlaubnis, im Krankenhaus anwesend zu sein, dürfe aber aus Sicherheitsgründen niemanden außer meiner Familie darüber informieren. Ich erklärte ihm, dass mein Mann verreist sei und ich deswegen Pammy mitbringen wolle. Das sei okay, willigte er ein.

Am nächsten Morgen fuhr ich gegen 4:30 Uhr zum Krankenhaus. Sadie hatte ich zu Hause die Verantwortung übertragen, während die Kinder noch fest schliefen. Es war ein wenig Schnee gefallen an diesem frühen Morgen, als ich in die Stadt fuhr. Ich war scheinbar der einzige Mensch auf der Welt, der wach war.

Im Krankenhaus angekommen, hieß mich die abgenutzte Eichenbank im Flur willkommen und bot mir einen Platz an, auf dem ich mich nach der schlaflosen Nacht etwas ausruhen konnte. Ich wickelte mich in meinen Mantel und setzte mich auf eine Seite der Bank. Schnee tropfte von meinen Stiefeln und bildete eine kleine Pfütze.

Ich heftete meinen Blick auf die Tür zum Kreißsaal am Ende des Flurs und fragte mich: *Haben sie schon angefangen?*

Der düstere, leere Wartebereich verursachte ein mulmiges Gefühl bei mir. Die Patienten schliefen noch und das Personal überprüfte die Krankenblätter und bereitete sich auf den Schichtwechsel vor. Ich erinnerte mich daran, wie ich zwei Jahre zuvor hier im selben Flur darauf gewartet hatte, Hannahs kleine Schwester als unser Pflegekind abzuholen. Dieses Ereignis war der Anfang des Weges gewesen, den ich nun ging. Würde ich das neue Baby ebenso zu uns nach Hause holen wie damals die kleine Ally?

Plötzlich hörte ich den Aufzug läuten. Die Metalltüren gingen auf und vier Gestalten kamen heraus. Ich konnte Pammy erkennen. Ihr Anblick tröstete mich. Aber die drei, die vor ihr hergingen, sorgten bei mir für ein Gefühl der Beunruhigung – ein Polizist, der zwei Sozialarbeiterinnen begleitete; eine davon war Jill.

Eine Polizeieskorte? Warum? Befürchten sie, dass ich ihnen eine Szene machen könnte?

Pammy umrundete das Trio, setzte sich dicht neben mich auf die Bank und nahm mich aufmunternd in die Arme. Dann schob sie ihren Arm durch meinen. *Ein Engel, ohne es zu wissen.*

Ich versuchte die drei Menschen, die sich uns gegenüber niedergelassen hatten, zu ignorieren. *Müssen sie so dicht bei uns sitzen?*

Durch die Anwesenheit der drei konnten Pammy und ich uns nicht ungestört unterhalten. Mit fünf Leuten in einem kleinen Krankenhaus-Wartebereich hatten wir schon genug damit zu tun, jeglichen Augenkontakt zu vermeiden. Die Minuten vergingen. Pammy und ich saßen schweigend da. Wir konnten ja nirgendwohin gehen. Wir mussten warten, bis wir die Nachricht von der Geburt des Babys erhielten. Dann aber beschloss ich, mich nicht mehr durch Schweigen einschüchtern zu lassen. Ich holte tief Luft und schaute die drei an, die uns direkt anstarrten. Sie wirkten erstaunt, als ich ihnen ein Lächeln zur Begrüßung schenkte.

»Guten Morgen«, sagte ich.

Ein kurzes, verlegenes Nicken. Eine der Sozialarbeiterinnen flüsterte: »Guten Morgen.« Es war, als ob sie beide nicht wussten, ob sie überhaupt mit mir reden durften.

Wenn man auf verschiedenen Seiten steht, soll man dann mit dem Feind sprechen? Ich wies mich selbst innerlich zurecht. *Sie sind nicht der Feind. Sie tun nur ihre Arbeit. Und ich bin auch nicht ihre Feindin. Noch vor ein paar Monaten hätten wir alle auf derselben Bank gesessen.*

Doch im Moment gab es einen Konflikt. Traurig stellte ich fest, dass die gute Beziehung, die meine Familie und ich seit sechzehn Jahren zum Jugendamt hatten, nun nicht mehr bestand. Wir alle waren zu Opfern geworden.

Um 5:35 Uhr flogen die Türen zum Kreißsaal auf und Dr. Myers in grünem Kittel, Haube und Mundschutz hatte seinen großen Auftritt. Er trug ein kleines Bündel, das in weiße Tücher eingewickelt war. Der »Cowboy-Doktor« machte seinem Namen alle Ehre: Unter den sterilen Schutzhüllen trug er seine Westernstiefel. Während er den langen Flur wie einen Laufsteg durchschritt, wanderten seine Augen zwischen den Mitarbeitern des Jugendamtes und Pammy und mir hin und her.

Wie die Hühner auf der Stange reckten die beiden Sozialarbeiterinnen und der Polizist die Hälse.

Dr. Myers aber wandte den Blick abrupt von ihnen ab und als er mich sah, begannen seine Augen zu strahlen. Ich konnte sehen, wie sein Lächeln sich unter seiner Maske übers ganze Gesicht ausbreitete.

Er war unser Arzt, der sich sowohl um unsere fünf eigenen Kinder gekümmert hatte als auch um die fast 140 Pflegekinder, die wir bei uns zu Hause gehabt hatten. Auf meine Bitte hin und mit Karens Zustimmung hatte er sich bereit erklärt, das Baby nach der Geburt zu betreuen.

Ich ließ mir meine Gefühle nicht anmerken und blieb regungslos sitzen. Obwohl mir das Herz bis zum Hals schlug, wollte ich die drei Behördenmitarbeiter, die mir gegenübersaßen, nicht provozieren. Pammy tat es mir gleich.

Dr. Myers kam nun auf mich zu, beugte sich zu mir herunter und schlug das weiße Tuch vorsichtig zurück, damit wir einen Blick auf das Baby werfen konnten. Er zwinkerte mir zu und sagte leise: »Es ist ein Mädchen.« Ohne die anderen Besucher zu beachten, deckte er das Kind wieder zu und ging zurück in die Kinderstation, das kleine Bündel sicher im Arm haltend.

Ich legte mir die Hand auf die Brust, um mein hämmerndes Herz zu beruhigen, beugte den Kopf und flüsterte ein Gebet. »Danke, Jesus, für dieses kostbare neue Leben.«

Die morgendliche Dunkelheit wich allmählich dem Tag.

Pammy, die zu ihrer Familie zurückmusste, verabschiedete sich. Sie umarmte mich noch einmal und flüsterte: »Ruf mich später an.«.

Nun saß ich allein da, während mich die drei Gesichter gegenüber verdutzt anstarrten. Anscheinend hatte ich die Pflicht, die Geburt des neuen Erdenbürgers zu verkünden. Ich überquerte die unsichtbare Linie in der Mitte des Flurs, die uns voneinander trennte, und betrat mit einem gewissen Unbehagen das »feindliche« Territorium.

»Es ist ein Mädchen«, flüsterte ich, als ob das Ganze ein Geheimnis bleiben sollte.

Wir lächelten uns an und einen Moment lang war es, als seien wir alle Familienmitglieder, die sich gemeinsam über die Geburt des Kindes freuten. Doch schon wenige Sekunden später hielt die Realität wieder Einzug und verdunkelte den schönen Augenblick. Es wurde deutlich, wer wir *wirklich* waren, und so setzte jeder wieder seinen ernsten, unbeweglichen Gesichtsausdruck auf.

»Danke«, sagte Jill, während die drei aufstanden und in Richtung Aufzug gingen. *War's das? Sie gehen einfach wieder weg?*

Ich wartete, bis sie außer Sichtweite waren, dann eilte ich in die Kinderstation, während gerade die Tagesbeleuchtung im Krankenhaus anging.

Durch eine Glasscheibe konnte ich eine Schwester sehen, die den neuen kleinen Erdenbürger badete. Die Kleine schien darüber nicht sehr glücklich zu sein, protestierte und ballte die winzigen Fäuste. Ich lächelte, während mir die Tränen übers Gesicht liefen. *Vater im Himmel, du bist einfach wunderbar.*

Karen erholte sich noch von der Operation. Ich würde später zurückkommen. Denn jetzt wachten zu Hause gerade fünf Kinder auf, die zur Schule mussten. Sie waren bestimmt hungrig und warteten auf ihre Mama, die ihnen die morgendlichen Anweisungen gab. Frühstücken, Betten machen, Zähne putzen und die Schulkleidung anziehen – das war das Programm für die nächste Stunde. Ich fuhr nach Hause. Dieses Mal nahm ich kein kleines Baby mit, das ich im Autositz anschnallen musste. Ich würde erst vor einem Richter erscheinen und darauf warten müssen, wie er über die Zukunft des kleinen Mädchens entschied.

Es war zermürbend, dass die Sorgerechtsfrage immer noch nicht geklärt war. Wir mussten damit rechnen, dass das Jugendamt bei der Anhörung anwesend war und unseren Antrag anfocht. Dass Karens und unsere Anwältin uns durch diese schwierige Zeit begleiten würde, war immerhin ein kleiner Trost. Viel wichtiger aber war die Gewissheit, dass auch Gott dort im Gerichtssaal sein würde. Ich würde den Richter seinen Händen anbefehlen.

Während ich die Schnellstraße entlang in Richtung Goose Egg Road fuhr, kam mir der Vers aus Sprüche 3,5 in den Sinn: *»Verlass dich nicht auf deinen eigenen Verstand, sondern vertraue voll und ganz dem Herrn!«* Immer wieder sagte ich mir diese Worte vor, während ich nach Hause fuhr, um mich um die Kinder zu kümmern, die dort auf mich warteten.

Kapitel 17

Der bemalte Stein

Noch am selben Tag erhielt ich um die Mittagszeit einen Anruf von unserer Anwältin, die mir mitteilte, dass die Anhörung für den folgenden Tag um zehn Uhr angesetzt war. Sie sollte im Büro des Richters stattfinden. Das Jugendamt würde definitiv versuchen, das Sorgerecht zu erhalten. Zwar freute ich mich nicht darauf, mich vor Gericht mit meinen früheren Verbündeten zu streiten, aber ich war dankbar zu erfahren, dass unser Warten nun ein Ende hatte.

Nach einem ausgefüllten Tag, an dem ich die Kinder zu ihren Terminen gefahren und in der *Rescue Mission* gearbeitet hatte, kaufte ich unterwegs Pizza zum Abendessen, damit mir noch Zeit blieb, um Karen zu besuchen. Helen und Charles waren begeistert von dem neuen Baby. Sadie reagierte eher still und zurückhaltend. Ich rief Al an und teilte ihm die Nachricht mit. Er wäre gern mitgekommen, wollte aber auf jeden Fall für die Anhörung beten. Als die Kinder sich nach dem Essen zurückzogen, gab ich allen einen Kuss und fuhr dann zum Krankenhaus.

In der Hoffnung, mehr als nur einen Blick auf das kleine Mädchen zu erhaschen, schaute ich durch die Glasscheibe der Kinderstation auf die Reihe der schlafenden Babys. Weiches braunes Haar und ein rundes, pummeliges kleines Gesicht waren alles, was ich von dem einzigen Mädchen unter den Neugeborenen sehen konnte. An ihrem Stubenwagen war ein Namensschild mit der Aufschrift »Bower« angebracht. Die Kleine war in eine kuschlige hellgrüne Krankenhausdecke eingewickelt und sah aus wie ein Burrito. Sie hatte lange Wimpern und die winzigen Lippen waren zusammengepresst, als würden sie saugen. Ich musste lachen. Selbst im Schlaf schien sie noch vom Essen zu träumen.

»Entschuldigung«, sagte ich, als ich mich dem Schwesternzimmer näherte. »Können Sie mir sagen, in welchem Zimmer Karen Bower liegt?«

Die Frau sah von ihrem Schreibtisch auf uns schob ihre Lesebrille auf die Nasenspitze herunter. »Sie ist in einem besonderen Raum abseits der Kinderstation. Sie müssen sich bei der diensthabenden Schwester melden. Sind Sie die Seelsorgerin aus dem Gefängnis? Frau Bower hat gesagt, dass Sie vielleicht zu Besuch kommen werden.«

Erleichtert darüber, dass ich bereits erwartet wurde, bejahte ich die Frage.

»Wir sind darüber informiert worden, dass Sie Frau Bower besuchen dürfen. Sie steht, wie Sie sicherlich wissen, unter besonderer Bewachung.« Die Frau lächelte und tippte dann wieder auf ihrer Tastatur weiter.

Ich betrat die Kinderstation. Die diensthabende Schwester hatte ein Klemmbrett in der Hand und trug gerade Informationen ein. »Kann ich Ihnen helfen?«, fragte sie.

»Mir wurde gesagt, dass Sie mir das Zimmer von Karen Bower zeigen können. Ich bin zu Besuch hier.«

»Sind Sie die Seelsorgerin?«

Ich nickte.

Da sie keine freie Hand hatte, deutete die Schwester mit dem Kinn auf die Tür neben mir. »Gehen Sie ruhig rein.«

Der Raum war kaum größer als das Krankenbett, in dem Karen lag. An einer Wand war eine kleine Ablagefläche mit einem Waschbecken und einer medizinischen Notfallausrüstung, was das Zimmer beengt und steril wirken ließ. Leise schloss ich hinter mir die Tür und schlich auf Zehenspitzen an die rechte Bettseite. Karen schlief und ihr linkes Handgelenk war an das Bettgestell gekettet.

Im Ernst? Glauben die wirklich, dass sie sich nach einem Kaiserschnitt auf die Flucht begeben wird? Ich musste mir jedoch klarmachen, dass Karen einen Mord gestanden hatte und die Sicherheitsmaßnahmen daher gerechtfertigt waren. Ich sah sie eine Weile an, während sie schlief. Bevor ich sie weckte, fiel mir ein Spruch ein, den ich einmal auf einem Schild in der christlichen Schule gelesen hatte, die meine Kinder besuchten. »Die Sünde nimmt dich immer weiter mit, als du gehen willst; sie kostet dich mehr, als du bezahlen willst, und hält dich länger auf, als du bleiben willst.« Das war genau das, was Karen nun für den Rest ihres Lebens erfahren würde. Ich konnte ihr noch ein paar Minuten Schlaf gönnen, in denen sie vor diesen Konsequenzen Ruhe hatte.

Doch plötzlich erkannte ich, dass mich Karens Sünde eigentlich gar nichts anging. Ich hatte mit meiner eigenen schon genug zu tun. Wie oft kam es vor, dass ich Dinge tat, die ich eigentlich nicht tun wollte. Es war, wie Paulus schrieb: »Das Gute, das ich tun will, tue ich nicht.« Die Verheißung Gottes, dass er vergibt und uns von aller Ungerechtigkeit reinigt, galt mir genauso wie Karen. Das durfte ich nicht vergessen.

Karen atmete tief ein und stieß beim Aufwachen ein leises Seufzen aus. Ihre Augenlider flatterten ein wenig, bevor sie sie öffnete und mich schwach anlächelte. Sie versuchte sich anders hinzulegen, indem sie ihre rechte Hand zu Hilfe nahm, konnte sich aber kaum abstützen, da sie in ihrem linken Handgelenk, an dem sich die Handschellen befanden, kaum Kraft hatte.

»Autsch!« Sie rollte auf die Seite. »Ich habe ganz vergessen, dass ich genäht wurde.« Sie lachte leise.

»Wie geht es dir?«, flüsterte ich.

»Ganz gut, glaube ich.« Sie stützte sich auf ihren linken Ellbogen und versuchte eine bequemere Position einzunehmen. »Ich habe fast den ganzen Tag geschlafen. Sie haben mir irgendwas gegeben, was mich total ausgeschaltet hat. Wie spät ist es?«

Ich schaute mich im Zimmer nach einer Uhr um. Es gab keine. Ich überlegte, wann ich das Haus verlassen hatte, und schätzte die Uhrzeit. »Es muss ungefähr halb acht abends sein.«

»Hast du sie schon gesehen? Ich nicht. Sie wollen sie mir nicht bringen. Aus Sicherheitsgründen. Beim Kaiserschnitt haben sie mir beide Hände angebunden und mich dann betäubt. Ich war nicht wach und konnte das Baby nicht sehen. Ich hätte sie so gern eine Minute lang im Arm gehabt. Ich weiß nicht, wann sie mich wieder ins Gefängnis zurückbringen, aber ich glaube, ich werde nicht sehr lange hier sein. Ich wünschte, ich könnte sie sehen, bevor ich gehen muss.«

Als Mutter empfand ich Mitleid mit ihr. Aber unter den gegebenen Umständen gab es wenig Verständnis für eine Mutter, die ein Kind zur Welt brachte, nachdem sie eines ihrer anderen Kinder umgebracht hatte.

»Hast du dir schon einen Namen überlegt?«, fragte ich, um zu einem positiven Thema zu wechseln.

»Mir gefällt Courtney sehr gut. Was meinst du dazu?« Karens Miene schien sich ein wenig aufzuhellen, als sie den Namen aussprach.

»Das ist ein schöner Name. Wie wär's mit einem zweiten Vornamen?«

»Das würde ich gern euch überlassen. Ihr solltet auch ein Mitspracherecht bei ihrem Namen haben. Zumindest teilweise.«

»Mir würde Grace, Faith oder Hope gefallen«, sagte ich. »Alle drei bringen zum Ausdruck, was Gott durch ihre Geburt in unser Leben gebracht hat: Gnade, Glaube und Hoffnung.«

»Ich finde Faith gut«, meinte Karen. »Courtney Faith. Es hängt ja immer mit unserem Glauben zusammen, was Gott in unserem Leben tun kann und will, oder?«

Wandte sich Karens Herz nun tatsächlich dem Herrn zu? Es war abgesehen von unserem damaligen Gespräch über Vergebung das erste Mal, dass ich sie über Gott oder den Glauben sprechen hörte. In diesem Moment wagte ich zu hoffen, dass sie wirklich einen Anfang mit Gott machte, ihm zuhörte und auf seine Stimme antwortete.

»Dann soll es Faith sein!«

Wir lächelten beide. Wie groß oder klein unser Glaube auch sein mochte, an diesem Abend fühlte er sich jedenfalls riesig an. Courtney Faith war zur Welt gekommen und hatte Leben und Freude mitgebracht.

Obwohl ich den schönen Moment nicht verderben wollte, musste ich doch mit Karen über den nächsten Tag sprechen. »Die gerichtliche Anhörung ist morgen um zehn Uhr. Wollen wir jetzt zusammen beten – dass Gottes Wille geschieht und dass der Richter eine Entscheidung trifft, die für Courtney die beste ist?« Ich streckte Karen meine Hände entgegen und sie langte mit der rechten Hand über ihren immer noch gerundeten Bauch zu mir herüber und öffnete ihre linke, angekettete Hand, um meine zu nehmen.

»Lieber Vater im Himmel, wir kommen mit demütigen Herzen zu dir. Wir bitten dich, uns unsere Sünden zu vergeben und unser gemeinsames Gebet für die Zukunft von Courtney Faith zu erhören. Wir bitten für den Richter, dass du sein Herz und seinen Verstand bereit machst, die Wahrheit zu hören. Gib ihm Weisheit, damit er die beste Entscheidung für Courtney trifft. Hilf uns, diese Entscheidung anzunehmen und darauf zu vertrauen, dass du schon weißt, wie die Zukunft für dieses neue Leben aussehen wird und was für Courtney das Beste ist. Wirke du weiter in Karens Leben und in ihrem Herzen; hilf ihr, dich als ihren Herrn und Retter zu erkennen und dir ihr Leben anzuvertrauen. Danke, Vater. Amen.«

Als wir unser Gebet beendet hatten, kam die Schwester herein, um Karens Werte zu überprüfen. Es schien der richtige Zeitpunkt, mich wieder auf den Weg zu machen.

»Wenn ich kann, werde ich dich morgen wissen lassen, wie es ausgegangen ist. Wenn nicht, dann wird sicherlich unsere Anwältin kommen und es dir mitteilen.« Ich drückte Karens Hand. Sie nickte und erwiderte meinen Händedruck. Ich staunte über die liebevollen Gefühle, die ich dieser Frau gegenüber empfand – das war wohl ein Zeichen dafür, dass Gott in meinem Herzen wirkte.

Der Himmel verdunkelte sich, als ich nach Hause fuhr. Schnee war angesagt und so türmten sich schwer beladene Wolken über dem Casper Mountain auf. Ich verbrachte einen Großteil des Abends damit, mir einen Plan für den folgenden Tag zurechtzulegen. Sadie würde die Kinder mit dem Van zur Schule fahren und sie auch wieder abholen. Ich würde mit dem »Stinktier-Truck« fahren. Auch wenn er nicht gerade eine Augenweide war und die Schaltung manchmal eine Herausforderung darstellte, so war der alte Transporter doch immer zuverlässig und verfügbar. Mit ihm konnte man alle anderen Autos aus Schnee und Schlamm herausziehen. Der Stinktier-Truck sprang immer an, selbst bei Minustemperaturen.

Am nächsten Morgen drückte ich Sadie den Autoschlüssel in die Hand. »Ich weiß nicht, was heute passieren wird«, sagte ich zu ihr und umarmte sie, bevor sie, Helen und Charles alle Sachen in den Van packten. »Bring die Kinder zur Schule und hol sie dort pünktlich wieder ab. Bis heute Mittag weiß ich dann wahrscheinlich, ob das Baby heute zu uns kommt oder nicht. Ich rufe von der Arbeit aus an und lasse euch wissen, ob sich noch irgendetwas ändert.«

Mein Kostüm mit den Messingknöpfen und die schwarzen Pumps verliehen mir das Selbstvertrauen, das ich brauchte, um vor dem Richter zu erscheinen. Bevor ich in den Stinktier-Truck stieg, schnallte ich unsere zwei Pflegekinder in ihren Sitzen an. Eines war erst wenige Monate alt. Dann kletterte ich auf den Fahrersitz und folgte dem Van in die Stadt. Um 8:30 Uhr waren alle Kinder dort, wo sie den Tag verbringen würden.

Es mochte zwar töricht von mir sein, doch ich wollte in der Stadt nicht so gern in unserem Stinktier-Truck gesehen werden, genauso wenig wie meine Tochter damit zur Highschool fahren wollte. Also setzte ich meine Sonnenbrille auf und nahm von Bäumen gesäumte Nebenstraßen zu dem alten, verputzten Gemäuer der *Wyoming Rescue Mission* im Stadtzentrum.

Der Pick-up hüpfte über den Bordstein und rollte auf den Parkplatz. So damenhaft wie möglich öffnete ich in meinem engen Kostüm die Autotür, drehte mich auf dem Sitz und schwang die Beine nach draußen. Ich sah mich um, ob mir auch niemand zuschaute, und sprang dann heraus. Ich kam mir ziemlich seltsam vor, als ob ich im Abendkleid aus einem Panzer aussteigen würde. Wie passend für so einen ungewöhnlichen Tag, an dem mir eine Schlacht im Gerichtssaal bevorstand!

* * *

Ich betrat das »Kleine Haus« (ein Spitzname für das alte Gebäude, das einmal ein kleines Wohnhaus gewesen war) und ging um den Tisch herum, an dem sechs Männer – raue Typen, vom Leben auf der Straße ausgezehrt – über ihre Bibeln gebeugt saßen. Einer der Bewohner leitete die Gruppe beim Bibelstudium an. Ein paar der Männer rückten mit ihren Metallstühlen zur Seite, damit ich besser vorbeikam und zu meinem Büro gelangen konnte.

»Guten Morgen, meine Herren«, grüßte ich in die Runde.

»Guten Morgen, Miss Debbie«, murmelten die Männer.

»Sie sehen heute aber hübsch aus«, meinte einer von ihnen. So schick hatten sie mich noch nie zuvor gesehen. Die übliche Arbeitskleidung des Personals in der Mission war eher leger; in der Regel trugen wir Jeans.

Keiner der Männer sah so richtig wach aus. Kaffee gab es in der Mission nicht. Der Direktor meinte, das wäre ein anregendes Getränk, das die Gäste nicht brauchten. Ich aber schon. Ich musste morgens, bevor ich zur Arbeit fuhr, mindestens zwei Tassen Kaffee trinken und hätte auch noch eine dritte gebrauchen können, wagte es aber nicht, einen To-go-Becher des verpönten Koffein-Getränks mit ins Haus zu bringen.

In meinem Büro war es schrecklich heiß. Bestimmt hatte Joe, der vor mir da war, den uralten Heizkörper für mich aufgedreht. Auf dem alten, mitgenommenen Holztisch stapelten sich die Akten. Traurige Akten. Mit Geschichten von gebrochenen Frauen, die im Missionshaus wohnten und Hilfe, Liebe und Hoffnung brauchten. Manche von ihnen kamen direkt aus dem Gefängnis. Viele hatten praktisch alles verloren. Ihr Zuhause, ihren Mann, ihren Job und manchmal auch ihre Kinder. Die meisten hatten auch ihre Würde verloren. Ich musste an Karen denken. Sie würde unsere Hilfe nicht brauchen, denn sie würde das Gefängnis nie mehr verlassen. Meine Aufgabe als Seelsorgerin bestand darin, diesen Frauen Hoffnung zu schenken. Doch heute Morgen konnte auch ich Hoffnung ganz gut gebrauchen.

Das Klopfen an meiner Bürotür war um diese Uhrzeit ein vertrauter Klang. Das konnte nur Maureen sein, denn niemand sonst kam als Erster morgens in mein Büro. Maureens Zuhause war die Mission. Sie war bereits so lange hier, dass sie fast schon als Angestellte betrachtet wurde. Auf ihren täglichen Spaziergängen durch die Stadt sammelte sie immer Steine. Dabei war sie ziemlich wählerisch. Wenn sie die Steine mitgebracht hatte, dann wusch sie diese und malte mit Acrylfarben kleine Landschaften auf die eine Seite und Bibelverse auf die andere. Das waren Maureens ganz persönliche Geschenke. Oft kam sie morgens zu mir ins Büro und zeigte mir ihre neuesten Kreationen.

Sie nahm in dem alten Schaukelstuhl neben meinem Schreibtisch Platz und schaukelte hin und her, ohne ein Wort zu sagen. Eine Weile schaute sie mich intensiv an und platzte schließlich mit ihrer Frage heraus: »Gehst du heute zu einer Beerdigung?«

»Nein, ich muss zum Gericht.«

»Zum Gericht?« Maureen wollte immer gern alles wissen. »Du trägst Schwarz, um vor Gericht zu erscheinen? Steckst du in Schwierigkeiten?«

»Nein, es ist nur eine Sache, um die ich mich kümmern muss. Es ist schon in Ordnung.«

Maureen überreichte mir eine kleine weiße Schachtel, die mit einem korallenroten Band verschlossen war. Ich hielt die etwas fleckige kleine Schachtel mit beiden Händen fest, als sei sie aus zerbrechlichem Glas.

»Na ja«, begann Maureen, »vielleicht willst du dein Geschenk noch aufmachen, bevor du gehst. Ich zeige dir ja immer die Steine, die ich für andere Leute bemalt habe. Und deshalb habe ich Gott gefragt, was ich für dich malen soll. Und das ist, was er mir gesagt hat.« Maureen setzte sich aufrecht hin und sah dabei stolz und auch ein wenig keck aus.

Ich öffnete den Deckel und fand den Schatz darin in ein Papiertuch eingewickelt. Vorsichtig nahm ich den Stein heraus und legte ihn auf meine Handfläche, um die Schrift besser lesen zu können.

FÜRCHTE DICH NICHT ... GLAUBE NUR. MARKUS 5,36

Die leuchtend weiße Farbe glitzerte auf dem glatten grauen Stein. Tränen schossen mir in die Augen, während ich die Hand um den Stein schloss und ihn an meine Brust drückte.

»Geht es dir gut?«, fragte Maureen. »Ich wollte dich nicht traurig machen.«

»Es ist genau das, was ich heute Morgen brauche«, sagte ich

mit einem Kloß im Hals. Ich konnte kaum sprechen. Dann stand ich auf und nahm Maureens Gesicht in beide Hände. Ich schaute ihr in die Augen und sagte: »Du konntest das nicht wissen, aber Gott schon. Er hat mich durch dich daran erinnert, dass er bei mir ist. Danke, dass du auf ihn gehört hast.« Ich gab ihr einen Kuss auf die Stirn und umarmte sie.

»Gern geschehen«, meinte Maureen in überzeugtem Ton. »Ist Gott nicht wunderbar?«

»Ja, Maureen, das ist er. Ich weiß, dass er heute mit mir im Gerichtssaal sein wird.«

»Wann ist die Verhandlung?«, fragte Maureen.

Ich schaute auf die Uhr. Es war schon nach neun.

»Oh! Ich muss los. Die Verhandlung ist um zehn. Ich darf nicht zu spät kommen.« Ich nahm meine Schlüssel, umarmte Maureen noch einmal und eilte mit dem Stein in der Hand aus der Tür.

»Hast du keinen Mantel oder Pullover?«, rief Maureen mir noch nach. »Es soll heute schneien.«

* * *

Ich hatte Freunde und Familienangehörige gefragt, ob sie während der Anhörung für mich beten könnten. Nun fuhr ich in das Geschäftsviertel der Innenstadt und bat Gott, sie alle an ihre Aufgabe zu erinnern.

Ich kam vierzig Minuten zu früh im Gerichtsgebäude an und hoffte, dass meine Anwältin pünktlich da war, bevor ich das Büro des Richters betreten musste.

Fast verlor ich einen Schuh, so schnell nahm ich die Stufen zu dem alten Gerichtsgebäude. Wie immer bewunderte ich die Türgriffe aus Messing, die Zementstatuen und die Marmorböden des gut hundert Jahre alten historischen Gebäudes. Meine schwarzen Pumps klackerten auf dem Boden der imposanten Eingangshalle. Rasch begab ich mich zu den Gerichtssälen, die neben den Büros der Richter lagen, vorüber an Männern und Frauen in Anzügen, die außerhalb der Verhandlungsräume warteten, und vorbei an einem Paar, das neben einem Brunnen leise miteinander diskutierte. Der Geruch von Zedernholz und ledernen Aktentaschen erfüllte die Luft, als ich schließlich zu den Büroräumen des Richters kam. Ich suchte nach einem ruhigen, abgeschiedenen Platz, wo ich mich hinsetzen und auf meine Anwältin warten konnte.

Die Wände des Flurs hingen voller Porträts amtierender und ehemaliger Richter. Manche sahen sehr beeindruckend aus, andere eher beunruhigend. Ich kannte keinen von ihnen. Warum auch? Schließlich hatte ich ja noch nie vor Gericht gestanden. Der Name eines pensionierten Richters stach mir jedoch ins Auge. Es war der Richter, der die fünf Bower-Kinder nach Hause beordert hatte. Nach Hause ohne jeden Plan. Ohne Vorwarnung. Ohne Grund. Ohne Vorbereitung. Und dann, als noch so viele Fragen offen waren, war er in den Ruhestand gegangen.

Als ich das Bild des Richters sah, fing mein Herz an zu pochen. Nervös drehte ich an meinem Ring. Würde der Richter heute denn alle Seiten anhören? Wie würde er sich entscheiden?

Ich schaute auf meine Armbanduhr: 9:50 Uhr. Wo war nur meine Anwältin? Es blieb keine Zeit mehr, um sich gemeinsam auf die Anhörung vorzubereiten.

Hoffentlich kommt sie nicht zu spät, dachte ich, während ich weiter an meinem Ring drehte.

Dann hörte ich Stimmen und Schritte und sah zwei Sozialarbeiterinnen des Jugendamtes, die ich kannte, auf mich zukommen. Sie wurden von einem Mann begleitet, den ich noch nie zuvor gesehen hatte. Er war groß, hatte eine beginnende Glatze und trug eine dicke Brille mit dunklem Gestell. Sein steifes weißes Smokinghemd und die karierte Anzugsweste passten nicht zu einem Anwalt. Jedenfalls meiner Erfahrung nach nicht. *Ist er Anwalt? Oder ein Mitarbeiter des Jugendamtes?*

Die drei schienen mich nicht zu bemerken und verschwanden hinter der Tür von Zimmer Nr. 305.

Als ich schon kurz davor war, in Panik auszubrechen, tauchte endlich meine Anwältin auf. Sie kam schnell näher und schien ganz außer Atem zu sein. »Haben Sie mit irgendjemandem gesprochen?«, fragte sie mich.

»Nein, ich habe auf Sie gewartet«, antwortete ich. Meine Hände waren schweißnass und mein Mund fühlte sich trocken und pelzig an. Ich hätte gern einen Schluck Wasser getrunken, doch dafür war es jetzt zu spät.

»Kommen Sie mit«, forderte die Anwältin mich auf. Wir betraten das Zimmer Nr. 305 und eine Mitarbeiterin führte uns in die Räume des Richters.

An den getäfelten Wänden hingen Auszeichnungen, Gruppenfotos von Richtern und ein riesiges Aquarell, das die Stadt Casper Anfang des 20. Jahrhunderts darstellte. Ein schwerer Konferenztisch aus dunklem Holz, um den ein Dutzend Drehstühle mit hohen Lehnen standen, füllte den Raum. Am Ende des langen Tisches stand ein überdimensionierter schwarzer Lederstuhl mit gepolsterter Kopfstütze und Armlehnen, der offensichtlich für jemanden mit großer Verantwortung und Macht bestimmt war.

Ich folgte meiner Anwältin und wir nahmen gegenüber von den Sozialarbeiterinnen des Jugendamtes und ihrem mysteriösen Begleiter Platz.

Ich drückte den Stein, den ich in meiner verschwitzten rechten Hand hielt. Ich würde genau das tun, was darauf stand. FÜRCHTE DICH NICHT … GLAUBE NUR!

Ich werde glauben!

Ich dachte an die Waffenrüstung, die Gott denen gibt, die ihn lieben und ihr Vertrauen auf ihn setzen. Für die anderen, die mir gegenübersaßen, waren mein schwarzes Kostüm und meine Pumps sicherlich nichts Beeindruckendes. Doch wenn sie den Gott, dem ich diente, gekannt hätten, wirklich gekannt hätten, dann wären sie vielleicht schon nervös geworden. Auf diese Weise gut gewappnet, wusste ich mich durch die Fürbitte der anderen in dieser Stunde bestens geschützt.

Ich schloss meine Hände um den Stein und schaute quer über den Tisch zu dem leeren Richterstuhl hin. Eine friedvolle Kraft erfüllte mich.

Meine Anwältin beugte sich zu mir und flüsterte: »Was haben Sie denn da in der Hand?«

Immer noch den Blick nach vorn gerichtet, öffnete ich die

Hände, zeigte ihr den Stein und die Aufschrift und schloss meine Hände dann langsam wieder.

»Wofür ist das?«, wollte sie wissen.

»Ich halte mich daran fest«, flüsterte ich, »und bitte Gott, uns heute Morgen durch den Richter seine Gunst und Gnade zu zeigen.«

»Und was ist, wenn der Richter nicht die Gnade erweist, von der Sie da reden?«

»Dann werde ich ihn steinigen«, sagte ich mit einem Augenzwinkern und lächelte.

Kapitel 18

Die Entscheidung

Die Tür zum Büro des Richters öffnete sich abrupt und eine Justizangestellte trat herein. Mit raschen Schritten umrundete sie den riesigen Konferenztisch und ordnete mit fester Stimme an: »Bitte erheben Sie sich!«

Der Richter in seiner lang herabwallenden schwarzen Robe glitt an seiner Mitarbeiterin vorbei. Er sah vornehm aus, war ungefähr Anfang fünfzig und hatte schwarzes Haar, das an den Schläfen leicht ergraut war.

Eine große Stille breitete sich in dem Raum aus, als er mit seinem Stuhl an den Tisch heranrückte. Er öffnete einen dicken Aktenordner und reichte der Mitarbeiterin, die rechts neben ihm Platz genommen hatte, ein einzelnes Dokument. Ein paar Augenblicke vergingen, dann schaute er auf und begrüßte uns in einem freundlichen, aber sachlichen Ton: »Guten Morgen!«

Es folgte ein allgemeines »Guten Morgen«-Gemurmel rund um den Tisch.

»Wir sind heute Morgen hier versammelt, um über das vorübergehende Sorgerecht zu entscheiden für einen Säugling mit Namen …« Er hielt einen Moment inne und blätterte in seinen Papieren. »Courtney Faith Bower.« Der Richter warf einen Blick auf die Anwesenden, um sicherzustellen, dass alle zur richtigen Anhörung erschienen waren.

»Würde der jeweilige Rechtsbeistand der beiden Parteien sich bitte identifizieren und in einer Eröffnungserklärung mitteilen, wer er ist und wen er vertritt. Beginnen wir mit der Partei zu meiner Rechten.« Der Richter blickte den Mann mit der karierten Weste an, den er zu kennen schien.

»Euer Ehren, mein Name ist Dan Sims. Ich bin Rechtsanwalt

und vertrete das Amt für Kinder, Jugend und Familie. Bei mir hier sind Herr Mark Schmitt, Abteilungsleiter, und Frau Jill Clark, Sozialarbeiterin, ebenfalls angestellt beim Jugendamt.«

»Vielen Dank, Herr Sims.«

Etwas verlegen lächelte ich den beiden Mitarbeitern des Jugendamtes zu, die ich ja gut kannte. Sie erwiderten meinen Blick jedoch nicht, sondern starrten nur auf den Tisch oder ließen die Augen durch den Raum wandern. Plötzlich wurde ich von meinen Gefühlen überwältigt und meine Unterlippe fing zu zittern an. Ich versuchte meine Tränen unter allen Umständen zu unterdrücken. Ich durfte nicht zulassen, dass diese Welle des Kummers und der Enttäuschung die Oberhand gewann. Der furchtbare Verlust von Hannah und nun das Gefühl, verraten worden zu sein, vor allem von den beiden Sozialarbeitern, gingen wie eine Woge über mich hinweg. Schmerz und Zorn drohten sich den Weg in mein Herz zu bahnen. Ich würde das nicht zulassen. Ich musste mich konzentrieren. Es war wichtig, dass ich heute das sagte, was Gott wollte. Ich durfte meine Worte nicht durch meine Emotionen bestimmen lassen.

Der Richter schaute von seinen Dokumenten auf und sah zu meiner Anwältin und zu mir. »Meine Damen?«

»Euer Ehren, mein Name ist Cheryl Pryor. Ich bin Anwältin und vertrete Herrn und Frau Moerke, die sich um das vorübergehende Sorgerecht für das Kind bemühen.«

»Vielen Dank, Frau Pryor.« Wieder blätterte der Richter in seinen Papieren. Er stoppte, um eines davon genauer anzusehen, dann schaute er rasch auf und sprach Herrn Sims an. »Beginnen wir mit dem Amt für Kinder, Jugend und Familie. Möchten Sie den Anfang machen, Herr Sims?«

»Danke, Euer Ehren. Wie Sie Ihrer Akte sicherlich entnommen haben, steht der Säugling, über den wir heute Morgen verhandeln, unter der Vormundschaft des Jugendamtes. Das Kind wurde gestern Morgen geboren. Die Mutter, Frau Karen Bower, befindet sich in Haft und wartet auf ihren Prozess wegen Totschlags an einem ihrer Kinder. Bei ihrer Verhaftung vor vier Monaten war sie bereits schwanger. Fünf ihrer Kinder sind in Pflegefamilien, eines wird von Familienangehörigen betreut.

Das Jugendamt ist der Auffassung, dass es das Sorgerecht für das Kind erhalten sollte, um es in einer hier unbekannten, fürsorglichen Pflegefamilie unterzubringen und so seine Sicherheit zu gewährleisten. Das Jugendamt ist sich dessen bewusst, dass es sich hier um einen Fall handelt, der große öffentliche Aufmerksamkeit erhält, und der Schutz der Kinder aus der Familie Bower ist daher unsere oberste Priorität. Wir sind der Überzeugung, dass das Kind gefährdet sein könnte, wenn die falschen Personen Zugang zu ihm erhalten.«

»Ist Frau Moerke nicht eine Pflegemutter, die für das Amt für Kinder, Jugend und Familie tätig ist?« Die Hände des Richters waren gefaltet und ruhten auf dem Aktenordner. »Genauer gesagt: Hat sie nicht sogar jetzt im Augenblick mehrere Pflegekinder bei sich zu Hause aufgenommen?«

»Ja … ja, Euer Ehren«, stammelte der Anwalt.

Der Richter runzelte die Stirn und sah verwundert aus. »Warum kommt Frau Moerke nicht als Pflegemutter für das Kind infrage, wo sie doch schon das Sorgerecht beantragt hat?«

»Das Jugendamt hat Kenntnis davon erlangt, dass Frau Moerke eine Beziehung zu Karen Bower unterhält, der leiblichen Mutter des Kindes. Sie besucht sie im Gefängnis in Lusk und auch hier in Casper, wenn Frau Bower zu Anhörungen hergebracht wird. Unsere Sorge ist, dass Frau Moerke in ihren Entscheidungen beeinflusst werden könnte.«

»Danke, Herr Sims. Sind irgendwelche Vorfälle dokumentiert, mit denen Sie Ihre Sorge belegen können?«

Ein kurzes Seufzen. »Nein, Euer Ehren.«

»Herr Schmitt und Frau Clark, sind Sie im Besitz irgendwelcher Belege, die Ihre Vorbehalte gegen Frau Moerke und ihre Familie begründen?«

Die beiden schauten sich an, dann zu ihrem Anwalt. Herr Sims rutschte unruhig auf seinem Stuhl hin und her. »Nun, Euer Ehren, Sir, äh, unsere Bedenken rühren daher, dass Frau Moerke Frau Bower im Gefängnis besucht. Das haben wir dokumentiert.«

Ich saß mit ausdrucksloser Miene da und betrachtete die beiden Sozialarbeiter, die ich schon seit Jahren kannte. Mit diesen

Menschen hatte ich Seite an Seite zusammengearbeitet zum Wohl von Kindern, die vernachlässigt oder misshandelt worden waren. Gemeinsam hatten wir gelitten unter den traurigen Fällen, wenn unschuldige Kinder emotional, psychisch und körperlich Schaden genommen hatten. Und gemeinsam hatten wir uns gefreut, wenn Kinder wieder zu ihren Eltern zurückkehren konnten, wenn diese ihre Kinder liebten und einfach nur eine Erziehungsberatung brauchten. Al und ich hatten die besonderen Bedürfnisse unserer Pflegekinder zu einer hohen Priorität in unserem Leben gemacht. Wenn neue Pflegeeltern uns nach unserem Erfolgsrezept bei all den Kindern fragten, die wir bei uns aufgenommen hatten, dann lautete meine Antwort stets: »Wir schenken ihnen viel Liebe, bringen eine Struktur in ihr Leben und beten für sie.« Manche lächelten dann und vermuteten, dass doch noch viel mehr dahinterstecken müsse. Doch ich kannte die Wahrheit. Mit Liebe erreicht man sehr viel bei einem Kind. Aber das Gebet bringt einen noch viel weiter.

Ich wusste, dass die beiden Sozialarbeiter unter Druck standen. Sie steckten in einer schwierigen Lage. Ich konnte ihnen nicht vorwerfen, dass sie bestimmte Dinge sagen und tun mussten, um das Jugendamt und ihren eigenen Ruf zu schützen. Ich war fest überzeugt davon, dass sie eigentlich nichts Negatives über meine Familie oder mich sagen wollten. Doch jemand in höherer Position hatte angeordnet, was sie tun sollten. Ich selbst halte Autorität für etwas sehr Positives. Aber ich weiß auch, dass wir alle das Recht haben, uns gegen sie aufzulehnen, obwohl sie uns eigentlich schützen soll. Das Jugendamt wollte sich selbst schützen. Wir aber wollten Courtney schützen.

Der Richter schaute in seine Akte und lehnte sich in seinem hohen Ledersessel zurück. Dann betrachtete er die drei Jugendamtsmitarbeiter, die er soeben befragt hatte. Er lächelte sie alle an und dankte ihnen. Die beiden Sozialarbeiter und der Anwalt entspannten sich sichtlich.

Haben sie gewonnen? Ist das alles, was der Richter sie fragen will? Kann es so einfach sein? Hat der Richter sich schon auf ihre Seite geschlagen, noch bevor die Anhörung begonnen hat? Ich saß wie gelähmt da und drückte den Stein in meiner Hand. Überlass es Gott, Debbie, überlass es Gott, sagte ich mir immer wieder.

Ich hatte dafür gebetet, dass Gott mir die richtige Entscheidung für Courtneys Zukunft durch die Entscheidung des Richters zeigen sollte. Al und ich hatten den Eindruck gehabt, dass der Herr uns in die Richtung führte, das Sorgerecht zu beantragen und so den nächsten Schritt auf dem Weg zur Adoption zu gehen. Aber ich wusste auch, dass Gott uns zwar eine Richtung weist, uns aber nicht unbedingt sagt, wie es ausgehen wird. Ich hoffte, dass die Sache so ausgehen würde, dass ich das Baby am Ende mit nach Hause nehmen durfte. Und doch war ich auch überzeugt davon, dass Gott mich diesen Weg aus einem ganz anderen Grund führte. Vielleicht hatte er einen anderen Plan für das Kind. War ich bereit, seinen Willen zu akzeptieren und das Ergebnis anzunehmen, egal wie entschieden wurde?

Ich hatte beschlossen, Gottes Führung zu folgen, als ich Karen im Gefängnis besucht und ihr seine Liebe weitergegeben hatte, obwohl sie ein brutales Verbrechen an einem unschuldigen Kind begangen hatte. Einem Kind, das ich geliebt hatte. So schmerzhaft und schwer es für mich gewesen war, so wusste ich doch in meinem Herzen, dass ich dabei Gottes Führung gefolgt war. Aber hatte ich seinen Willen auch richtig erkannt, was das Sorgerecht und die Adoption betraf? Ich war mir so sicher gewesen. Doch jetzt musste ich mich darauf vorbereiten, dass er mir seinen Willen durch die Entscheidung des Richters zeigen würde. War ich dazu bereit, Gott ganz zu vertrauen, egal, wie der Richter entschied, oder würde ich gegen sein Urteil rebellieren, wenn es mir nicht gefiel?

Überlass es Gott. Am Ende hing alles an meiner Bereitschaft, Gottes Willen zu akzeptieren.

Ich wurde wieder an König Salomo erinnert, der auch in der Rolle des Richters gewesen war. Wie würde *dieser* Richter hier entscheiden? War es nicht Gott gewesen, der Salomo seine Weisheit schenkte? Wenn ja, dann konnte er auch diesem Richter die Weisheit schenken, die richtige Entscheidung zu treffen.

Das Jugendamt hatte Karen nicht im Gefängnis besucht, hatte nicht die Hände auf ihren Bauch gelegt und für das Baby gebetet. Sie hatten auch nicht für Karens Gesundheit und Schutz gebetet, während sie mit dem Kind schwanger gewesen war.

Die Wärme des glatten, runden Steins in meiner Hand lenkte meine Gedanken von den aufsteigenden Sorgen ab. *Fürchte dich nicht ... Glaube nur.* Selbst wenn es bedeutete, dass das Kind in der Obhut des Jugendamtes blieb, so würde ich mich doch entschließen, Gott zu vertrauen.

Der Richter schaute mich an, richtete seine nächste Frage jedoch an meine Anwältin. »Frau Pryor, möchten Sie für Ihre Klientin eine Erklärung abgeben?«

»Ja, Euer Ehren. Meine Klientin ist seit sechzehn Jahren als Pflegemutter für das Jugendamt tätig. Sie und ihr Mann haben mehr als hundert Kinder bei sich aufgenommen, zusätzlich zu ihren eigenen fünf. Herr und Frau Moerke sind in diesem Fall hier nicht nur an einem vorübergehenden Sorgerecht interessiert, sondern möchten auch Schritte unternehmen, um das Kind zu adoptieren. Sie sind bereit, in jeder Hinsicht für das Mädchen zu sorgen, und würden niemals etwas tun, was ihm schaden könnte. Wir bitten das Gericht deshalb, Herrn und Frau Moerke das vorübergehende Sorgerecht für das Kind zu erteilen, Euer Ehren.«

Der Richter wippte ein wenig auf seinem Stuhl, als würde jede Bewegung ihm dabei helfen, die Informationen zu verarbeiten. Dann saß er plötzlich still da und sagte nur: »Vielen Dank, Frau Pryor.« Er faltete die Hände, lehnte sich zurück und fixierte eine Weile die drei Personen auf der anderen Seite des Tisches. Dann schaute er mich nachdenklich an. Ich hatte keine Ahnung, was in seinem Kopf vor sich ging. Nun musste ich mich auf die Fragen gefasst machen, die mir gestellt wurden. *Wenn doch nur Al da wäre.* Mein Herz schlug mir bis zum Hals.

»Frau Moerke.« Der Richter beugte sich nach vorne. »Nun würde ich gerne etwas von *Ihnen* hören. Warum sind Sie daran interessiert, dieses Kind zu adoptieren? Sie haben doch fünf eigene Kinder.«

Ich hielt den Stein zwischen beiden Handflächen gepresst. Nun war der Augenblick gekommen, an dem ich *glauben* musste. Jetzt durfte ich mich *nicht fürchten*.

»Euer Ehren, mein Mann und ich haben uns viele Jahre lang um zahlreiche Kinder gekümmert. Wir haben sie geliebt, haben eine gewisse Struktur und auch Hoffnung in ihr Leben gebracht, indem wir sie in unserer Familie willkommen hießen als Menschen, die wertgeschätzt, respektiert und geliebt werden. Wir sind Pflegeeltern, weil wir Kindern in Not helfen wollen. Wir haben als Pflegefamilie gewisse Erfolge erzielt, weil die Kinder sich bei uns zu Hause mit der Zeit zu körperlich und seelisch gesunden Menschen entwickeln. Sie blühen auf, kommen in der Schule gut zurecht und lernen, wie man in einer Familie respektvoll und liebevoll miteinander umgeht. Wir würden niemals etwas tun, was einem dieser Kinder schaden könnte, solange es unter unserer Fürsorge lebt. Doch wir können sie auch nur so weit schützen, wie das Gesetz es zulässt.

Wir konnten Hannah, das Kind, das gestorben ist, nicht schützen. Das Gericht schickte sie wieder nach Hause und wir hatten keine rechtliche Handhabe, um auch weiterhin für ihr Wohlergehen zu sorgen. Das neue Baby, dessen Mutter sich wünscht, dass wir es adoptieren, können wir nur dann schützen, wenn wir den richtigen Weg dafür einschlagen. Wir möchten uns an die Gesetze unseres Staates halten und sicherstellen, dass wir juristisch gesehen das Recht haben, dieses Kind zu schützen. Darum bin ich heute hier. Mein Mann und ich bitten das Gericht, uns das Sorgerecht zu übertragen, damit wir die nächsten Schritte unternehmen können, um dieses Kind zu unserem eigenen Kind zu machen. Wir möchten es adoptieren. Wir bitten den Staat hier auch nicht um Unterstützung. Wir werden das Kind als unser eigenes großziehen und uns um all seine Bedürfnisse selbst kümmern.«

Ich gab meine Erklärung aus voller Überzeugung ab, auch wenn ich nicht so sicher war, wie der Richter entscheiden würde.

Während der Richter über meine Worte nachdachte, bemerkte ich ein schwaches Lächeln auf seinem Gesicht. Dann seufzte er leise.

»Ich habe Sie bisher noch nicht persönlich kennengelernt, Frau Moerke«, sagte er dann. »Aber meine Frau hat mir von Ihnen erzählt. Sie hat Sie bei einem Vortrag im Zusammenhang mit dem Zentrum für Schwangerschaftskonfliktberatung gehört. Und sie hat auch durch andere von Ihnen gehört, die an Frauenfreizeiten teilnahmen, wo Sie die Hauptreferentin waren. Selbst mein Pastor kennt Sie und spricht mit großer Hochachtung von Ihnen. Als Pflegeeltern sind Sie und Ihre Familie in der ganzen Stadt bekannt und geschätzt. Ich will Ihnen damit sagen, dass ich Ihr Anliegen gut verstehen kann. Ich weiß leider auch, dass in unserer Stadt die Kompetenz des Jugendamtes, Kinder zu schützen, die sich in seiner Obhut befinden, seit dem tragischen Tod der fünfjährigen Schwester des Säuglings sehr infrage gestellt wird. Darum denke ich, dass es im besten Interesse des Kindes ist, wenn es ...«, er legte eine Pause ein und ich merkte, wie ich die Luft anhielt, »... bei Ihnen zu Hause lebt und Sie das vorübergehende Sorgerecht erhalten, während Sie Ihre Adoptionspläne weiterverfolgen. Meine Mitarbeiterin wird Ihnen verschiedene Dokumente zur Unterzeichnung vorlegen. Ich wünsche Ihnen und Ihrer Familie alles Gute. Bitte vereinbaren Sie mit dem Jugendamt, wie und wann Sie das Kind heute zu sich nach Hause holen können. Danke an Sie alle für die Teilnahme an dieser Anhörung.«

Der Anwalt des Jugendamtes schaute auf seine Papiere und schüttelte den Kopf. Meine Anwältin zupfte mich am Ärmel, um mich darauf aufmerksam zu machen, dass wir uns erheben mussten, sobald der Richter aufstand und den Raum verließ.

Ich folgte ihrer Aufforderung, war aber wie gelähmt. *Ist es wirklich vorbei? Hat Gott tatsächlich die Entscheidung getroffen, dass unsere Familie dieses kostbare neue Leben lieben und schützen darf?*

Meine Augen füllten sich mit Tränen, während meine Anwältin und ich warteten, bis die anderen drei den Raum verlassen hatten. Dann umarmte ich sie. »Ich bin so dankbar, dass Sie da sind.«

Sie umarmte mich ebenfalls und sagte: »Ich habe ja gar nicht viel getan, aber Sie haben mich mit diesem Stein in der Hand ganz nervös gemacht. Herzlichen Glückwunsch. Denken Sie jedoch daran, dass die Schlacht noch nicht vorüber ist. Das

Jugendamt wird sich nicht so einfach geschlagen geben. Die stehen unter großem öffentlichem Druck und haben wegen Hannahs Tod ernsthafte juristische Probleme. Ich kann gerne dabei sein, wenn Sie das Baby abholen, falls Sie das wollen. Ich möchte nicht so gern, dass Sie dann allein sind.«

Die Tränen liefen mir über die Wangen. Vor Aufregung war ich ganz kribblig. »Ich komme schon klar. Gott ist ja bei mir. Ich mache mir keine Sorgen.« Gott hatte mir seine Liebe und Gnade durch ein paar Worte gezeigt, die auf einen Stein gemalt waren. *Fürchte dich nicht ... Glaube nur.*

Hannah wäre glücklich. Bestimmt klatscht sie dort oben im Himmel vor Freude in die Hände. Vor meinem inneren Auge erschien ihr Bild: ihre süßen Wangen mit den Grübchen und ihre großen dunkelbraunen Augen. Ich konnte förmlich ihren gelockten schwarzen Pferdeschwanz sehen. Freude durchströmte mein Herz, als ich daran dachte, wie Gott aus der Asche unseres Lebens etwas Schönes entstehen lassen kann, wenn wir ihm nur vertrauen.

Ich ging zur Mitarbeiterin des Richters und unterschrieb das Dokument, mit dem sich unser Herzenswunsch erfüllte, nun in der Gewissheit, dass es auch Gottes Wunsch war.

Es war 10:45 Uhr. Ich hatte mir für den Rest des Tages freigenommen, ohne zu ahnen, dass sich innerhalb einer Stunde mein Leben so drastisch verändern würde. Ich würde meine Kinder anrufen, um ihnen die große Neuigkeit mitzuteilen, und dann ins Einkaufszentrum fahren, um alles zu besorgen, was ein Neugeborenes so braucht. *Kleider, Decken, Windeln, Fläschchen ...* in meinen Gedanken wurde die Liste immer länger. Ich wollte die Kleine mit lauter neuen Dingen verwöhnen, die ganz allein für sie gedacht waren. Ich konnte es kaum erwarten, Al und die Freunde anzurufen, die für uns gebetet hatten. Vor allem aber freute ich mich für Karen und wünschte mir, die Erste zu sein, die es ihr persönlich mitteilte, von Mutter zu Mutter.

Kapitel 19

Hindernislauf

Ich verließ das Gerichtsgebäude und sog die kühle Oktoberluft ein. Beim Einatmen spürte ich die Vorfreude, beim Ausatmen wurde ich all die Sorge und die Anspannung los, die ich mit mir herumgetragen hatte. Courtney gehörte nun zu uns! Ich hielt sie zwar noch nicht in meinen Armen, aber Gott hatte entschieden und wir konnten sie zu uns nach Hause holen.

Schneeflocken trieben durch die Luft, als wüssten sie nicht, wo sie landen sollten. *Nur ein kleiner Schauer,* dachte ich, als das nasse Weiß sich auf meinen Wimpern niederließ. Ich hob die Hand, um mir die Augen abzuwischen, und merkte, dass ich den Stein der Hoffnung immer noch festhielt. Ich sprach den Vers vor mich hin: »Fürchte dich nicht ... Glaube nur.« *Ich glaube, Herr. Du hast deine Liebe gezeigt und mich deine Gegenwart in dieser traurigen und doch hoffnungsvollen Geschichte spüren lassen.*

Ich kletterte in den Truck. Mein Plan war, zur *Rescue Mission* zurückzukehren und von dort aus Familie und Freunde telefonisch mit der guten Nachricht zu überraschen. Um drei Uhr würde ich unsere Pflegekinder abholen, sie nach Hause bringen und dann schnell zum Einkaufszentrum fahren, um die Sachen für das Baby zu besorgen. Ich wusste nicht, um welche Uhrzeit das Jugendamt mir Courtney übergeben wollte und ob das Ganze überhaupt heute stattfinden würde. Wer wusste schon, welche Hürden sie mich noch überspringen lassen würden, bevor ich das Kind mit nach Hause bekam? Egal. Ich war auf jede Herausforderung vorbereitet. Wir hatten schließlich gewonnen!

Im Missionsgebäude war es ruhig; bei meinem Eintreffen standen auf dem Parkplatz nur wenige Fahrzeuge. Als ich die

Tür zu meinem Büro öffnete, sah ich das kleine rote Licht des Anrufbeantworters blinken. *Vielleicht ist das schon die Nachricht, auf die ich warte.*

»Hallo, Debbie. Hier ist Tom vom Amt für Kinder, Jugend und Familie. Ich wurde gebeten, Ihnen mitzuteilen, dass Sie das Bower-Baby zum Ende unserer Bürozeiten heute abholen können, also um fünf. Warten Sie bitte im Eingangsbereich. Sobald sich dort niemand mehr aufhält, wird eine Sozialarbeiterin Ihnen das Kind übergeben. Wenn Sie noch Fragen haben, können Sie mich gerne hier im Büro anrufen.«

Ich kannte Tom schon seit Jahren. Bei vielen Gelegenheiten hatten wir zusammen Scherze gemacht und gelacht. Doch heute klang er nicht so freundlich und fröhlich wie sonst; sein Ton war eher kühl und sachlich. Aber die Anweisungen waren jedenfalls klar. Ich hatte keine Fragen mehr und selbst wenn ich welche gehabt hätte, dann hätte ich sicherlich nicht angerufen. Ich wollte einfach nur Courtney zu uns nach Hause holen.

Bis ich die Kinder nach Hause gebracht hatte, waren die Temperaturen merklich gesunken. Ich hatte keine Zeit gehabt, mich umzuziehen oder einen Mantel mitzunehmen, sondern konzentrierte mich ganz auf das Besorgen der Babysachen und die Fahrt zum Jugendamt.

Als ich den Einkauf beendet hatte, verschwand der Casper Mountain bereits hinter einem Vorhang von Schneeflocken. Meine schwarzen Pumps hinterließen Spuren auf dem Parkplatz, während ich, beladen mit Babysachen, zum Truck zurückkehrte. Die Uhr tickte. Ich machte mir Gedanken, wer mich im Jugendamt empfangen und ob die Begegnung freundlich oder kühl ausfallen würde. Ich konnte es kaum erwarten, bis alles vorüber war und ich endlich mit Courtney nach Hause kam. Ich stellte mir vor, wie ich mit ihr im Wohnzimmer vor einem gemütlichen Kaminfeuer saß, sie hin- und herschaukelte und alle Kinder sich um mich versammelten. Plötzlich sehnte ich mich sehr danach, dass Al endlich von seiner Geschäftsreise zurückkam.

Es war wenige Minuten vor fünf, als ich den Truck auf dem Parkplatz vor dem Jugendamt, einem Backsteingebäude, abstellte. Weißer Pulverschnee wirbelte um die wenigen Fahrzeuge herum, die noch auf dem Gelände standen. Als ich jedoch aus dem Auto sprang und auf den Eingang zuschritt, spürte ich nichts von der Kälte, sondern war voll freudiger Erwartung.

Als ich im Aufzug stand, schüttelte ich Schneeflocken aus meinem Haar und meiner Kleidung. Oben angekommen, ließ ich den Blick durch den Empfangsbereich streifen. Zwei Leute warteten dort noch. Eine Frau stand am Schalter und sprach mit der Mitarbeiterin dort, die andere saß auf einem Stuhl und las dem Kind auf ihrem Schoß ein Bilderbuch vor.

Ich ließ mich auf einem Stuhl in der Ecke des Raumes nieder und versuchte mich unauffällig zu benehmen. Doch es war schon zu spät. Die Mitarbeiterin am Empfang bemerkte mich und griff, noch während sie sich mit der Frau am Schalter unterhielt, sofort zum Telefonhörer und rief jemanden an. Der »Alarm« für meine Ankunft war in Gang gesetzt worden.

Die Minuten vergingen langsam. Um 17:15 Uhr verließen die letzten Besucher das Stockwerk und die Dame am Empfang folgte ihnen, um die Tür abzuschließen. »Es kommt gleich jemand zu Ihnen«, kündigte sie an.

»Danke«, erwiderte ich mit einem kurzen Lächeln. Nun saß ich allein im Wartebereich und sah, wie auf der anderen Seite des Schalters Lichter ausgeknipst oder heruntergedimmt wurden. Die Bürozeit war zu Ende, es war Zeit, nach Hause zu gehen. Und ich wünschte mir nichts sehnlicher, als Courtney mitzunehmen und heimzufahren.

Weitere Minuten vergingen, dann tauchten zwei Sozialarbeiterinnen im Wartebereich auf. Eine hatte das in Decken eingewickelte Kind auf dem Arm. Ich kannte die beiden Frauen. Wie würden sie sich mir gegenüber verhalten? Als ich auf sie zuging, lächelten sie mich beide freundlich an.

»Sie ist so süß«, meinte die eine und küsste das Baby auf die Stirn.

»Du bekommst jetzt ein ganz liebevolles Zuhause«, sagte die andere und strich dem Kind über den Kopf. Die freundlichen Worte beruhigten mich. Ich streckte die Arme aus und nahm Courtney entgegen.

Dann hüllte ich den kleinen Kopf fest in den Zipfel der Decke ein, küsste die Kleine auf die Wange und drückte sie an mich. Als ich die beiden Frauen wieder anschaute, um mich bei ihnen zu bedanken, sah ich Tränen in ihren Augen. Ich fing auch an zu weinen und zu meiner Überraschung umarmte eine der Frauen daraufhin nicht nur Courtney, sondern auch mich. »Wir möchten Ihnen sagen, wie froh wir sind, dass die Kleine bei Ihnen bleiben wird.«

Nach all dem, was in den letzten vier Monaten geschehen war, war ich über diese Äußerung sehr verblüfft.

»Haben Sie einen Kindersitz dabei?«

»Ja, ich habe alles, was ich für sie brauche. Danke.« Mein Herz war voller Dankbarkeit. Ich wusste, dass diese beiden Frauen nicht für Hannahs Tod verantwortlich waren. Und sie gehörten auch nicht zu denjenigen, die mich vor Gericht bekämpfen wollten. Genau wie ich waren sie tief erschüttert über das, was passiert war. Schließlich arbeiteten sie ja für eine Behörde, die Kindern helfen und sie schützen sollte. Doch nun stand genau diese Behörde unter Beobachtung und wurde öffentlich kritisiert. Aber ich hatte nicht das Recht, hier ein Urteil zu fällen. Denn auch ich war allein von Gottes Gnade abhängig. Auch ich hatte in meinem Leben Fehler gemacht, große sogar. Und Gott hatte mir seine Gnade und Vergebung geschenkt. Darum wollte ich den Mitarbeitern des Jugendamtes ebenso begegnen.

Als ich mit dem Aufzug wieder nach unten fuhr, drückte ich das kleine Baby, das ich im Arm hielt, fest an mich. Ich konnte es kaum glauben, dass ich Courtney nun tatsächlich mit nach Hause nehmen durfte. Nun konnten wir sie lieben, schützen und erziehen. Ich konnte es kaum erwarten, sie den Kindern und Al zu zeigen und ihnen alles zu erzählen, was Gott getan hatte.

Als ich das Gebäude verließ und die Tür hinter mir ins Schloss fallen hörte, sah ich, dass es schon dunkel war und nur noch unser Stinktier-Truck auf dem Parkplatz stand. Die Mitarbeiter des Jugendamtes waren alle durch eine Hintertür gegangen und weggefahren. In der kurzen Zeit, in der ich mich drinnen aufgehalten hatte, hatte sich der kleine Schauer in ein Unwetter verwandelt. Dichter Schneefall und ein scharfer Wind nahmen mir die Sicht. Ich wickelte Courtney so gut ein, wie es ging, war dankbar, dass sie eine Wollmütze trug, und hielt sie fest an mich gedrückt.

Mit bloßer Hand entfernte ich den Schnee vom Griff der Beifahrertür, öffnete sie und schnallte Courtney auf dem Kindersitz an. Die Temperatur fiel weiter und an den Beinen spürte ich die eiskalte Luft, die um mich herumwirbelte. Auf dem Weg zur Fahrertür konnte ich schon meine Schuhe nicht mehr sehen. Nur noch Beine, Knöchel und Schnee. Meine Füße fühlten sich taub an, nasser Schnee tropfte von meinem Gesicht und meine Hände waren eiskalt und rot. Mit vor Kälte brennenden Fingern säuberte ich den Griff der Fahrertür. Ich stampfte mit den Füßen, um den Schnee abzuschütteln, und kletterte auf den Fahrersitz. Zitternd suchte ich in meiner Handtasche nach dem Autoschlüssel. Meine Finger waren inzwischen so steif, dass es mir nur mit Mühe gelang, den richtigen Schlüssel ins Zündschloss zu stecken. Ich musste den Motor schnell starten, damit es im Innenraum für Courtney warm wurde.

Doch als ich den Schlüssel umdrehte, war unter der Motorhaube kein Brummen zu hören. Kein Klopfen und Rattern. Nur ein Klicken.

»Nein! Herr! Der Truck hat doch den ganzen Tag über gut funktioniert. Wo liegt das Problem? Sag mir nicht, dass die Batterie leer ist.« Ich versuchte es noch ein paarmal, doch das Klicken wurde jedes Mal schwächer, bis es gar nicht mehr zu hören war.

Ich erinnerte mich noch daran, dass ich die Scheinwerfer eingeschaltet hatte, als ich das Einkaufszentrum verließ. Ich konnte mich jedoch nicht daran erinnern, ob ich das Licht auch wieder ausgeschaltet hatte, als ich vor dem Jugendamt geparkt hatte. Schon mein kurzer Aufenthalt im Gebäude hatte bei diesen kalten Temperaturen anscheinend ausgereicht, um die Batterie zu entladen.

»Kann das wirklich wahr sein?«, stöhnte ich. Ich hatte den ganzen Tag über so viel im Kopf gehabt, dass mir diese wichtige Kleinigkeit, das Licht auszuschalten, entgangen war. Nun saß ich im Dunkeln auf einem verlassenen Parkplatz mit einer leeren Autobatterie fest, während um mich herum ein Schneesturm tobte und ein Neugeborenes neben mir schlief. Ich musste schnell handeln.

Eigentlich bin ich kein Mensch, der hinter allen Widrigkeiten immer gleich den Teufel vermutet. Aber nun wurde ich das Gefühl nicht los, dass er es war, der hinter jeder Wegbiegung versucht hatte, Gottes Plan, Courtney in unsere Obhut zu geben, zu vereiteln. Und nun bäumte er sich ein letztes Mal gegen mich auf. Wenn er schon nicht hatte verhindern können, dass Courtney in unser Leben kam, dann wollte er mir zumindest die Freude nehmen, sie nach Hause bringen zu dürfen. Doch mein Gott war der Sieger! Das wusste ich. Courtney gehörte zum Herrn und zu uns und nichts würde mir die Freude darüber rauben. Ich würde mich auch dieser letzten Herausforderung stellen.

Am Fuß des Hügels war ein Hotel. Wenn es mir gelang, den Truck zur Straße zu schieben und ihn den Hügel hinunterrollen zu lassen, vielleicht bekam er dann genug Schwung, dass ich die Kupplung einlegen und den Motor starten konnte. Wenn ich es bis zum Parkplatz des Hotels schaffte, könnte mir dort jemand helfen, ich könnte meine Kinder anrufen und ihnen sagen, dass alles in Ordnung war.

Ich zog zwei Flanelldecken aus einer Einkaufstasche und formte daraus eine Art Zelt, das ich über Courtneys Autositz spannte.

»Gott, bitte gib mir die Kraft, den Truck über den Parkplatz zu schieben«, flüsterte ich. Ich wusste, dass ich es bis zur Straße schaffen musste, um dann wieder in den Truck zu springen und ihn den Hügel hinunter bis zum Hotel rollen zu lassen.

Ich wurde das Gefühl nicht los, dass ich mitten in einem geistlichen Kampf steckte. Ja, dieses Gefühl wurde immer intensiver. »Satan versucht immer noch, uns zu kriegen, aber er wird *nicht* gewinnen«, erklärte ich Courtney mit kühner Stimme, während sie schlief. »Jesus ist unser Schutz. Diese Schlacht ist bereits gewonnen! Mein süßes Baby, du bist in meiner Obhut und unter dem Schutz meines Retters. Kein Mensch und keine teuflische Macht können uns jetzt noch schaden. Danke, Gott, dass du uns liebst!« Ich hörte mich so an, als würde ich dem ganzen Universum predigen. Und vielleicht war es auch so. Ich wusste, dass Gott mir die Kraft geben würde, die ich brauchte.

Ich löste die Handbremse, stellte den Automatikhebel auf Leerlauf, sprang heraus und stemmte meine schwarzen Pumps in den Schnee, bis ich den Asphalt unter meinen Füßen spürte. Ich ließ die Fahrertür offen, packte den Türrahmen mit einer Hand und das Lenkrad mit der anderen. Dann stieß ich erst ein tiefes Ächzen und schließlich einen lauten Schrei aus, während ich versuchte, den Wagen mit meinem ganzen Gewicht vorwärtszuschieben. Der Wind trieb mir den Schnee entgegen und peitschte ihn gegen meinen Kopf, die Hände und das Gesicht. Ich musste die Augen zusammenkneifen, um überhaupt etwas sehen zu können.

Der Wagen rührte sich nicht von der Stelle.

Ich würde ihn vor und zurück schaukeln müssen, um ihn in Gang zu bekommen. Die ersten Versuche liefen ins Leere, doch dann begann der Truck ganz allmählich zu schaukeln. Ich nutzte den Schwung und schrie: »Wir schaffen es! Gott, Courtney und ich, wir schaffen es!« *Was das wohl für ein Anblick ist. Wenn mich nur jemand sehen könnte!*

Ein- oder zweimal rutschte ich aus und musste mich noch fester ans Steuer klammern, um nicht hinzufallen. Immer und immer wieder stemmte ich mich dagegen und drückte und schaukelte den Wagen. Vor und zurück. Vor und zurück. Allmählich begann er sich zu bewegen. Ich schlug das Lenkrad scharf ein und versuchte das Fahrzeug zu wenden, denn es stand genau verkehrt herum. Es bergab zu lotsen, war eine Herausforderung, zumal der Parkplatz kein Gefälle hatte. Nachdem ich weiter so kräftig wie möglich geschoben hatte, gelang es mir endlich, den Truck in die richtige Richtung zu bringen. Ich schob ihn weiter bis zur Ausfahrt des Parkplatzes. Als der Wagen auf die Straße rollte, sprang ich auf den Fahrersitz und schlug das Lenkrad so ein, dass er den Hügel hinunterfuhr.

Meine Hände waren so taub, dass ich das Steuer kaum greifen und die Tür schließen konnte. Der Truck nahm an Fahrt auf. Ich musste schnell genug werden, um die Kupplung kommen zu lassen. Wenn das nicht funktionierte, musste ich den ganzen Weg bis zum Hotel hinunterrollen. Ohne Servolenkung würde ich das Lenkrad mit ganzer Kraft drehen müssen, um den Truck auf den Parkplatz zu steuern und dabei keinen Pfosten umzufahren oder an der Einfahrt vorbeizufahren. Und da auch meine Scheinwerfer nicht funktionierten, konnte ich nur schwer erkennen, wo die Fahrbahn verlief und wo die Einfahrt zum Hotel begann.

Courtney schlief und schien nichts von dem Kampf zu bemerken, den ich ausfechten musste, um sie nach Hause holen zu können. Die Einfahrt zum Hotel kam schneller, als ich gedacht hatte. Ich packte das Lenkrad so fest, wie ich konnte, und trat auf die Bremse. Dann drehte ich das Steuer mit aller Kraft, um nach rechts abbiegen zu können. Der Wagen machte einen Satz, als das Hinterrad über den Bordstein hüpfte. Dann glitt er über den Parkplatz und blieb auf der Mitte zwischen Straße und Hoteleingang stehen. *Meinetwegen!* Ich war froh, nur noch wenige Schritte gehen zu müssen.

Ich stieg aus und umrundete das Fahrzeug, wobei ich mich an die Motorhaube klammerte, um nicht auszurutschen. Vorsichtig arbeitete ich mich bis zur Beifahrertür vor, um zu Courtney zu gelangen.

Sie schlief immer noch tief und fest. Was für ein Bild des Vertrauens das doch war! *Herr, solch ein Vertrauen möchte ich auch zu dir haben – so mit Glauben erfüllt sein, dass ich tief schlafen kann, während du für mich in die Schlacht ziehst!*

Ich schnallte den zugedeckten Kindersitz los, hob ihn heraus und versuchte Courtney dabei nicht aufzuwecken. Dann schlurfte ich durch den mittlerweile fast zehn Zentimeter hohen Schnee und spürte dabei kaum noch meine Füße. Als ich in die Hotellobby kam, schauten mich die beiden jungen Frauen an der Rezeption entsetzt an. Wahrscheinlich sah ich aus wie ein Yeti, der einen großen Korb trug.

»Hallo«, begrüßte ich sie und versuchte so normal wie möglich zu klingen. »Meine Autobatterie ist leer und ich habe ein neugeborenes Baby dabei. Ich brauche Hilfe.«

Eine der beiden Frauen lief hinter dem Tresen hervor und

führte mich zu einem Sofa. Sie fegte mit der Hand den Schnee von der Decke, die Courtney schützte, und warf einen Blick unter das Flanellzelt.

Auch die andere Frau kam her. »Sie Arme«, sagte sie. »Kommen Sie, ich befreie Sie von dem Schnee. Möchten Sie einen Kaffee oder Wasser oder … etwas anderes?«

»Ja, vielen Dank. Aber ich würde gern meine Kinder anrufen, um ihnen zu sagen, warum ich noch nicht zu Hause bin. Außerdem brauche ich jemanden, der meinen Truck wieder zum Anspringen bringt. Ist hier jemand, der mir helfen kann?«

Eine der beiden Frauen eilte zur Rezeption zurück und rief den Hausmeister des Hotels an. Innerhalb weniger Minuten kamen zwei Männer. Ich reichte ihnen mit der einen Hand die Autoschlüssel und nahm mit der anderen eine Tasse Kaffee entgegen, die mir eine der beiden Frauen brachte.

Innerhalb einer halben Stunde war der Stinktier-Truck wieder aufgeladen und stand warm mit laufendem Motor vor dem Eingang des Hotels. Als ich den Kindersitz wieder anschnallte, dankte ich den wunderbaren Menschen, die mir geholfen hatten. Mein Haar war zerzaust und nass und die Füße immer noch kalt. Aber immerhin spürte ich die Kälte wieder. Die Autoheizung lief schon seit mindestens einer Viertelstunde und so war es im Innenraum entsprechend warm. Ich seufzte zufrieden, als ich mich hinter das Steuer setzte.

Der Sturm war noch schlimmer geworden, aber jetzt hatte ich ja wieder funktionierende Scheinwerfer und Allradantrieb, um nach Hause zu kommen. Wieder einmal hatte Gott gewonnen. Wir waren in seiner Obhut und unter seinem Schutz. Ich hatte keine Zweifel, dass wir gut nach Hause kommen würden.

Ich dachte an die Kinder, die dort auf uns warteten. Der Holzofen musste angemacht und das Abendessen zubereitet werden, aber Courtney würde jetzt endlich bei ihrer neuen Familie sein.

Teil vier

Bis zum Ende durchhalten

Kapitel 20

Eine sanfte Berührung

Und sie lebten glücklich bis ans Ende.

Als ich am nächsten Morgen aufwachte – es war Courtneys erster Morgen im neuen Zuhause –, hatte ich irgendwie das Gefühl, dass wir für eine Weile ein solch märchenhaftes Leben verdient hätten. Immerhin hatten wir ein schweres Jahr hinter uns: die Sorge um ein vermisstes Kind, das wir liebten; den Horror und Schock seiner Ermordung; die aufwühlende Nachricht von Karens erneuter Schwangerschaft; die langwierige Entscheidung darüber, ob wir nur das Sorgerecht beantragen oder das Kind adoptieren sollten; die Belastung, in die polizeilichen Ermittlungen hineingezogen zu werden; die unerwartete Pattsituation mit dem Jugendamt, wodurch unser langjähriges Vertrauen zu der Behörde zerstört wurde; und schließlich die gerichtliche Auseinandersetzung um Courtney. Dazu kam noch, dass meine Entscheidung, die Mörderin unseres geliebten Pflegekindes im Gefängnis zu besuchen, unsere Familie in den letzten vier Monaten gespalten hatte. Das unangenehme Abenteuer mit dem Stinktier-Truck am Vorabend war dann der krönende Abschluss gewesen – ein Kampf gegen Naturgewalten und die Tücken der Technik. Kurz: Wir waren gehörig in die Mangel genommen worden und ich brauchte dringend eine Zeit der Erholung.

Doch das Leben ist nun einmal kein Wunschkonzert und auf ein Happy End haben wir kein Recht. Wir sind dazu berufen, den Lauf zu vollenden, der uns vorgegeben ist, bis wir in den Himmel gerufen werden – und das, so vermutete ich, glich eher einem Marathon. Nun musste ich meine trauernde Familie durch eine Phase der Veränderung und Heilung begleiten und hatte zudem zwei Pflegekinder mit ganz eigenen Bedürfnissen.

Glücklicherweise erwies sich die Freude über das neugeborene Baby, das wir nun an uns drücken und für das wir sorgen konnten, als eine Quelle der Heilung für uns alle. Wir erkannten, dass Courtney nicht einfach ein Ersatz für Hannah war. Wir alle hatten noch mit verschieden starken Gefühlen der Wut und Bitterkeit zu kämpfen gegenüber Karen und dem Jugendamt. Nur die Zeit und der Heilige Geist konnten unsere Herzen in dieser Hinsicht verändern. Doch zumindest war jeder von uns in der Lage, seine Gedanken und Gefühle zu äußern, und eines jeden Meinung wurde auch respektiert. Die Veränderung ging so sanft vonstatten, wie Al und ich es kaum zu hoffen gewagt hatten.

Inzwischen hatte Karen mich gefragt, ob ich Courtney einmal zu einem Besuch bei ihr mitbringen könnte. Nach vielen Gebeten entschied ich mich, sie das Baby dieses eine Mal sehen zu lassen. Wenn Courtney dann älter war und den Wunsch äußerte, ihre leibliche Mutter kennenzulernen, würde ich sie wieder mitnehmen. Al und ich waren uns einig, dass die Kinder von diesem einen Besuch nichts erfahren sollten. Es würde sie nur in Unruhe versetzen. Also erzählte ich nur wenigen guten Freunden davon, die für mich beten würden. Doch selbst sie standen meinem Vorhaben eher skeptisch gegenüber. Einer Mutter, die ihr eigenes Kind umgebracht hat, Gnade zu erweisen, war auch für sie ein schmerzhafter Gedanke. Außerdem wussten sie, dass es für mich ein emotional schwieriger Besuch werden würde, und davor wollten sie mich schützen. Aber mir war klar, dass ich mich hierin von Gott leiten lassen musste.

In der ersten Dezemberwoche des Jahres 1998, als Courtney ungefähr fünf Wochen alt war, kam für mich der richtige Zeitpunkt. Die Luft war kühl und am Himmel hingen graue Wolken, die einen Wetterumschwung ankündigten. Während ich in aller Stille fuhr, wurde der Wind heftiger. Ich warf einen Blick in den Rückspiegel und sah Courtney friedlich in ihrem Kindersitz schlafen. Ihr weiches dunkles Haar schaute unter ihrer pinkfarbenen Wollmütze hervor. Ich hatte sie in eine kuschlige lindgrüne Decke gepackt, sodass nur ihr Gesicht zu sehen war, denn sie sollte es warm und gemütlich haben. Ich lächelte. Sie war einfach ein Geschenk.

Als der Wind stärker wurde, hatte ich mit dem Lenkrad ebenso zu kämpfen wie mit den Zweifeln, die mit diesem Besuch verbunden waren. Tat ich wirklich das Richtige? Ich dachte zurück an den Tag von Courtneys Geburt. Karen hatte sie nie zu Gesicht bekommen. Trotz meiner Bedenken hatte ich das Gefühl, das Richtige zu tun. Ich hatte den Eindruck, dass ich Karen Barmherzigkeit und Gnade erweisen sollte als Zeichen dafür, dass Gott sie liebte. Obwohl es bisher weder einen Prozess noch ein Urteil gab, bedeutete Karens Geständnis, dass sie das Gefängnis nie wieder verlassen würde.

Ich fuhr durch Lusk, vorbei an den alten Backsteinhäusern, die eine Seite der Hauptstraße säumten, und überquerte dann die Bahnschienen. Als ich in die lange Zufahrt zum Gefängnis einbog, nahm ich den Fuß unwillkürlich vom Gaspedal. Ich hatte es mit diesem Besuch nicht eilig. Mein Auto fuhr zwar langsamer, doch mein Herzschlag beschleunigte sich. Ich war tief aufgewühlt und fragte mich, was ich da tat und warum.

Ich wurde an Hannah erinnert. Was würde sie davon halten, wenn sie mich jetzt sehen könnte? Würde sie entsetzt aufschreien? Würde sie mir zurufen: *Nein, geh nicht dort rein! Meine Mutter hat es nicht verdient, Courtney zu sehen. Sie hat gar nichts verdient. Sie war gemein, herzlos und brutal. Sie hat mich umgebracht. Wie kannst du Courtney zu ihr bringen nach all dem, was sie mir angetan hat?* Oder würde sie sagen, dass sie ihrer Mutter vergeben hatte und ich ihr Gnade erweisen und Courtney zu ihr bringen solle? Hannah hatte ein sanftes, liebevolles Herz gehabt. Ich war überzeugt, dass sie mir sagen würde, ich solle das tun, wozu Gott mich bewegte.

Die Worte aus Epheser 2,4-5 gingen mir durch den Kopf und erreichten mein Herz:

> *Gottes Barmherzigkeit ist groß. Wegen unserer Sünden waren wir in Gottes Augen tot. Doch er hat uns so sehr geliebt, dass er uns mit Christus neues Leben schenkte. Denkt immer daran: Diese Rettung verdankt ihr allein der Gnade Gottes.*

Ich ahnte nicht einmal ansatzweise, warum Gott mich mit einem kostbaren neugeborenen Baby ins Gefängnis sandte, um einen Besuch zu machen, der für mich und für Karen herzzerreißend sein würde. Ich wusste nur, dass es um Gnade ging und dass Gott sie von mir erwartete. Wie oft schon hatte er mir seine Gnade geschenkt?

Tränen liefen mir übers Gesicht, als ich den Wagen einparkte. Ich schaute zum Himmel, als ob Gott dort oben auf meine Entscheidung wartete.

»Herr, ich glaube nicht, dass ich das tun kann«, betete ich. »Ich konnte Hannah nicht schützen. Versage ich jetzt auch noch bei Courtney, wenn ich sie hierherbringe? Tue ich etwas, das nicht gut für sie ist?«

Ich stützte mich auf das Lenkrad und weinte. Courtney dagegen schlief friedlich weiter. Die Uhr tickte. Die Besuchszeit würde bald beginnen und wenn ich nicht pünktlich war, durfte ich nicht hinein. Ich wusste, dass ich Gottes klarer Führung folgen musste.

Ich trocknete meine Tränen und plötzlich erfüllte mein Herz ein tiefer Friede. Genau da, wo die Furcht fast die Oberhand gewonnen hätte. Ich würde Gott gehorchen. Als ich Courtney aus dem Auto holen wollte, bekam ich kaum die Tür auf, so stark war der Wind. *Selbst der Wind stellt sich gegen mich, Herr.* Ich schnallte Courtney ab und wickelte sie in die Decke ein, sodass sie wie ein kleiner Burrito aussah. Der süße Duft der Babylotion vom morgendlichen Bad erinnerte mich daran, wie unschuldig und verwundbar sie war. Ich drückte sie fest an mich und ging zum Eingang, um über die Sprechanlage unsere Ankunft anzumelden.

Im Besucherbereich angekommen, packte ich mein kostbares kleines Bündel aus. Ein paar Besucher lächelten, als ich Courtney die Wintermütze auszog und ihr dichtes dunkles Haar zum Vorschein kam. Die Mitarbeiterin hinter dem Besuchsschalter lächelte ebenfalls. »Sind Sie hier, um Karen Bower zu besuchen?«, fragte sie.

Mir wäre es lieber gewesen, wenn sie Karens Namen nicht so laut ausgesprochen hätte. Denn mittlerweile war ihr Fall in ganz Wyoming bekannt und tauchte sogar landesweit in den Nachrichten auf. Würde einer der Besucher in seinem Bekanntenkreis weitererzählen, dass ich Karens Baby mit ins Gefängnis genommen hatte, damit sie es sehen konnte? Würden die Wärter mir mitleidige Blicke zuwerfen und mich für verrückt erklären, weil ich Karen besuchte? Ich merkte, wie sich mein Stolz wieder bemerkbar machte und der Feind darauf aus war, wenigstens eine kleine Schlacht zu gewinnen. Dabei sollte durch meinen Besuch doch die reiche Gnade Gottes triumphieren.

»Bitte stellen Sie sicher, dass Sie Ihre Taschen entleert und alles in einem Schließfach verstaut haben«, forderte die Frau am Schalter die wenigen anwesenden Besucher auf. »Und die Dame dort«, wandte sie sich dann an mich, »bitte legen Sie auch die Babydecke in das Schließfach.« Damit war meine Deckung aufgeflogen. Courtney und ich mussten nun für alle sichtbar durch den Sicherheitsscan und uns dann in einer Schlange vor dem Besuchsraum anstellen.

Der Geruch ungewaschener Kleidung hing in der Luft und erinnerte mich daran, dass vor uns schon viele andere Menschen hier gewesen waren – Menschen, mit denen ich Courtney nicht unbedingt in Kontakt bringen wollte und auch keines unserer Kinder. Ich betrachtete die Regale mit Kinderbüchern und Spielen und dachte daran, dass auch andere Kinder hier ihre Mütter besuchten. Durch die Fenster sah ich den Innenhof, der von hohen Betonmauern und Stacheldraht umgeben war. Ich schaute mich im Besuchsraum um, ob es irgendwo ein wenig Privatsphäre gab, doch das war nicht der Fall. Zum ersten Mal würde ich Karen hier besuchen, ohne dass eine Glasscheibe zwischen uns war. Endlich konnten wir uns in einem offenen Raum zusammensetzen.

Ich sah zu, wie eine Gefangene nach der anderen durch die Tür kam, bis schließlich Karen auftauchte. Sie lächelte mich an und begann zu weinen, als sie das Baby sah. Mir kamen auch die Tränen. Wir umarmten uns, Courtney zwischen uns. Es fühlte sich seltsam und doch richtig an, dass wir schließlich nebeneinandersaßen und die schlafende Courtney beobachteten. Nach ein paar stillen Augenblicken fing Karen an zu sprechen.

»Darf ich sie einmal halten?«

Eigentlich wollte ich das nicht und irgendwie doch. Wir wussten beide, dass sie Courtney danach nicht mehr in ihren Armen halten würde – weder als Baby noch als Kleinkind, vielleicht nie wieder. Karen weinte, während sie ihre Tochter wiegte. Bei diesem Anblick kamen auch mir wieder die Tränen. Mir würde es das Herz brechen, wenn ich mein Kind nur einmal in meinem ganzen Leben auf den Arm nehmen dürfte. Karen tat mir plötzlich unendlich leid. Und Hannah auch. Und Courtney ebenfalls. Wie waren wir nur alle in diese Situation geraten?

Karen strich ihrem Baby über die Arme und den Kopf. Sie küsste die Kleine und drückte sie sanft an sich. Courtney würde bald ihr Fläschchen brauchen. In den Besuchsraum hatte ich keines mitnehmen dürfen. Ich wusste, dass mir dies einen triftigen Grund liefern würde, den Besuch zu beenden, wenn es nicht gut lief. Ich nahm Karen, die immer noch ihr Kind hielt, in den Arm und betete für die beiden. Dann saßen wir lange schweigend da, während Karen die schlafende Courtney betrachtete und ihr sanft das Haar zur Seite strich. Schließlich wachte Courtney auf und begann zu quengeln. Sie hatte mit Sicherheit Hunger.

»Wir müssen gehen. Sie braucht ihr Fläschchen«, flüsterte ich.

»Ich weiß. Aber ich will nicht, dass ihr geht. Ich werde sie ja nie mehr wiedersehen.« Karen begann wieder zu weinen, versuchte sich aber zu beherrschen, um keine Szene zu machen. Sie küsste Courtney auf die Stirn. Ich wollte Karen gern als Mutter respektieren, aber dann gewann wieder meine mütterliche Liebe zu Hannah die Oberhand. Wo waren die Küsse ihrer Mutter gewesen, als sie noch am Leben war? Die Bitterkeit stieg wieder in mir auf.

Ich bat Gott, den Zorn in mir zurückzudrängen und diesen Augenblick einen Augenblick der Gnade sein zu lassen. Wenn ich Gottes Willen tat, indem ich diese Mutter mit ihrem Baby in meinen Armen besuchte, durfte ich keine Bitterkeit in meinem Herzen tragen. Es sollte Liebe sein. Und Barmherzigkeit. Ich wollte Gott vertrauen, dass er mir half, dieses kleine Kind im Geist der Vergebung zu erziehen. Eines Tages würden Courtney und ich beide in einer solchen Gnade leben müssen, um frei von Bitterkeit zu sein. Ich wusste, dass Gott mich genau dazu berufen hatte.

Gemeinsam gingen wir zur diensthabenden Wärterin, deren Blick voller Mitgefühl war. Das überraschte mich ebenso wie die Tatsache, dass ich innerlich ganz ruhig war, als ich Courtney wieder auf den Arm nahm. Ich fand es schlimm, dass dieses unschuldige Kind in einer Gefängnisumgebung war, und wollte es so schnell wie möglich von hier wegbringen.

Die Wärterin bat die Zentrale per Funk, die Tür zum Besuchsraum für mich zu öffnen. An der Tür umarmte Karen mich zum Abschied. »Danke, dass du sie mitgebracht hast.«

Ich erwiderte Karens Umarmung, dann drehte ich mich um und ging den Flur entlang zurück zum Ausgang. Als ich das Gebäude verließ, stellte ich mir vor, wie sie zurück in ihre Zelle geführt wurde. Sie hatte bestimmt ebenso gemischte Gefühle wie ich. Trauer. Reue. Einsamkeit. Sehnsucht nach ihrem Neugeborenen und all ihren anderen Kindern.

Ich setzte mich mit Courtney auf den Rücksitz unseres Autos und gab ihr das wohlverdiente Fläschchen. Es wurde Zeit für sie, nach Hause zu kommen und ihr Leben zu leben. Ich betete darum, dass Gott ihr zartes Herz bewahren würde, wenn sie einst mit den Taten und dem Schicksal ihrer leiblichen Mutter klarkommen musste.

Plötzlich ergriff mich die Furcht. Wie sollte ich dieses kostbare Kind durch die Phase begleiten, in der es erfuhr, dass seine leibliche Mutter seine Schwester umgebracht hatte?

»Das liegt in meinen Händen«, spürte ich Gott zu mir sagen. Bis dahin war es meine Aufgabe, in dem Licht zu leben, das mir zur Verfügung stand.

Kapitel 21

Die Garage

Im Frühling 1999 gab es in unserer Familie zwei bedeutsame Ereignisse. Auf das erste hatten wir lange gewartet und es brachte uns Erleichterung und einen gewissen Abschluss. Im Mai wurde nämlich Courtneys Adoption endgültig genehmigt und so gehörte sie von da an offiziell als eine Moerke zu unserer Familie. Wir waren glücklich und atmeten erleichtert auf. Nun konnte sie uns nicht mehr weggenommen werden.

Das zweite Ereignis überraschte uns komplett und war zunächst eine eher unwillkommene Nachricht. Ungefähr einen Monat nach der Adoption erfuhr Al, dass eine neue Firma das Catering in dem Veranstaltungszentrum von Casper übernehmen würde. Wir würden nach Arizona umziehen müssen. Das aber wollte niemand in unserer Familie. Wir liebten die Rocky Mountains, unsere Gemeinde und unsere Freunde. Phoenix bedeutete, dass wir in einer Großstadt leben würden, in der es im Sommer furchtbar heiß war. Und außerdem kannten wir dort niemanden. Unsere beiden Ältesten, Elizabeth und Jason, waren jetzt vierundzwanzig und dreiundzwanzig. Sie lebten ihr eigenes Leben, der Umzug betraf sie nicht. Doch unsere vier Jüngsten waren alle in Casper geboren. Sadie war siebzehn und war im letzten Jahr der Highschool – ein denkbar ungünstiger Zeitpunkt für einen Umzug. Helen war fünfzehn und Charles zwölf. Courtney mit ihren erst sieben Monaten war das einzige Kind, für das der Umzug kein Problem bedeutete. Tatsächlich sahen wir für sie sogar einen definitiven Vorteil darin, nicht mehr in Casper zu wohnen, wo das Verbrechen ihrer Mutter immer noch die Gemüter erregte.

Al zog schon vor uns nach Phoenix, um seine neue Stelle anzutreten und ein Haus für uns zu suchen. Der Rest der Familie blieb in Casper und ich bot unser Haus zum Verkauf an. Wir hatten immer noch einen neun Jahre alten Pflegesohn, der schon einige Zeit bei uns lebte. Nach Phoenix konnten wir ihn nicht mitnehmen, aber es gab eine Familie in Casper, die ihn bei sich aufnehmen würde. Ich hoffte, ihm noch einen schönen Sommer bereiten zu können, bevor wir gingen.

Der Umzug bedeutete packen. Und neben unseren eigenen Sachen im Haus hatte ich auch noch Karens Hausrat, der in unserer Garage untergebracht war.

Nun wurde es Zeit, diese Dinge auszusortieren. Der Berg von schwarzen Müllsäcken sah allmählich aus wie ein staubiger Büffel, der schlafend in der Ecke lag. Ich hatte das Sortieren nicht deshalb so lange aufgeschoben, weil ich keine Lust oder keine Zeit hatte. Der Grund war ein anderer: Wenn ich in die Garage ging und den Berg von schwarzen Müllsäcken sah, stellte ich mir jedes Mal vor, wie Hannahs kleiner Körper zusammengekrümmt in einem von ihnen lag. Dann starrte ich auf die luftdichten Tüten und spürte, wie mir selbst der Atem stockte.

Obwohl es schon fast ein Jahr her war, seit man Hannahs Leiche gefunden hatte, empfand ich immer noch großen Schmerz bei dem Gedanken, dass niemand von ihrem Tod gewusst hatte. Keiner hatte nach ihr gesucht. Monatelang hatte kein Mensch geahnt, dass sie ermordet worden war und in dem Haus versteckt war, wo ihre Mutter und ihre Geschwister ihr Leben weiterführten. Ich sah mich fast zwanzig Müllsäcken gegenüber und jeder einzelne davon erinnerte mich an unsere geliebte Hannah.

Nun, da wir umziehen mussten, war ich gezwungen, entweder alle Säcke ungeöffnet in einen Müllcontainer zu werfen oder sie durchzusehen, wie ich es Karen versprochen hatte. Ich beschloss, mein Versprechen zu halten, und wartete mit der Arbeit, bis die Kinder entweder in der Schule waren oder an ihren Hausaufgaben saßen. Ich nahm mir immer zwei Säcke vor. Dabei hatte ich keine Ahnung, was mich erwartete, deshalb plante ich genug Zeit ein, um das verarbeiten zu können, was mich vielleicht aufwühlen würde.

Ich zog an dem fest verschnürten Knoten am ersten Sack und nach einigen vergeblichen Versuchen schloss ich die Augen und bohrte meine Hand seitlich hinein, bis eine große Öffnung entstand und der Inhalt freigelegt wurde. Handtücher und Bettwäsche. *Das ist nicht so schlimm.* Ich legte sie beiseite, um sie einer Hilfsorganisation zu spenden. Dann holte ich tief Luft, fasste Mut und schnappte mir einen zweiten, kleineren Sack. Darin fand ich Unterwäsche und andere Kleidungsstücke, die offensichtlich Karen gehörten.

Ich drehte den Sack um und schüttete den Inhalt aus. Es fielen auch einige Polaroidfotos heraus, darunter fünf oder sechs Bilder, die Karen mit einem Mann zeigten. Diese waren ganz offensichtlich nicht für meine Augen oder die von jemand anderem bestimmt. Sicherlich wäre es Karen peinlich, wenn sie wüsste, dass ich sie gefunden hatte. Auch mir war das unangenehm. Ich durchstöberte die Wäsche, um sicherzugehen, dass ich alle Fotos eingesammelt hatte. In meiner Mülltonne wollte ich sie nicht entsorgen, also beschloss ich, sie zu verbrennen. Nachdem ich die Wäsche weggeworfen hatte, suchte ich nach einem Behälter, in dem ich die Fotos gefahrlos verbrennen konnte.

Was ist mit den Kindern?, dachte ich, als ich zwischen Blechdosen und Werkzeug auf einem schmalen Holzregal an der Wand nach einem geeigneten Gefäß suchte. *Was ist, wenn sie den Rauch riechen und in die Garage kommen?* Ich fand eine rostige Kaffeedose voller Nägel und Schrauben und leerte sie aus. Während der Inhalt herausprasselte, bekam ich plötzlich eine Gänsehaut, als sei etwas an meinem Handgelenk hochgekrabbelt. Ich schaute auf die zwei Gesichter auf dem Foto und obwohl Karen und der Mann lächelten, spürte ich, wie mir etwas Böses aus seinem Blick entgegensprang.

Rasch tat ich die Bilder in die Dose, ging in unsere Einfahrt und zündete sie an. Ich sah zu, wie die Flammen die Fotos verzehrten. Nachdem sie zu Asche geworden waren, warf ich noch eine Handvoll Erde darauf.

Dann schaute ich nur kurz zu der Bettwäsche und den Handtüchern und beschloss kurzerhand, dass ich nur das in meinem Haus haben wollte, das den Kindern von Karen gehörte. Ich packte alles und tat es in die Tonne. *Und das waren nur zwei Säcke. Schaffe ich es wirklich, sie alle auszupacken?*

Ich ging ins Haus und wusch mir die Hände. Und obwohl sie sauber geschrubbt waren, kam ich mir immer noch schmutzig und befleckt vor. Dabei war es weniger die Lüsternheit auf den Bildern, die mich so aus der Fassung brachte, als vielmehr das Böse, das ich im Blick des Mannes gesehen hatte. Seine Augen und sein Lächeln ließen es mir eiskalt den Rücken herunterlaufen. Ich seinen Armen kam mir Karen wie eine ahnungslose Fliege vor, die in eine klebrige Falle geraten war.

In den darauffolgenden Tagen fand ich die Kraft, auch die restlichen Säcke durchzusehen. Die Kleider, Spielsachen und persönlichen Habseligkeiten der Kinder sortierte ich aus und legte es zur Seite. Das Spielzeug machte ich sauber, die Kleider landeten in der Waschmaschine. In all dem Schmerz, der Ratlosigkeit und den durcheinanderwirbelnden Gefühlen war dies wenigstens etwas, das ich tun konnte, um Karens Kindern eine Freude zu bereiten und diesen schmerzvollen Abschnitt meines Lebens wenigstens teilweise abzuschließen.

Eines Morgens, nachdem ich die Kinder zur Schule gefahren hatte, ging ich in die Garage, um die Arbeit zu beenden. Innerhalb einer Woche hatte ich alle Säcke bis auf zwei durchgeschaut. Ich zog einen von ihnen über den Betonboden und schlitzte ihn auf. Darin fand ich Karens Kleider, ihre Geldbörse und Schuhe. Plötzlich fiel ein Paar Holzclogs mit einem lauten Klackern auf den Boden und ich wich erschrocken zurück. Sofort schossen mir furchtbare Bilder durch den Kopf, als Karen mir bei meinem ersten Besuch im Gefängnis beschrieben hatte, was in der Nacht von Hannahs Tod geschehen war. Bei dem Gedanken an die schreckliche Szene, wie Karen gegen Hannahs Körper getreten und ihrem Kopf so kräftige Tritte verpasst hatte, dass sie ihr den Schädel gebrochen hatte, kamen mir die Tränen

Regungslos saß ich mehrere Minuten lang da und starrte die Schuhe an, die da vor mir lagen. War das die Mordwaffe? Zögernd nahm ich einen Schuh in jede Hand, drückte sie an meine Brust und kniff die Augen zu. *Wenn ich sie nur von dir hätte fernhalten können,* rief ich Hannah zu. *Wenn ich dich nur vor diesen*

Tritten hätte schützen können! Still weinte ich vor mich hin, während ich die Schuhe festhielt. Ich merkte, wie ich mich vor und zurück wiegte, als hätte ich Hannah auf dem Arm. Dann kam mir ein Vers in den Sinn.

> *Dies alles habe ich euch gesagt, damit ihr durch mich Frieden habt. In der Welt werdet ihr hart bedrängt, aber lasst euch nicht entmutigen: Ich habe diese Welt besiegt.*
> *Johannes 16,33*

Es war, als ob Jesus zu mir sagte: »*Du hättest Hannah nicht ihr ganzes Leben lang beschützen können. Du kannst auch deine eigenen Kinder nicht vor der Sünde in dieser Welt schützen. Doch aus dem, was Satan zum Bösen nutzt und was der sündhafte Mensch tun kann, kann ich Leben und Heilung schaffen. Vertrau mir. Jenseits dessen, was du sehen kannst, gibt es Leben, Liebe und Hoffnung. Jenseits dessen, was du jetzt gerade erlebst.*«

Ein stiller Schrei steckte in meiner Kehle fest. Meine Hände zitterten, als ich die Schuhe wieder vorsichtig hinstellte. Ich war wie betäubt. Ich betete und dankte Gott, dass er bei mir in der Garage war, während ich um Hannah trauerte. Es war, als würde er mir seine Kraft einhauchen. Ich sammelte den Inhalt des Sackes zusammen, auch die Schuhe, und tat alles in die Mülltonne. Den letzten Sack machte ich gar nicht mehr auf, sondern entsorgte ihn einfach so. Ich war völlig erledigt.

Mit einem Besen fegte ich die Ecke in der Garage sauber. Es war vorbei. Nun war es Zeit, die letzten Kleider der Kinder zu waschen und dann einen Schritt nach vorn zu tun. In eine hoffnungsvolle Zukunft.

»Herr«, betete ich, »bitte reinige du unsere Garage und unser Haus. Schenk uns Frieden und führe mich; zeig mir, was ich tun soll.«

Als Nächstes rief ich Jill an. Sie war jetzt als Sozialarbeiterin für die Bower-Kinder zuständig. Da sie nicht abnahm, hinterließ ich auf dem Anrufbeantworter eine Nachricht und bat sie, mich zurückzurufen. Schon wenige Minuten später klingelte mein Telefon.

»Hallo, Debbie … hier ist Jill. Ich habe Ihren Anruf erhalten. Was kann ich für Sie tun?« Seit uns das Sorgerecht für Courtney übertragen worden war, klang Jill immer etwas zurückhaltend, wenn wir uns unterhielten. Ich konnte es verstehen und versuchte nicht darauf einzugehen.

»Ich wollte Sie fragen, ob Sie mir bei einer Sache helfen könnten. Ich habe Kleider und Spielsachen … äh … abgeholt, die den Bower Kindern gehören und noch in ihrem Haus waren. Ich dachte mir, vielleicht könnten wir ja bei uns zu Hause ein kleines Treffen veranstalten, ein Mittagessen oder einfach nur Milch und Kekse, damit ich den Kindern ihre Sachen übergeben kann. Was denken Sie?«

Schweigen.

Gespannt ging ich in der Küche auf und ab. »Jill, sind Sie noch am Apparat?«

»Ja. Ich denke nur nach. Ich muss erst meinen Vorgesetzten fragen. Wenn er sagt, dass ich die Familien, bei denen die Kinder jetzt sind, anrufen kann, und wenn die damit einverstanden sind, dann finden wir vielleicht einen Weg. Die Kinder haben sich seit Monaten nicht mehr gesehen. Eines von ihnen hat schwere psychische Probleme und ist in therapeutischer Behandlung. Ich weiß also nicht, ob dieses Kind an dem Treffen teilnehmen kann. Und ich weiß auch nicht, ob es nicht für alle Kinder zu emotional werden könnte und ob es überhaupt gut für sie ist. Ich rufe Sie zurück«, sagte sie, wobei in ihrer Stimme durchaus Mitgefühl zu hören war.

»Danke. Vielleicht würden die Kinder an einem solchen Treffen ja auch viel Freude haben. Ich bin gespannt, von Ihnen zu hören.« Hoffnungsvoll legte ich den Hörer wieder auf.

Ein paar Tage später rief Jill mich zurück. Die Kinder durften kommen und ihre jeweiligen Betreuer würden sie zu uns bringen. Sogar Karens Eltern waren damit einverstanden, dass auch DeAnn dabei war. Nichts hätte mich glücklicher machen können. Und so plante ich das Treffen für einen Samstagnachmittag. Meine Töchter halfen mir bei den Vorbereitungen und freuten sich, dass sie mit einbezogen wurden.

* * *

Und dann kam der große Tag. Ich stellte gerade den letzten Teller mit Keksen auf den Küchentisch, als ich mehrere Autos den Feldweg entlangkommen sah. Freudig aufgeregt und auch ein bisschen nervös rief ich meinen Kindern zu: »Sie kommen!«

Der erste Wagen fuhr durch unser Tor und parkte vor dem Haus. Zwei Kinder stiegen aus. Ihre Gesichter waren ernst, fast düster. Ich fragte mich, was sie wohl dachten. Es klingelte an der Tür. Ich machte auf und begrüßte die Kinder mit einem warmen Lächeln. »Kyle! Kyra! Wie schön, euch zu sehen!« Sie lächelten nur kurz. Sie waren nervös und gingen mit steifen Schritten ins Wohnzimmer.

Sie sind wahrscheinlich ein bisschen durcheinander und wissen nicht, wie sie sich verhalten sollen. Ich gestand ihnen ihre Unsicherheit zu und beschloss, ihnen mit Liebe und Wärme zu begegnen, egal wie sie reagierten. Meine Kinder begrüßten Kyle und Kyra mit einem verlegenen Lächeln und hielten sich auf Abstand. Auch sie fühlten sich nicht so ganz wohl in ihrer Haut. Es folgten ein paar peinliche Minuten.

Dann klingelte es wieder und zwei weitere Frauen standen mit Andrew, Ally und Steven an der Tür. Während ich sie hereinbat, traf auch DeAnn, die Älteste, ein. Nun waren alle sechs Kinder da.

Die Geschwister lächelten, als sie sich ansahen, und ihre Augen glänzten vor Freude. Immer wieder umarmten sie sich gegenseitig und unser Haus war wie früher vom Lachen der Bower-Kinder erfüllt.

Am Vorabend hatte ich die Kleider und Spielsachen in unseren Wintergarten gebracht und sie mit Tüchern zugedeckt, sodass man sie erst sehen konnte, wenn sie enthüllt wurden. Nach ein paar Minuten verkündete ich: »Ich habe eine Überraschung für euch alle! Kommt mit in den Wintergarten.«

Meine beiden Töchter gingen voraus und lüfteten die Tücher und Decken. Die Kinder fingen an zu strahlen. Aufgeregt plaudernd sahen sie ihre vertrauten Spielsachen durch. Puppen, ein lautes Feuerwehrauto, Spielzeugautos ... die Kinder wussten noch genau, was wem gehörte. Der Wintergarten war von Lachen erfüllt, sodass ich mich selbst kaum beherrschen konnte. Meine Töchter und ich lächelten uns an und mein Herz war erfüllt.

Mit ihren besonderen Spielsachen in der Hand gingen die Kinder ins Wohnzimmer.

Nun war es an der Zeit, Courtney mit ihren Geschwistern bekannt zu machen. Alle umringten sie, streichelten sie sanft und sprachen leise mit ihr. Es war ein sehr berührender Moment.

Dann versammelten wir uns in der Küche, um Fingerfood und Kekse zu essen und einen Punsch zu trinken. Die nächsten zwei Stunden vergingen wie im Flug und schon war es an der Zeit, wieder Abschied zu nehmen. Ich fragte die Kinder, ob ich ein Foto von ihnen mit ihrer neuen kleinen Schwester machen dürfe. Sie kletterten alle auf eines der Sofas, die Großen nahmen die Kleinen auf den Schoß, und dann lächelten alle und riefen: »Cheese!«

Zwei glückliche und harmonische Stunden waren vorüber. Zwei Stunden, in denen sie all das Schreckliche, weswegen sie voneinander getrennt worden waren, hatten vergessen können. Zwei Stunden voll mit Kichern und Plaudern und kleinen Ringkämpfen, mit Snacks, Punsch und Keksen, mit Krümeln, Durcheinander und Freude, mit einer neuen Kontaktaufnahme. Dann war es Zeit zu gehen, zurück in ihr jeweiliges neues Zuhause, um dort ihr Leben wieder aufzunehmen, voneinander getrennt, zu Menschen, die nicht ihre Eltern waren. Aber zwei Stunden lang hatte Freude geherrscht. Pure Freude!

Kapitel 22

Im Zeugenstand

Der Sommer 1999 war eine ruhige und stille Zeit – eine willkommene Erleichterung –, bis es an einem Nachmittag im Juli an unserer Tür schellte. Zu meiner Überraschung stand ein Justizangestellter davor und hatte einen Briefumschlag in der Hand.

»Sind Sie Debra Moerke?«

»Ja.«

Daraufhin händigte er mir eine gerichtliche Vorladung aus. Es ging um Karen. Ich sollte im August zu einer Anhörung erscheinen. Ich konnte mir nicht vorstellen, warum ausgerechnet ich vom Gericht vorgeladen wurde. Karen hatte bei der Polizei doch ein Geständnis abgelegt. Es war alles auf Band aufgenommen worden. Was also konnte ich noch zu einer Verhandlung beitragen?

Da Al bereits in Arizona war, wo er seine neue Stelle angetreten hatte, stand ich – ein weiteres Mal – einem Richter allein gegenüber. Ich bat meine treue Freundin Charlene, mich zu begleiten. Als wir in der Eingangshalle des Gerichtsgebäudes ankamen, zogen wir uns dort in eine Ecke zurück, fassten uns an den Händen und beteten. Ich zweifelte zwar nicht daran, dass Gott bei mir war, aber ich war dennoch aufgeregt und vermisste Al. Ich war dankbar für seine Gebete und die unserer Freunde, die ihre Unterstützung angeboten hatten. Als mein Name schließlich aufgerufen wurde, holte ich tief Luft und nahm allen Mut zusammen. Charlene und ich betraten den spärlich besetzten Gerichtssaal und nahmen in einer der hinteren Reihen Platz.

Wenige Minuten später kam ein Justizangestellter mit Karen herein und es breitete sich eine unheimliche Stille aus. Das Geräusch der Fußketten, die über den Boden schleiften, klang durch den ganzen Saal, während Karen zum Platz der Angeklagten schlurfte. Einer ihrer Anwälte half ihr, sich hinzusetzen. Sie legte ihre gefesselten Hände in den Schoß und schaute kurz quer durch den Raum zu mir herüber, dann senkte sie den Blick. Sie und ihre Anwälte steckten die Köpfe zusammen und flüsterten miteinander.

»Bitte erheben Sie sich«, rief der Justizangestellte, als der Richter den Saal betrat. Er nahm Platz, schlug mit dem Hammer auf den Tisch und eröffnete die Sitzung.

»Ich bin bereit, Ihre Eröffnungsplädoyers zu hören«, verkündete der Richter und schaute den Staatsanwalt und die Verteidigung an. Mir war immer noch nicht klar, warum man mich vorgeladen hatte, und ich wartete gespannt auf das, was die beiden Parteien zu sagen hatten.

Was innerhalb der nächsten Stunde vor sich ging, war kompliziert und anstrengend, doch dank der Eröffnungsplädoyers und der vielen Fragen, die man mir stellte, erkannte ich allmählich, warum Karens Anwälte und der Staatsanwalt bei dieser Anhörung auf meine Aussage Wert legten und wie viel dabei auf dem Spiel stand. Das Problem ließ sich folgendermaßen beschreiben: Sie wussten, dass Karen mir gegenüber ein Geständnis abgelegt hatte. Sie wussten auch, dass ich von Detective Marsh befragt worden war und mich aus Sorge, meine Schweigepflicht zu brechen, entschlossen hatte, nichts von dem preiszugeben, was Karen mir erzählt hatte. Sie wussten jedoch nicht, was Karen tatsächlich zu mir gesagt hatte und ob ihre Gespräche mit mir als Laienseelsorgerin aus juristischer Sicht als vertraulich galten. Außerdem war ihnen nicht klar, ob es dem Fall nützen oder schaden würde, wenn ich während Karens Prozess als Zeugin aufgerufen werden würde.

Ich erfuhr in diesem Zusammenhang auch, dass es in Wyoming kein Gesetz gab, das die Frage der Vertraulichkeit von Informationen regelte, die einem Laienseelsorger anvertraut worden waren. Darum war es tatsächlich möglich, dass aus diesem Fall ein Präzedenzfall wurde. Ich fühlte mich hoffnungslos überfordert, und dass beide Seiten mich als eine potenzielle Bedrohung wahrnahmen und daher versuchten, mich als unglaubwürdig erscheinen zu lassen, machte die Sache noch brisanter.

An einem Punkt während des Eröffnungsplädoyers ließen die Worte des Verteidigers mir das Blut in den Adern gefrieren.

»... während der ganzen Zeit versuchte Frau Moerke, das jüngste Kind von Frau Bower zu adoptieren. Die Adoption ging im Mai dieses Jahres vonstatten und wurde am 14. Mai genehmigt.

Danach sah Frau Moerke anscheinend keine Notwendigkeit mehr, sich auf bestimmte Vorrechte zu berufen. Im Gegenteil, sie äußerte sich frei gegenüber Justizangestellten, gegenüber dem Büro des Staatsanwaltes oder gegenüber anderen Personen ihrer Wahl.

Wir sind der Meinung, dass das Vorrecht der Schweigepflicht bis zu diesem Zeitpunkt galt, denn Frau Bower hatte den Eindruck, dass Frau Moerke eine Geistliche war. Frau Moerke betrat die Zelle als Seelsorgerin. Bei der Anmeldung im Gefängnis trug sie sich als Seelsorgerin ein. Es gab unseres Wissens zu dem Zeitpunkt keinerlei Diskussion darüber, ob sie eine ordinierte Pastorin war oder nicht.

Wir denken, dass die bisherigen Ermittlungen der Anklagejury ergeben haben, dass dies Frau Moerke als Geistliche qualifiziert. Auch die Tatsache, dass sie selbst sich auf das Vorrecht der Schweigepflicht berufen hat, qualifiziert sie als Geistliche. Wir sind zudem der Auffassung, dass die Beweisführung ergeben wird, dass sie im gesamten Verlauf in ihrer Rolle als Seelsorgerin auftrat, und zwar bis zu dem Zeitpunkt, als die Adoption rechtskräftig wurde. Seitdem hatte sie den Eindruck, sie könne jeder Person gegenüber alles äußern, was sie wolle. Diesen Beweis gedenken wir heute dem Gericht zu erbringen.«

Ich saß wie benommen da und mein Herz pochte. Wenn das alles wahr gewesen wäre, dann hätte die Verteidigung starke Argumente gehabt. Aber ich kannte die Wahrheit und Karen kannte sie auch. Ich schaute zu ihr, doch sie mied den Blickkontakt. Es war verständlich, warum Karens Anwalt nicht wollte, dass ich bei ihrem Prozess aussagte. Doch seine Argumentation konnte nur greifen, wenn er die Wahrheit verdrehte.

Der Staatsanwalt hingegen, so vermutete ich, würde mich sehr gern beim Prozess in den Zeugenstand rufen, um offenzulegen, was Karen mir über Hannahs Tod erzählt hatte. Ich fragte mich, ob meine Vermutungen wohl zutrafen.

Während der langen Ausführungen des Staatsanwaltes drehte sich alles in meinem Kopf. Ich bemühte mich, all das zu verstehen, was dem Richter da präsentiert wurde.

Schließlich sagte der Staatsanwalt: »Unsere Position, Euer Ehren, ist die folgende: Debra Moerke ist nur eine Laienseelsorgerin, die einer Gefängnisinsassin geistliche Ratschläge und Weisungen gibt und mit ihr betet, so wie es viele andere Laienseelsorger auch tun, die weder ordinierte Pastoren sind noch irgendeinen anderen kirchlichen Status haben.

Frau Moerke hat keine formale theologische Ausbildung und das macht sie lediglich zu einem einfachen Mitglied ihrer Gemeinde, das sich bei Besuchen von Strafgefangenen engagiert, weil es ihm wichtig ist.

Frau Moerke ist einem ordinierten Pastor unterstellt, der sie für das Besuchsprojekt empfohlen hat. Sie ist Mitglied einer Gemeinde, in der die Beichte weder als Sakrament aufgefasst wird noch als irgendetwas Vergleichbares. Diese Gemeinde würde es demnach weder Frau Moerke noch ihrem Pastor zugestehen, Menschen die Absolution zu erteilen. Diese Autorität hat sie also nicht.«

Ich nickte unwillkürlich. Freunde und Familie necken mich zwar manchmal mit der Bemerkung, ich hätte so manche Superkräfte, aber die Macht, Sünden zu vergeben, gehört sicherlich nicht dazu. Doch was hatte meine Einstellung gegenüber der Absolution mit Karens Prozess zu tun?

»Frau Moerkes Position ist die einer Ratgeberin. Sie würde sich zwar gern auf die Privilegien berufen, die einer Psychiaterin oder einer Psychologin zustehen, aber aufgrund ihres Status kann sie das nicht. Diese Schwelle darf sie nicht überschreiten.

Zweitens, Euer Ehren, wird die Befragung ergeben, dass Frau Moerke – anders als von der Verteidigung dargestellt – Karen Bower nur beraten hat und dass folglich alles, was Frau Bower ihr gesagt hat, nicht vertraulich war und nicht unter die Schweigepflicht fällt.

Frau Moerke war nicht im Rahmen einer beruflichen Qualifikation tätig, die eine Schweigepflicht rechtfertigen würde. Sie handelte weder im Auftrag des Staates noch im Auftrag der Polizei, um Informationen zu beschaffen. Sie war einfach nur auf Bitte von Karen Bower dort, und zwar unmittelbar nach deren Verhaftung im Juli letzten Jahres.

Debra Moerkes erster Besuch kam in Wirklichkeit nur deshalb zustande, weil Frau Bower sie kannte und weil Frau Moerke – wie die Beweisführung zeigen wird – die Pflegemutter mehrerer Kinder von Frau Bower gewesen war. Hier bestand also schon eine Beziehung, bevor die Gespräche in der Strafanstalt stattfanden.

Obwohl die Staatsanwaltschaft anerkennt, dass Frau Moerke den Besuch in der Haftanstalt unternahm, um mit der Strafgefangenen zu beten, ihr Ratschläge zu geben und mit ihr in der Bibel zu lesen, verbindet sich damit nicht die Erwartung einer Schweigepflicht. Seitens Frau Bower bestand keine begründbare Erwartung, dass es sich bei Frau Moerke um jemand anderen handelte als um eine Freiwillige, die sie im Gefängnis besuchte.

Wir gehen davon aus, dass die Aussagen von Frau Moerke und die der Gefängnisleitung dem Gericht das Seelsorgeprojekt erläutern werden. Das Gericht wird daraus den Schluss ziehen können, dass hier keine Schweigepflicht bestand und es Frau Moerke folglich gestattet ist, vor Gericht zum Tod von Hannah Bower auszusagen. Auch über alles, was Frau Bower ihr anvertraut hat.«

»Danke, meine Herren.« Der Richter signalisierte mit einem Kopfnicken, dass ich nach vorne gerufen werden sollte.

Nachdem ich die Eröffnungsplädoyers gehört hatte, wurde mir klar, warum man mich vorgeladen hatte. Der Richter konnte entscheiden, ob ich bei Karens Prozess in den Zeugenstand gerufen wurde oder nicht. Sowohl die Staatsanwaltschaft als auch die Verteidigung wussten, dass Karen mit mir über Hannahs Tod gesprochen hatte. Würde ich eine Hilfe oder eine Belastung sein?

Das hing davon ab, welche Seite hier ihren Willen bekam.

Ich fühlte mich wie ein Knochen, an dem zwei Hunde gleichzeitig zerrten.

Allerdings fragte ich mich weiterhin, warum es für den Staatsanwalt so wichtig war, dass ich gegen Karen aussagte, und warum die Verteidigung mich als eine Bedrohung betrachtete. War Karens aufgenommenes Geständnis gegenüber der Polizei nicht genug? Der Gedanke, als Zeugin in Karens Prozess aufgerufen zu werden, machte mich ganz krank. Würde meine Aussage vielleicht dazu führen, dass sie zum Tod verurteilt wurde?

»Ich rufe Debra Moerke auf«, verkündete der Verteidiger.

Ich ging seitlich durch den Gerichtssaal nach vorne und trat vor das Pult des Richters. Mein Herz klopfte wie wild und ich fühlte mich wackelig auf den Beinen. Ich dachte an die Ratschläge, die der Zeugenbeistand mir vorher gegeben hatte: Beantworten Sie die Fragen, so gut Sie können; geben Sie keine zusätzlichen Informationen preis; denken Sie daran, dass die Anwälte versuchen werden, Sie in eine Falle zu locken; und vor allem: Entspannen Sie sich. Doch entspannen konnte ich mich in diesem Moment ganz und gar nicht.

Während ich vereidigt wurde, schaute ich zu Charlene. Sie lächelte und nickte mir zu, um mich daran zu erinnern, dass Gott mich schützte. Ich versuchte ihr Lächeln zu erwidern, gerade als der Richter zu sprechen begann. Für den Bruchteil einer Sekunde sahen Karen und ich uns an. Wir beide kannten die Wahrheit. Aber nun standen wir unter dem Urteil der Gerichte und würden den Ausgang der Anhörung akzeptieren müssen.

Der Richter war ein bekannter Mann, sah aber nicht so furchterregend aus, wie ich ihn mir vorgestellt hatte. Er hatte weiche Gesichtszüge und einen freundlichen Blick. Er wies mich an, die Fragen zu beantworten, aber auch zu unterbrechen, wenn ich etwas nicht verstand.

Nun begann der Verteidiger mit der Feststellung meines Namens und bat mich, dem Gericht zu erklären, in welcher Beziehung ich zu Karen stand.

»Mittlerweile ist meine Beziehung zu ihr sehr vielschichtig. Sie ist zu einer Freundschaft geworden, hat aber damit begonnen, dass ich Karens Mentorin, geistliche Mutter, Beraterin und die Pflegemutter ihrer Kinder war.«

Der Anwalt nickte. »Gab es ein besonderes Bewerbungsgespräch oder eine andere Art der Vorbereitung, die es Ihnen gestattete, in der Strafanstalt hier in Casper als Seelsorgerin tätig zu werden?«

Ich erzählte ihm von der Seelsorgeausbildung, die ich absolviert hatte.

»Sie waren die Pflegemutter von Karen Bowers Kindern, ist das richtig?« Der Anwalt studierte ein paar Dokumente, die er in der Hand hielt, und sah mich dann an.

»Ja, das ist richtig.«

»Wie lange hatten Sie die Kinder bei sich?«

»Ungefähr zehn ... zehneinhalb Monate.«

»Hat Karen Bower ihre Kinder besucht, während diese bei Ihnen in Pflege waren?«

»Ja.«

»Und wo fanden diese Treffen statt?«

Die Befragung dauerte endlos und drehte sich um sämtliche Details meiner Beziehung zu Karen. Immer wieder schien es um das Thema Schweigepflicht zu gehen.

Dann erhob sich der Staatsanwalt, um seinerseits mit der Befragung zu beginnen.

»Frau Moerke, haben Sie und Frau Bower in Ihren Gesprächen während der Zeit von Frau Bowers Inhaftierung bis heute jemals über das Thema Schweigepflicht gesprochen?«

»Nicht, soweit ich mich erinnern kann.« Ich fragte mich, in welche Richtung seine Fragen wohl steuern würden.

»Haben Sie Frau Bower gegenüber jemals angedeutet, dass Sie bezüglich dessen, was sie Ihnen anvertraut hatte, nicht für sie lügen würden?«

Karen sah mit gerunzelter Stirn und einem angespannten Gesichtsausdruck zu mir herüber. Sie wartete auf meine Antwort. *Was hatte sie denen gesagt?*

Ich wollte nicht, dass meine Worte oder meine Absichten falsch verstanden wurden. Zwar war mir geraten worden, nur die Fragen zu beantworten und nichts hinzuzufügen, aber ich musste in diesem Fall sicherstellen, dass weder ich noch Karen bei dieser Anhörung falsch interpretiert wurden.

»Ich möchte diese Frage beantworten, aber auch gleichzeitig klarstellen, dass Frau Bower mich nie darum gebeten hat, für sie zu lügen. Ich habe ihr jedoch tatsächlich erklärt, dass ich niemals für sie lügen würde. Ich dachte, es sei wichtig, das zum Ausdruck zu bringen.«

»Kamen Sie in Ihren Gesprächen miteinander jemals auf die Frage zu sprechen, ob das, was Frau Bower Ihnen erzählt hatte, unter die Schweigepflicht fiel oder nicht?«

»Ja.«

»Was war das für ein Gespräch und wann fand es statt? Können Sie sich daran erinnern?«

Wollten sie wirklich das genaue Datum hören? Hoffentlich nicht. Ich konnte ja höchstens schätzen. »Es war irgendwann zwischen ... bevor ihr ein Rechtsanwalt zugeteilt wurde.«

Der Staatsanwalt drehte sich zur Gerichtsschreiberin um und schien seine Äußerung eher ihr zu diktieren, obwohl die Frage an mich gerichtet war. »Ich möchte hiermit eine letzte Frage zu diesem Thema zu Protokoll geben: Sie haben Frau Bower gegenüber zu keinem Zeitpunkt geäußert, dass Sie alles, was Frau Bower Ihnen über den Tod von Hannah Bower mitgeteilt hat, strikt vertraulich behandeln würden, oder?«

»Nein.« Auf wie viele verschiedene Weisen kann man dieselbe Frage noch einmal stellen? Ich musste geduldig sein. Offensichtlich gab es etwas, das der Staatsanwalt gern aus mir herausholen wollte. Ich konnte ihm nur die Wahrheit sagen. Das war alles, was ich wusste.

»Das ist zunächst alles, Euer Ehren. Danke.« Für die weitere Befragung überließ der Staatsanwalt wieder dem Verteidiger die Bühne. Der hochgewachsene Mann stand auf und kam zu mir. Er runzelte die Stirn, während er sich dem Zeugenstand näherte. Ich war mir nicht sicher, was das zu bedeuten hatte. Welche Informationen abgesehen von Karens Geständnis könnte ich haben, mit denen er mich konfrontieren wollte? Anscheinend hoffte dieser Anwalt, dass ich aufgrund der seelsorgerlichen Schweigepflicht *nicht* aussagen durfte. Und das Bestehen dieser Schweigepflicht stand offenbar infrage.

»Im Juli 1998 wurde Karen Bower wegen des Todes von Hannah Bower verhaftet«, begann er. »Erinnern Sie sich noch daran?«

»Ja.«

»Okay. Und Frau Bower hat Sie angerufen?«

»Ja.«

»Und als Sie das erste Mal mit ihr sprachen, war ihr noch kein Anwalt zugeteilt worden? Ist das korrekt?«

Sein Ton war tiefer und lauter geworden. Sein Gesicht rötete sich leicht, während er beinahe ungeduldig auf meine Antwort wartete.

»Das ist korrekt.«

»Frau Bower hat Sie um diesen Besuch gebeten?«

»Ja.«

»Und Sie sind hingegangen?«

»Ja, genau.« Langsam frustrierte mich diese Fragerei. *Haben wir das alles nicht schon längst geklärt?*

»Wo haben Sie sich mit ihr getroffen?«, fuhr der Verteidiger fort.

»Ich traf mich mit ihr in der Haftanstalt hier in Casper.« *Wo sonst sollten wir uns treffen? Sie war doch verhaftet worden.*

»Und Sie haben sich persönlich mit ihr getroffen?«

»Ja.«

»Wie gelangten Sie in die Haftanstalt, um Frau Bower persönlich zu treffen?«

»Als Seelsorgerin habe ich die Genehmigung, sie zu besuchen.«

»Hat Ihnen in der Haftanstalt jemand Fragen bezüglich Ihres Status in Ihrer Gemeinde gestellt?«

»Nein.« Allmählich merkte ich, worauf er hinauswollte. Ich wusste, dass ich genau auf seine Fragestellung achten musste.

»Hat jemand Sie gefragt, ob Sie eine ordinierte Pastorin seien?«

»Nein.«

Die mühsame Befragung hinsichtlich meines seelsorgerlichen Status ging immer weiter und weiter. Nachdem mir klar geworden war, dass mein Fall zu einem Präzedenzfall werden könnte, fühlte ich mich nicht mehr wohl in meiner Haut, aber ich hatte ja keine andere Wahl.

Ich beantwortete die Fragen nach bestem Wissen und Gewissen, obwohl der Verteidiger mich unter Druck setzte. Als er mich nach den Glaubensgrundlagen meiner Gemeinde und nach meinen persönlichen Überzeugungen fragte, erzählte ich in allen Einzelheiten von meinem christlichen Glauben. Als es um die Vergebung der Sünden ging, berichtete ich freimütig von dem, was ich Karen gesagt hatte.

Der Verteidiger trat noch einen Schritt näher an mich heran. »Welche Aussagen betrachtet Ihre Gemeinde als Grundlage ihrer religiösen Lehren?«

Hatte ich da richtig gehört? Das war eine Frage, die ich gern und voller Überzeugung beantwortete.

»Wir glauben an den Dreieinigen Gott, den Vater, den Sohn und den Heiligen Geist. Und wir glauben, dass Christus am Kreuz für unsere Sünden gestorben ist. Wir glauben, dass es durch den Tod Christi Vergebung der Sünden gibt. Wenn wir Christus als unseren Herrn und Retter annehmen, dann empfangen wir das Geschenk des Heiligen Geistes, der uns in alle Wahrheit führt und vor dem Vater für uns eintritt. Wir glauben, dass die Bibel das endgültige Wort Gottes ist. Das sind unsere Glaubensgrundlagen.« Ich hätte es nie für möglich gehalten, dass ich einmal vor Gericht meinen Glauben bezeugen würde. Was auch immer bei dieser seltsamen Anhörung vor sich ging, Gott war hier jedenfalls auf rätselhafte Weise am Werk.

Doch der Anwalt war noch nicht mit mir fertig. »Glauben Sie, dass man seine Sünden bekennen muss?«

»Ja.«

»Haben Sie Karen Bower von diesen Überzeugungen Ihrer Religion erzählt?«

»Ja.«

»Und mit ihr darüber gesprochen?«

»Ja.«

»Und mit ihr gebetet?«

»Ja.«

»Und ihr geraten, um Vergebung zu bitten?«

»Ja.«

Ich konnte mich des Eindrucks nicht erwehren, dass der Anwalt versuchte, die Vergebung der Sünden mit der Begnadigung eines Verbrechers zu vergleichen. Er glaubte doch nicht etwa, ich hätte Karen gesagt, dass sie begnadigt werden würde, wenn sie mir alles beichtete? Die Vergebung der Sünden bedeutet ja nicht, dass wir nicht für die Konsequenzen unseres Handelns geradestehen müssen. Ich war mir nicht sicher, worauf er mit seinen Fragen hinauswollte. Der Richter unterbrach die Befragung mit einer eigenen Frage.

»Wenn ich Sie hier einmal unterbrechen darf – was ich nur ungern tue –, denn ich möchte noch etwas konkreter nachfragen. Ist es die Überzeugung Ihrer Gemeinde, dass ein ordinierter Pastor die Vergebung auch *nicht* gewähren kann?« Er beugte sich über sein Pult zu mir herunter und schaute mich ernst an.

»Ja, das ist richtig«, antwortete ich und lächelte ihn an. Endlich fühlte ich mich ein wenig erleichtert und war erfreut darüber, dass ich von meinem Glauben erzählen konnte. Doch die nächste Frage erwischte mich dann eiskalt.

»Haben Sie ein Interesse daran, dass Karen Bower zu einer langen Gefängnisstrafe verurteilt wird?«, fragte der Verteidiger.

»Ob ich ein Interesse daran habe?« *Was will er damit sagen?* Ich erschrak über die Absichten, die er offenbar verfolgte, und hatte das Gefühl, durch seine Fragen manipuliert zu werden. Also schickte ich rasch ein Stoßgebet nach oben.

Der Verteidiger sprach mit erhobener Stimme weiter. »Nun, da meine Klientin im Gefängnis sitzt, besteht für sie ja keine Chance mehr, Courtney zurückzubekommen, richtig?«

Mein Herz fing zu hämmern an. *Meint er wirklich, dass ich die Adoption manipuliert und Karens Geständnis missbraucht habe, um etwas gegen sie in der Hand zu haben, damit ich Courtney adoptieren konnte?* Ich kochte innerlich. Er hatte ja keine Ahnung, was tatsächlich in meinem Herzen vorging, und der Gerichtssaal war kein Ort, an dem ich das offenlegen konnte

– schon gar nicht vor einem Anwalt, der mich in Verruf bringen wollte. Ich musste mir klarmachen, welche Position er einnahm. Er machte nur seine Arbeit, doch dabei wurde die Wahrheit verdreht.

»Im Mai dieses Jahres wurde die Adoption von Courtney rechtskräftig?«

»Ja.« Ich musste mich anstrengen, um nicht mit zusammengebissenen Zähnen zu sprechen.

»Und in jener Zeit schrieben Sie Karen einen Brief, in dem Sie ihr mitteilten, dass die Adoption abgeschlossen sei und sie sich keine Sorgen mehr zu machen brauche. Ist das korrekt?«

Ich fühlte mich verunsichert. Welche Informationen meinte er zu haben, die mir schaden könnten? Ich spürte, wie ich mich verkrampfte bei dem Gedanken, was er mir alles unterstellen oder falsch darstellen würde. Würde er mir das Wort im Mund herumdrehen? »Es könnte sein«, antwortete ich schließlich. »Ich erinnere mich an diese Zeit nicht mehr so genau, aber es könnte sein, dass ich so etwas geschrieben habe.«

»Ich kann Ihnen Ihre Worte ganz genau sagen«, meinte der Verteidiger daraufhin. »Lassen Sie mich den Brief holen.« Er griff nach zwei Zetteln, die in der Ecke auf dem Tisch lagen, wo Karen mit ihrem zweiten Anwalt saß. Er übergab mir den Brief und forderte mich auf, ganz bestimmte Abschnitte daraus vorzulesen. Als ich damit fertig war, schaute ich wieder zu ihm auf und nickte. Ich musste mich sehr anstrengen, um ein Grinsen zu unterdrücken. Das war schon beinahe lächerlich. In dem Brief stand überhaupt nichts Fragwürdiges. Ich informierte Karen darin nur über den Verlauf der Adoption und teilte ihr mit, dass ich mit der Anwältin Kontakt aufgenommen hatte, die uns dabei helfen wollte. Ich reichte ihm den Brief zurück.

Dann fragte er mich in einem strengen Ton: »Haben Sie diese Briefe geschrieben?«

»Ich denke schon.«

»Sie wissen doch sicherlich, dass Karen Bower sich vorgenommen hat, ihre Kinder wieder zurückzubekommen. Ist das korrekt?«

Was sollte diese Frage? »Ja.«

»Nun aber, da sie im Gefängnis ist, hat sie keine Chance mehr, Courtney zurückzubekommen. Ist das korrekt?«

»Ich nehme an, dass das korrekt ist.«

Ich war verwirrt. Die Befragung ging immer hin und her zwischen Sündenvergebung und Adoption. Wollte die Verteidigung mich als mögliche Zeugin diskreditieren und mich als jemanden hinstellen, der andere manipulierte – als hätte ich aus meinem Status als Gefängnisseelsorgerin Kapital schlagen wollen, um an Karens Baby heranzukommen? Doch mit fünf eigenen Kindern passte ich nicht ganz in das Profil von jemanden, der unbedingt ein Baby adoptieren wollte. Diese Adoption hatte ich vorangetrieben, weil ich mich von Gott dazu berufen fühlte. Allerdings bekam ich keine Gelegenheit mehr, das falsche Bild, das der Anwalt von mir gezeichnet hatte, zu korrigieren.

Offensichtlich frustriert kehrte der Verteidiger zu seinem Platz zurück. »Danke. Das ist alles.«

Nach einem kurzen Kreuzverhör durch den Staatsanwalt war die Befragung plötzlich vorbei und mit ihr auch die Anhörung. Jedenfalls mein Part. Von dem abrupten Ende war ich überrascht.

Der Richter würde später darüber entscheiden, ob ich beim Prozess als Zeugin aufgerufen würde oder nicht. Irgendwie fühlte ich mich betrogen – so als schulde mir jemand eine Erklärung oder ein abschließendes Wort. Doch das sollte offenbar nicht sein.

»Ich hoffe, ich habe das getan, was Gott von mir wollte«, flüsterte ich Charlene zu.

»Du hast die Wahrheit gesagt. Und jetzt liegt es beim Richter, eine Entscheidung zu treffen.«

Auf der Heimfahrt hatte ich mit widersprüchlichen Gefühlen zu kämpfen. Auf der einen Seite fühlte ich mich verletzt und missbraucht. Von Anfang an hatte ich doch nur versucht, Gottes Willen zu tun und Karen zu helfen, obwohl sie unsere geliebte Hannah ermordet hatte. Und zum Dank wurde ich in einen Gerichtssaal geschleppt, wo man mich durch Anspielungen mit Dreck beworfen hatte. Auf der anderen Seite war ich trotz meiner angespannten Nerven standhaft geblieben und hatte während der Anhörung sogar das Evangelium bezeugt. Gott hatte sich wieder einmal als vertrauenswürdig erwiesen.

Mehrere Tage nach der Anhörung besuchte ich Karen im Gefängnis. Für weitere Treffen mit ihren Anwälten war sie immer noch in Casper. Als ich ihr sagte, dass ich nicht wüsste, warum ich bei ihrem Prozess als Zeugin aussagen sollte, erklärte sie mir, dass die Tonbandaufnahmen ihres Geständnisses vor der Polizei von schlechter Qualität seien. Daher war es nicht klar, ob sie zum Prozess zugelassen wurden.

Das erklärte, warum ich die größte Hoffnung der Staatsanwaltschaft war und der schlimmste Albtraum der Verteidigung. Aber ich hatte immer noch keine Ahnung, ob ich tatsächlich bei Karens Prozess würde aussagen müssen. Ich konnte nur hoffen, dass es nicht so weit kommen würde. Der Gedanke, dass meine Aussage über Karens Leben oder Tod entscheiden könnten, war für mich unerträglich.

Kapitel 23

Auf zu neuen Ufern

Der Umzug aus unserem Haus in der Goose Egg Road nach Arizona zerriss unsere Familie innerlich. Auf der einen Seite war es gut, so weit weg von den gerichtlichen Anhörungen und der Berichterstattung über Hannahs Tod und Karens bevorstehenden Prozess zu sein. Auf der anderen Seite war Casper unser Zuhause und es fiel uns sehr schwer, von unserer Heimatstadt und dem Haus Abschied zu nehmen, mit dem wir so viele gute Erinnerungen verbanden.

Im Oktober 1999 kamen wir in Arizona an und kamen zunächst in einer Dreizimmerwohnung unter, bis das Haus, das wir bauten, fertig war. Charles schlief auf der Couch im Wohnzimmer. Sadie und Helen teilten sich das eine Zimmer und Al, Courtney und ich das andere. Es war gemütlich, aber nicht ideal. Der einzige Pluspunkt war der Swimmingpool, den unsere Kinder sehr genossen. Es war für uns alle seltsam, im Oktober schwimmen zu gehen. Ich vermisste die kühle Herbstluft und die leuchtenden Farben unseres früheren Zuhauses.

Arizona bedeutete für uns auch, dass sich unser Lebensstil änderte. Wir mussten uns je nach Jahreszeit eher auf Monsunregen einstellen als auf eisige Schneestürme sowie auf brütende Hitze statt extremer Kälte. Mit dem Auto quer durch die Stadt zu fahren, dauerte nicht zehn Minuten, sondern ungefähr eine Stunde. Statt auf der ruhigen Schnellstraße 220 entlang des North Platte Rivers nach Casper zu fahren, hörten wir nun jeden Morgen die Verkehrsmeldungen, um zu erfahren, ob es einen Unfall gegeben hatte und auf welcher Umleitung wir nach Phoenix gelangen konnten.

Unser Haus, das kurz vor Weihnachten fertig wurde, war in Surprise (»Überraschung«), einer kleineren Stadt in der Nähe von Phoenix. Das war die passende Bezeichnung für unseren neuen Wohnort, wenn man bedachte, was noch alles auf uns zukommen würde.

Es war ein schönes Haus und alle richteten sich in ihrem eigenen Zimmer ein. Sadie allerdings kehrte wieder nach Casper zurück, wo sie bei Freunden von uns wohnte, um ihr letztes Jahr an der Highschool gemeinsam mit ihrer alten Klasse abschließen zu können.

Während der Weihnachtszeit vermisste ich die große Tanne, die wir sonst immer im Haus hatten. Wir lernten jedoch schnell, dass man auch einen Saguaro-Kaktus mit Lichterketten schmücken kann, wenn man vorsichtig ist. Weihnachten ohne Schnee, ohne unsere Gemeinde und unsere Freunde dämpfte unsere Stimmung, doch die Gottesdienste in unserer neuen Gemeinde in Arrowhead, die wir gleich nach unserer Ankunft gefunden hatten, gefielen uns. Dort hörten wir Gottes Wort und konnten neue Freundschaften schließen.

Eines Tages im Dezember erhielten wir eine wunderbare Weihnachtsüberraschung. Ein Brief von Karen kam an, in dem sie uns mitteilte, der Richter habe entschieden, dass sie Hannah nicht vorsätzlich getötet hatte und darum nicht die Todesstrafe erhalten würde! Karens Anwälte hatten mit der Staatsanwaltschaft einen Deal ausgehandelt, durch den vermieden wurde, dass Karens Familie einem langwierigen Prozess ausgesetzt war, der bei ihnen allen nur noch mehr Schmerz und Verletzungen verursacht hätte. So stand nun fest: Karen würde eine lebenslange Haftstrafe erhalten.

Ich war erleichtert über dieses Urteil. Denn inzwischen konnte ich bei ihr ein langsames, aber stetiges geistliches Wachstum feststellen. Mit Erlaubnis der Gefängnisleitung hatte ich ihr ein paar Monate zuvor eine Bibel mit Ledereinband geschenkt, auf der ihr Name eingeprägt war. Sie las darin und stellte mir in ihren Briefen immer mehr Fragen über Gott.

Ich war auch dankbar, dass ich unserer geliebten Courtney nicht eines Tages würde sagen müssen, ihre leibliche Mutter sei hingerichtet worden. Allerdings hatte ich natürlich keine Ahnung, wie alt Courtney sein würde, bis sie erfuhr, welche Ereignisse zu ihrer Adoption geführt hatten. Doch irgendwie hatte ich den Eindruck, dass es vielleicht mehr Hoffnung auf einen positiven Ausgang der Geschichte gab – der Geschichte, die Gott immer noch weiterschrieb. Wenn er der Autor ist, dann gibt es immer Hoffnung.

Und schließlich war ich auch erleichtert, dass ich bei einem Prozess nun nicht in den Zeugenstand gerufen werden würde. Es war, als würde eine schwere Last von mir abfallen, und ich jubelte und dankte Gott im Gebet dafür.

* * *

Anfang des neuen Jahres beschloss ich, mich an der *Wayland Baptist University* einzuschreiben, die nur wenige Kilometer von unserem neuen Zuhause entfernt war. Ich freute mich sehr darauf, wieder die »Schulbank« zu drücken und einen Abschluss zu erwerben, damit ich hauptberuflich als Seelsorgerin im Gefängnis tätig sein konnte. Meine Verbindung zu Karen war für mich ein weiterer Ansporn bei dem Wunsch, beruflich diesen Weg einzuschlagen. Denn durch sie hatte ich mehr als je zuvor erkannt, wie Gott die Zeit im Gefängnis gebrauchen konnte, um in den Herzen von Strafgefangenen zu wirken. Ich wollte gern ein Teil dessen sein, was Gott hinter dem Stacheldraht vollbrachte. Das bedeutete, dass ich nun Abendkurse besuchte, wenn meine Familie zu Hause war, damit sie sich um die inzwischen einjährige Courtney kümmern konnten.

Als Pflegemutter hatte ich die eigenen Bedürfnisse hinter die der Kinder gestellt. Im Lauf der Jahre hatte ich dann gemerkt, dass ich dabei auf wunderbare Weise selbst geistlich gewachsen war, während ich mich für unsere Kinder eingesetzt hatte. Ich durfte auch miterleben, wie sie das Geheimnis von Vertrauen, Liebe, Konsequenz und Gehorsam entdeckten. Auch mein eigener Gehorsam und mein Vertrauen Gott gegenüber waren gewachsen, ich hatte seine Führung und Gnade schätzen gelernt und meine Liebe zu ihm war immer tiefer geworden.

Der Tag, an dem ich Hannahs Arme, die mich ängstlich umklammert hielten, von mir hatte abstreifen müssen und dieses Kind im Haus seiner Mutter zurückgelassen hatte, war für mich einer der schwersten gewesen. Als ich damals nach Hause gefahren war, war das ein bisher nie da gewesener Meilenstein auf meinem Weg der Hingabe gewesen, denn ich war gehorsam gewesen und hatte mich am Herrn festgehalten – wieder eine Lektion, die ich hatte lernen müssen. Und in den darauffolgenden Monaten hatte ich entdeckt, dass meine Unfähigkeit, für Hannahs Wohlergehen zu sorgen, mich noch tiefer in die Abhängigkeit zu Gott geführt hatte. Meine Hingabe war dadurch noch tiefer geworden. Ich war der Meinung, dass ich zu diesem Zeitpunkt die Schule Gottes hinter mir lassen konnte und genug gelernt hatte. Was sollte der Herr mir sonst noch beibringen?

Doch da hatte ich mich gewaltig getäuscht. Als Nächstes berief der Herr mich dazu, Hannahs Tod zu verkraften und mich seinem Willen unterzuordnen, indem ich ihre Mörderin, ihre eigene Mutter, besuchte, ihr das Evangelium weitersagte und sie mit Gottes bedingungsloser Liebe vertraut machte, während ich zugleich gegen meine eigene Bitterkeit ankämpfen und meine Trauer durchleiden musste. Immer weiter ging dieser Weg der Hingabe durch die wachsende Beziehung zu Karen. Die Trauer, so erkannte ich, war eine weitere Form des Loslassens, wenn man sie an Gott abgab. Ich hatte die Wahl: Entweder machte ich Gott für Hannahs schrecklichen Tod verantwortlich und klagte ihn an oder ich vertraute ihm mein gebrochenes Herz an, dem Gott, der seinen eigenen Sohn für mich leiden und sterben ließ. Ich entschied mich für das Zweite und entdeckte, wie behutsam und liebevoll der Herr mit mir umging, wie niemand sonst es konnte.

Ich habe begriffen, was es bedeutet, sich in Gottes Willen zu fügen, dachte ich voller Zuversicht. *Ich kann mit unerwarteten Wendungen umgehen.*

Doch dann gab es eine Reihe von Ereignissen, die meine Hingabebereitschaft an Gott noch vertieften.

Nur wenige Wochen nachdem Sadie nach Casper zurückgekehrt war, wurde bei Helen in einem Bein ein Knochentumor entdeckt, der eine Chemotherapie und vielleicht auch eine Operation erforderlich machte. Helen hatte schon als kleines Kind eine Leukämieerkrankung überstanden und wir hatten immer gewusst, dass sie für weitere Krebsarten anfällig bleiben würde. Trotzdem hatten wir gehofft und gebetet, dass wir nie wieder das Wort *Krebs* im Zusammenhang mit ihrem Namen hören würden. An dem Abend, als der Arzt mit den Ergebnissen der Diagnose anrief, weinten wir alle.

Am ersten Tag im Krankenhaus lächelte ich Helen zu und sagte: »Nun, sieht ganz danach aus, als hätten wir jetzt wieder eine Aufgabe im Krankenhaus!« Sie erinnerte sich noch gut an die Zeit, in der sie Leukämie gehabt hatte, und wir wussten, dass wieder ein schwerer Weg vor uns lag. Gemeinsam nutzten wir die Zeit und erzählten anderen kranken Kindern und ihren Eltern von unserem Glauben.

Al arbeitete in einem Sportzentrum, wo die Baseballmannschaften der *San Diego Padres* und der *Seattle Mariners* im Frühjahr trainierten. Seine Arbeitstage waren lang und für ihn war es eine ganz andere Welt, wenn er jeden Morgen in einem Golfhemd und Bermudashorts statt in Anzug und Krawatte zum Dienst ging. Ich blieb tagsüber mit Courtney zu Hause und besuchte abends meine Kurse.

So war unser Leben in diesen ersten Monaten des Jahres 2000 sehr ausgefüllt. Das Einleben in der neuen Umgebung, das Einarbeiten im neuen Job, Helens Chemotherapie, zwei Teenager zu Hause, ein Kleinkind und meine Abendkurse – all das war eine große Herausforderung für uns. Nur wenige Tage nachdem ich mit den Kursen begonnen hatte, unterzog sich Helen einem medizinischen Eingriff, der eigentlich nur vier Stunden dauern und ambulant durchgeführt werden sollte. Daraus wurde jedoch ein Notfall, sodass Helen mit dem Hubschrauber in die Kinderklinik von Phoenix geflogen werden musste, wo sie zehn Tage lang auf der Intensivstation lag.

Nun stand ich vor der Frage: Was, wenn Helen uns genommen würde? Was bedeutet das für meinen Glauben? Doch glücklicherweise ist der Glaube ein Geschenk, das Gott uns macht.

Ich konnte und wollte Gott auch durch diese Prüfung hindurch vertrauen, egal wie es am Ende ausging.

Als Helen die Intensivstation schließlich verlassen konnte, sollte es noch Wochen dauern, bis sie wieder nach Hause durfte. Ich kämpfte mit mir, ob ich wirklich meine Abendkurse fortsetzen sollte, doch Helen wollte das unbedingt. Sie meinte, sie komme auch klar, wenn ich nicht die ganze Zeit bei ihr im Krankenhaus sei.

In seiner großen Gnade schickte uns Gott ein unerwartetes Geschenk: Sandy Meyerson. Wir lernten sie an der Highschool kennen. Sie war Helens und Charles' Mentorin und als sie erkannte, mit welchen Herausforderungen wir zu kämpfen hatten, setzte sie sich, wo es nur ging, für uns ein. Sie rief uns an und fragte, was wir bräuchten. Sie kümmerte sich um Privatunterricht für Helen während der langen Phase, in der sie immer wieder ins Krankenhaus musste. Sie passte oft nachmittags auf Courtney auf und sorgte für viel Spaß und schöne Unternehmungen. Einmal im Monat trafen wir uns zum Mittagessen. Sie stand mir als gute Freundin zur Seite. Bei jedem Klinikaufenthalt, jeder Chemotherapie und Operation war sie in unserer Nähe. Sie war Jüdin und ich nannte sie liebevoll meine »jüdische Mutter«. Für mich war sie ein beständiges Zeichen dafür, dass Gott bei uns war und sich um unsere Bedürfnisse kümmerte.

Bald schon mussten Al und ich erkennen, dass das Leben mit einem Kind, das häufig ins Krankenhaus eingewiesen wurde, nicht nur unsere Zeit und Kraft kostete. Auch finanziell wurde es eng. Ich musste wieder anfangen zu arbeiten, weil unsere Krankenversicherung nicht alle Kosten für Helens Behandlung übernahm. Glücklicherweise fand ich in unserer Gemeinde eine Frau, die bereit war, sich um Courtney zu kümmern, während ich in einem Restaurant in der Nähe als Kellnerin tätig war. Helen aber bestand weiterhin darauf, dass ich meine Abendkurse fortsetzte.

Helens Operation musste verschoben werden, bis sie wieder bei Kräften war. Wir machten uns Sorgen, dass der Tumor in ihrem Bein immer weiter wuchs und die Chancen auf einen erfolgreichen Eingriff dadurch sanken. Eine Amputation wollten wir unbedingt verhindern. Unsere Familie, Freunde und Gemeindemitglieder beteten für Helen und dafür, dass die Ärzte Helens Bein retten konnten. Ein eng mit uns befreundetes Ehepaar, John und Chris, kam extra aus Wyoming angereist, um am Tag der Operation bei uns zu sein – ein Zeichen dafür, dass der Leib Christi weiterhin gesund und munter war und Gottes Gnade an andere weitergab. Wir waren unendlich erleichtert und dankbar, als Helen mit beiden Beinen und ohne den Tumor wieder aus dem Operationssaal kam.

Da Helen noch mehrere Monate zu Hause bleiben musste, fragte Tricia, ihre beste Freundin aus Wyoming, ob sie nicht bis zum Ende des Schuljahres bei uns wohnen und Helen Gesellschaft leisten könne. Was für ein großer Segen sie doch für unsere Familie war! Tagsüber besuchte sie die Highschool an unserem Wohnort und abends saßen Helen und sie zusammen und kicherten und hatten Spaß zusammen, manchmal sogar den ganzen Abend über. Tricia, die selbst erst fünfzehn war, bewahrte Helen davor, deprimiert und einsam zu werden. Ihre Anwesenheit erinnerte uns täglich an Gottes gute Fürsorge.

* * *

Dann kam der Mai und unsere Familie fuhr gemeinsam mit Tricia zurück nach Wyoming, um dort Sadies Highschool-Abschluss zu feiern. Der Frühling in den Rocky Mountains war eine willkommene Abwechslung zu den heißen Temperaturen, die zu dieser Zeit bereits in Arizona herrschten. Wir blieben nur ein paar Tage, aber es war uns schon jetzt klar, dass wir am liebsten dortbleiben und nicht mehr nach Arizona zurückkehren würden. Zwar waren wir dankbar, dass das Leben in der Wüste uns von all dem fernhielt, was uns an Hannahs Tod erinnerte, und uns die beste medizinische Versorgung für Helen garantierte, aber wir fühlten uns auch wie Fische ohne Wasser. Wir wollten wieder zurück nach Casper, »nach Hause« eben. Und so suchten Al und ich ständig nach einer Gelegenheit, wieder nach Wyoming zu ziehen, doch es ergab sich nichts. Also mussten wir uns in die Tatsache fügen, dass Gott andere Pläne für uns hatte.

Während wir in Casper waren, besuchte ich Karen im Gefängnis. Ich freute mich ehrlich auf den Besuch bei ihr. Wir hatten uns weiterhin geschrieben und ich hatte ihr Fotos von Courtney geschickt sowie christliche Bücher, die ihr helfen sollten, in ihrem neu gefundenen Glauben zu wachsen.

Während meines Besuches sprachen wir über die Entscheidung des Richters, was ihre Strafe betraf. Karen wirkte deprimiert bei dem Gedanken, den Rest ihres Lebens im Gefängnis zu verbringen, aber ich konnte ihr keine große Hoffnung machen. Im Stillen betete ich während unseres Gespräches und der Herr machte mir deutlich, dass ich sie daran erinnern sollte, wie wichtig die Gebete einer Mutter für ihre Kinder sind.

»Wenn du dafür betest, dass Gott im Leben deiner Kinder wirkt, dann wird er dich erhören. Der Weg, den du jetzt gehen musst, macht es erforderlich, dass du Gott ihre Zukunft anvertraust. Und auch deine. Gott ist mit dir noch nicht am Ende. Dein Leben ist immer noch wertvoll in seinen Augen. Solange du atmest, gibt es Hoffnung.«

Der Besuch war für uns beide sehr berührend. Wie immer sprachen wir nicht über Hannah, aber die Erinnerung an sie machte mir das Herz schwer. Ich trauerte immer noch um dieses kleine Mädchen, begriff aber allmählich immer besser, dass mich diese Trauer nur noch mehr in die Nähe meines himmlischen Vaters führte.

* * *

Im Herbst 2000 packte Sadie ihre Koffer für das College und Al brachte sie dorthin. Helen kehrte an die Cactus High School zurück, wo auch Charles war, und ich nahm meine Abendkurse wieder auf. Courtney, inzwischen zwei Jahre alt, und ich begleiteten Helen zu Nachuntersuchungen ins Krankenhaus und abends, wenn die ganze Familie zu Hause war, lieferte die Kleine sich Ringkämpfe mit Charles. Eine Zweijährige und ein gut ein Meter achtzig großer Jugendlicher, die miteinander kämpfen – das war schon ein großer Spaß für uns alle.

Im Oktober 2001 feierten wir Courtneys dritten Geburtstag. Es war, als ob unser Leben sich immer weiter von dem Schmerz um Hannahs Tod entfernte. Doch dann kam eines Tages ein Einschreiben bei uns an.

Jemand aus Hannahs Familie hatte das Jugendamt in Casper verklagt und es war zu einem Vergleich gekommen. In einem treuhänderisch verwalteten Fonds wurde eine Geldsumme für alle überlebenden Bower-Kinder hinterlegt. Der Anwalt, der uns den Brief schrieb, fragte, ob wir einen Teil des Geldes für Courtney beiseitegelegt haben wollten. Wir mussten mit Ja oder Nein antworten und den Brief per Einschreiben an sein Büro zurückschicken.

Kaum hatte ich den Brief gelesen, da schossen mir die Tränen in die Augen. Ein tiefer Kummer überwältigte mich, denn ich betrachtete dieses Geld als Blutgeld. Ich wollte keinen Cent davon. Unser unschuldiges Kind sollte doch nicht mit der schrecklichen Geschichte um den Tod seiner Schwester in Verbindung gebracht werden. Das Drama um den Mord würde nie aufhören und wir konnten ihm anscheinend nicht entrinnen.

Als Al abends von der Arbeit nach Hause kam, waren wir uns beide einig, dass wir Nein ankreuzen und den Brief zurückschicken würden. Wir würden uns selbst um Courtney kümmern. Sie sollte nicht von dem Geld abhängig sein, das mit Hannahs Tod in Verbindung stand.

Ich hatte vor Kurzem damit begonnen, Courtney damit vertraut zu machen, dass wir sie adoptiert hatten. Dazu las ich ihr Geschichten von einer Hasenfamilie vor, die kleine Eichhörnchen-Babys als ihre eigenen Kinder bei sich aufnahm. Es lag noch ein langer Weg vor uns, bis wir Courtney erzählen konnten, unter welchen Umständen ihre eigene Adoption zustande gekommen war. Doch Al und mir war es wichtig, dass sie von Anfang an wusste: Wir hatten sie adoptiert. Wenn sie alt genug war, um es zu verstehen, würden wir ihr mehr von ihrer Geschichte erzählen, falls sie danach fragte. Aus Erfahrung wusste ich, dass manche Kinder unbedingt wissen wollten, wo sie herkamen, während das bei anderen keine so große Rolle spielte. Wer konnte schon wissen, wie es bei Courtney sein würde?

* * *

An der Wayland Baptist University war es üblich, beim Unterricht Gebetsanliegen auszutauschen. Eines Abends fragte mein Professor, ob jemand Fürbitte brauche. Ich meldete mich: »Meine Tochter, die noch ein Teenager ist, hat Knochenkrebs. Ich wäre dankbar, wenn Sie alle für ihre Genesung beten würden und um Weisheit für die Ärzte und das Pflegepersonal, das sich um sie kümmert.«

Der Professor bat unsere Gruppe, sich ihm spontan im Gebet anzuschließen. Während für Helen gebetet wurde, bat ich selbst Gott in aller Stille, mir zu zeigen, wie ich noch besser zur Finanzierung von Helens Behandlungskosten beitragen konnte.

Ich ahnte nicht, dass Gott dieses gemeinsame Gebet dazu gebrauchen würde, um mich in die vielleicht ungewöhnlichste Aufgabe hineinzuführen, die ich je in meinem Leben übernommen hatte.

Nach diesem sehr bewegenden Gebet machten wir eine Pause, bevor es mit dem Unterricht weiterging. Da kam ein sehr kluger und humorvoller Mann aus meinem Kurs auf mich zu und fragte mich, ob ich daran interessiert sei, das Strafvollzugssystem einmal aus einer anderen Perspektive als der einer Seelsorgerin kennenzulernen.

Ich lachte, während ich meine Tasse unter die Kaffeemaschine hielt. »Meinen Sie vielleicht als Strafgefangene?«

Er lachte ebenfalls und erwiderte: »Nein. Als Mitarbeiterin im Vollzug.«

Über diese Antwort war ich so verblüfft, dass meine Kaffeetasse überlief, während ich mich mit erstauntem Blick zu ihm umdrehte. »Als Wärterin? Sie machen wohl Witze!«

»Glauben Sie mir«, fuhr er fort, »wenn Sie wirklich ein Herz für die Gefangenen haben, dann gibt es keinen persönlicheren Weg, um einen positiven Einfluss auf sie auszuüben. Sie können sie mit Essen und Kleidung versorgen und sich dort um sie kümmern, wo sie leben. Als Mitarbeiterin im Vollzug können Sie wirklich etwas in ihrem Alltag bewirken.«

Es stellte sich heraus, dass der Mann ein Gefängnis im Bezirk Maricopa leitete. Er wusste, dass im Vollzug Stellen neu zu besetzen waren, und meinte, ich würde gut dorthin passen. Darum bot er mir an, ein Empfehlungsschreiben für mich zu verfassen.

»Debbie, wenn Sie eine Uniform mit einem Stern tragen, bekommen Sie eine viel umfassendere Sicht auf die Insassen und das Vollzugssystem, als wenn Sie in Zivil mit einer Bibel in der Hand daherkommen.«

Zunächst tat ich die Idee als absurd ab. Ich? Eine Gefängniswärterin? Bisher hatte ich Bibelstunden gehalten, Obdachlose betreut, mich in der Sonntagsschule engagiert, ein Zentrum für Schwangerschaftskonfliktberatung geleitet und Pflegekinder bei uns aufgenommen. Ich hatte zwei Teenager und ein Kleinkind zu Hause und wollte eigentlich lieber Seelsorgerin sein als Gefängniswärterin. Das Ganze war doch lächerlich. Abgesehen von zwei nicht unerheblichen Tatsachen: Ich würde sofort ein Gehalt bekommen – und das konnten wir gut gebrauchen, um die hohen Arztrechnungen zu bezahlen. Und in meinem Herzen regte sich wieder einmal dieses bekannte unerklärliche Gefühl, dass Gott mich in diesen Job berief. Wäre ich dazu bereit, mich ein weiteres Mal in Gottes Willen zu fügen?

Meiner Familie sagte ich erst einmal noch nichts. Bis zum nächsten Tag, als wir zusammen das Abendessen einnahmen. Als ich von dem Gespräch mit meinem Kurskollegen erzählte, verstummte plötzlich das Klirren des Bestecks auf den Tellern. Alle Blicke waren auf mich gerichtet.

»Bist du verrückt?«, rief Charles, der immer darauf bedacht war, mich zu beschützen.

»Vielleicht ein bisschen. Ich würde es mir zumindest gern einmal ansehen. Ich wäre nie auf die Idee gekommen, als Wärterin zu arbeiten, aber ich könnte dadurch einen viel besseren Einblick bekommen. Weil ich eine andere Position einnähme.«

»Gerade diese Position ist es ja, die uns beunruhigt.« Al war nicht überzeugt davon, dass das eine so gute Idee war. Er war verdutzt und lachte über den verrückten Gedanken. Doch dann beteten wir gemeinsam darüber und schließlich gab er seinen Segen dazu.

Am nächsten Tag rief ich an und vereinbarte einen Termin für ein Vorstellungsgespräch. Das erste verlief gut und führte in den darauffolgenden Wochen zu weiteren Gesprächen, psychologischen Untersuchungen und einem Lügendetektortest. Und schließlich hatte ich die Stelle. Die sechswöchige Schulung würde ein paar Wochen später beginnen und so fing ich an, jeden Tag zu joggen, zu trainieren und abzunehmen. Ein wenig erinnerte mich das Ganze an die Vorbereitungen für den »Mrs. International«-Wettbewerb.

Als ich am ersten Tag der Schulung den Raum betrat, wo wir uns treffen sollten, begegnete mir dort eine ganze Reihe junger Leute verschiedener ethnischer Herkunft, die alle zwischen zwanzig und dreißig waren. Nur eine andere Person war ungefähr so alt wie ich mit meinen achtundvierzig Jahren.

Wo bin ich da nur wieder hineingeraten?

Doch auch ich lernte bereits in kurzer Zeit, wie man eine Elektroschockpistole einsetzt und einen Gegner auf eine dicke Matte wirft.

Das alles ist wirklich noch merkwürdiger als Mrs. International!

* * *

Als ich dann das erste Mal meine offizielle Uniform anzog und mich im Spiegel betrachtete, wusste ich nicht, ob ich lachen oder nur verlegen zu Boden schauen sollte. Also tat ich beides. Beschreiben wir es einmal so: Das rechteckig geschnittene, kurzärmelige, hochgeknöpfte kakifarbene Hemd und die hochtaillierten dunkelbraunen Hosen mit den Cargotaschen sahen an mir weitaus weniger schmeichelhaft aus als meine »Mrs. Wyoming«-Abendkleider. Und die Accessoires beschränkten sich auf einen breiten Gürtel, an dem Funkgerät, Handschellen und ein Beutel mit Handschuhen befestigt waren. Die Elektroschockpistole und das Pfefferspray machten meine Hüften um weitere zehn Zentimeter breiter. Allerdings muss man sagen, dass es viel einfacher ist, in schweren schwarzen Armeestiefeln herumzulaufen (und zu rennen), als mit fast acht Zentimeter hohen Pfennigabsätzen über eine Bühne zu schweben. Und in den Stiefeln tun einem zumindest nicht die Zehen weh.

Als ich an meinem ersten Tag das Bezirksgefängnis Estrella in Phoenix betrat, war das ein ernüchterndes Erlebnis. Es ist schon ein Unterschied, ob man ein Gefängnis für eine Stunde als Besucher betritt oder ob man in dem Gebäude Tag für Tag viele Stunden lang eingeschlossen ist. So wirkte der gewundene Stacheldraht oben auf den Mauern und Zäunen auf mich viel bedrohlicher. Hinter mir fielen die Sicherheitstüren mit einem unheimlichen Scheppern ins Schloss. In der Luft hing ein abgestandener Geruch wie in einem Umkleideraum. Und aus jeder Richtung waren traurige, hoffnungslose und oft leere Blicke auf mich gerichtet. Sofort erkannte ich, dass der Mann, der mir den Job vermittelt hatte, recht gehabt hatte. Innerhalb dieser Mauern war das Leben rau und hart. Es gab nur noch das Allernötigste. Wenn ich im Leben dieser Frauen etwas verändern wollte, dann vor allem dadurch, dass ich Zeit mit ihnen verbrachte.

Ich dachte, ich würde dorthin gehen, um etwas im Leben der Gefangenen zu bewirken. Da ahnte ich nicht, wie viel diese Menschen in meinem Leben bewirken würden.

Kapitel 24

Stiefel und Dienstmarke

Bisher war ich in meinem Leben nur zweimal direkt mit dem Tod in Berührung gekommen und jedes Mal war es ein Tier gewesen. Das eine hatte ich in einen alten Putzlappen gewickelt, es in einen Schuhkarton gelegt und im Garten begraben. Damals war ich sechs Jahre alt gewesen. Das andere hatte ich auf einer Kehrschaufel zur Mülltonne getragen und darin verschwinden lassen. Doch jetzt hielt ich den schlaffen Körper einer Frau in den Armen, die sich erhängt hatte.

Es schien noch gar nicht so lange her, dass ich als »Mrs. Wyoming« eine glitzernde Krone und High Heels getragen hatte. Nun hatte ich sie gegen schwere Stiefel und eine Dienstmarke eingetauscht, auf der mein Name zu lesen war sowie meine Dienststelle: das Estrella-Gefängnis in Phoenix. Meine kurze Ausbildung lag erst wenige Wochen zurück, als ich an jenem verhängnisvollen Morgen dem A-Turm zugeteilt wurde. In der Strafanstalt gab es vier Bereiche, sogenannte »Türme«, in denen sich die Unterkünfte der Gefangenen befanden. Die Türme A und B standen nebeneinander und waren durch einen langen Gang miteinander verbunden. Sie waren den weiblichen Insassen vorbehalten, die in vier Sicherheitsstufen untergebracht waren: Medium, Maximum, geschlossener Bereich (das war die höchste Sicherheitsstufe) und Isolationshaft. (Die Isolationshaft war solchen Insassen vorbehalten, denen besondere Straftaten vorgeworfen wurden oder deren Vergehen große Aufmerksamkeit erregt hatten – Körperverletzung, Kindesmissbrauch, Vergewaltigung usw. – und die daher selbst als stärker gefährdet galten, wenn sie in Kontakt mit anderen Gefangenen kamen.)

Die Türme C und D mit den männlichen Gefangenen standen weiter entfernt in einem anderen Bereich der Strafanstalt, in der insgesamt mehr als 1.700 Personen aufgenommen werden konnten.

Es waren riesige zweigeschossige Gebäude aus Beton. Die Bereiche, in denen sich die Zellen befanden, waren jeweils in vier Blöcke unterteilt mit den Bezeichnungen 100, 200, 300 und 400. Alle Sicherheitstüren in den Türmen wurden elektronisch von einem zentralen Pult aus gesteuert.

Nachdem ich meinen Rundgang im Block 400 beendet hatte, nahm ich per Funkgerät Kontakt zu meiner Kollegin auf. »Moerke an A-Turm.«

»Ja, ich höre.«

»Sicherheitsrundgang abgeschlossen. Bitte Block 400 öffnen.«

Die Stahltür mit dem Sichtfenster ging auf. Nachdem ich den Korridor betreten hatte, schloss sie sich wieder. Es war 8:40 Uhr und meine Schicht hatte gerade erst begonnen. Ich näherte mich der Sicherheitstür zum Wachturm, als plötzlich die Schreie einer Wärterin durch das Funkgerät schallten und den ruhigen Morgen erschütterten.

»B-Turm an Sicherheitskontrollzentrum. Insassin erhängt! Brauche Verstärkung!«, schrie die Frau. »Schnell!« Der Wärterin versagte die Stimme und sie fing an zu weinen.

Vor Schreck blieb ich wie angewurzelt im Eingang zum Turm stehen, die Hand schon am Türgriff. Ich schaute nach oben, wo die Metallstufen endeten, und sah meine Kollegin, die am Kontrollpult saß, von ihrem Stuhl aufspringen.

»Ich gehe hin!«, rief ich ihr zu. Bis heute weiß ich nicht, warum ich mich so rasch freiwillig meldete. Ich war ja noch neu und unerfahren. Doch das Entsetzen, das ich in ihrer Stimme gehört hatte, brachte mich dazu zu reagieren. Ein Wachturm muss ständig von mindestens einem Wärter besetzt sein, und zwar rund um die Uhr. Nur wenn zwei Personen anwesend sind, kann eine von ihnen den Posten verlassen, um in einem anderen Bereich des Gefängnisses auszuhelfen. Also ließ ich meine Kollegin zurück, knallte die Tür zu und rannte durch den Flur zum B-Turm.

Meine Stiefel fühlten sich schwer an. Immer noch hatte ich die panische Stimme der anderen Wärterin im Ohr. Es war zwar nicht ungewöhnlich, per Funk zu Hilfe gerufen zu werden, wenn es irgendwo eine Schlägerei gab. Doch in meinem ersten Monat im neuen Job hatte ich bisher noch nie die Worte gehört: »Insassin erhängt!« Im Rennen griff ich nach dem Beutel, der an meinem Gürtel hing, und zog ein Paar blaue Gummihandschuhe heraus. Diese waren im Umgang mit den Strafgefangenen und allem, was ihnen gehörte, vorgeschrieben.

Ich sah eine weitere Wärterin vor mir in Richtung B-Turm laufen und das Geräusch schwerer Stiefelschritte aus anderen Korridoren sagte mir, dass noch mehr Verstärkung unterwegs war. Ich bog in den B-Turm ab und sah durch die Sicherheitsglasscheiben einen Wärter, der mich in Richtung von Block 300 winkte. Die Schiebetür zu dem Block war bereits geöffnet und alle Gefangenen befanden sich in ihren Zellen. Nur eine Zellentür stand offen. Ich wich den Tischen aus, während ich durch den Essensbereich rannte, und hörte die Gefangenen rufen, schreien, weinen und gegen die Zellentüren hämmern.

»Was ist dort drüben los?«

»Was ist passiert?«

»Hat sich jemand verletzt?«

Der Lärm wurde lauter, als immer mehr Gefangene einstimmten. Sie schrien und trommelten gegen die Türen. Ich rannte in die Zelle an der Ecke, wo ein Wärter stand, die Arme um den Körper einer Frau geschlungen, die von ihrer Pritsche herunterhing, einen zusammengeknoteten BH als Schlinge um den Hals. Er keuchte und sein Gesicht war rot und schweißüberströmt. Mit verzweifelter Stimme rief er mir zu: »Nehmen Sie ihre Beine! Helfen Sie mir, sie hochzuheben!« Die Arme der Frau hingen schlaff herunter. Die Wärterin, die den Notruf abgesetzt hatte, war auch da, weinend und so neben der Spur, dass sie keine große Hilfe war.

Ich schlang meine Arme fest um die Beine der Frau. Adrenalin schoss durch meine Adern. Es dauerte, glaube ich, nur ein paar Sekunden, bis die halbe Belegschaft der Strafanstalt im Block eingetroffen war, doch es kam mir wie eine Ewigkeit vor.

»Die Feuerwehr ist unterwegs. Sie beide müssen sie hochhalten, bis der Rettungsdienst da ist«, befahl die leitende Wärterin und wiederholte damit die in solchen Fällen vorgeschriebene Vorgehensweise, die wir bereits kannten.

Dann schickte sie die weinende Wärterin zurück ins Büro. Obwohl diese eine erfahrene Mitarbeiterin war, war sie so durcheinander, dass sie abgelöst werden musste. »Ist sie wirklich tot?«, fragte sie immer wieder. »Ich habe doch gerade erst meinen Rundgang gemacht. Da ging es ihr noch gut. Das kann doch gar nicht sein!« Weinend verließ sie den Block. Ich betete. Mein Mitgefühl galt dem Personal des B-Turms ebenso wie der Frau, die ich in meinen Armen hielt. Ich merkte schnell, dass manche Wärter eine besondere Beziehung zu den Insassen entwickeln, für die sie verantwortlich sind. Der emotionale Zustand meiner weinenden Kollegin zeugte jedenfalls davon.

Bald darauf strömten Feuerwehrleute, Sanitäter sowie Führungspersonal und weitere Mitarbeiter des Gefängnisses in Block 300. Die Rettungskräfte brachten eine Trage in die Zelle. Mein Kollege und ich übergaben ihnen die Frau, die sich erhängt hatte. Sie untersuchten ihren Hals und legten die Frau vorsichtig auf die Trage. Ich wusste, dass sie kein Leben mehr in sich hatte, aber das würde ein Arzt offiziell feststellen müssen.

Die leitende Wärterin bat mich, den Posten meiner abgelösten Kollegin im B-Turm zu übernehmen und dem diensthabenden Wärter dabei zu helfen, die Ruhe in den anderen Blöcken wiederherzustellen. Ich bahnte mir einen Weg durch die Umstehenden und gab der Mitarbeiterin im Wachturm ein Zeichen, mir die Sicherheitstür zu öffnen. Während ich den kurzen Weg durch den Korridor zur Tür ging, konnte ich sehen (und hören), dass die Blöcke 100, 200 und 400 völlig außer Kontrolle waren, während in Block 300 Totenstille herrschte. Ich musste schlucken. Wie sollte ich die Gefangenen beruhigen? Alle waren in ihren Zellen eingeschlossen, aber der Lärm war so laut, dass ich nicht einmal mein Funkgerät hören konnte.

Wie Tiere im Käfig, die einen Tiger heranschleichen hören, hatten sie Angst, schlugen und hämmerten gegen die Türen ihrer Zellen. Sie waren zwar in Sicherheit, wussten aber nicht, was passiert war – nur dass Wärter und medizinisches Personal durch das Gebäude geeilt waren. Es gab wohl ein Lautsprechersystem, über das Anweisungen gegeben werden konnten. Doch die Frauen waren so laut, dass sie die Durchsage kaum hören konnten. Ich sprach ein stilles Gebet und bat das Personal im Wachturm, mich in Block 100 zu lassen. Um die Gefangenen zu beruhigen, brauchte es eine persönliche Begegnung und keine Lautsprecherdurchsage.

Ich betrat also Block 100 und blieb, ohne ein Wort zu sagen, mitten im Aufenthaltsraum stehen, bis die Frauen so leise wurden, dass sie mich hören konnten. »Es gibt einen Notfall in Block 300«, sagte ich mit leiser, beruhigender Stimme und bat den Heiligen Geist um Weisheit. »Eine Frau ist verletzt. Bitte bewahren Sie jetzt die Ruhe und lassen Sie die Rettungskräfte ihren Job machen. Wenn Sie selbst oder eine Freundin von Ihnen betroffen wäre, dann würden Sie doch auch wollen, dass die anderen leise sind, damit die Sanitäter das Nötige tun können, um zu helfen. Oder?« Ich hoffte darauf, dass die Frauen sich beruhigen würden, wenn ich persönlich und respektvoll mit ihnen sprach. Es wirkte.

In jedem Block hielt ich dieselbe kleine Ansprache, bis es im ganzen B-Turm ruhig geworden war. Dann ging ich zurück in den Kontrollturm. Dort traf ich eine junge Kollegin, die durch die Glasscheibe starrte und die Rettungskräfte bei der Arbeit beobachtete. Sie weinte.

»Wie geht es Ihnen?«, fragte ich sie und nahm sie in den Arm. Sie weinte noch heftiger.

»Schlecht. Das ist einfach schrecklich. Ist sie tot?«

Ich nickte. Wir sahen zu, wie die Sanitäter die Frau auf der Trage festschnallten und sie aus Block 300 hinausrollten. Die leitende Wärterin schloss die Zellentür der Frau und alle gingen wieder auf ihre Posten zurück. Dann kontaktierte sie mich per Funk, während sie an den Sicherheitsglasscheiben des Turmes vorüberging: »Moerke, schalten Sie Ihr Funkgerät auf Kanal 2.« Auf diesem Kanal konnte man miteinander reden, ohne dadurch die Kommunikation auf dem Standardkanal zu stören.

»Wie geht es der Wärterin im Turm?«, fragte mich meine Vorgesetzte.

»Sie sollte den Turm verlassen dürfen, Sergeant. Es geht ihr nicht gut«, antwortete ich.

»Sie soll runterkommen. Ich kümmere mich um sie. Sie haben jetzt den Turm. Ich schicke einen anderen Wärter, der Ihren Rundgang und die Essensausgabe übernimmt. Sie haben die Verantwortung für den Rest der ersten Schicht. Protokollieren Sie alles, was vorgefallen ist, auch die Namen und Personalnummern aller, die an dem Vorfall beteiligt waren. Schaffen Sie das?«

»Ja, Sergeant.« Ich öffnete die Sicherheitstür zum Wachturm, damit meine immer noch weinende Kollegin gehen konnte.

Ich sah ihr und der leitenden Wärterin nach, bis sie am Ende des Korridors verschwunden waren, und setzte mich dann probehalber auf den hohen Stuhl, von dem aus man die verschiedenen Blöcke überwachen konnte.

Es war ganz still um mich herum. So still, dass ich meinen eigenen Herzschlag hören konnte.

Mein ganzer Körper war innerlich aufgewühlt von dem Drama, das sich an diesem Morgen abgespielt hatte. *Was für eine furchtbare Hoffnungslosigkeit musste jene Frau empfunden haben?* Sie hatte in *meinen* Armen geruht. Tot. Ich war zu geschockt, um zu weinen, und stellte überrascht fest, dass ich immer noch ganz außer Atem war. *Ich bin doch nur ein »Fisch«.* (So wurden die Neulinge unter den Wärterinnen genannt.) *Was weiß ich schon? Wie kommt es, dass ich hier jetzt plötzlich die Verantwortung trage?* Immer wieder spulte ich in meinen Gedanken zurück und durchlebte noch einmal den Anblick der erhängten Frau. Es war, als hätte ich mich im Nebel verirrt. Ich wusste, dass ich nun endlich mit der Arbeit am Protokoll beginnen musste.

Glücklicherweise blieben während meiner verbleibenden Schicht alle Gefangenen in ihren Zellen, außer während der Mahlzeiten. Im Turm war es still.

Alle fünfundzwanzig Minuten unternahm ein Wärter meinen üblichen Rundgang durch alle Blöcke. Er überprüfte jede Zelle sorgfältig. Keiner von uns wollte, dass jemand die geschehene Tat nachahmte oder auf andere Weise versuchte, sich selbst zu verletzen. Jeden Rundgang hielt ich im Protokoll fest. Erst um 14:55 Uhr würde man mich ablösen.

Ich musste an Karen denken, die in Lusk im Gefängnis saß. Mit welcher Hoffnungslosigkeit hatte sie wohl zu kämpfen? Was musste sie immer wieder mit ansehen? Gab es auch in ihrer Umgebung Gefangene, die Selbstmord begangen oder es versucht hatten? Ich brachte Karen im Gebet vor Gott und bat ihn, ihr Sinn und Hoffnung für ihr Leben zu schenken, ihren Glauben tiefer werden zu lassen und ihr zu helfen, dass sie ihm ganz vertrauen konnte. Dann betete ich auch für Courtney. Eines Tages würde sie eine junge Frau sein und sich mit dem Gedanken auseinandersetzen müssen, dass ihre Mutter wegen Mordes lebenslänglich im Gefängnis saß. Mein Mutterherz wollte ihr diesen Schmerz am liebsten ersparen, aber ich wusste auch, dass kein Weg daran vorbeiführte. Alles, was ich tun konnte, war, ihr vorzuleben, was es bedeutet, auf Gott angewiesen zu sein. Und diese Abhängigkeit von ihm fühlte ich deutlich, als ich dort auf meinem Posten saß und mich von den traumatischen Ereignissen dieses Tages erholte.

Irgendwie spürte ich auch, dass meine Aufgabe eine wichtige Rolle spielte bei dem, was mir immer noch ein großes Rätsel war und was Paulus in Kolosser 1,27 beschreibt: »Ihr, die ihr zu Gott gehört, dürft dieses Geheimnis verstehen. Es lautet: Christus lebt in euch! Und damit habt ihr die feste Hoffnung, dass Gott euch Anteil an seiner Herrlichkeit gibt.« Ich betete, dass Christus in mir tiefe Wurzeln bildete und Gott meine »Gefängniszeit« gebrauchte, um mich weiter zu verändern.

Um 14:55 Uhr stand ich am Kontrollpult und hielt nach meiner Ablösung Ausschau. Ich war froh, als die beiden Kollegen an der Tür des Wachturms auftauchten. Von meinem Pult aus öffnete ich die Sicherheitstür und verbrachte noch einige Minuten damit, das Protokollbuch ein weiteres Mal durchzulesen. Bevor ich nach Hause konnte, musste ich noch die Namen und Personalnummern von einigen Mitarbeitern erfragen, die zu Hilfe gekommen waren. Erschöpft nahm ich meinen Rucksack und meine Thermoskanne und ging die Metallstufen hinunter. Ein paar Gefangene sahen mir hinterher. Ihre Blicke waren traurig und leer. Offenbar wussten sie, was passiert war. Die Nachricht, wer gestorben war und wie, hatte sich rasch verbreitet. Ich lächelte ihnen freundlich zu in der Hoffnung, ihnen so mein Mitgefühl zeigen zu können.

Während ich durch den Korridor zum Büro der leitenden Wärterin ging, schlossen sich mir mehrere Kolleginnen aus der ersten Schicht an. »Hallo, Frau Moerke, haben Sie schon gehört, was heute im B-Turm passiert ist?«

Ich nickte traurig und war froh, bald wieder in der Geborgenheit unseres Hauses und bei meiner Familie zu sein. Für weit über tausend Frauen war dieser tragische Ort ihr Zuhause. Frauen wie Karen. Ich war entschlossen, mir am nächsten Tag zu überlegen, wie ich jeder Gefangenen, der ich begegnete, deutlich machen konnte, dass sie ein wichtiger Mensch war – wertvoll und wertgeschätzt. Die Hoffnungslosigkeit war einer der Gegner, den zu bekämpfen ich aufgerufen war.

* * *

Je länger ich in Estrella arbeitete, desto mehr offenbarte sich mir Gott. Er zeigte mir, wer er war und wie er an einem so dunklen Ort wirkte. Anders als damals bei dem Wettbewerb musste ich mich nicht lange fragen, was Gott mich durch diese Erfahrung lehren wollte. Ich lernte, meine Mitmenschen auf neue und ganz konkrete Weise zu lieben: durch einen freundlichen Ton, Augenkontakt und sorgfältig überlegte Worte, die Respekt und Wertschätzung zum Ausdruck brachten. Ich tat, was ich konnte, um einen Hauch von Jesu Liebe in das Leben dieser Frauen zu bringen. Doch obwohl ich ihnen gern mit einem von Jesus geprägten Herzen begegnen wollte, war ich zugleich auch eine Autoritätsperson. Ich war verantwortlich für die Ordnung und Disziplin in der rauen Umgebung eines Gefängnisses. Bald schon merkte ich, dass es gar nicht so leicht war, die Balance zwischen Mitgefühl und Autorität zu halten.

In Block 400 des B-Turms waren Gefangene mit der höchsten Sicherheitsstufe CC (»closed custody«) untergebracht. Diese Frauen, die in ihrem Leben nichts mehr zu verlieren hatten, konnten gefährlich und gewalttätig sein. Einige von ihnen saßen eine Haftstrafe wegen Mordes oder versuchten Mordes ab.

Leider hatten viele von ihnen auch psychische Probleme, was ihre Geschichte umso tragischer machte. Die meisten CC-Zellen waren im oberen Stockwerk. Sie durften ihre Zelle nur dann verlassen, wenn sie von mindestens zwei Wärtern begleitet wurden. Manche dieser Gefangenen hatten bereits Menschen erstochen oder sie mit bloßen Händen angegriffen. CC-Häftlinge konnten plötzlich und unerwartet außer Kontrolle geraten.

Bevor diese Frauen in Begleitung von Wärtern den Block verlassen durften, wurde ihnen ein ungefähr zehn Zentimeter breiter Ledergürtel umgebunden, an dem sich ein Metallring befand. An diesem wurden die Handschellen befestigt. In manchen Fällen waren auch Fußketten vorgeschrieben – was mich ebenfalls an Karen erinnerte. Es war ganz egal, ob die Gefangene in einem Fahrzeug zum Gericht gebracht werden sollte oder nur zu Fuß den Korridor entlang zur Krankenstation. Die Vorgehensweise und die Vorschriften waren immer dieselben.

Um einer Insassin den Gürtel und die Handschellen anzulegen, benutzten wir Wärter eine schmale Klappe an der Zellentür, die sich ungefähr in Hüfthöhe befand und durch die auch das Essenstablett hindurchgereicht wurde. Sie ließ sich nur von außen öffnen. Wenn eine Wärterin die Gefangene aus der Zelle holen wollte, musste diese beide Hände bis zu den Handgelenken durch die Türöffnung strecken. Ich war durch die Klappe hindurch schon bespuckt, mit Essen beworfen und mit Getränken oder Urin übergossen worden. Es waren nicht gerade die angenehmsten Arbeitsbedingungen.

Allerdings hatte ich mit den CC-Gefangenen eigentlich keine Probleme. Natürlich war ich mir der Gefahren bewusst. Aber seltsamerweise machte es mir nichts aus, diese Frauen zu überwachen oder sie zu versorgen. Ganz anders war es bei den Insassen von Block 400 im A-Turm.

Sie galten nicht als gefährlich oder gewalttätig – jedenfalls nicht den Wärtern gegenüber. Ihre Verbrechen hatten sich gegen Kinder gerichtet, meist gegen ihre eigenen. Körperliche Misshandlungen. Sexueller Missbrauch. Manche Frauen hatten ihre kleinen Kinder für Geld feilgeboten, um an Drogen zu gelangen. Einige hatten ihre Kinder tagelang in dunkle Schränke oder Keller gesperrt ohne Essen und Wasser. Es gab Fälle, in denen männliche Familienangehörige oder der Partner der Mutter die Kinder mit Zigaretten verbrannten, wenn diese nicht gehorchen wollten. Kinder wurden verprügelt und Babys wurden von zornigen Erwachsenen wie Bälle an die Wand geschleudert. Eine Mutter hatte ihr Neugeborenes die giftigen Dämpfe einatmen lassen, die bei der Zubereitung von Crystal Meth entstanden. Und das Kind war gestorben.

Es war meine Aufgabe, diese Frauen wie alle anderen Gefangenen auch mit Essen und Kleidung zu versorgen, ihre Zellen zu inspizieren und mich um ihre Bedürfnisse zu kümmern. Ich nahm meine Verantwortung ernst und wünschte mir aufrichtig, ihnen in einer christlichen Haltung zu begegnen. Doch wenn ich ihnen zugeteilt wurde, merkte ich, wie schwer es mir fiel, sie zu lieben. Ja, ich empfand es als regelrecht schmerzvoll, auch nur für sie sorgen zu müssen.

Am liebsten hätte ich nicht mit ihnen geredet und sie gar nicht beachtet. Ich empfand sie als eine Spezies, für die ich kein Verständnis hatte. Auf ihren Karteikarten waren ihre Verbrechen zu lesen und ich war oft entsetzt darüber, was sie ihren Kindern alles angetan hatten. Empfanden sie denn keine Liebe, kein Mitgefühl und keine Zärtlichkeit für ihre Kinder? Achtzehn Jahre lang hatte ich mich um solche Kinder gekümmert, hatte versucht, ihren Schmerz zu lindern, ihr Vertrauen zurückzugewinnen und ihr misstrauisches Herz mit Liebe zu erreichen. Mit der Liebe von Al und unserer Familie und natürlich mit der Liebe Jesu. Doch allzu oft waren ihre kleinen Herzen tief verletzt und der angerichtete Schaden irreparabel, weil ihre Mütter ihnen so Schlimmes angetan hatten. Mütter wie die in Block A-400.

Ich wollte sie nicht lieben. Am liebsten hätte ich Block A-400 ganz gemieden. Denn er brachte das Schlimmste in mir zutage – eine Seite von mir, die ich nicht sehen wollte.

Am liebsten hätte ich diese Frauen geschüttelt, sie angeschrien oder – noch schlimmer – sie genauso verletzt, wie sie es mit ihren Kindern getan hatten. Nie im Leben hätte ich gedacht, dass ich jemandem gegenüber gewalttätig sein könnte, doch bei diesen Frauen war der Wunsch danach ohne Zweifel sehr stark. Ich wollte gar nicht in Berührung mit ihnen kommen, weder mit ihnen noch mit ihren Habseligkeiten. Wenn ich sie nur anschauen musste, lief es mir schon eiskalt den Rücken herunter. Doch sobald ich zu Hause war und mich selbst im Spiegel betrachtete, war ich furchtbar enttäuscht von der Frau, die mir da entgegensah.

Ich war nicht die Einzige, die solche Gefühle hatte. Manchmal beobachtete ich die anderen Wärter, die im Block A-400 ihre Runden machten. In anderen Blöcken ließen sie sich manchmal Zeit, dann unterhielten sie sich mit den Gefangenen, während sie die Zellen überprüften, forderten sie auf, sauber zu machen, oder entfernten Unerwünschtes wie Essensreste und überzählige Bücher. Doch wenn die Wärter zu Block A-400 kamen, dann schauten sie überallhin, nur nicht zu den Frauen. Sie arbeiteten schneller und setzten höchstens einen Fuß in die Zelle, sahen sich rasch um und eilten zur nächsten. Es gab ein paar wenige Wärterinnen, die sich während des Rundgangs mit den Gefangenen unterhielten, doch sie waren die Ausnahme. Die meisten von ihnen ignorierten die Frauen und redeten nur mit ihnen, wenn es nicht anders ging. Sie waren wie ich Eltern oder Großeltern und konnten sich nicht vorstellen, ihren Kindern absichtlich wehzutun, sie für Drogen zu verkaufen oder mit anzusehen, wie sie von ihren Freunden missbraucht wurden.

Während der Kontrollrundgänge schwiegen sowohl die Wärter als auch die Insassen. Die Frauen mischten leise Karten, schrieben Briefe, legten den Kopf auf die Metalltische oder blätterten in zerlesenen Taschenbüchern. Gespräche und Augenkontakt wurden vermieden. Einige der Gefangenen lehnten mit verschränkten Armen und zusammengekniffenem Mund an ihrer offenen Zellentür und beobachteten die Wärterinnen. Sie wussten, dass das Personal und die anderen Strafgefangenen sie als das Allerletzte ansahen – nicht als Menschen, sondern als Abschaum.

Als ich die Frauen aus Block A-400 durch die Fenster des Wachturms beobachtete, wurde ich an Karen erinnert. In Lusk würde sie mit ähnlichen Blicken gemustert werden. Ich musste an die Reaktion des Wärters bei meinem ersten Besuch an jenem Abend in Casper denken – dieser Blick, der besagte: *Wollen Sie wirklich diese Gefangene besuchen?* Und doch hatte ich Karen bei der Begrüßung in den Arm genommen und eine Beziehung zu ihr aufgebaut. Dabei hatte sie unsere geliebte Hannah ermordet. Warum also bereiteten mir die Frauen aus Block A-400 so große Probleme?

Schon vor langer Zeit hatte ich den Entschluss gefasst zu lieben und zu vergeben, wann immer sich die Gelegenheit dazu bot. Es war ein Versprechen, das ich Gott gegeben hatte. Doch nun, da ich vor einem ganzen Block voller »Karens« stand, war ich innerlich zutiefst aufgewühlt. Ich stellte mir vor, was diese Frauen ihren Kindern angetan hatten, und diese Bilder nagten an meiner Seele, bohrten sich in mein Herz und riefen mich zum Hass auf. Ich würde so etwas nie tun, das redete ich mir ständig ein.

Al und ich hatten uns um Kinder gekümmert, die von Erwachsenen vernachlässigt oder misshandelt worden waren. Für uns war es undenkbar, unseren Kindern absichtlich Schmerzen zuzufügen. Nein. Nicht ich. Ich liebe Kinder. Ich möchte sie vor solchen Leuten schützen. Doch nun zeigte mir meine Wut, die ich nur schwer unter Kontrolle hatte, dass ich ohne Gott und ohne das Wirken des Heiligen Geistes nicht besser und nicht anders war als diese Frauen. Am liebsten hätte ich ihnen Gewalt angetan. Meine Sünden stanken also nicht weniger zum Himmel als das, was diese Frauen getan hatten.

Ich hasste Block A-400, denn er zeigte mir, wer ich ohne Christus wirklich bin.

Ich musste in meinem Herzen einen Funken Liebe und Hoffnung für diese Gefangenen finden. Manche Leute würden vielleicht sagen, dass nicht einmal Gott diese Frauen liebt. Wie sollte das auch gehen, wenn er ein guter Gott ist und Kinder liebt? Andere hätten bestimmt Verständnis für meine Abscheu und meine innere Distanz. Aber ich musste mich ja nicht anderen Menschen gegenüber verantworten. Dass ich diese Frauen nicht aus eigener Kraft lieben konnte, das wusste ich. Ich war ein ganz gewöhnlicher Mensch mit einem gefallenen, sündhaften Herzen. Gott musste in mir wirken, damit ich ein Herz für diese Frauen bekam.

Eines Morgens, als ich Block A-400 betrat, kam mir ein Spruch, den ich einmal gehört hatte, in den Sinn: »Wir mögen einen Menschen, *weil* ..., aber wir lieben ihn, *obwohl* ...«

Den ganzen Tag über dachte ich über diese Worte nach. *Wenn wahre Liebe bedingungslos ist, dann müssen wir lieben, obwohl ... Ist das nicht auch die Art, wie Gott uns liebt? Obwohl? Wenn ich in meinem eigenen Herzen anscheinend keine Liebe finden kann, dann muss ich Gott bitten, dass er mir sein Herz für die nicht liebenswerten Menschen schenkt.* An jenem Tag erinnerte Gott mich an Zeiten, in denen ich selbst nicht liebenswert und keine reine Weste gehabt hatte. Als meine Sünde ihn abstieß. Als ich am liebsten um mich geschlagen und diese Frauen verletzt hätte.

Gott, ich weiß, dass du mich nur deshalb ansehen konntest, weil dein Sohn meine Sünde auf sich genommen und mich rein gemacht hat. Diese Frauen brauchen jemanden, der sich so um sie sorgt, wie du es tust. Sie brauchen jemanden, der ihnen zeigt, wer du bist.

Ich hatte den Eindruck, dass ich das nächste Mal, wenn ich in Block A-400 arbeitete, den Frauen einen »Guten Morgen« wünschen sollte. Das sagte ich ja auch zu allen anderen Gefangenen. Nun würde ich diese Frauen ebenso begrüßen. Das war alles. Nur »Guten Morgen«. Und doch ... ich fühlte mich nicht wohl dabei. Beim bloßen Gedanken daran wand ich mich schon innerlich. Aber ich wollte gehorsam sein und es tun. Oder es zumindest mal ausprobieren. Zu meiner Überraschung und auch Enttäuschung musste ich jedoch sofort feststellen, dass ich die Befürchtung hatte, von meinen Kollegen belächelt zu werden, wenn Gott mein Herz diesen Frauen gegenüber veränderte. Ich erkannte die hässliche Wahrheit, dass ich diesen Frauen lieber aus dem Weg ging, als mich der Lächerlichkeit preiszugeben.

Es dauerte auch nicht lange, bis mein neuer Entschluss auf die Probe gestellt wurde. Bereits am nächsten Morgen sollte ich in allen Blöcken des A-Turms bei der Essensausgabe helfen. Meine Kollegin im Wachturm verkündete per Lautsprecher, dass es »was zu mampfen« gab und alle Insassen sich angezogen an den Schiebetüren aufstellen sollten. (Anders als im CC-Bereich wurde das Essen im A-Turm durch die geöffneten Schiebetüren verteilt, wobei Helfer aus den Reihen der Gefangenen uns dabei unterstützten.) Ich verließ den Turm, um mich mit den Helfern zu treffen.

»Ich fange in Block 100 an«, sagte ich zu ihnen. Als die Schiebetür zu Block 100 sich öffnete, rief ich quer durch den Aufenthaltsraum: »Aufstellen, die Damen! Und halten Sie Ihren Ausweis bereit. Es gibt was zu essen.« Ich zog einen Stift aus der Uniformtasche, um meine Liste damit abzuhaken. Die Lunchpakete wurden verteilt. Als wir in den Blöcken 100, 200 und 300 fertig waren, wurde mir ein wenig mulmig, denn ich wusste, dass mich in Block 400 meine Prüfung erwartete.

Als ich an der Schiebetür zu Block 400 ankam, öffnete diese sich jedoch nicht. Warum bloß? *Ich will das jetzt schnell hinter mich bringen.* Ich schaute nach oben zum Fenster des Wachturms und sah, dass meine Kollegin durch eine Gefangene aus Block 200 abgelenkt war. Ungeduldig wartete ich vor der Schiebetür, bis mir die Wärterin im Wachturm ihre Aufmerksamkeit wieder zuwandte.

Minuten vergingen. Ich hatte gehofft, meine »Prüfung« schnell hinter mich bringen zu können, doch nun stand ich längere Zeit da mit dem Gedanken an jene besonderen Gefangenen und wand mich innerlich. »Moerke an A-Turm«, sprach ich schließlich in mein Funkgerät. »Essen bereit für Block 400. Tür öffnen, bitte.«

»10-12, Moerke. Habe noch mit Gefangener aus 200 zu tun.«

Die Kollegin im Wachturm bat mich per Funkgerät, noch »eine Sekunde« zu warten. Ich wusste, dass es keinen Sinn hatte, sie zur Eile zu drängen. Sie wollte nicht den nächsten Block öffnen, wenn sie mir nicht ihre volle Aufmerksamkeit widmen konnte. Und das durfte sie auch nicht. Es war eine Sicherheitsvorschrift, die alle befolgen mussten.

Während ich weiter wartete, trat ich von einem Fuß auf den anderen und vermied es, die Frauen anzuschauen, die ich durch die Glasscheibe bereits sehen konnte. Ich tat so, als würde ich meine Liste überprüfen. Die Verzögerung schien endlos zu dauern und ich fühlte mich durch die Gefangenen beinahe bedrängt. Ich wusste, dass sie mich alle anstarrten. Das konnte ich förmlich spüren. Und ich sah es im Blick der Helfer, die mich ebenfalls nicht aus den Augen ließen.

»Moerke an A-Turm. Möchten Sie, dass ich etwas in Block 200 überprüfe?« Vielleicht gab es dort ja ein Problem und jemand sollte hineingehen und sich darum kümmern. Das wäre eine Erleichterung für mich gewesen.

»Negativ, Moerke.«

Endlich wandte sich die Wärterin im Wachturm mir zu und die Schiebetür zu Block 400 ging auf. Siebzehn Frauen standen dort aufgereiht, den Blick auf die Tür gerichtet, und warteten auf ihre Mahlzeit. Nun war es also so weit. Ich zwang mich, jeder Gefangenen in die Augen zu schauen, als sie mit ihrem Ausweis zu mir kam. Eine Helferin überreichte jeder Frau einzeln ihr Essenspaket, während ich die Namen auf meiner Liste abhakte und ihnen freundlich »Guten Morgen« wünschte.

Die meisten senkten sofort wieder den Blick, nachdem sie ihren Ausweis vorgezeigt hatten, nahmen das Essen und gingen weg. Andere sahen mich überrascht an, sagten aber nichts. Zwei erwiderten meinen Gruß.

Zu meinem Erstaunen spürte ich, wie mein natürliches Lächeln die Oberhand gewann und eine seltsame Verbindung zwischen uns schuf. Ich sah sogar, wie eine der Frauen scheu zurücklächelte, als unsere Blicke sich begegneten.

»Moerke an A-Turm«, sprach ich ins Funkgerät und versuchte, meine professionelle Haltung zu bewahren, obwohl ich fast in Tränen ausgebrochen wäre.

»Ja, ich höre, Moerke.«

»Essensausgabe ist beendet. Beginne jetzt Sicherheitsrundgang in Block 400.«

Nun betrat ich den Block erst richtig und die Schiebetür schloss sich hinter mir. Rasch ließ ich meinen Blick umherwandern und ging im Erdgeschoss von Zelle zu Zelle. Die Gefangenen saßen an den Metalltischen, öffneten ihre Essenspakete, legten Wurst oder Käse auf die Brotscheiben und öffneten die kleinen Milchkartons. Ich konnte sie flüstern hören, während ich durch den Aufenthaltsraum schritt. Ich versuchte mich langsamer als sonst zu bewegen. Als ich den Aufenthaltsraum überprüfte, erhaschte ich die Blicke einiger Frauen, die dann aber rasch wieder die Köpfe sinken ließen. Zwei Frauen lehnten an ihren Zellentüren und verfolgten mich mit den Augen, während sie ihr Essen kauten. Nur das Stampfen meiner Stiefel durchbrach die Stille.

Als ich die Stufen zum oberen Stockwerk hochging, fühlte ich wieder Blicke auf mich gerichtet. Als ich hinunterschaute, sah ich, dass die meisten Frauen mich beobachteten. Ich blieb stehen und lächelte – ja, ich lächelte – sie an, was mich wahrscheinlich mehr überraschte als sie. Dann schloss ich die Sicherheitstür auf, die zum nächsten Block führte, trat über die Schwelle zu Block 100 und schloss die Tür hinter mir. Ich blieb stehen, legte mein Ohr an die Tür und hörte, wie die Frauen wieder zu plaudern begannen.

Auf dem Weg zu meiner nächsten Aufgabe machte ich mir Gedanken über meine Einstellung gegenüber den Gefangenen von Block 400. *Herr, warum war das so schwer? Und was denken und sagen sie jetzt über mich?*

Das muss dich nicht kümmern. Gehorche mir einfach, schien Gott zu mir zu sagen. Die Liebe, die ich zeigen sollte, galt nicht nur diesen Frauen. Gott veränderte auch *mein* Herz – er ließ es gegenüber diesen Frauen weicher werden, so wie er es auch Karen gegenüber hatte weicher werden lassen.

Kapitel 25

Eine tickende Zeitbombe

Fast täglich ging ich nun also im Estrella-Gefängnis ein und aus und es war jedes Mal wie ein Zeitsprung. Ja, sogar mein Umgang mit der Zeit veränderte sich, denn die Strafanstalt orientierte sich in dieser Hinsicht an militärischen Abläufen. In den Gebäuden schien die Zeit stillzustehen. Jeder Tag lief auf bedrückende Weise gleich ab. Um 7:00 Uhr wurde das über Nacht gedämpfte Licht auf volle Tagbeleuchtung aufgedreht. Die vollständige Anwesenheit der Gefangenen wurde mithilfe der Ausweise überprüft, dann duschten die Insassen, reinigten ihre Zellen und Aufenthaltsbereiche, und wer einen Termin bei Gericht oder beim Arzt hatte oder Besuch bekam, wurde vom Personal dorthin und wieder zurück begleitet. Mittagessen gab es bereits um 10:00 Uhr und Abendbrot um 17:30 Uhr. Jeder Tag lief gleich ab, es gab wenig Abwechslung: Beim Kartenspiel gewann mal ein anderer, man tauschte das gelesene Taschenbuch gegen ein neues oder es gab Streit unter den Häftlingen.

Anders als die Gefangenen konnte ich das Gefängnis jeden Tag wieder verlassen und in mein sehr ausgefülltes, aber schönes Leben als Ehefrau, Haushaltsmanagerin und Mutter von Courtney und zwei Teenagern zurückkehren. Ich arbeitete an fünf Tagen in der Woche – am Wochenende und an drei Schultagen – jeweils von sieben bis fünfzehn Uhr, sodass ich nur an den drei Schultagen eine Betreuung für Courtney brauchte. Al hatte lange Arbeitstage als Kantinenleiter in dem Sportzentrum, aber glücklicherweise war er morgens zu Hause und konnte Courtney zur Betreuung fahren. Charles und Helen gelang es trotz ihres ständigen Kommens und Gehens dennoch irgendwie,

Courtney viel Aufmerksamkeit zu schenken. Obwohl sie noch Jugendliche waren, wirkten sie manchmal reifer als manche meiner Arbeitskollegen.

Im Estrella-Gefängnis gab es viele Wärterinnen, die nur ihren Job machten, etliche, denen die Gefangenen wirklich am Herzen lagen, aber leider auch einige wenige, die sie äußerst schlecht behandelten. Eine von ihnen war Sandy Miller, so will ich sie einmal nennen. Sie spielte sich gern auf, beleidigte die Gefangenen und ließ sie immer wieder ihre Ohnmacht spüren. Glücklicherweise gab es meiner Erfahrung nach nicht viele Wärterinnen wie Sandy. Darüber war ich froh, denn ihr Verhalten war so provokativ, dass die Situation schnell mal eskalieren konnte. An einen Vorfall kann ich mich noch gut erinnern. Ich war damals seit gut einem Jahr in der Strafanstalt tätig.

Es ist schwer zu beschreiben, wie es sich anhört, wenn ungefähr hundertfünfzig Frauen gleichzeitig schreien. Doch selbst über den ohrenbetäubenden Lärm hinweg konnte ich noch das Hämmern meines eigenen Herzschlags hören. So etwas hatte ich noch nie erlebt. Es war, als müsste ich durchs Rote Meer gehen und wäre dabei nicht von hoch aufgetürmten Wassermassen umgeben, sondern von einer Flut explosiv aufgeladener weiblicher Häftlinge – alle wütend und bereit zuzuschlagen. Ich war entschlossen, mir meine Furcht nicht anmerken zu lassen. Wenn man in dieser Welt jenseits des Stacheldrahtes seine Furcht zeigt, dann hat man allen Respekt verloren – und das konnte ich nicht riskieren, wenn ich mich in eine lebensbedrohliche Situation begab.

Kurz zuvor hatte Wärterin Miller per Funk einen Ruf nach Verstärkung abgesetzt und daraufhin waren einige von uns Kollegen rasch zur Unterkunft J gerannt. Die Unterkünfte hatten eine geringere Sicherheitsstufe als die Türme. Dort waren die Insassen in großen, rechteckigen Schlafsälen untergebracht mit zweistöckigen Etagenbetten, die am Betonfußboden befestigt waren. In der Mitte dieser Säle befand sich jeweils ein Gemeinschaftsbereich mit Tischen, an denen gegessen, Karten gespielt, gelesen oder anderen Freizeitbeschäftigungen nachgegangen wurde. Der leitende Wärter betrat den Raum zuerst. Ich war direkt hinter ihm, gefolgt von einer Handvoll weiterer Kollegen. Wärterin Miller stand in der Mitte des Saales und lieferte sich ein äußerst lautes Wortgefecht mit den Insassen.

Anscheinend hatte sich eine Gefangene, die sich krank fühlte, nicht schnell genug zur Essensausgabe aufgestellt, als Sandy sie alle aufgerufen hatte. Sie kam ein paar Augenblicke später nach und zwängte sich in die Schlange, wo ihre Freundinnen auf sie gewartet und ihr einen Platz freigehalten hatten. Wärterin Miller war über diese Verspätung empört und befahl der Gefangenen, sich ganz hinten anzustellen. Die Freundinnen protestierten und versicherten, sie seien gern bereit, die Kranke vorzulassen, doch davon wollte Sandy nichts wissen. Aufgebracht warf sie den Frauen mangelnden Respekt vor, was wiederum wütende Reaktionen hervorrief. Die Lage eskalierte. Sandy beschimpfte die Frauen, worauf diese noch lauter wurden, und bald schon war der ganze Schlafsaal von wütendem Geschrei erfüllt. All dies zeigte nur, wie unbeliebt diese Wärterin war und wie schlecht sie mit Konflikten umgehen konnte.

Der leitende Wärter erfasste die Situation mit einem Blick und ordnete an, dass alle Frauen sich auf ihre Pritschen begeben sollten. Das taten sie zwar, aber Wärterin Miller, inzwischen fast schon hysterisch, schrie sie weiter an und sie schrien zurück. Der leitende Wärter wandte sich ihr zu, um sie zu beruhigen, doch die Frauen beschwerten sich weiter lautstark, versuchten die Situation zu erklären und lösten damit weitere Wutausbrüche aus. Es war eine gefährliche Situation. Mein Mund wurde ganz trocken, während meine Hände schwitzten und ich innerlich zitterte. Es brauchte nur ein oder zwei verärgerte Häftlinge, die von ihren Pritschen sprangen und Miller angriffen, um einen allgemeinen Aufstand anzuzetteln.

»Miller«, brüllte der leitende Wärter. »Verlassen Sie sofort den Saal. Gehen Sie spazieren und kommen Sie erst in zwanzig Minuten wieder!« Die Gefangenen fingen an zu applaudieren, woraufhin Wärterin Miller sie wieder wegen ihrer Respektlosigkeit beschimpfte, sodass unser Vorgesetzter seinen Befehl an sie wiederholen musste: »Gehen Sie! Jetzt!«

Während Sandy den Saal verließ, wandte der leitende Wärter

sich an die Gefangenen: »Ich will, dass Sie sich jetzt alle beruhigen, oder Sie erhalten in den nächsten drei Tagen alle eine Ausgangssperre!«, rief er. »Keine Besuche! Keine Kurse! Sie bleiben drei Tage lang hier auf Ihren Pritschen. Also sorgen Sie dafür, dass ich heute nicht noch einmal herkommen oder sogar das Sondereinsatzkommando rufen muss. Haben Sie mich verstanden?« Während der Lärmpegel sank, sodass nur noch ein allgemeines Murren und Brummen zu hören war, sah der leitende Wärter mich an. »Moerke, Sie haben jetzt den Saal, bis ich Miller wieder herschicke. Alle anderen Mitarbeiter, raus!«

Hatte ich ihn richtig verstanden? Ich? Warum gerade ich? Doch es gab keine Zweifel an seiner Anordnung: »Beruhigen Sie die Leute, Moerke.«

Bevor er die Sicherheitstür hinter sich schloss, gab er den Gefangenen noch eine letzte Warnung: »Wenn Wärterin Moerke auch nur das geringste Problem hier drin bekommt, dann *werden* Sie Ihre Ausgangssperre haben!«

Kaum war die Tür hinter ihm ins Schloss gefallen, flammte der Zorn der Frauen erneut auf, denn sie hatten immer noch genug Adrenalin in den Adern. Es spielte keine Rolle, dass Wärterin Miller nicht mehr da war. Nun war ich die einzige Uniformierte auf ihrem Territorium – und stand stellvertretend für jede staatliche Ordnung, die ihnen jemals unrecht getan hatte. Und so entlud sich ihr Zorn gegen das Gefängnispersonal, das System und das Leben im Allgemeinen – und all das repräsentierte ich.

Ich wusste, dass ich meine Furcht nicht zeigen durfte, obwohl ich panische Angst hatte. Sie sahen in mir ja nicht Debra, die besorgte (und verängstigte) Wärterin, die gern Frieden und Ordnung wiederherstellen würde, bevor Polizisten in Schutzanzügen den Saal stürmen mussten. Sie konnten nicht mein mitfühlendes Herz sehen und wussten nicht, dass ich innerlich eher eine Herbergsmutter war als eine Gefängniswärterin, mehr eine Gebetskriegerin als eine Mitarbeiterin des Sicherheitspersonals. Nein. Es war nötig, dass sie in mir Wärterin Moerke sahen, die cool, ruhig, selbstbewusst und Herrin der Lage zu sein schien.

Und so tat ich mein Bestes, um den Eindruck zu erwecken, ich hätte alles unter Kontrolle, während ich mit langsamen Schritten durch den Saal ging. Ein Glück, dass sie mein verzweifeltes stilles Gebet nicht hören konnten. *Oh Gott, bitte gib mir die Weisheit, die ich brauche, um sie zu beruhigen. Gib mir die richtigen Worte, denn ich habe keine Ahnung, was ich sagen soll. Bitte schütze uns alle – sie und mich. Entschärfe diese tickende Zeitbombe.*

Dann tat ich das Einzige, was mir gerade in den Sinn kam – das Gegenteil dessen, was sie von mir erwarteten. Ich schrie keine Befehle oder Drohungen, wie es andere Wärter manchmal taten. Ich ging einfach leise hin und her. Die Hände hinter dem Rücken verschränkt, machte ich kleine, rhythmische Schritte, als hätte ich alle Zeit der Welt. Ich versuchte zu einzelnen, die dazu bereit waren, Augenkontakt herzustellen, um meine Wertschätzung zum Ausdruck zu bringen. Ich wollte die Frauen wissen lassen, dass sie für mich mehr waren als nur ein aggressiver, laut schreiender Mob. Sie waren Individuen, jede von ihnen hatte einen Namen. Glücklicherweise blieben sie alle auf ihren Pritschen.

Ich fühlte mich mitten im Raum wie auf einer Bühne, umgeben von einem unbeschreiblich zornigen Publikum. Ich ging vorwärts und dachte: *Wenn ich umkomme, dann komme ich um.*

Was für ein seltsamer Kontrast zu dem Wettbewerb damals, als ich in meinem eleganten Abendkleid und High Heels über die Bühne schwebte! Jenes Publikum war adrett gekleidet gewesen, hatte die Kandidatinnen bewundert und höflich applaudiert. All die Männer in ihren Smokings und die Frauen schick herausgeputzt. Dieses Publikum hier dagegen trug schwarz-weiß gestreifte Kittel und war alles andere als höflich – sie verspritzten ihr Gift und ich war eine willkommene Zielscheibe.

Doch immerhin waren sie ein Publikum und meine Aufgabe bestand darin, ihre Gunst zu gewinnen, bevor das Ganze eskalierte und jemand verletzt oder gar getötet wurde. Es stand viel auf dem Spiel. Also konzentrierte ich mich nicht auf ihre Worte oder ihre Drohgebärden. Ich schaute in ihre Gesichter und ihre Augen, bei jeder einzelnen von ihnen.

Schließlich hielt eine Frau meinem Blick stand.

»Ich möchte Sie gern etwas fragen«, sagte ich leise zu ihr, so leise, dass ich mich selbst kaum hören konnte. Wie sollte sie mich da erst verstehen? Doch sie wurde neugierig und wollte wissen, was ich gesagt hatte. Ich war auch neugierig – warum hatte ich das gesagt? Es war mir einfach so in den Sinn gekommen. *Gott, was ist meine Frage?* Ich schickte ein Stoßgebet zum Himmel und war innerlich ganz schön verzweifelt.

»Was?«, schrie die Frau.

»Ich möchte gern eine Frage stellen«, wiederholte ich, kaum lauter als vorher und immer noch wusste ich nicht, was ich sie fragen würde. Unsere Unterhaltung blieb mehreren anderen Frauen nicht verborgen und sie mischten sich ein. Auch andere hörten plötzlich auf zu schreien und schauten sich an.

»Was hat sie gesagt?«

»Hab's nicht verstanden.«

»Ich habe gesagt, dass ich Ihnen gern eine Frage stellen möchte«, wiederholte ich nun doch etwas lauter und suchte weiter den Blickkontakt zu den Frauen.

»Ich glaub', sie hat eine Frage«, hörte ich eine Frau zu einer anderen sagen.

»Was ist los? Was will sie denn?« Die Neugier wurde immer größer, bis eine kleine Gruppe die anderen anschrie: »Haltet die Klappe! Moerke will uns was fragen.« Es hatte zwar viele Monate gedauert, aber es war mir nach und nach gelungen, mir bei vielen Insassen eine gewisse Portion Respekt zu erwerben. Sie waren bereit, mir zuzuhören.

Mir wurde ganz mulmig zumute und mir schlotterten die Knie. Es fiel mir einfach keine Frage ein.

Wieder schickte ich ein Gebet nach oben und machte mir schon ernsthaft Sorgen, weil mir einfach nichts einfiel. Noch während ich betete, erlebte ich jedoch mit großem Erstaunen, wie der eben noch schreiende Mob von Gefangenen sich allmählich in ein aufmerksames Publikum verwandelte.

»Pssst«, hörte ich um mich her. »Leise. Die Moerke will uns was fragen. Legen Sie los, Moerke. Was ist das für eine Frage?« Noch waren sie jedoch nicht alle ruhig.

»Nein, ich stelle meine Frage nicht …« Ich machte eine lange

Pause und versuchte dadurch Zeit zu gewinnen. Denn so wie mein Publikum auf mich wartete, wartete ich darauf, dass Gott mir die Frage klarmachte. Ich beschloss, nach außen hin ganz gelassen zu wirken, und es gelang mir trotz meiner zitternden Knie, mich mit einem kleinen Hopser auf einen der Tische mitten im Raum zu setzen. »Ich stelle Ihnen die Frage nicht, bis es ganz ruhig ist.« Wieder eine Pause. »Es ist übrigens eine ganz wichtige Frage.«

Mein Herz klopfte mir jetzt bis zum Hals. *Eine ganz wichtige Frage? Was rede ich denn da? Hallo, Gott! Was ist dein Plan hier? Das ist meine Frage an dich!* Ich fühlte den Druck in mir größer werden. *Herr, ich habe nicht die geringste Ahnung, welche Frage ich den Frauen hier stellen soll.* Ich ließ meine Beine baumeln, als sei ich ganz entspannt und geduldig.

Ein paar Stimmen meldeten sich zu Wort. »Also gut, Moerke, okay. Wir sind jetzt leise. Alle sind leise.« Ein paar Frauen flüsterten immer noch. »Ruhe!« Das Wunder bestand darin, dass wir alle das Flüstern hören konnten.

Also, Gott. Jetzt kann's losgehen. Wir haben ihre Aufmerksamkeit. Ich kam mir vor wie in einem Western, wenn John Wayne eindrucksvoll in der Tür eines Saloons erscheint und plötzlich alles ruhig wird. Aber immer noch wusste ich nicht, welche Frage ich ihnen stellen sollte.

»Okay. Hier kommt meine Frage ...« Schon fürchtete ich, mein Zögern könnte allzu auffällig sein. »Es ist eine Frage an Sie alle.« Da kam mir ein Gedanke in den Sinn und unmittelbar darauf hörte ich mich sagen: »Wie viele von Ihnen sind Mütter?«

Kaum hatte ich die Worte ausgesprochen, dachte ich: *Wie bitte? Das soll es also sein? Wo soll das denn hinführen?* Doch ich saß einfach nur da und tat so, als wüsste ich genau, worauf ich hinauswollte.

»Was haben Sie gesagt, Moerke?«, fragten ein paar Stimmen.

Ich wiederholte meine Frage. »Wie viele von Ihnen sind Mütter?« Allmählich wurde ich zuversichtlicher. Sie waren von meiner Frage genauso überrascht wie ich, aber ihre Reaktion überraschte mich noch mehr. Erst gingen nur ein paar Hände hoch, dann noch mehr und schließlich sah ich verblüfft zu, wie sich ungefähr neunzig Prozent der Frauen meldeten. Damit hatte ich nun wirklich nicht gerechnet. Und während sie die Hände hoben, wurde ihr Gesichtsausdruck weicher, denn sie wurden in diesem Moment daran erinnert, wer sie einmal gewesen waren, bevor sie ins Gefängnis mussten. In meinem Herzen regte sich Mitgefühl.

»Okay«, fuhr ich fort und hob ebenfalls die Hand. »Ich bin auch Mutter.«

In diesem Augenblick entstand zwischen uns eine Verbindung, die sich nicht in Worte fassen ließ.

»Warum fragen Sie uns das?«, wollte eine junge Frau mit leiser Stimme wissen. Und von diesem Moment an war Gott derjenige, der durch mich zu den Frauen sprach. Jedes einzelne Wort, das ich an sie richtete.

»Der Grund dafür ist folgender: Sehen Sie diese Fenster da?« Ich deutete auf die Wand mit den Sicherheitsglasscheiben, durch die wir die gelb gestrichenen Betonwände des Korridors sehen konnten. »Schauen Sie die Fenster an.« (Das taten sie tatsächlich!) »Was wäre, wenn Ihre Kinder jetzt hinter diesen Scheiben stehen und alles sehen würden, was hier drin vor sich geht?«

So ist es oft, wenn Gott uns mit einer Botschaft losschickt: Dadurch will er auch uns etwas lehren. Ich musste an Courtney denken, die zu Hause war, und an ihre leibliche Mutter, die in Wyoming im Gefängnis saß. Ich spürte Gottes Gegenwart und merkte, wie wichtig dieser Augenblick nicht nur für die Frauen war, sondern auch für mich. Mein Herz machte einen Sprung. Ich war tief berührt durch die Verbindung, die da zwischen uns entstanden war. Wir waren alle Mütter. Im Saal herrschte Totenstille. Dann fingen zu meiner Überraschung mehrere Frauen zu weinen an.

»Wenn Ihre Kinder dort stünden und Sie beobachten würden, wen würden sie dann sehen? Ich glaube, viele von Ihnen kennen mich. Ich beschimpfe Sie nicht als Schlampen oder Ähnliches. Ich sage zu Ihnen: ›Meine Damen, jetzt ist es Zeit, sich zurückzuziehen‹ oder ›Meine Damen, jetzt gibt's was zu essen‹. Denn das sind Sie in allererster Linie: Damen. Frauen. So hat Gott Sie geschaffen. Wenn also Ihre Kinder Sie jetzt beobachten könnten, wen würden sie dann erblicken? Welche Art von Mutter würden sie sehen? Was führen Sie ihnen vor? Wissen Sie, was Sie ihnen noch vor wenigen Minuten vorgeführt haben? Sie haben ihnen gezeigt, dass Sie sich provozieren lassen. Beinahe hätten Sie es zugelassen, dass Wärterin Miller Sie zu einem Aufstand aufgestachelt hätte. Sie erlauben einer anderen Person, das mit Ihnen zu tun.

Welche Botschaft möchten Sie also Ihren Kindern senden? Sie haben die Wahl, und zwar genau jetzt. Wenn die Wärterin zurückkommt, können Sie eine Entscheidung treffen: Sie können sich entweder wie die Person verhalten, die die Wärterin in Ihnen sieht, oder wie Sie *wirklich* sind. Lassen Sie sich nicht von ihr diktieren, wer Sie sind! Lassen Sie sich diese Entscheidung nicht von anderen abnehmen. Sie können den Entschluss fassen, anderen mit Respekt zu begegnen und sich zu beherrschen.« Ich machte wieder eine Pause, allerdings nicht deshalb, weil es nichts mehr zu sagen gab, sondern weil ich wollte, dass die Worte ihre Wirkung entfalteten. Die Sache lief gut und ich sah nun klar und deutlich, worauf Gott hinauswollte.

»Ich möchte, dass Sie mir jetzt etwas nachmachen. Setzen Sie sich bitte auf Ihre Betten.« Tatsächlich setzten sich fast alle aufrecht hin. Ich war überwältigt.

»Und was jetzt, Moerke?«

»Ich möchte, dass Sie alle mir das hier nachmachen.« Ich sprang vom Tisch herunter, holte übertrieben tief Luft und atmete langsam wieder aus. »Na los! Machen Sie mit!«, forderte ich sie freundlich auf. Ich lächelte ihnen zu und viele lächelten zurück. Dann holte ich wieder tief Luft und dieses Mal machte fast der ganze Saal mit.

»Atmen Sie tief durch. Das erinnert Sie daran, dass Sie die Kontrolle über sich selbst haben. Wenn Sandy Miller gleich zurückkommt, muss ich wieder gehen. Aber Sie, meine Damen, haben sich unter Kontrolle. Sie lassen nicht zu, dass eine Wärterin Sie in einen Aufstand treibt und Sie dann die Konsequenzen tragen müssen. Und darum werden Sie auch keine Besuche verpassen, denn denken Sie daran, meine Damen: Morgen ist Besuchstag!«

Wieder hielt ich inne, damit sie an ihre Angehörigen denken konnten, die sie am nächsten Tag nicht würden sehen können, wenn sie sich nicht unter Kontrolle hatten. »Sie werden Ihren Besuch morgen nicht verpassen. Das kriegen Sie doch hin, oder?«

»Ja, Moerke. Wir schaffen das.«

Plötzlich bemerkte ich, wie sie nicht mehr mich ansahen, sondern jemanden, der hinter mir war. Ich drehte mich um und sah durch die Fenster, wie Wärterin Miller auf die Tür zuging. Als sie hereinkam, trat ich ein paar Schritte zurück. Wir alle – die anderen Mütter und ich – sahen ihren verblüfften und ratlosen Gesichtsausdruck. Alle schwiegen, während Wärterin Miller den Blick langsam durch den Saal wandern ließ. Auf vielen Gesichtern lag ein kleines Lächeln. Wärterin Miller verstand nicht, warum sie lächelten, aber ich wusste es und sie auch. Gott in seiner großen Weisheit hatte ihnen durch die Worte, die er mir eingegeben hatte, Frieden geschenkt.

Ich muss gestehen, dass es durchaus lustig war, die Miene von Sandy Miller zu beobachten. Sie wandte sich an mich und fragte: »Was haben Sie denn mit denen gemacht?«

»Nichts«, erwiderte ich. »Wir haben uns nur ein bisschen über Respekt unterhalten, nicht wahr, meine Damen?«

»Stimmt, Moerke«, kam zur Antwort.

»Und mit diesem Respekt wird es uns allen gut gehen.«

Wärterin Miller sah mich fragend an. Sie wandte ihren Blick zu den Frauen, dann wieder zurück zu mir. Die Frage *Was haben Sie gemacht?* stand ihr ins Gesicht geschrieben.

Ich verließ den Saal, ging langsam an den Fenstern vorbei und sah, wie Wärterin Miller mich immer noch anstarrte. Ein paar Augenblicke blieb ich noch im Korridor stehen und sah hundertfünfzig ruhige, lächelnde Frauen, die meinen Blick erwiderten. Ich holte ein paarmal tief und übertrieben Luft und sie fingen alle an zu lachen. Wärterin Miller kam aus dem Staunen nicht mehr heraus. Es war einfach umwerfend! Noch wenige Minuten vorher war ich durch diese Tür gegangen mit dem Gedanken: *Wenn ich umkomme, dann komme ich um.* Noch nie hatte ich die Gefangenen so aufgebracht gesehen.

Und jetzt schau sie dir an, Herr. Ich habe sie noch nie alle lachen gesehen und sie noch nie als Mütter betrachtet.

Kapitel 26

Wurzeln

Das Leben in der Wüste, so merkten wir mit der Zeit, konnte so reich und sinnerfüllt sein wie unser Leben damals in Casper. Ich erkannte, dass Gott die Zeit an unserem neuen Wohnort dazu gebrauchte, uns innerlich zur Ruhe kommen zu lassen. Wie immer fand ich Erfüllung in meinen Aufgaben als Ehefrau und Mutter. Wir erlebten in unserer Familie viele positive Entwicklungen. Durch meine Arbeit im Estrella-Gefängnis war mein Blick beständig darauf ausgerichtet, wie Gott auf rätselhafte Weise am Wirken ist, ähnlich wie es bei meiner Mitarbeit in der Schwangerschaftskonfliktberatung und in der *Rescue Mission* gewesen war. Ich konnte meine Gaben einsetzen und erkannte immer mehr Gottes grenzenlose Gnade. Al und ich stellten fest, dass wir uns in dieser Phase unseres Lebens trotz unseres vollen Terminkalenders mehr aufeinander konzentrieren konnten, vor allem weil Helen und Charles immer selbstständiger wurden. Und doch: So reich erfüllt unser Leben auch war, wir konnten die Tatsache nicht leugnen, dass wir unser Zuhause in Wyoming vermissten.

Und so kehrten wir fünf jeden Sommer für eine Woche dorthin zurück. Al, Courtney und ich nahmen an einer Pfadfinderfreizeit auf einer Ranch teil, wo Al und ich gemeinsam mit John und Chris für alle kochten. Helen und Charles besuchten währenddessen Freunde in Casper. Die Freizeit machte uns viel Spaß und war einer der Höhepunkte in jedem Sommer. Wenn wir dort waren, nahm ich mir immer einen Tag Zeit, um Karen zu besuchen. Wir beide sprachen dann stets über geistliche Fragen. Wir beteten gemeinsam, vertrauten Gott unsere Zukunft an und wurden dadurch in unserem Glauben gestärkt. Wir sprachen über unsere Kinder und darüber, was sie alles machten. Ich erzählte ihr von Courtney, auch lustige Geschichten, die Karen zum Lachen brachten. Über Hannah sprachen wir jedoch nie. Wirklich nie. Ihr Name wurde nicht einmal erwähnt. Auch über Karens Verbrechen redeten wir nicht. Nur über die Folgen.

Eine besonders traurige Konsequenz bestand darin, dass Karen meinte, es gebe für sie kaum noch eine Zukunft. Ich widersprach ihr. Solange sie atmete, so versicherte ich ihr, hatte Gott einen Plan für ihr Leben, auch im Gefängnis. Karen erzählte, was sie sich aus den Bibelstunden alles mitgenommen hatte, und ich staunte über das Wunder ihres geistlichen Wachstums. Wir sprachen über das Leben im Gefängnis. Karen vertraute mir an, dass manche Frauen, die von ihrem Verbrechen wussten, sie grausam behandelten.

Bei jedem Besuch vergossen wir Tränen. Und diese sagten mehr als tausend Worte. Es war, als ob wir beide über Hannah sprechen wollten, aber keine von uns schnitt das Thema an. Würde uns das jemals gelingen? Der Besuchsraum des Gefängnisses schien für ein solches Gespräch kein geeigneter Ort zu sein. Also redeten wir über angenehmere Dinge, vergossen viele Tränen, beteten gemeinsam und brachten auf diese Weise unsere inneren Gefühle zum Ausdruck.

Im Juni 2004 hießen uns die kühlen Temperaturen in den Rocky Mountains wieder einmal in Wyoming willkommen. Wieder fand eine Pfadfinderfreizeit auf einer Ranch statt. Wir kamen abends an und übernachteten bei John und Chris zu Hause, bevor wir am nächsten Tag zur Ranch fuhren.

Am Morgen hatte Chris uns etwas Wichtiges zu erzählen.

»Ich habe gehört, dass das Büro des Sheriffs im Bezirk Natrona offene Stellen im Vollzugsdienst hat. Ich meine ja nur …«, fügte Chris mit einem breiten Lächeln hinzu. »Debbie, du könntest dich da ja mal vorstellen, während du hier bist.«

Al und ich sahen uns an. »Das könnte ein Weg zurück nach Casper sein. Soll ich dort mal anrufen?«

Al hob die Augenbrauen und sagte: »Klar. Kann ja nicht schaden.«

Also vereinbarte ich für Mitte der Woche einen Termin für ein Vorstellungsgespräch. Eigentlich hatte ich ja auf der Ranch alle Hände voll zu tun, aber Al, John und Chris versicherten mir, sie würden für mich einspringen. Chris und John wünschten sich unsere Rückkehr nach Casper ebenso sehr wie wir.

Das Vorstellungsgespräch dauerte eineinhalb Stunden und am Ende wurde ich gefragt, wie schnell ich nach Casper kommen und die Stelle in der Vollzugsanstalt antreten könnte!

Als ich zur Ranch zurückkehrte und die gute Nachricht verkündete, gab es Jubel und Freudentränen. Chris und John boten mir an, dass Courtney und ich solange bei ihnen wohnen konnten, bis wir ein Haus gefunden hatten.

Nach unserer Rückkehr nach Surprise reichte ich im Sheriffsbüro des Bezirks von Maricopa meine Kündigung ein. Innerhalb von wenigen Tagen packten wir unsere Koffer und ich fuhr mit der inzwischen sechsjährigen Courtney nach Wyoming. Al bot unser Haus in Arizona zum Verkauf an und wollte sich uns in Casper anschließen, sobald es verkauft war. Dann würde er sich um eine Arbeit in Casper bemühen.

Charles hatte gerade seinen Highschool-Abschluss gemacht und wollte bei einem Freund in Phoenix bleiben. Helen und ihre beste Freundin Tricia teilten sich in Casper eine Zweizimmerwohnung, während sie beide das College vor Ort besuchten. Doch Tricia wollte demnächst zu ihrer Tante ziehen, um die Miete zu sparen, und so beschlossen Helen, Courtney und ich, gemeinsam in der Wohnung zu leben, bis unser Haus in Arizona verkauft war und wir in Casper ein neues Zuhause gefunden hatten.

Unsere anderen Kinder führten ihr eigenes Leben. Sadie hatte ihr Studium an der University of Wyoming beendet und lebte in Laramie. Jason war aus Deutschland zurückgekehrt und wurde zum Pilotentraining in Wichita Falls, Texas, angenommen. Elizabeth hatte geheiratet und lebte mit ihrem wunderbaren Mann Wes in Atlanta. Endlich konnten Al und ich nach Hause zurückkehren. Alles schien sich perfekt ineinanderzufügen.

Doch als Courtney und ich mit dem Auto unterwegs nach Wyoming waren, überfiel mich plötzlich eine Flut von Sorgen.

Unsere Entscheidung, nach Casper zurückzukehren, wühlte Schmerz und Angst in mir auf. In Surprise waren Courtney und unsere Familie vor den Ereignissen um Hannah geschützt gewesen. Was würde uns in Casper erwarten? Erinnerten sich die Leute dort noch an den Mordfall? Würden wir wieder in die Schusslinie geraten oder hatte Casper die ganze Sache inzwischen hinter sich gelassen? Wenn die Leute mich mit Courtney sahen, würden sie mir dann Fragen stellen? Darüber hatten wir uns kaum Gedanken gemacht.

Ich schrieb Karen und informierte sie über unsere Rückkehr. Glücklich darüber, dass wir nun wieder näher bei ihr waren und ich sie öfter besuchen konnte, fragte sie mich, ob ihre Familie davon erfahren und Courtney sehen dürfe. Ich wollte damit aber lieber warten, bis Courtney älter war und diese Entscheidung selbst treffen konnte. Ich wünschte mir für Courtney, dass sie als normales, gesundes Kind aufwuchs, ohne in die Tragödie hineingezogen zu werden, die ihre leiblichen Geschwister Jahre zuvor durchgemacht hatten. Das würde ich auch Karens Eltern erklären müssen und hoffte, dass sie es verstehen würden.

Innerhalb einer Woche hatte ich Courtney in der Vorschule angemeldet und trat meine neue Stelle in der Haftanstalt des Bezirks Natrona an, dort, wo ich als Laienseelsorgerin gearbeitet und Karen besucht hatte. An die zwölfstündigen Arbeitstage musste ich mich allerdings erst gewöhnen und sie zehrten sehr an meinen Kräften, denn in Arizona hatte ich nur acht Stunden am Stück gearbeitet. Nun war ich darauf angewiesen, dass Chris und Helen mich bei Courtneys Betreuung unterstützten. Ich nahm Kontakt zu Starla auf, unserer früheren Tagesmutter, und sie hatte noch einen Platz für Courtney, wenn sie aus der Vorschule kam. Das war ein großes Glück.

Alles schien wunderbar zu klappen, bis ich zu den sogenannten »Friedhofsschichten« eingeteilt wurde und mir nur wenig Zeit für Courtney blieb. Sie war traurig und unsicher, wenn ich abends und über Nacht nicht zu Hause war. Wie es aussah, brachte meine neue Stelle unvorhergesehe Belastungen für unsere Familie mit sich.

Immerhin fand ich jedoch ein kleines Haus, das wir mieten

konnten. Und dann trafen gute Nachrichten ein: Al hatte unser Haus in Arizona verkauft!

Rasch nahte der Dezember. Unser Hausverkauf in Arizona war abgeschlossen und so kamen schließlich auch Al und Charles zu uns nach Casper. Helen und Sadie besuchten uns zum traditionellen Moerke-Weihnachten und zwar komplett mit Schnee und einem Tannenbaum, der mit Lichtern und altmodischem Schmuck verziert war. Endlich fühlten wir uns alle wieder zu Hause.

Im College hatte Helen einen wunderbaren jungen Mann namens Matt kennengelernt. Er besuchte uns zu Hause, verbrachte ein paar Tage bei uns und hielt um Helens Hand an. Nach einem Jahr Verlobungszeit wollten sie im Juli 2006 heiraten.

Mehrere Monate vor dem großen Tag fuhr ich mit Helen zu dem Geschäft, wo sie ihr Brautkleid gekauft hatte, um eine Anzahlung für Courtneys Kleid zu machen, die bei der Hochzeit Blumen streuen durfte. Courtney, damals sieben Jahre alt, stand neben mir an der Kasse, als ich jemanden meinen Namen rufen hörte. Ich drehte mich um und erblickte DeAnn, Karens älteste Tochter. Überrascht, sie nach so vielen Jahren wiederzusehen, umarmte ich sie spontan. Sie war mittlerweile eine hübsche junge Frau und plante ebenfalls gerade ihre Hochzeit.

Wir unterhielten uns eine Weile, bis sie plötzlich näher an Courtney herantrat und fragte: »Hallo, Courtney. Weißt du, wer ich bin?«

Sanft bugsierte ich Courtney hinter mich, beugte mich zu DeAnn und schüttelte den Kopf, damit sie nicht weitersprach. »Nein«, raunte ich ihr zu, »sie weiß es nicht und jetzt ist auch nicht der richtige Zeitpunkt und Ort, um ihr das zu sagen«.

Ich war schockiert darüber, dass DeAnn Courtney auf diese Weise angesprochen hatte. Mir war klar, dass DeAnn noch jung war und gern die leibliche Schwester kennenlernen wollte, die nicht mit ihr zusammen aufgewachsen war. Doch Courtney wusste nicht viel mehr, als dass sie adoptiert war. Sie wusste zwar, dass ich ihr alle Fragen rund um die Adoption beantworten würde, doch sie hatte bisher nicht viele gestellt und ich hatte ihr auch noch nicht gesagt, dass sie Geschwister hatte. Die

Brautboutique war nicht der richtige Ort und Zeitpunkt, um ihr eine ihrer leiblichen Schwestern vorzustellen.

DeAnn reagierte bestürzt. Mit erschrockenem Blick trat sie einen Schritt zurück und sagte nur: »Okay.«

Ein paar Tage später rief sie mich an und fragte mich, warum wir Courtneys leibliche Familie nicht in ihr Leben ließen. Warum durften sie sich nicht kennenlernen?

So freundlich wie möglich versuchte ich ihr klarzumachen, dass Courtney vor dem geschützt werden musste, was sie in ihrem jungen Alter noch nicht verstehen konnte.

»Niemand von uns hier hat die Absicht, sie zu verletzen«, widersprach DeAnn.

»Ich weiß, dass keiner von euch sie körperlich verletzen würde. Aber sie ist noch zu klein, um die ganze tragische Geschichte ihrer Familie zu erfahren.«

Ich wusste: Wenn sie mit ihrer leiblichen Familie in Casper zusammen wäre, dann würde irgendjemand ihr die schreckliche Wahrheit sagen. Bisher war sie vor der grausamen Realität abgeschirmt gewesen. Ich bat DeAnn inständig, Courtney noch Zeit zu lassen, bis sie etwas älter war, bevor sie mehr über ihre leibliche Familie erfuhr.

Es tat mir leid für DeAnn. Sie und ihre Großeltern konnten das zwar nicht verstehen, respektierten aber unseren Wunsch.

Während wir noch in unserem gemieteten Haus lebten, wurde Al von der Stadt wieder seine alte Arbeitsstelle im Veranstaltungszentrum von Casper angeboten. Das war ein Grund zum Feiern. Ich kündigte meinen Job im Gefängnis und meldete mich gemeinsam mit Chris für eine Ausbildung zur Immobilienmaklerin an. Als Familie waren wir glücklich, wieder in Casper zu sein, wo wir gute Freunde und unsere Gemeinde hatten. Allerdings bedeutete das für mich auch, dass ich mich immer nach allen Richtungen umsah, wenn wir unterwegs waren. Ich wollte nicht noch so eine Begegnung wie die in der Brautboutique.

* * *

Im selben Frühjahr spielte Courtney eines Tages draußen auf dem Bürgersteig mit einer Freundin aus der Nachbarschaft. Als ich nach einer Weile hinausschaute, ob alles in Ordnung war, sah ich vier Kinder, die ich noch nicht kannte, draußen mit den beiden Mädchen sprechen. Zwei der Kinder sahen vertraut aus und als Courtney zum Abendessen wieder ins Haus kam, fragte ich sie, mit wem sie geredet hatte.

»Sie wohnen vier Häuser weiter. Sie haben mich gefragt, wie ich heiße, und ich habe es ihnen gesagt. Dann haben sie gefragt, wie ich mit Nachnamen heiße und ob du ihre Mama kennst. Sie heißt Renee.«

Courtney zuckte mit den Schultern, als ob sie sagen wollte: *Ich weiß auch nicht, warum.* Dann setzte sie sich an den Tisch und sprach nicht weiter über ihre neuen Spielkameraden.

Renee – Karens ehemalige Freundin, die mich gefragt hatte, ob ich mich um Karens eingelagerte Sachen würde kümmern können. Ich bemühte mich, ruhig zu bleiben und mir nichts anmerken zu lassen. Nun wusste ich, wer die beiden Kinder waren, dir mir so bekannt vorgekommen waren. Renee hatte Ally und Steven adoptiert, Karens jüngste Kinder. Die ganze Zeit über hatte ich mich immer umgesehen, wenn ich einkaufen war, und dabei lebten zwei der Bower-Kinder nur vier Häuser von uns entfernt! Es wurde Zeit, dass wir endlich umzogen.

Ich erzählte Al, was passiert war, und wir sahen uns sofort nach einem Haus um. Innerhalb weniger Wochen fanden wir unser Zuhause, in dem wir heute noch leben.

Helen und Matt heirateten im Sommer 2006 und Courtney streute bei ihrer Hochzeit Blumen, wie sie es schon bei Elizabeths Hochzeit getan hatte. Das jung verheiratete Paar zog in sein kleines Haus in Green River, drei Fahrtstunden südwestlich von uns. Chris und ich eröffneten unser Büro als Immobilienmaklerinnen. Die flexible Arbeitszeit war genau das Richtige für mich, denn sie ermöglichte es mir, für Courtney da zu sein und an Schulveranstaltungen teilzunehmen. Mit Chris als Partnerin waren die Geschäfte während meiner Abwesenheit in guten Händen. Da war ich mir sicher. Das Leben in Casper entwickelte sich sehr positiv für uns.

In den nächsten Jahren gab es keine offensichtlichen Begegnungen mehr mit Karens Familie und so konnte ich mich allmählich in der Öffentlichkeit ein wenig entspannter bewegen.

* * *

Als Courtney etwa zehn Jahre alt war, gingen wir eines Abends mit Freunden essen. Während der Mahlzeit fragte Courtney, ob sie zur Toilette gehen dürfe. Da diese nicht weit entfernt war, ließen wir sie alleine gehen. Nach ihrer Rückkehr sah sie blass aus und war den Rest des Abends sehr schweigsam. Ich fragte sie, ob alles in Ordnung sei, und sie bejahte.

Doch später, als sie zu Bett ging und ich mit ihr beten wollte, fing sie an zu weinen.

»Warum weinst du denn?«, fragte ich und nahm sie in den Arm. »Was ist los?«

»Ich habe Angst. Ich wollte nicht mit ihr reden. Ich wollte zurück zu euch an den Tisch.«

»Von wem sprichst du denn da?«, wollte ich wissen.

»Als ich in dem Restaurant zur Toilette gegangen bin, ist eine Frau zu mir gekommen und hat gesagt, sie sei meine Schwester.«

»Wie sah die Frau denn aus?«

Als Courtney sie beschrieb, wusste ich, dass es DeAnn war. Ich war wütend, denn das war gegen die Abmachung. Wir hatten uns damals, nach unserem Zusammentreffen in der Boutique, darauf verständigt, dass DeAnn mich erst um Erlaubnis fragen sollte, bevor sie irgendetwas zu Courtney sagte.

»Weiß sie, wo wir wohnen?«, fragte Courtney. »Was ist, wenn sie zu uns nach Hause kommt und einbricht?« Courtney konnte sich gar nicht mehr beruhigen und bat mich, in dieser Nacht bei ihr im Zimmer zu schlafen. Ich musste etwas unternehmen. Ich dachte an die Notarin in unserem Bürohaus, die auch Rechtsanwältin war, und beschloss, sie anzurufen.

Sie riet mir, eine Anhörung zu beantragen und eine gerichtliche Verfügung zu erwirken. Natürlich tat mir DeAnn auch leid. Ich hatte keine Ahnung davon, welches Trauma sie vor und nach der Tat ihrer Mutter durchgemacht hatte. Aber jetzt war sie erwachsen und wir mussten ihr klarmachen, dass es uns ernst damit war, unsere Tochter zu schützen.

DeAnn erhielt eine Vorladung und wir beide trafen uns vor dem Richter wieder.

Der Richter hatte viel Verständnis für unsere Situation. Obwohl er DeAnn bereitwillig zuhörte, als sie ihren Wunsch äußerte, ihre Schwester kennenzulernen, machte er ihr auch deutlich, dass sie unsere Wünsche respektieren musste. Courtney war unsere Tochter und DeAnn durfte die Beziehung zu einem Kind nicht gegen den Willen der Eltern erzwingen. DeAnn erklärte sich bereit, sich fernzuhalten und sich Courtney nicht mehr zu nähern, bis wir sie dazu einluden.

Bei meinem nächsten Besuch bei Karen erzählte ich, was passiert war, und legte ihr auch die Gründe dar, warum Courtney noch von ihrer leiblichen Familie ferngehalten werden musste, bis der richtige Zeitpunkt gekommen war. Glücklicherweise hatten wir ein vertrauensvolles Verhältnis zueinander aufgebaut, das es uns gestattete, offen über unsere Familien zu sprechen und über das, was für Courtney das Beste war.

* * *

Ich besuchte Karen mindestens einmal pro Jahr im Gefängnis, manchmal auch öfter. Unsere Gespräche verliefen immer in der gleichen Reihenfolge. Zuerst redeten wir über den Alltag im Gefängnis. Karens Situation hatte sich deutlich verbessert, seit sie nicht mehr so oft in Konflikte geriet. In den ersten Jahren hatten ihre Wutausbrüche, ihr stures Verhalten und ihre scharfen Worte immer wieder dazu geführt, dass sie eine Ausgangssperre erhielt oder in einem Bereich untergebracht wurde, wo sie nur wenig Kontakt zu anderen hatte. Es hatte zwar mehrere Jahre gedauert, doch nun entdeckte ich bei Karen allmählich sanftere Züge und eine größere Reife. Sie merkte selbst, dass sie sich keinen Gefallen damit tat, wenn sie mit anderen stritt und sich um jeden Preis durchsetzen wollte. Es hatte auch eine Zeit gegeben, in der Karen tief deprimiert war und nicht mehr leben wollte.

Eine Therapie, Gebet und Bibellesen waren ihre einzige Hoffnung. Wir sprachen miteinander über Geschichten aus der Bibel und beteten, dass Gott an ihr arbeitete und ihr Herz weiter veränderte, während sie von ihm erwartete, sie in ihrem Leben zu führen.

Gelegentlich sprachen wir auch darüber, wenn das Personal in der Haftanstalt wechselte. Eine neue Leitung bedeutete meistens auch veränderte Strategien, die sich dann auf viele Bereiche in Karens Leben auswirkten. Nachdem wir über solche Themen und auch über verschiedene Jobs, in denen Karen tätig war, geredet hatten, tauschten wir uns meistens über die einzelnen Familienmitglieder aus. Karen wusste nicht viel über ihre Kinder. Nur wenige Menschen hielten überhaupt den Kontakt zu ihr und diejenigen, die ihre Kinder adoptiert hatten, wünschten keinerlei Kommunikation. Manchmal erfuhr Karen etwas durch die gelegentlichen Telefonate mit ihren Eltern. Ich hielt sie natürlich durch meine Besuche und mit Briefen und Fotos über Courtney auf dem Laufenden.

Wenn wir alle Neuigkeiten ausgetauscht hatten, fragte ich Karen immer, wie es ihr geistlich ging. Sie erzählte dann, wie sie manchmal mit Gott haderte, und stellte mir Fragen zu bestimmten Bibelversen oder geschichtlichen Hintergründen. Sie berichtete mir auch von dem, was sie sich aus den Bibelstunden mitnahm. So konnte sie zum Beispiel beobachten, wie Mithäftlinge sich von Gott verändern ließen, während andere nicht bereit waren, ihrem Retter die Herrschaft über ihr Leben zu überlassen. Karen wuchs im Glauben und veränderte sich. Sie war nicht mehr dieselbe Person, die ich vor Jahren kennengelernt hatte. Denn inzwischen hatte sie erkannt, dass Gott sie liebte, obwohl sie ihr eigenes Kind getötet hatte. Wie immer weinten wir beide. Doch mit unseren Tränen brachten wir unsere Dankbarkeit für das zum Ausdruck, was Gott an unseren Herzen tat.

Als ich Karen einmal im Sommer besuchte, sagte sie etwas, das mich sehr erstaunte und mit großer Freude erfüllte. »Ich möchte lieber mit Jesus lebenslänglich hier im Gefängnis sein als ohne ihn draußen in Casper.« Der Heilige Geist wirkte an ihr.

Kapitel 27

Freiheit

Der technologische Fortschritt ermöglichte im Lauf der Jahre eine häufigere Kommunikation mit Karen. Eine Zeit lang rief sie mich im Büro an und hinterließ eine Nachricht. Dann kamen die Handys. Wenn ich den Anruf nicht entgegennehmen konnte, teilte sie mir auf meiner Mailbox mit, wann sie es das nächste Mal versuchen könnte. So entwickelten wir ein Kommunikationssystem, das für uns gut funktionierte.

Eines Tages im Jahr 2011 rief Karen mich in Tränen aufgelöst an und fragte, ob ich sie besuchen könne. Ihr ältester Sohn Kyle war bei einem Motorradunfall ums Leben gekommen. Er war erst einundzwanzig. Ich hatte ihn nicht mehr gesehen, seit er ein kleiner Junge war. Sein so früh erloschenes Leben bedeutete für die Familie Bower eine erneute Tragödie.

Wenige Tage später besuchte ich Karen. Die Tränen liefen uns beiden übers Gesicht, als sie mir erzählte, was sie von ihren Eltern erfahren hatte. Wieder konnte sie nicht an der Beerdigung von einem ihrer Kinder teilnehmen. Unser Gespräch über Verlust und Schmerz brachte Karen dazu, ernst und nüchtern über ihr Leben nachzudenken und eine geistliche Bestandsaufnahme vorzunehmen.

»Ich habe geweint und viel darüber nachgedacht, dass Kyle gestorben ist, bevor ich ihn noch einmal sehen konnte. Er war noch so klein, als ich ins Gefängnis kam. Ich hatte gehofft, dass er mich besuchen würde, wenn er erwachsen wäre. Doch das hat er nie getan. Und jetzt ist er tot. Ich kann nur beten, dass er Jesus noch kennengelernt hat und im Himmel bei Gott ist.«

Ich reichte ihr ein Taschentuch aus einer kleinen Schachtel, die auf dem Tisch stand, und nahm mir selbst auch eines.

Dann erzählte ich ihr: »Vor ein paar Jahren habe ich gehört, dass die Familie, die Kyle und Kyra adoptiert hat, gläubig ist. Deshalb denke ich, dass die beiden in einem christlichen Zuhause aufgewachsen sind. Es ist also gut möglich, dass sie Jesus kennengelernt haben. Wir können nur beten, dass Kyle Jesus gekannt hat und jetzt bei ihm ist.«

»Jetzt, wo all das passiert ist, möchte ich mit dir über etwas reden«, sagte Karen, während sie sich die Tränen mit dem Taschentuch abwischte.

Ich rückte mit meinem Stuhl ein wenig näher zu ihr, damit die anderen Anwesenden sie nicht verstehen konnten. Ich war mir nicht sicher, ob ich das, was sie gleich erzählen würde, wirklich hören wollte. Gab es vielleicht noch mehr schlechte Nachrichten?

»Ja, was denn?«, fragte ich trotz meiner Bedenken.

»Seit ich von Kyles Tod erfahren habe, frage ich mich, ob ich ihn wohl im Himmel wiedersehen werde. Und auch, ob er mich wiedererkennt und ob er Hannah dort begegnet ist.«

Es war das erste Mal seit ihrem Geständnis mir gegenüber vor dreizehn Jahren, dass sie Hannahs Namen erwähnte. Ehrfürchtig staunend dankte ich Gott dafür, dass er diese Frau seit jenem schrecklichen Tag so wunderbar verändert hatte. Ich erinnerte mich noch gut daran, wie gefühllos sie mir von ihrer grausamen Attacke gegen dieses so kostbare Kind berichtet hatte, und staunte über die sanftmütige gläubige Frau, die nun vor mir saß und geistlich auf der Suche war. Ich lächelte, obwohl mir wieder Tränen in die Augen schossen. Dieses Mal Tränen der Hoffnung. Tränen der Freude. Tränen, die mit der guten Nachricht und den Verheißungen Jesu erfüllt waren.

»Wenn das Wort Gottes wahr ist – und ich glaube, dass es das ist –, dann sind sich Hannah und Kyle im Himmel schon in die Arme gefallen. Wenn du glaubst, dass die Bibel Gottes Wort ist, dann findest du in seinen Verheißungen Frieden.« Ich streckte meine Hand aus und legte sie auf Karens Arm.

»Ich will glauben«, erwiderte sie. »Ich will glauben, dass Kyle mir alles vergeben hat, was ich getan habe – vor allem Hannahs Tod. Was ich getan habe, hat unsere ganze Familie zerstört und hat dazu geführt, dass meine Kinder voneinander getrennt wurden und bei verschiedenen Familien aufwuchsen. Es hat dazu geführt, dass sie Wut und Hass empfanden.«

Ich schüttelte den Kopf und sagte: »Gott wusste, dass du und deine Kinder vor Hannahs Tod in einer sehr schlimmen Situation wart. Wenn Gott nicht eingegriffen hätte, hätte es noch mehr Misshandlungen gegeben und du wärst denselben falschen Weg weitergegangen, vielleicht wäre alles sogar noch schlimmer geworden. Ich glaube, dass Jesus in seiner Gnade Hannah in jener Nacht, als sie starb, zu sich nach Hause geholt hat, als sie ihren letzten Atemzug tat. Er liebt sie. Er liebt Kyle. Und … er liebt dich.«

»Glaubst du das wirklich?« In ihrer Stimme schwang große Hoffnung mit.

»Oh ja. Gott lügt nicht. Er ist die Wahrheit und er steht zu seinem Wort.«

»Ich muss dich noch etwas fragen. Es hat mit Vergebung zu tun«, fuhr Karen fort.

»Vergebung? Darüber haben wir noch nicht viel gesprochen.«

»Ich möchte dir sagen, dass ich Gott um Vergebung gebeten habe, weil ich Hannah getötet habe.«

Eine Welle der Freude durchflutete mich und mein Herz machte einen Sprung.

»Und glaubst du, dass er dir vergeben hat?«

»Ja«, antwortete sie mit fester Überzeugung. »Und ich habe auch Hannah um Vergebung gebeten.«

»Und glaubst du, dass sie dir vergeben hat?«

»Ja.« Karens Augen, die jetzt nicht mehr voller Tränen waren, leuchteten und ein sanftes Lächeln umspielte ihr Gesicht.

»Das ist wunderbar zu hören. Es hat viele Jahre gebraucht, bis du so weit warst. Spürst du jetzt einen gewissen Frieden?«

»Ja. Und … ich habe auch meine Eltern gebeten, mir zu vergeben.«

»Und was haben sie geantwortet?«

»Meine Mutter hat gesagt, dass sie mir vergeben hat, obwohl

sie lange brauchte, um dazu in der Lage zu sein. Mein Vater meinte, das Ganze sei Vergangenheit. Ich glaube, das ist seine Art, mir zu vergeben. Ich bin mir aber nicht sicher. Er hat nie das Wort ›Vergebung‹ benutzt. Meine anderen Kinder habe ich noch nicht um Vergebung gebeten. Das dauert vielleicht länger. Es gibt noch viel, was sie verarbeiten müssen. Ich glaube, Gott hat mir gesagt, dass alles mit der Zeit kommen wird. Ich muss einfach Geduld haben.«

»Gott hat in den letzten dreizehn Jahren an deinem Herzen gewirkt. Ich freue mich so sehr für dich. Gott ist gut. Er wird dich niemals verlassen. Was du jetzt erlebst, ist die Kraft der Vergebung. Sie befreit dich von Hass, Zorn, Trauer und Schuld. Sie kann dir Freude bringen, wo vorher nur Kummer und vielleicht auch Verbitterung herrschten.« Ich nahm Karen in den Arm und sie hielt mich lange fest.

»Es gibt noch eine Person, die ich um Vergebung bitten muss«, flüsterte sie.

»Wen denn?«, fragte ich ebenso leise.

Wir schauten uns lange in die Augen, wie wir es oft taten, wenn es darum ging, die Wahrheit auszusprechen. Es war unsere Art, uns gegenseitig ins Herz zu blicken.

»Dich.«

»Mich?« Erstaunt setzte ich mich wieder aufrecht hin.

»Ja. Du hast Hannah geliebt. Zweimal hast du mich gefragt, ob sie nicht bei dir bleiben könnte, bis ich mein Leben geordnet hätte. Wenn ich nicht so egoistisch gewesen wäre und sie bei dir gelassen hätte, dann wäre sie heute noch am Leben. Ich hätte meine Kinder bei mir und müsste nicht lebenslänglich im Gefängnis sitzen. Deshalb will ich dich jetzt fragen: Kannst du mir vergeben?«

Auf diese Frage war ich nicht vorbereitet gewesen. Ich holte tief Luft und rückte näher an Karen heran.

Ihre Augen füllten sich mit Tränen. Sie sah hoffnungsvoll aus, während sie auf ihrer Unterlippe kaute und gespannt auf meine Antwort wartete.

»Das habe ich schon«, sagte ich leise und schaute ihr direkt in die Augen.

Karen vergrub ihr Gesicht in den Händen und weinte, während mir selbst Tränen der Dankbarkeit kamen für all das, was Gott in ihrem Herzen vollbracht hatte.

So viele Tränen bei einem einzigen Besuch. Tränen der Trauer und des Verlustes, der Reue und der Dankbarkeit.

»Danke.« Karen nickte. Sie hatte das gehört, was sie sich erhofft hatte.

Hinter uns beiden lag ein langer Weg. Wie anders hätte unser Leben verlaufen können! Wo wären wir gelandet, wenn ich nicht bereit gewesen wäre, den Willen Gottes zu tun, der mich aufgefordert hatte, den Anruf von Karen damals auf meinem gelben Telefon entgegenzunehmen? Wenn ich dem Herrn nicht gehorsam gewesen wäre und Karen nicht im Gefängnis besucht hätte? Wenn ich ihr nicht von Gottes Liebe und Hoffnung erzählt hätte, von der Verheißung, ein neues Leben mit ihm zu beginnen? Was wäre dann aus ihr geworden?

Was wäre aus mir geworden? Wenn ich Gottes Willen nicht akzeptiert hätte, welchen Weg hätte ich dann eingeschlagen?

Ich sah, dass es schon spät geworden war. Über zwei Stunden hatten Karen und ich miteinander verbracht. Nun musste ich los, um noch vor Einbruch der Dunkelheit wieder zu Hause zu sein.

»Bevor du gehst, muss ich dich noch etwas fragen«, sagte Karen und rückte näher an mich heran. Sie knetete die Hände wie immer, wenn sie aufgeregt war.

Welche Frage konnte für sie wohl schwieriger sein als die, die sie mir gerade gestellt hatte?

»Ich habe ein paar Fotos von den Kindern, die du mir im Lauf der Jahre geschickt hast, aber ich habe kein Bild von Hannah. Meine Eltern kann ich nicht fragen. Es gibt niemanden, den ich darum bitten kann, außer dir. Ich weiß, dass du ein paar Fotos von Hannah hast. Ich frage dich deshalb, weil ich allmählich vergesse, wie sie ausgesehen hat. Und ich will sie nicht vergessen.« Karen wirkte bescheiden und aufrichtig.

Ihren Wunsch nach einem Foto von Hannah, um sich an das Kind zu erinnern, an dessen Tod sie die Schuld trug, konnte ich gut verstehen. Ich verschränkte die Arme, lehnte mich in meinem Stuhl zurück und sah Karen in die Augen. Sie erwiderte meinen Blick und schaute dann auf ihre Hände hinunter. Ich war unschlüssig und wollte das eigentlich gern mit Gott besprechen. Weder war ich darauf gefasst gewesen, dass sie mich um Vergebung bitten würde, noch darauf, dass sie mich nach einem Foto von Hannah fragen würde. Es gab also eine Menge zu verarbeiten. Nachdem wir so viele Jahre nicht über Hannah gesprochen hatten, schien dieser Besuch nun eine ganz neue Ebene der Kommunikation zu eröffnen.

Keine von uns beiden sagte ein Wort. Es vergingen mehrere Minuten, in denen Karen unruhig auf ihrem Stuhl hin und her rutschte und ich auf ein Signal von Gott wartete.

Schließlich nickte ich Karen zu und sagte: »Okay, wir beide machen einen Deal. Ich möchte, dass du in den nächsten Wochen darüber nachdenkst und betest, ob du wirklich ein Foto von Hannah bekommen solltest. Wenn du dann immer noch den Eindruck hast, dass ich dir eines schicken soll, dann schreib mir einen Brief und bitte mich darum. Es ist wichtig, dass du in dem Brief schreibst, dass *du* mich um das Foto gebeten hast, dass du darüber gebetet hast und bereit bist dafür. Ich will vermeiden, dass du das Foto bekommst und dann vom Kummer überwältigt wirst und zusammenbrichst. Wenn das passiert und du deswegen eine Therapie oder medizinische Hilfe brauchst, dann wird die erste Frage lauten: ›Welcher grausame Mensch hat Ihnen ein Bild von Hannah geschickt? Wie kann man nur so etwas tun?‹ Deshalb will ich sicherstellen, dass du dir genug Zeit nimmst, um dich darauf vorzubereiten. Ein Brief würde mir und vielleicht auch jemand anderem, der es wissen muss, deutlich machen, dass du das Ganze durchdacht hast und die Bitte allein deine Idee war.«

Karen lächelte und kicherte sogar ein wenig. Ihre verkrampfte Haltung hatte sich entspannt, während ich ihr meine Gründe dargelegt hatte. »Ich werde einen Brief schreiben«, willigte sie ein. »Ich verstehe, warum du dir Sorgen machst. Ich glaube aber, dass ich dafür bereit bin. Ich möchte Hannah nicht vergessen, sondern mich an ihr Gesicht erinnern können.«

Karen war nicht nur menschlich reifer geworden, sondern auch geistlich. Wir konnten uns auf einem Niveau und in einer Offenheit unterhalten, die all meine Erwartungen übertraf. Gott war in all den Jahren, in denen ich Karen besucht hatte, wirklich bei uns gewesen und ganz bestimmt auch an diesem besonderen Tag.

Wie immer beendeten wir unser Zusammensein mit einem Gebet. Dieses Mal beteten wir auch für jedes einzelne unserer Kinder. Wir traten für sie ein als zwei Mütter, denen Gott ein Herz für ihre Kinder gegeben hat. Vergebung war ausgesprochen, gewährt und empfangen worden. Und dadurch wurde unser Herz wieder heil und mit Hoffnung erfüllt.

In den letzten dreizehn Jahren, besonders in der Anfangszeit, hatte ich nach einem Besuch bei Karen oft eine Mischung aus Verunsicherung und Überforderung empfunden. Und ich hatte so viele unbeantwortete Fragen an Gott gehabt. Warum hatte er ausgerechnet mich in Karens Geschichte hineingezogen? Hatte er wirklich einen Plan für Karen? Konnte sie nach all dem, was sie getan hatte, ein sinnvolles Leben führen? Einem Kind wehzutun, war unter keinen Umständen akzeptabel. Das war unbestreitbar. Dafür gab es keine Entschuldigung. Natürlich ist keine Mutter perfekt. Aber für eine Mutter, die ihr eigenes kleines Kind totgetreten hat, hat niemand Verständnis. Am Anfang hatte ich Karen verurteilt. Ich wusste zwar, dass Gott uns in Römer 3,23 sagt: »*Alle* sind schuldig geworden und spiegeln nicht mehr die Herrlichkeit wider, die Gott dem Menschen ursprünglich verliehen hatte.« Aber … dieses Verbrechen ging in den Augen der meisten Leute über eine Sünde weit hinaus. Wie konnte *diese* Sünde vergeben werden? Und doch … auch für diese Sünde starb Jesus am Kreuz. Darum kann sie vergeben werden. Von Gott und auch von mir.

Freiheit im Gefängnis, das scheint ein Widerspruch in sich. Kann man wirklich frei sein in einer gesicherten Einrichtung, in der Wärter einen bei Schritt und Tritt überwachen? Und was bedeutete diese Freiheit eigentlich? Frei zu sein von den Konsequenzen eines Verbrechens? Nein. Frei von den zerstörerischen Konsequenzen der Sünde, die sich bis in die Ewigkeit auswirken? Ja. Frei, um das widerzuspiegeln und zu zeigen, was die Freiheit in Christus wirklich bedeutet? Ja.

Werden alle Menschen sich für diese Freiheit entscheiden und Gottes Einladung folgen, sich ganz in seine Hand zu begeben? Wohl eher nicht.

Also leben Karen und ich in Freiheit, während andere sich vielleicht immer noch in Ketten befinden, in Gefängnissen, deren Gitter unsichtbar sind. Wo sie durch mangelnde Vergebungsbereitschaft, Bitterkeit und verurteilende Gedanken gefangen gehalten werden.

Was, so fragte ich mich, hielt Gott für Courtney bereit? Noch kannte sie die Geschichte ihrer Familie nicht, doch sobald sie davon erfuhr, würde auch sie unter deren Folgen leiden. Ich betete für ihren Weg dort hindurch und dass auch sie Jesus Christus ihren Herrn sein ließ und eines Tages in Freiheit und in der Kraft der Vergebung leben würde.

Kapitel 28

Die Offenbarung

An jenem denkwürdigen Tag, als ich Courtney vom Einkaufszentrum abholte und ich die beiden jüngsten Bower-Kinder, Ally und Steven, bei ihr stehen sah, war sie dreizehn. Es war der Sommer 2012 und eigentlich dachte ich, dass ich selbst noch nicht so weit war, Courtney die ganze Geschichte ihrer Adoption zu erzählen. Doch als wir dann zu Hause waren und sie sich zum Schlafen fertig machte, wurde mir klar, dass Gott den Zeitpunkt schon immer gekannt hatte. Courtney war bereit und Gott hatte mich so weit vorbereitet, wie er es für nötig hielt. Also fügte ich mich in sein Timing.

Wir hatten es uns auf ihrem Bett gemütlich gemacht und saßen uns im Schneidersitz gegenüber, jede von uns ihr Kissen an die Brust gedrückt. Auf dem Heimweg hatte ich Courtney angeboten, ihr alle Fragen, die sie stellen wollte, so ehrlich wie möglich zu beantworten.

»Ich habe dir ja schon immer gesagt, dass ich dir alle Fragen wahrheitsgemäß beantworten werde, wenn du dazu bereit bist. Was also möchtest du wissen?« Ich lächelte sie an und sprach mit sanftem Ton, damit Courtney sich wohlfühlte.

»Wie viele leibliche Geschwister habe ich?«, begann sie. »Und wie heißen sie?«

»Es sind sieben und sie heißen DeAnn, Kyle, Kyra, Hannah, Andrew, Ally und Steven.«

»Und wo leben sie?«

»Fünf von ihnen leben hier in Wyoming«, antwortete ich.

»Und die anderen zwei?«

»Die anderen zwei sind schon im Himmel.« Ich beantwortete

die Frage, ohne meinen Ton oder meinen Gesichtsausdruck zu ändern.

Es entstand eine Pause. Courtney sah mich an, als warte sie auf eine ausführlichere Antwort. Als ich nichts weiter sagte, fuhr sie mit ihren Fragen fort. Ich konnte ihr ansehen, dass sie meine Antworten verarbeitete und über ihre Bedeutung nachdachte.

»Warum sind die beiden denn schon im Himmel? Wie heißen sie und wie sind sie gestorben?« Die Fragen kamen rasch nacheinander.

»Kyle starb vor ungefähr einem Jahr durch einen Motorradunfall. Er war einundzwanzig. Hannah ist vor vielen Jahren gestorben, als sie fünf war.« Ich wusste, was als Nächstes kommen würde. Ich bereitete mich durch ein stilles Gebet innerlich darauf vor.

»Und wie ist Hannah gestorben?« Courtney rückte auf dem Bett näher an mich heran und sah mich fragend an.

»Sie wurde umgebracht.« Diese Worte waren für mich immer noch schwer auszusprechen, vor allem in diesem Augenblick Courtney gegenüber. Ich holte tief Luft und sah Courtney in die Augen. Ich hatte keine Ahnung, wie sie reagieren würde. Ich bat Gott um seine Gegenwart, denn ich wusste, wie die nächste Frage lauten würde.

»Wer hat sie denn umgebracht?«, rief Courtney.

Ich wartete einen Moment und flüsterte dann: »Ihre Mutter.«

Courtney zuckte zusammen und schien einen Moment die Luft anzuhalten. Sie schaute weg und sah mich dann wieder an. Ich schwieg zunächst. Diese Antwort musste sie erst einmal verkraften. Dann setzte sie sich aufrecht hin und sprach ihre Schlussfolgerung aus: »Ihre Mutter ist *meine* leibliche Mutter, oder?« Sie verzog das Gesicht und versuchte offenbar, diese beiden Beziehungen miteinander in Verbindung zu bringen.

»Ja«, antwortete ich.

»Wie heißt sie?«

»Karen.«

Daraufhin herrschte langes Schweigen.

Das einzige Geräusch war das leise Ticken des Weckers auf

meinem Nachttisch. Wir waren wie erstarrt. Die unheimlichen Worte, die aus meinem Mund gekommen waren, schienen einfach nur surreal. *War das wirklich der richtige Zeitpunkt?*, fragte ich mich. Nun war ich mir nicht mehr so sicher.

»Ist sie die Person, die du all die Jahre besucht hast? Wenn du uns nicht sagen wolltest, mit wem du dich triffst? Ist sie die Karen, für die wir schon in meiner Kindheit immer gebetet haben?« Allmählich schienen sich die Puzzleteile für Courtney ineinanderzufügen. Die Wahrheit war schwer zu ertragen.

»Ja.«

»Und wo ist sie jetzt?«

»Sie ist in Lusk im Frauengefängnis.« Ich antwortete in einem sanften Ton, obwohl es eigentlich gar nicht möglich war, dieser Geschichte ihre Härte zu nehmen.

»Was ist passiert? Wie ist Hannah denn gestorben? Was hat Karen mit ihr gemacht?« Die Sätze überschlugen sich beinahe. *Was soll ich antworten? Wie sehr gehe ich ins Detail und in welchem Umfang erzähle ich ihr die Wahrheit?* Courtney hatte mir nun genau die Fragen gestellt, vor denen ich mich so viele Jahre gefürchtet hatte.

»Courtney, Karen war damals ein anderer Mensch. Sie war drogensüchtig und alkoholabhängig und hat sich mit den falschen Leuten eingelassen. Und mit einigen ihrer Kinder ist sie nicht gut umgegangen. Eines Abends hat sie die Beherrschung verloren. Mehr möchte ich dazu nicht sagen. Wenn du älter bist, erzähle ich es dir genauer, aber nicht jetzt. Nicht heute Abend.«

Ich wollte Courtney nicht sagen müssen, dass Hannah in einen Müllsack verfrachtet und neun Monate lang in der Garage versteckt worden war, bis die Polizei ihre Leiche gefunden hatte. Ich wollte nur die Fragen beantworten, die Courtney mir stellte. Über Karen sollte sie jedoch noch mehr erfahren.

»Karen hat sich im Lauf der Jahre sehr verändert, sie ist ein anderer Mensch geworden, weil sie Jesus als ihren Herrn angenommen hat. Ich besuche sie und bete mit ihr, weil Gott mich dazu berufen hat. Ich habe beobachtet, wie sie sich mit den Jahren verändert hat, und habe sie lieb gewonnen und ihr vergeben.«

Ich wusste, dass es noch mehr zu erzählen gab, auch wenn

Courtney nicht danach fragte. Sie sollte wissen, dass ihre leibliche Mutter nun Jesus Christus nachfolgte und nach vielen Jahren Vergebung erlangt hatte. Ich hoffte, dies würde Courtneys Herz bereit machen, eines Tages ihrer Mutter auch zu vergeben. Ich war überzeugt davon, dass dies der Hauptgrund war, warum Gott wollte, dass ich Courtneys Mutter wurde. Sie sollte durch mich lernen, ihr Leben ganz Gott anzuvertrauen, und die Kraft der Vergebung erfahren. Doch all dies würde nicht von heute auf morgen gehen. Ich musste geduldig sein.

»Weiß sie von mir?«, fragte Courtney.

Ich lachte. »Natürlich weiß sie von dir. Schließlich hat sie dich zur Welt gebracht!«

Wir mussten beide lachen. »Oh ja, stimmt.«

»Ich habe ihr in all den Jahren immer wieder geschrieben und ihr Fotos von dir geschickt. Sie weiß alles über dich. Und sie betet auch für dich.«

Da brach Courtney wieder in Tränen aus und rief: »Das bedeutet ja, dass ich nie geplant oder erwünscht war.«

»Doch, das warst du. Viele Kinder sind von ihren Eltern nicht wirklich geplant worden. Sie kommen als Überraschung, wenn die Mutter merkt, dass sie schwanger ist. Auch meine Kinder waren nicht alle *geplant*. Sie waren wunderbare Überraschungsgeschenke von Gott. Nur Gott kann uns erschaffen und er hat dich gewollt. Er hat einen Plan mit dir. Und Karen wollte dich auch. Aber ihre Lebensumstände ließen es nicht zu, dass sie dich behalten konnte. Sie gab uns ein großzügiges Geschenk und dieses Geschenk warst du.«

Nun liefen uns beiden die Tränen übers Gesicht. Courtney schaukelte vor und zurück und schluchzte. Was für eine traurige Nachricht für so ein junges Mädchen. Wie kann ein Teenager eine so verheerende Geschichte verarbeiten? Ich strich ihr über den Rücken und ließ sie weinen. Dann reichte ich ihr noch ein Taschentuch, umarmte sie und sagte ganz bewusst: »Ich ... habe ... dich ... lieb.«

»Ich hab dich auch lieb«, erwiderte sie unter Tränen.

Ein paar Augenblicke vergingen. Schweigend saßen wir da mit rot verweinten Augen.

»Wann fährst du wieder ins Gefängnis, um Karen zu besuchen?«, wollte Courtney dann wissen.

»Wahrscheinlich nächsten Freitag.«

»Kann ich mitkommen?«

Ich war erstaunt. Wirklich? Sie wollte Karen kennenlernen, obwohl sie wusste, was sie Hannah angetan hatte. Das überraschte mich. Vielleicht wollte sie sich ja selbst einen Eindruck verschaffen, wer diese Frau war.

»Ja. Wenn das möglich ist, kannst du mitkommen.« Ich lächelte und nahm sie noch einmal in den Arm.

»Was wird sie wohl sagen, wenn ich sie besuche?«

»Ich glaube, sie wird darüber sehr glücklich sein. Dein Besuch wird eine große Freude für sie sein. Sie hat viel gelitten für das, was sie getan hat. Dich wiederzusehen, wird für sie ein wunderbares Geschenk der Gnade sein.« Während ich sprach, strich ich eine Haarsträhne aus Courtneys nassem Gesicht.

»Ich will hin«, sagte sie.

»In Ordnung«, antwortete ich. »Ich werde im Gefängnis anrufen und fragen, was wir brauchen, damit du einen Besucherausweis bekommst. Und ich werde Karen schreiben, um sie zu informieren. Bist du dir wirklich sicher?« Immer noch war ich darauf bedacht, Courtney vor dieser ganzen Geschichte zu schützen, auch wenn sie nun schon vieles erfahren hatte.

»Und ich will auch meine anderen leiblichen Geschwister kennenlernen. Kannst du das organisieren?«, fragte sie zögernd.

»Ja. Du hast übrigens auch noch Großeltern, die sich freuen würden, dich kennenzulernen. Willst du das?« Überforderte ich sie jetzt?

»Ich will sie alle treffen. Denkst du, das ist in Ordnung?«

»Wenn du das möchtest, dann nehme ich auch zu ihnen Kontakt auf.«

Ich war mir nicht sicher, ob ich diese Entscheidung treffen sollte oder sie Courtney überlassen konnte. In ihrem Leben hatte es viele unbeantwortete Fragen gegeben. Wie es schien, wollte sie nun auf alle zugleich eine Antwort. Ich zog mich ein wenig von ihr zurück, während wir noch auf dem Bett saßen, und drückte das Kopfkissen, das ich noch in der Hand hielt, wieder an mich.

Courtney schaute mich an und rückte an meine Seite. »Du bist meine Mama«, sagte sie, »und ich hab dich lieb. *Du* bist meine Mama.«

Wieder fingen wir beide an zu weinen.

»Ich weiß. Ich mache mir ein bisschen Sorgen, weil du jetzt so vieles auf einmal verkraften musst.« Ich wischte mir die Tränen ab, die einfach nicht versiegen wollten.

Wir fassten uns an den Händen und dankten Gott gemeinsam für seine Gnade. Wir dankten ihm dafür, dass er in Karens und auch in unserem Leben wirkte, und baten ihn, die Bower-Kinder und die Großeltern auf meinen Anruf vorzubereiten.

Am nächsten Tag erzählte ich Al, was am Abend zuvor passiert war. Ich rief im Gefängnis wegen eines Besucherausweises für Courtney an und dann schrieb ich Karen einen Brief, in dem ich ihr alles erzählte und ihr mitteilte, dass Courtney bei meinem nächsten Besuch mitkommen würde.

Der Freitagmorgen kam und Courtney und ich fuhren gemeinsam nach Lusk. Die Musik aus dem Radio half uns, die Stille, die sonst wahrscheinlich während der zweistündigen Fahrt geherrscht hätte, zu überbrücken. Je näher wir dem Gefängnis kamen, desto mehr wurde mir bewusst, wie sehr ich mir eine positive Begegnung zwischen Courtney und Karen wünschte. Aber ich wusste auch, dass ich darauf keinen Einfluss hatte. Ich konnte den Besuch nicht steuern. Meine Aufgabe war es nur, Courtney mit ihrer leiblichen Mutter zusammenzubringen und dann in den Hintergrund zu treten, damit die beiden ihren eigenen Weg zueinanderfanden. Während der Fahrt betete ich und brachte die Gefühle und Hoffnungen der beiden vor den Herrn.

Als wir angekommen waren und einen Parkplatz gefunden hatten, gingen wir auf das Gebäude zu. Courtney verlangsamte ihre Schritte und betrachtete die Stacheldrahtzäune und Außenmauern des Gefängnisses. »Das ist es? Wow. Es ist richtig groß.«

An der Sprechanlage vor dem Sicherheitstor kündigte ich unseren Besuch an. Das Schloss klickte, ich schob das Tor auf und Courtney erlebte zum ersten Mal, wie das Einchecken ablief, das mir schon so vertraut war. Ich musste daran denken, wie nervös ich gewesen war, als ich Karen das erste Mal besucht hatte. *Sicherlich hegt Courtney mindestens ebenso intensive Gefühle wie ich damals,* dachte ich. Ich hätte es ihr gern einfacher gemacht, aber auch das lag nicht in meiner Macht.

Als wir den Besuchsraum erreichten, blieben wir an einer Seite stehen und hefteten unsere Blicke auf die Sicherheitstür. Die weiblichen Gefangenen wurden eine nach der anderen durchsucht und dann hereingelassen. Wir konnten sie durch die große Glasscheibe beobachten. Jedes Mal, wenn sich eine Frau der Sicherheitstür näherte, fragte Courtney: »Ist sie das?«

Nachdem eine Handvoll Frauen den Raum betreten hatten, erblickte ich Karen durch das Fenster.

»Da ist sie«, flüsterte ich Courtney zu.

Karen wirkte etwas nervös, aber ich hatte sie noch nie so strahlend lächeln gesehen. Als sie bei uns war, sagte ich: »Karen, das ist Courtney. Courtney, das ist Karen.«

Die zwei umarmten sich vorsichtig, während ich meine Arme um beide schlang. Obwohl sicherlich noch mehr Heilung geschehen musste, war dies immerhin ein Anfang. Die Tränen flossen, während wir uns in einen Bereich begaben, wo wir uns alle hinsetzen konnten. Ich betrachtete Karen und Courtney, wie sie sich miteinander unterhielten, und dachte unwillkürlich, dass Karen so viel über Courtney wusste, während Courtney praktisch nichts über Karen wusste.

Ich war dankbar, als Karen sagte: »Deine Mama hat mir ganz viel über dich erzählt.« Es waren freundliche und respektvolle Worte.

Was konnte Karen ihr erzählen? Sie würde ihrem Kind, das sie seit dessen fünfter Lebenswoche nicht mehr gesehen hatte, wohl kaum aus ihrem Gefängnisalltag berichten. Also füllten wir die Stunde unseres Besuches mit Small Talk. Aber das war ganz in Ordnung so. Persönlichere Gespräche würde es vielleicht auch noch geben, wenn die Zeit dafür gekommen war. Courtney hatte nun ihre leibliche Mutter kennengelernt. Auf viele bisher offene Fragen hatte sie nun eine Antwort bekommen. Das hier war erst der Anfang.

Als die Zeit um war, umarmten Karen und ich uns. Dann nahm Karen Courtney in den Arm.

»Danke, dass du gekommen bist«, sagte sie zu ihr. »Ich bin so glücklich, dass ich dich kennengelernt habe. Ich hoffe, du kommst wieder.«

Auf der Heimfahrt war es nicht so still wie auf der Hinfahrt. Aus Courtney sprudelten immer neue Fragen heraus. Allerdings war unser Gespräch nicht so emotional wie das erste vor ein paar Tagen. Courtneys erster Besuch bei Karen hatte ihre anfängliche Neugier befriedigt.

Doch es gab ja noch weitere Familienmitglieder kennenzulernen und so machten wir Pläne für einen möglichen Besuch bei DeAnn und den Großeltern. Wo sollten wir uns mit ihnen treffen? Es musste ein Ort sein, an dem alle sich wohlfühlten. »Wie wär's mit einer Eisdiele? Dairy Queen?«, schlug Courtney vor, die immer ans Essen dachte. Eine kurze Begegnung zum Eisessen und Plaudern.

Vor meinem Anruf bei Courtneys Großeltern war ich nervös. Ich wusste, dass sie über unsere Entscheidung, Courtney so viele Jahre von ihnen fernzuhalten, nicht sehr glücklich gewesen waren. Ich hinterließ eine Nachricht auf ihrem Anrufbeantworter und teilte ihnen mit, dass ihre Enkelin sie gern kennenlernen würde.

Schon ein paar Stunden später bekam ich einen Rückruf von DeAnn. Sie rief im Auftrag ihrer Großeltern an und sagte uns, dass sie alle sich sehr darauf freuten, uns am Wochenende bei Dairy Queen zu treffen. Als ich es Courtney erzählte, meinte sie, sie fürchte sich ein wenig vor der Begegnung. DeAnn hatte ihr Angst eingejagt, als sie sie damals in der Toilette des Restaurants angesprochen hatte. Jetzt, wo sie beide älter waren, konnten sie ja noch einmal neu anfangen. Vielleicht würde sich sogar eine gute Beziehung entwickeln.

Die größten Hürden schienen genommen zu sein: Courtney hatte Ally und Steven im Einkaufszentrum getroffen und erfahren, dass sie Geschwister waren. Sie wusste nun auch die Wahrheit über ihre leibliche Mutter und ihre Familie. Sie hatte Karen im Gefängnis besucht. Und nun sollten wir bei Dairy Queen ihre älteste Schwester und die Großeltern treffen, die sie nie kennengelernt hatte.

Als wir das Restaurant betraten, ließ ich meinen Blick über die Tische schweifen, bis ich die Bowers entdeckte. DeAnn und ein Mann, der wahrscheinlich ihr Gatte war, saßen neben den Großeltern an einem großen Tisch. Lächelnd hießen sie uns willkommen, worauf wir gleich viel entspannter waren.

»Hallo, Courtney«, sagte Großvater Bower, »ich bin dein Opa und das ist deine Oma. Wir freuen uns so sehr, dich kennenzulernen.

Courtney antwortete nur mit einem schüchternen »Hallo«.

»Ich bin DeAnn und das ist mein Mann Trey. Wir freuen uns, dass du gekommen bist.«

Wir bestellten uns alle ein Eis und fühlten uns gleich viel sicherer, als wir etwas zu essen vor uns stehen hatten. Dann unterhielten wir uns über dies und das und die kurze Zeit verging wie im Flug.

»Ich habe gehört, dass du in einer Eishockeymannschaft bist«, sagte DeAnn. »Wir würden dich gern mal spielen sehen. Wann finden eure Turniere statt?«

Das Gespräch über Eishockey und Turniertermine endete, als das Eis aufgegessen war und somit das Signal zum Aufbruch kam. Ich hielt mich zurück, während alle Familienmitglieder Courtney zum Abschied umarmten, und gönnte ihnen diesen besonderen Moment mit ihr. Ich wollte, dass Courtney all die Aufmerksamkeit bekam, die ihr zustand.

Großvater Bower löste sich aus der kleinen Gruppe und kam auf mich zu. Ich war nicht sicher, was nun geschehen würde, und machte mich auf Verschiedenes gefasst.

Er aber streckte die Arme aus und schlang sie um mich. Leise weinend sagte er: »Ich danke Ihnen. Sie ist wundervoll. Vielen Dank.«

Kapitel 29

Nur Gott

Nach dem ersten Besuch schrieb Karen mehrmals einen Brief an Courtney und schickte ihr kleine Geschenke, die sie im Gefängnis angefertigt hatte. Courtney schrieb ihr zurück. Eine ihrer größten Fragen lautete: *Wer ist mein leiblicher Vater?* Courtney hatte auch mich schon danach gefragt und ich hatte ihr das geantwortet, was Karen mir gesagt hatte: Karen wusste es selbst nicht. Sie hatte während der Schwangerschaft nicht einmal gewusst, ob Courtney mit weißer Hautfarbe geboren würde. Selbst als Courtney mit relativ heller Hautfarbe zur Welt kam, war sich Karen immer noch nicht sicher, wer der Vater war. Diese Ungewissheit war für Courtney verständlicherweise eine große Enttäuschung. Es ist für jeden Menschen schwer, wenn seine großen Lebensfragen zum Teil unbeantwortet bleiben müssen, doch für ein Adoptivkind im Teenageralter ist es sicherlich besonders schwer.

Nach ein paar Monaten beschloss Courtney, keine Briefe mehr an Karen zu schreiben, und sie wollte auch nicht mehr zu Besuchen mitkommen. Wenn ich bei Karen gewesen war, fragte Courtney einfach nur, wie es ihr ging. Diese Art von Kontakt genügte ihr anscheinend für den Rest ihres letzten Mittelstufenjahres. Dagegen wuchs ihr Interesse an ihrer Halbschwester DeAnn während dieser Zeit. DeAnn und ihr Mann luden Courtney immer wieder zum Essen ein, was Courtney dankbar annahm.

Nach ein paar Besuchen beobachtete ich eine Veränderung in Courtneys Einstellung gegenüber Karen. Courtney hatte ja viele Fragen und DeAnn erinnerte sich noch gut an verstörende

Begebenheiten aus dem Zusammenleben mit ihrer Mutter. Als ältestes Kind hatte sie von dem ganzen Drama mehr miterlebt als die anderen Geschwister.

Al und ich machten uns Sorgen deswegen. Courtney schien zurückgezogener zu sein als sonst und hatte nicht mehr so viel Energie. Wir taten unser Bestes, um für sie da zu sein, merkten aber, wie sich bei ihr ganz langsam eine innere Distanz zu uns entwickelte. In ihr regte sich auch immer stärker die Wut und Verbitterung gegenüber Karen.

Als Courtney dann zur Highschool wechselte, hoffte ich, sie würde dort genauso gute Noten haben wie in der Mittelstufe. Sie war klug und hatte wirklich Potenzial. Doch ihr verwundetes Herz schien ihre Motivation zu dämpfen. Ihre Wut kam immer öfter an die Oberfläche und zeigte sich nicht nur in ihrer Einstellung Karen gegenüber, sondern ganz allgemein in ihrem Verhalten. Ich hatte befürchtet, dass genau das passieren würde, wenn Courtney ihre Geschichte erfuhr und ihre leibliche Familie kennenlernte, doch nun gab es kein Zurück mehr. Als sie fünfzehn war, hatte sie bereits große Schwierigkeiten in der Schule und hatte Freunde, die keinen guten Einfluss auf sie hatten. Sie wurde rebellisch und als ihr Interesse am Eishockey erlosch, trat sie aus der Mannschaft aus. Manchmal ertappte ich sie sogar dabei, dass sie uns gegenüber nicht aufrichtig war und es mit der Wahrheit nicht so ernst nahm. Al und ich bemühten uns weiterhin um eine gesunde Kommunikation mit ihr, doch es war, als hätte sie daran kein Interesse.

Ich überlegte, ob ihre alles durchdringende negative Stimmung mehr mit ihrer Lebensphase zu tun hatte oder auf die Umstände ihrer Adoption zurückzuführen war. Und so fragte ich sie eines Tages, ob sie nicht einmal mit einer Therapeutin über all das sprechen wolle, was sie über ihre leibliche Familie erfahren hatte. Sie willigte ein und ich vereinbarte einen Termin. Die Therapeutin und Courtney fanden einen guten Draht zueinander und nach ein paar Gesprächen schien es Courtney besser zu gehen, sodass sie die Therapie beenden konnte.

Auch in geistlicher Hinsicht verlor Courtney das Interesse am Glauben. Wenn wir zusammen den Gottesdienst besuchten, dann lümmelte sie sich entweder mit verschränkten Armen auf ihren Stuhl oder sie legte den Kopf auf meinen Schoß und tat so, als würde sie schlafen. Immer wieder ermahnten wir sie, sich respektvoll zu verhalten. Ich machte mir Sorgen über ihr offensichtliches Desinteresse am Glauben, bis mir klar wurde, dass ich auch hier an einen Punkt kam, den ich in Gottes Hand legen sollte. Courtney musste ihre eigene Beziehung zu Gott finden; das konnte ich ihr nicht abnehmen. Stattdessen musste ich lernen zu vertrauen, dass der Heilige Geist im Herzen unserer geliebten Tochter wirkte.

Unser Frust wurde noch größer, als Courtney sich immer weiter zurückzog, von der Schule, von uns und von der Gemeinde. Sie wurde sogar eifersüchtig auf unsere älteren Kinder. Eines Tages vertraute ich Karen bei einem Besuch von Mutter zu Mutter meine Sorgen an.

»Das ist alles in Wirklichkeit meine Schuld«, sagte Karen. »Wegen mir hat sie so viele unbeantwortete Fragen. Und die Antworten, die sie bekommt, sind nicht die, die sie hören will.« Karen war aufrichtig besorgt. Sie erzählte mir, dass auch ein paar ihrer anderen Kinder ihr im Lauf der Jahre geschrieben und Fragen gestellt hätten. Auch sie hatten mit ihrer Vergangenheit zu kämpfen, obwohl sie von liebevollen christlichen Familien adoptiert worden waren. Ich erkannte, wie sehr Karen als Mutter gereift war, auch wenn sie ihre Kinder nicht von klein auf selbst hatte erziehen können.

Aus eigener Erfahrung wusste ich, dass es Verletzungen gibt, die kein Mensch heilen kann. Nur Gott kann ein verwundetes Herz und eine verunsicherte Seele wirklich gesund machen. Doch in dem Wissen, dass der Teufel der Vater der Verunsicherung ist, konnte ich nur beten, dass Gott eingriff und unsere Tochter einen guten Weg führte. Einmal mehr musste ich lernen loszulassen.

Eines Abends, als ich im Bett lag und gerade das Licht löschen wollte, hörte ich ein leises Klopfen. Langsam ging die Schlafzimmertür auf und Courtney flüsterte: »Mama, schläfst du schon?«

»Wollte ich gerade. Brauchst du noch etwas?«

»Kann ich kurz mit dir sprechen?«

»Klar. Komm rein.«

Sie krabbelte zu mir ins Bett und nahm sich Als Kopfkissen. Er war noch unten und sah sich die Spätnachrichten an. Als ich sah, wie Courtney sich das Kissen an die Brust drückte, wurde mir klar, dass es kein kurzes Gespräch werden würde. Also setzte ich mich hin und stopfte mir mein Kopfkissen in den Rücken. »Was hast du auf dem Herzen?«

Courtney bemühte sich um ein Lächeln und senkte dann den Blick. Ich wartete. Egal was es war, ich musste mich wohl auf etwas gefasst machen. Furcht stieg in meinem Herzen auf. Ich faltete die Hände und legte sie auf den Schoß. Was kam hier auf mich zu?

»Ich bin schwanger.« Courtney begann zu weinen.

Wie versteinert saß ich da. Ich konnte mich nicht bewegen, konnte kaum atmen. Darauf war ich nicht vorbereitet gewesen. Während Courtney schluchzte, konnte ich sie nur noch in die Arme nehmen. Sagen konnte ich nichts. Innerlich gab ich mir einen Klaps und ermahnte mich: *Reiß dich zusammen. Sei vernünftig, Debbie, denk nach, bevor du jetzt etwas Unvorsichtiges sagst.* Dieses Geständnis brach mir das Herz.

Wie im Schock fragte ich: »Wer ist der Vater?« Die Antwort überraschte mich nicht. Ich hatte Courtney gewarnt und Regeln aufgestellt, wozu auch gehörte, dass die beiden nicht allein in unserem Haus sein sollten. Doch sie hatte sich nicht an die Regeln gehalten und jetzt erwartete sie ein Kind.

Was noch, Herr? Wie viel muss noch passieren, bis es in unserer Familie kein Leid mehr gibt? Verzweifelt stieg mein stilles Gebet zum Himmel. Würde ich jemals sagen können: »Jetzt habe ich es hinter mir«?

Im selben Moment kannte ich die Antwort.

Nein.

Das Leben hier auf dieser Erde geht immer weiter mit seinen Problemen und seinen Höhen und Tiefen, ob wir darauf vorbereitet sind oder nicht. Gott alles in die Hände zu legen, ist keine Lektion, die man ein für alle Mal gelernt hat. Es ist eine Entscheidung, die wir immer wieder treffen müssen, bis sie zu einer automatischen Reaktion wird – und dieser Prozess kann ein ganzes Leben lang dauern. Die Prüfungen des Lebens können wir nicht wie jede andere Prüfung abschließen und auch unser geistliches Wachstum ist nicht irgendwann beendet. Ich wusste, dies alles geschah nicht, weil Gott etwa herzlos oder grausam wäre – ganz im Gegenteil. Gott war immer noch dabei, an mir zu arbeiten, damit ich seinem Sohn ähnlicher werde, so wie es in Philipper 1,6 heißt: »Ich bin ganz sicher, dass Gott sein gutes Werk, das er bei euch begonnen hat, zu Ende führen wird, bis zu dem Tag, an dem Jesus Christus kommt.«

Gott ist immer noch dabei, sein gutes Werk in mir zu vollenden – und das wird erst geschehen, wenn ich in die Ewigkeit komme. Gott wird mich immer wieder dazu aufrufen, meinen Willen in seinen zu fügen. Das ist sein Plan für den Rest meines Lebens. Ich stehe vor der Entscheidung, dies freiwillig und ohne Murren zu tun, mit Dankbarkeit in meinem Herzen. Das bietet mir die Chance, das Wirken seiner Gnade zu sehen, oftmals auf atemberaubende Weise.

Die Frage lautete also nicht: *Was noch, Herr?*, sondern: *In welche Richtung sollen wir blicken, um die Hilfe zu finden, mit der wir die Herausforderung bestehen können?* Die Antwort auf diese Frage kannte ich bereits. Ich konnte nirgendwohin blicken als allein auf meinen Herrn. Bei dieser neuen Herausforderung mit Courtney würden Al und ich Gott fragen, was wir tun sollten. Wir würden uns seiner Führung anvertrauen und es ihm überlassen. Ich wusste, dass dies nicht leicht sein würde, aber es war der einzige Weg, auf dem wir vorankamen.

Ich ließ Courtney weinen, bis sie lange genug innehielt, um mich anzusehen. Immer wieder sagte sie: »Es tut mir leid, Mama. Es tut mir so leid.«

»Ich weiß«, war alles, was ich sagen konnte.

»Ich habe Gott gebeten, mir zu vergeben. Kannst du mir auch vergeben?«, fragte sie unter Tränen.

»Ich weiß, dass Gott dir vergeben wird. Und ich tue das auch.«

Doch die Vergebung befreit uns nicht von den Folgen unseres Handelns. Und ich wusste, dass meine Tochter nun Konsequenzen tragen musste, die Auswirkungen auf ihr ganzes weiteres Leben haben würden. Auch Konsequenzen für Al und mich. Und zwar bald! Ein paar kurze Fragen an Courtney machten deutlich, dass das Baby schon in ungefähr zwei Monaten zur Welt kommen würde! Courtney hatte ihren immer umfangreicher werdenden Bauch unter großen, weit geschnittenen Kapuzenpullis verborgen. Ich fühlte mich niedergedrückt. Es war spät. Wir waren beide müde und am nächsten Tag hatte sie wieder Schule. Wir waren uns einig, dass wir nun erst einmal schlafen gehen und mit Papa morgen Abend sprechen würden.

Als Courtney am nächsten Abend mit Al sprach, war er tief bestürzt. Ich weinte, als ich seinen Gesichtsausdruck sah. Wir hatten so große Hoffnungen in unsere Tochter gesetzt und alles getan, was in unserer Macht stand, um sie richtig zu erziehen, ihr Liebe und Unterstützung zu geben und sie mit dem Gott bekannt zu machen, der sie liebt und einen Plan für ihr Leben hat. Zu allen unseren Kindern hatte ich gesagt, dass sie nicht ihr ganzes Vertrauen auf uns als Eltern setzen sollten. Wir würden sie enttäuschen, auch wenn das nicht unsere Absicht war. Es würde trotzdem geschehen. Stattdessen legte ich ihnen ans Herz, ihr Vertrauen auf Jesus zu setzen. Er würde sie niemals enttäuschen. Hatten wir Courtney gegenüber versagt?

Ist das nicht das Erste, was Eltern denken? *Was haben wir falsch gemacht?*

Später an jenem Tag aber hatte ich allen Grund, Gott zu danken: Courtney erzählte uns nämlich, sie habe schon früh die Entscheidung getroffen, nicht abzutreiben. Ich sagte ihr, ich sei sehr stolz auf sie, dass sie sich für das Leben entschieden und nicht denselben Fehler gemacht hatte wie ich, als ich mit siebzehn einen Schwangerschaftsabbruch hatte vornehmen lassen. Wir beschlossen, gemeinsam darüber nachzudenken, ob Courtney das Kind behalten oder es zur Adoption freigeben würde. Meiner Meinung nach war eine Adoption die beste Lösung, doch ich wusste, dass Courtney besser noch mit jemand anderem als nur mit Al und mir über diese wichtige Frage sprechen sollte. Denn es war eine Entscheidung, die sich auf ihr ganzes Leben auswirken würde und die nur sie allein treffen konnte. Ich beschloss, auch dies in Gottes Hände zu legen. Das Kind, das Courtney erwartete, war ihres. Darum sollte ihr auch niemand diese Entscheidung abnehmen. Sie war ja diejenige, die mit den Folgen leben musste.

Als wir unseren älteren Kindern von Courtneys Schwangerschaft erzählten, gab es gemischte Reaktionen – Liebe, Enttäuschung, Kummer, Zorn, Mitgefühl und Sorge. Alle waren erschüttert und es machten sich auch Spannungen und Bitterkeit in unserer Familie breit. Ob Courtney das Kind behielt oder es zur Adoption freigab, würde sich auch auf die Beziehung zu unseren anderen Kindern auswirken. Ich merkte, wie ich immer mehr in eine depressive Stimmung geriet. Ich empfand ein tiefes Gefühl der Trauer und des Verlustes. Es war, als ob ich Hannah ein zweites Mal verloren hätte. Etwas in mir war gestorben. In meiner Familie gab es große Probleme und mein Traum, Courtney vor einem schweren Leben zu bewahren, schien geplatzt zu sein.

Ich dachte daran, wie ich als kleines Mädchen in Südkalifornien aufgewachsen war. Ich liebte es, am Strand zu spielen. Eines Tages hatte ich Stunden damit verbracht, eine große Sandburg zu bauen, als plötzlich eine Horde Kinder kam und die Burg zertrampelte. Sie lachten auch noch, während sie mein sorgfältig errichtetes Bauwerk zerstörten. Ich fühlte mich ohnmächtig und eingeschüchtert. Und nun war es so, als hätte der Feind das Schloss zerstört, das ich so mühsam aufgebaut hatte. Dabei ging es nicht nur um Courtney, sondern um meine ganze Familie. Der entstehende Konflikt brach mir das Herz.

Dann stand mir ein schwieriger Anruf bevor: bei Terry Winship im Zentrum für Schwangerschaftskonfliktberatung. Während meiner Zeit dort war Terry als ehrenamtliche Beraterin tätig gewesen und hatte mittlerweile die Leitung übernommen. In den zehn Jahren, in denen ich das Zentrum geleitet hatte, hatte ich viele Frauen und Mädchen aus unserer Stadt bei ungewollten Schwangerschaften liebevoll beraten und unterstützt. Nun musste ich selbst um Hilfe bitten, weil meine Tochter diesen schwierigen Weg vor sich hatte. Ich war sehr dankbar für Terrys liebevolle Ermutigung. Ich vereinbarte einen Arzttermin für Courtney, um die Schwangerschaft durch einen Test und eine Ultraschalluntersuchung bestätigen zu lassen.

Als ich am Tag der Untersuchung sah, wie sich das gut entwickelte Kind im Bauch meiner noch so jungen Tochter bewegte, traf mich die Realität wie eine unerwartete Schockwelle. Courtney sah mich an und in ihrem Gesicht spiegelte sich dieselbe Verzweiflung, die auch ich empfand. Während Courtney sich wieder anzog, begleitete mich eine Beraterin in eines der Wartezimmer. Obwohl in mir ein Vulkan an Emotionen tobte, ließ ich mir nichts anmerken. Die Frau, die neben mir herging, meinte: »Wenn man bedenkt, was Sie gerade erfahren haben, bleiben Sie ja erstaunlich ruhig.«

Ich wandte den Blick langsam zu ihr und erwiderte: »Das ist meine Art, wie ich meinen Schock und Kummer zum Ausdruck bringe. Es ist eine Maske, die ich mir für Zeiten wie diese zugelegt habe. Darin habe ich viel Erfahrung.«

Ein paar Tage später nahm ich mir frei, sodass ich mit Courtney eineinhalb Stunden lang quer durch Wyoming zu einer christlichen Adoptionsberaterin fahren konnte. Sie kam uns die halbe Strecke aus Cheyenne entgegen und wir trafen uns in einem Café. Ich sagte zu Courtney, sie könne mit der Frau alleine sprechen und ich würde draußen warten. Es war wichtig, dass Courtney wirklich alle Fragen stellen und alle Informationen einholen konnte, ohne sich durch mich unter Druck gesetzt zu fühlen. Eine Stunde später kam Courtney wieder heraus und stieg ins Auto. Schweigend fuhren wir nach Hause, während mir die Tränen übers Gesicht liefen.

Ich war am Boden zerstört. Ich selbst konnte die Situation nicht in Ordnung bringen und hatte keine Ahnung, wie Gott es machen würde. Die Träume für Courtney – wie sie den Highschool-Abschluss schaffte, zur Uni ging, ihren Traumprinzen kennenlernte und heiratete, um dann ein paar süße Kinder zu bekommen –, sie waren alle zerplatzt. Würde sie den Fußstapfen ihrer leiblichen Mutter folgen? Sosehr ich Karen auch lieb gewonnen hatte, mein Gebet war doch immer gewesen, dass Courtney sich von Karens Lebensstil mit Drogen, Alkohol und wechselnden Beziehungen fernhielt. Ich trauerte zutiefst um den Verlust dessen, was ich mir für unsere Tochter erhofft hatte.

Ich fragte eine Freundin, ob sie einmal mit Courtney reden

könne. Auch sie hatte als Teenager ein Kind bekommen und es zur Adoption freigegeben. Nun war sie verheiratet und hatte drei Kinder. Ich wusste, dass Courtney mit ihr gut über die Vor- und Nachteile ihrer Entscheidung sprechen konnte. Ich fuhr Courtney zu unserer Freundin, die zwei Stunden entfernt wohnte, und ließ die beiden ein paar Stunden allein miteinander. Als ich Courtney wieder abholte und wir nach Casper zurückfuhren, sah ich ihr an, dass sie einen Entschluss gefasst hatte. Sie teilte mir ihre Gedanken jedoch nicht gleich mit.

Wochen vergingen. Im Briefkasten trafen Broschüren verschiedener Adoptionsagenturen ein, die Courtney alle notwendigen Informationen für eine wohlüberlegte Entscheidung geben sollten. Aber ich ahnte es schon. Courtney hatte ihre Entscheidung bereits getroffen, bevor sie all die Ratschläge bekam. Sie wollte ihr Kind behalten. Obwohl sie mit ihren fünfzehn Jahren selbst noch ein Kind war, wollte sie nicht, dass ihr Baby von anderen Menschen großgezogen wurde. Ich konnte das gut nachvollziehen. Also akzeptierten Al und ich ihren Entschluss. Wir würden sie durch die Schwangerschaft begleiten und ihr helfen, die beste Mutter zu werden, die sie sein konnte. Unserer Tochter durch diese schwierige Zeit in ihrem Leben zu helfen, wurde zu unserer obersten Priorität.

Wir setzten uns als Familie zusammen und schmiedeten einen Plan für Courtneys schulische und berufliche Zukunft. Sie würde zunächst weiter die Schule besuchen, diese in der Mitte des zweiten Highschool-Jahres beenden und die Prüfung zur Mittleren Reife ablegen. Zum College konnte sie später noch gehen. In der kurzen Zeit bis zur Geburt des Kindes würde sie eine Teilzeitstelle antreten, die sie dann einen Monat nach der Geburt wieder aufnehmen konnte. Als ihre Eltern würden wir für ihre medizinischen Kosten aufkommen, während sie die finanzielle Verantwortung für das Baby übernehmen würde: Säuglingsnahrung, Windeln, Kleidung und was sonst noch benötigt wurde. Auf diese Weise lernte sie, die Verantwortung für ihr Kind zu tragen. Damit war Courtney einverstanden.

Ich fuhr extra nach Lusk, um Karen die Nachricht von dem Baby persönlich mitzuteilen. Wir weinten miteinander und Karen sagte, sie hoffe, dass Courtney in ihrem Leben nicht dieselben Fehler machte wie sie. Ich war gerührt, als Karen mich fragte, wie meine älteren Kinder mit dieser Nachricht umgingen. Sie war traurig zu hören, welche Spannungen dadurch entstanden waren, hatte jedoch auch Verständnis dafür. Karen sagte mir, sie sei Gott dankbar für die Liebe und Unterstützung, die Courtney durch uns empfing. Es war ein sehr bewegendes Gespräch von Mutter zu Mutter. Wir trösteten uns gegenseitig und wieder einmal staunte ich über die Verbindung, die zwischen uns gewachsen war.

Eines Abends ging ich mit einem Armvoll zusammengelegter Wäsche an Courtneys Zimmer vorbei. Courtney saß auf ihrem Bett und sortierte Kleidung.

»Mama! Kannst du mal bitte kurz herkommen?«, rief sie.

»Klar. Was gibt's denn?« Ich betrat ihr Zimmer und setzte mich neben sie auf das Bett.

»Ich wollte dir einfach nur danken, dass du mich bei meiner Entscheidung, das Kind zu behalten, unterstützt«, sagte sie und umarmte mich.

Ich drückte sie an mich. »Es ist eine große Verantwortung, die du da übernimmst«, antwortete ich. »Du wirst Hilfe brauchen, um eine gute Mutter zu werden.« Ich erwiderte ihr Lächeln. »Du solltest darüber nachdenken, was für eine Mutter du werden willst.« Ich wollte sie ermutigen zu beten und zu überlegen, wie sie ihr Kind erziehen wollte.

»Ich weiß schon, was für eine Mutter ich werden will«, sagte sie. »Ich will so werden wie du.«

Ich senkte den Kopf, während mir die Tränen kamen. Mein Herz war erfüllt, erfüllt mit Verlustgefühlen, Trauer und mit dem, was ich für zerstörte Träume hielt. Doch es war auch mit Liebe erfüllt. Das Leben war noch nicht vorüber. Auch schon früher hatte ich schwere Wege gehen müssen und wusste, dass der Herr meine Kraft sein würde, auch im Sturm meiner negativen Emotionen.

Mutter zu sein, kann zur schwersten Aufgabe werden, die eine Frau in ihrem Leben zu erfüllen hat. Freude. Ja, es gibt Freude. Kummer? Auf jeden Fall. Mancher Kummer fühlt sich so an, als ob es nie wieder gut werden wird. Aber Gott kann Heilung bringen. Nur bei ihm gibt es Hoffnung.

* * *

»Mama, ich glaube, ich habe Wehen.«

Ich sah auf die Uhr. Es war acht Uhr morgens am 15. Januar 2015. Al und ich waren überrascht, wie aufgeregt wir selbst waren, als wir schnell eine kleine Tasche für Courtney packten und dann mit ihr ins Krankenhaus fuhren. Während die Hebammen sich im Kreißsaal um Courtney kümmerten, ging ich auf und ab und Al schaltete den Fernseher ein. Es würde eine Weile dauern, bis das Kind kam. Also hieß es warten. Ich war überrascht, wie gut die sechzehnjährige Courtney alles bewältigte. In den Wehenpausen schlief sie sogar ein. Al sah fern und ich ging hin und her und staunte über die beiden, wie ruhig sie blieben und sich auf die Geburt vorbereiteten.

Ich schaute meine noch so junge Tochter an, wie sie da im Bett lag, in demselben Krankenhaus und auf derselben Station, wo schon so vieles passiert war. Hier war die kleine Ally geboren worden und ich hatte sie abgeholt und mit nach Hause genommen. Auch Karen hatte ich hier kennengelernt. An diesem Ort hatte ich gespannt im Flur gesessen und mit den zwei Sozialarbeiterinnen des Jugendamtes und ihrer Polizeieskorte auf Courtneys Geburt gewartet, nicht wissend, ob wir sie würden adoptieren dürfen. Und nun sollte hier Courtneys Baby geboren werden.

Bald schon wird ein neues Kapitel in meinem Leben beginnen. Lieber Gott, bitte bereite mich darauf vor.

Fast den ganzen Abend über ging ich im Kreißsaal hin und her und bestaunte das Wunder des Mutterseins, sowohl mein eigenes als auch das meiner beiden erwachsenen Töchter, die verheiratet waren und Kinder hatten. Ich dachte darüber nach, wie Mütter sich ihr ganzes Leben lang für ihre Kinder einsetzen, und bat Gott, mir Weisheit zu schenken, um meinen Töchtern nahe genug zu sein, wenn sie meine Hilfe brauchten, aber auch genug Abstand zu halten, damit sie selbst die Mutter sein konnten, zu der Gott sie berufen hatte.

Es muss ungefähr zwei Uhr morgens gewesen sein, als Courtney Presswehen bekam.

»Der Arzt ist nach Hause gegangen, um ein wenig Schlaf zu bekommen«, sagte die Hebamme. »Er dachte, es würde noch Stunden dauern, bis das Baby kommt.« Doch anscheinend hatte das Baby andere Pläne. Als wir sahen, wie die Hebamme und die Schwestern aus dem Kreißsaal hinaus- und wieder hineinliefen, machte uns das nicht gerade zuversichtlich. Würde der Arzt es noch rechtzeitig schaffen? Oder würde die leitende Hebamme die Entbindung vornehmen müssen? Hoffentlich nicht.

Es vergingen fast zwanzig Minuten, bis der Arzt kam. Er kam mit einem strahlenden Lächeln herein und rief: »Dann wollen mir mal!«

Wir waren mehr als bereit.

Ich hielt Courtneys Hand, als sie presste, und sagte ihr immer wieder, wie gut sie das machte und dass das Baby bald da sein würde. Dann, nach einem letzten Pressen, hatte die kleine Mary ihren großen Auftritt. Die Schwestern eilten herbei und nahmen das Neugeborene aus den Händen des Arztes entgegen, um es zu wiegen und abzuwischen, damit seine Mutter es dann im Arm halten konnte. Nach wenigen Minuten war Mary in eine weiß-hellgrüne Decke eingewickelt so wie Courtney selbst vor sechzehn Jahren und wurde ihrer Mutter auf die Brust gelegt. Ich kuschelte mich dicht an die beiden und sah zu, wie sie miteinander Kontakt aufnahmen. Die Freudentränen rollten uns übers Gesicht, als wir Zeugen des Beginns eines kostbaren neuen Lebens wurden. In diesem Moment hatte ich den Eindruck, dass Gott auf eine Weise zu mir sprach, wie ich es nie zuvor erfahren hatte.

»Gerade durch Kummer und Schmerz helfe ich dir zu wachsen, Debbie. Doch ich habe dir einen freien Willen gegeben, damit du dich entscheiden kannst. Willst du leben oder bitter werden und sterben? Gestattest du mir, in deinem zu wirken, so wie ich es für dich am besten halte, um dich zum bestmöglichen Ziel zu führen? Oder gibst du dich damit zufrieden, klein und verkrüppelt in deinen eigenen schmalen Grenzen zu leben?«

Der Herr erinnerte mich an 5. Mose 30,19.

Himmel und Erde sind meine Zeugen, dass ich euch heute vor die Wahl gestellt habe zwischen Leben und Tod, zwischen Segen und Fluch. Wählt das Leben, damit ihr und eure Kinder nicht umkommt!

Dann sprach er weiter zu mir. »*Alles, was ich in deiner Welt zugelassen habe, dient nicht nur dir zum Guten, sondern auch anderen. Ich habe die Welt nicht geschaffen, damit sie sich um dich dreht. Ich habe sie und dich geschaffen, damit ihr mir ähnlicher werdet. Das Gesicht dieses neugeborenen Kindes ist mein Gesicht. Der einzige Weg, wie ich in dir zum Leben erwache, führt durch Schmerz und Wehen. Ich weiß, dass es wehtut. Ich weiß, dass du dich einsam und getrennt von denen fühlst, die du liebst, wenn du dich entscheidest, mir zu folgen statt dem, was andere wollen. Ich weiß, dass es Zeiten gibt, in denen du am liebsten aufgeben würdest; dass das Leben dir sinnlos erscheint und du dich hilflos fühlst. Ich weiß. Ich weiß.*

Doch meine Barmherzigkeit und meine Gnade sind jeden Tag neu. Meine Liebe zu dir endet nie und sie ist so tief, wie du es dir gar nicht vorstellen kannst. Meine Liebe ist nicht so begrenzt wie deine. Sie ist unendlich. Ich lasse zu, dass du zerbrichst, weil ich dich liebe. Ich lasse zu, dass du enttäuscht wirst, um dir zu zeigen, dass es deine eigenen Täuschungen sind, von denen ich dich ent-täusche. Sie kommen nicht von mir.

Du kannst nie so geben, wie ich es tue. Du siehst nicht so wie ich. Du kannst nicht so lieben wie ich, bis du wie mein Sohn in diese Welt kommst, von ihr zerbrochen wirst und dann durch sie lieben lernst. Nur ich kann dich mit meiner Kraft der Vergebung erfüllen. Nur ich kann dir den Kummer nehmen und ihn in etwas Schönes verwandeln.«

Angesichts eines wunderbaren neuen Lebens sprach Gott seine Wahrheit in mein Herz hinein. Und ich wusste zweifellos, dass nur er das tun konnte.

Nur Gott konnte Mary erschaffen und sie in liebevolle Hände geben.

Nur Gott konnte Hannah, das Kind, das ermordet werden

würde, in die Hände einer Familie geben, die sie wirklich liebte und sie mit Jesus bekannt machte.

Nur Gott konnte eine Vergebung herbeiführen, die weit über das hinausgeht, was Worte ausdrücken können.

Nur Gott konnte es so führen, dass ich Laienseelsorgerin in einem Gefängnis wurde, denn er wusste, dass ich so das Geständnis einer Mörderin hören und sie zu Christus führen konnte.

Nur Gott konnte das Herz einer zu lebenslanger Haft verurteilten Frau zum Blühen bringen und es mit neuem Sinn und seiner Liebe erfüllen.

Nur Gott war in der Lage, die Giganten der Verbitterung und des Hasses zu besiegen, zerstörtes Leben und hoffnungslose Situationen zu beenden und neues Leben zu erschaffen, das für ihn lebt.

Nur Gott konnte mich dazu bereit machen, gehorsam seiner Stimme zu folgen und immer wieder das Loslassen zu lernen.

Nur Gott konnte einen Mord und die Berufung einer Mutter dazu gebrauchen, um uns das Wunder seiner Gnade zu zeigen!

Interview mit Debra Moerke

Wie wurde aus Ihrer Geschichte ein Buch?

Als ich vor vielen Jahren erlebte, wie Gott an mir und Karen wirkte, spürte ich, wie Gott mich dazu ermutigte, von dem weiterzuerzählen, was er getan hatte. Mir war klar, dass Heilung nur dann geschehen kann, wenn Menschen die Liebe, Vergebung und Hoffnung kennenlernen, die Gott denen schenkt, die ihn suchen. Mit den Jahren wurde das Anliegen, diese Geschichte zu erzählen, immer drängender, bis ich merkte, dass ich Hilfe brauchte, um diese Aufgabe verwirklichen zu können. Ich wusste, dass Gott die richtigen Menschen zu mir führen musste, um das Buch zu schreiben. Und das hat er getan!

War es schwer für Sie und Ihre Familie, die geschilderten Ereignisse noch einmal zu durchleben?

Ja. Als ich das Buch schrieb, haben mein Mann, unsere Kinder und ich Gespräche geführt, die wir so nie zuvor geführt hatten. Gefühle kamen hoch, die viele von uns nicht noch einmal erleben wollten. Einige wenige wollten über das Thema gar nicht mehr reden, während andere sich öffneten und alles herausließen, was sie nach den geschilderten Ereignissen empfunden hatten. Bei manchen hatten sich die Gefühle der Wut, der mangelnden Vergebungsbereitschaft und des Schmerzes mit den Jahren nicht verändert. Unsere Gespräche über die Hoffnung und Heilung, die diese Geschichte den Leserinnen und Lesern des Buches bringen könnte, führte bei anderen jedoch dazu, dass sie ihre Haltung überdachten, ihre Gefühle neu überprüften und erkannten, dass Gott auch das Böse vergeben und Gutes daraus entstehen lassen kann.

Warum war es Ihnen wichtig, dieses Buch zu schreiben, und was erhoffen Sie sich daraus für Ihre Leserinnen und Leser?

Ich habe nie daran gezweifelt, dass es Gottes Wille war, dieses

Buch zu schreiben. Ich glaube, er möchte, dass andere Menschen etwas von dem Wachstum und der Freiheit erfahren, die ich erlebt habe und die auch Karen erlebt hat. Denn auf diese Weise will Gott auch in ihr Leben seine Wahrheit und Heilung bringen. Ich hoffe, dass die Leserinnen und Leser – egal welchen Hintergrund sie haben – am Ende besser verstehen, wie Gott in unserem Leben wirken kann, wie das Vertrauen auf seine Führung, Heilung und Hoffnung uns Freiheit und Frieden schenken kann und wie wir auch andere zu dieser Freiheit und Hoffnung führen können, wenn wir Gott folgen.

Besuchen Sie Karen immer noch oder sind Sie anderweitig in Kontakt mit ihr? Ist ihr Glaube weiter gewachsen?
Ja. Ich telefoniere mehrmals im Monat mit ihr und besuche sie drei- bis viermal im Jahr im Gefängnis. Sie hat einen noch tieferen Frieden mit Gott gefunden. Sie hat mir gesagt, sie wisse, dass er ihr vergeben hat, und sie liest täglich in ihrer Bibel und in Andachtsbüchern. Sie erzählt auch anderen Frauen von Gott, wenn diese offen sind, ihr zuzuhören. Ihre innere Einstellung hat sich in all den Jahren extrem verändert, weil Gott in ihrem Leben am Wirken ist.

Haben Sie sich mit Karen beim Schreiben dieses Buches abgesprochen?
Ja. Sie wusste schon vor Jahren, dass ich den Eindruck hatte, unsere Geschichte aufschreiben zu sollen. Wir beide hatten deswegen jedoch auch Befürchtungen. Es war ein weiterer Wachstumsschritt für uns und wir haben füreinander gebetet, als uns klar wurde, dass ich die nächsten Schritte in diese Richtung unternehmen sollte. Karen hat das Manuskript gelesen und dieser Prozess schien sie noch weiter voranzubringen und ihre innere Heilung zu fördern.

Haben die geschilderten Ereignisse und deren Folgen dazu geführt, dass Sie heute anders über das System der Pflegefamilien denken?
Ich verstehe heute viel besser, dass es keine Organisation, kei-

ne Gruppe und kein System gibt, das perfekt ist. Immer sind Menschen daran beteiligt und Menschen machen nun einmal Fehler. Wir können unser Bestes geben, aber wir können nicht alle Bedürfnisse jedes Menschen stillen. Die sozialen Dienste sollen Kinder und Familien unterstützen und ihnen helfen. Aber sie sind mit Arbeit überlastet und selbst wenn sie sich die größte Mühe geben, werden sie so wie wir alle in manchen Bereichen versagen. Wir müssen mit anderen barmherzig sein, wenn wir wollen, dass man auch mit uns barmherzig umgeht, wenn uns Fehler passieren. Kurz vor der Veröffentlichung dieses Buches habe ich mich aus Respekt gegenüber dem Jugendamt von Casper mit seinem jetzigen Direktor und seiner Frau getroffen. Ich wollte ihnen erklären, welches Anliegen ich damit verbinde, diese Geschichte an die Öffentlichkeit zu bringen; dass es mir darum ging, den betroffenen Familien, unserer Stadt und allen, die dieses Buch lesen werden, Hoffnung und Heilung zu bringen.

Inwiefern war Courtney an der Entstehung dieses Buches beteiligt und wie ging es ihr damit, als sie es das erste Mal las?

Als ich Courtney das erste Mal von dem Buch erzählte, sagte ich ihr, dass ich es nur unter einer Bedingung schreiben würde: wenn sie mich dabei unterstützt und mir ihren Segen gibt. Sie hat dann einen Moment nachgedacht und sagte dann: »Wenn du mir versprichst, dass du die ganze Wahrheit erzählst, dann hast du meine Unterstützung und meinen Segen.« Darin waren wir uns einig! Als das Manuskript fertig war, gab ich es Courtney zu lesen. An vielen Stellen musste sie weinen. Manchmal auch lachen. Und sie hatte viele Fragen an mich. Wir sprachen über alles und sie sagte schließlich: »Ich bin stolz auf dich, Mama.« Dann nahm sie mich fest in den Arm. Ich fragte sie, warum sie stolz auf mich sei, und sie schrieb mir daraufhin eine Notiz, auf der stand: »Weil du so viel Schweres durchgemacht hast. Am Ende waren es Hannah und Gott, die diese Geschichte für dich geschrieben und dir dabei geholfen haben. Hannah hat dir bestimmt auf die Schulter getippt, dir einen kleinen Schubs gegeben und gesagt: ›Es ist Zeit, dass du meine und deine Geschichte erzählst.‹«

Wie geht es Courtney und Mary heute? Welche Pläne und Hoffnungen hat Courtney für die Zukunft?
Courtney ist eine liebevolle und fürsorgliche Mutter; sie kümmert sich rührend um Mary. Während ich diese Zeilen schreibe, ist Mary vier Jahre alt und geht in den Kindergarten. Sie ist ein fröhliches und liebes kleines Mädchen. Die beiden leben bei mir und meinem Mann. Courtney beendet gerade ihre Ausbildung in medizinischer Buchführung, um einen Berufsabschluss zu haben, der ihr und Mary in Zukunft finanzielle Sicherheit ermöglicht. Für sie als Mutter ist es das oberste Ziel, für Mary zu sorgen und sie zu einem gesunden, glücklichen Mädchen heranwachsen zu lassen.

Stehen Sie und Courtney immer noch in Kontakt mit ihren leiblichen Verwandten? Gibt es hier Neuigkeiten, die Sie uns mitteilen dürfen?
Ja. Courtney trifft sich ab und zu mit ein paar von ihren Geschwistern. Mehrmals im Jahr besuchen uns zwei ihrer Geschwister. Courtney und Mary treffen sich häufig mit Karens Vater zum Essen. Etwa einmal pro Woche kommt er zu dem Restaurant, wo Courtney jobbt, um dort zu essen und sie zu sehen. Sie und ihr Großvater haben eine gute Beziehung. Seit Karens Mutter gestorben ist, besuche auch ich ihn regelmäßig und bringe ihm etwas zu essen oder einen Nachtisch vorbei. Ein besonderes Geschenk ist es, dass Karens Vater und ich gemeinsam zum Gefängnis gefahren sind, um Karen zu besuchen. Das ist wirklich ein Riesengeschenk.

In dem Buch deuten Sie an, dass es in Ihrer Vergangenheit einen Schwangerschaftsabbruch gab. War es schwer für Sie, diesen Teil Ihrer Geschichte zu erzählen?
Schon ein wenig. Ich wusste, dass ich zunächst meiner erweiterten Familie die Wahrheit beichten musste, bevor ich anderen helfen konnte, vor allem öffentlich. (Mein engster Familienkreis

wusste es bereits.) Schon seit vielen Jahren erzähle ich anderen Menschen davon, um ihnen zu helfen, aber es ist nie einfach für mich.

Wie wirkte sich diese Erfahrung auf die anderen wichtigen Entscheidungen in Ihrem Leben aus, wie zum Beispiel Ihre Tätigkeit als Pflegemutter, Ihre Mitarbeit im Zentrum für Schwangerschaftskonfliktberatung und die Adoption?
Seit ich Jesus nachfolge, mache ich die Erfahrung, dass er alle meine vergangenen Sünden und sogar mein Versagen gebraucht, um mir die Augen und das Herz für die Not anderer zu öffnen. Egal, ob es Menschen sind, die unter einem Ereignis aus der Vergangenheit leiden oder die heute vor einer schwierigen Entscheidung stehen: Ich glaube, dass Gott mich dazu berufen hat und mich gebraucht, um seine Liebe und Vergebung mit ihnen zu teilen. Als ich ein junges Mädchen von siebzehn Jahren war, dachte ich, das Baby in meinem Bauch sei nur Zellgewebe. Erst als die Wissenschaft und die Medizin klarstellten: »Nein, es handelt sich vom Zeitpunkt der Empfängnis an um menschliches Leben«, verstand ich, warum ich solche Schuldgefühle gehabt hatte. Es war schwierig, therapeutische Hilfe für etwas zu bekommen, das niemand als Problem ansah. Erst Jahrzehnte später las ich das Buch *Aborting America* von Dr. Bernard Nathanson, der in den Sechzigerjahren einer der führenden Abtreibungsärzte in den USA gewesen war. In den Siebzigerjahren änderte er seine Einstellung komplett. Seine Überzeugung – dass hier Babys getötet werden – wurde auch zu meiner und ich begann zu verstehen, wo und warum Gott mich dazu berufen hatte, Kinder zu schützen und zugleich deren Eltern zu lieben. Mein Herz schlägt für all diese unschuldigen Kinder, die geborenen und die ungeborenen. Ich glaube, dass Gott mir ein Herz für sie geschenkt hat.

Was würden Sie anderen Frauen gerne sagen, für die eine Abtreibung auch Teil ihrer Lebensgeschichte ist?
Frauen haben heute ein breites Spektrum an Meinungen und Erfahrungen zum Thema Abtreibung. Für manche geht es nicht

darum, *ob* das ungeborene Kind ein Mensch ist oder nicht, ob es lebt oder nicht, sondern dass es in den USA Gesetze gibt, die uns die Abtreibung erlauben. Letzteres ist zwar richtig, aber jede von uns muss sich fragen, wer uns dieses Recht eigentlich gegeben hat? Ist es ein von Gott gegebenes Recht oder eines, das die Regierung uns gibt? Das wäre meine Frage an alle, die eine Abtreibung in Betracht ziehen. Jede von uns muss diese Frage mit ihrem eigenen Gewissen beantworten.

Dann gibt es auch Frauen, die mit der Entscheidung zu kämpfen haben. Sie wissen oder glauben, dass Abtreibung falsch ist, fühlen sich aber durch ihre Lebensumstände dazu gezwungen. Sie glauben an die Lüge, dass ihnen keine andere Wahl bleibt. Sie meinen, mit der Schuld besser leben zu können als mit einem unerwünschten Kind.

Und schließlich sind da noch die Frauen, die sich für eine Abtreibung entschieden haben und dann ihr Leben lang von Schuldgefühlen geplagt werden. Ihre Reue und ihr Geheimnis nagen jeden Tag ihres Lebens an ihnen.

Nur Gott kann unser Herz verändern. Nur er kann denen vergeben und sie heilen, die betrogen wurden, als sie glaubten, keine andere Wahl zu haben. Nur Gott kann in das Leben einer Frau eingreifen, die von Reue und Schuldgefühlen aufgefressen wird. Ich habe mich dazu entschieden, sie mit Gottes Hilfe so zu lieben, wie Jesus mich liebt.

Welchen Rat würden Sie Leserinnen und Lesern geben, die Probleme mit ihren Kindern haben und nicht wissen, wo sie Hilfe bekommen können?

Als Karen und ich uns entschlossen, diese Geschichte zu erzählen, war ihre Hoffnung, dass dies andere Menschen davon abhalten würde, dasselbe zu tun wie sie. Sie wusste, dass sie zu stolz und zu eigensinnig gewesen war, um Hilfe anzunehmen. Heute bedauert sie das und sie betet gemeinsam mit mir dafür, dass Eltern, die Hilfe im Umgang mit ihren Kindern brauchen oder mit Problemen in ihrem eigenen Leben zu kämpfen haben, diese Hilfe auch suchen. Therapeuten, Kirchen und soziale Dienste können hier eine Anlaufstelle sein.

Was steht als Nächstes für Sie, Ihren Mann Al und Ihre Familie an?
Keine Ahnung! Wir werden sehen, was der Herr vorhat, und uns weiterhin von ihm führen lassen.

Dank

Ich bin meinem Gebetsteam zutiefst dankbar, denn ihre treuen Gebete haben mich durch jede Phase beim Verfassen dieses Buches begleitet.

Ein Buch zu veröffentlichen, ist viel mehr Teamarbeit, als ich dachte. Ich danke den Mitarbeiterinnen des Verlages *Tyndale House Publishers,* die ihr Können und ihre Kreativität so großzügig zur Verfügung gestellt haben.

Ich danke Wes Yoder, meinem Agenten, der überzeugt war, dass diese Geschichte erzählt werden sollte, und Cindy Lambert, meiner Co-Autorin. Cindy, ohne deine Bereitschaft, dir meine Geschichte anzuhören, und ohne dein Gefühl, berufen zu sein und dein Können und deine Gaben einzusetzen, um die Geschichte zum Leben zu erwecken, w»äre dieses Buch vielleicht nie entstanden.

Wie kann ich meiner Tochter Courtney und meinem Mann Al jemals genug danken, dass sie mich bei jedem Schritt auf diesem abenteuerlichen Weg unterstützt und ermutigt haben? Es gab so viele Tage, an denen sie ohne mich klarkommen mussten. Ich liebe euch beide und schätze euch so sehr.

Und schließlich möchte ich ganz besonders Karen danken, dass sie das gesamte Manuskript gelesen und auf seine Korrektheit hin überprüft hat. Karen, deine Unterstützung in diesem ganzen Prozess bedeutet für mich mehr, als Worte es ausdrücken können.

Über die Autorinnen

Debra Moerke und ihr Mann Al waren achtzehn Jahre lang als Pflegeeltern tätig und nahmen mehr als 140 Kinder bei sich auf. Debra war für die Betreuung von Frauen und Kindern bei der *Central Wyoming Rescue Mission* verantwortlich; sie leitete ein christliches Zentrum für Schwangerschaftskonfliktberatung und arbeitete als Gefängniswärterin und Gefängnisseelsorgerin. Im Jahr 2017 schloss sie eine Ausbildung zur Seelsorgerin am *Gateway Seminary* in Kalifornien ab. Zurzeit ist sie als selbstständige Immobilienmaklerin tätig. Debra und Al leben in Casper im US-Bundesstaat Wyoming; sie haben sechs Kinder und sieben Enkel.

Cindy Lambert, freiberufliche Autorin und Lektorin, leitete fast zwei Jahrzehnte lang ihre eigene Buchhandlung, bevor sie als stellvertretende Direktorin und Verlagsleiterin eine Führungsposition in großen Buchverlagen wie Ingram, Simon & Schuster und Zondervan übernahm. Sie und ihr Mann Dave haben sechs Kinder und neun Enkel und leben in Michigan.

Weitere spannende Lebensberichte bei FRANCKE

Jen Bricker
Alles ist möglich
Wie ich den Mut fand, meinen Träumen zu folgen
ISBN 978-3-96362-108-6
171 Seiten, gebunden
auch als E-Book erhältlich

Als Jen Bricker ohne Beine zur Welt kommt, geben ihre Eltern sie zur Adoption frei. In ihrem neuen Zuhause wird sie nicht nur mit Liebe überschüttet, sondern ihre Adoptiveltern vermitteln der kleinen Jen auch eine positive Lebenseinstellung. Und so lernt Jen, eine Hürde nach der anderen zu überwinden. Volleyballspielen und Roller Skaten gehören genauso zu ihrer Freizeitbeschäftigung wie Surfen und Tauchen. Doch ihre ganze Leidenschaft gilt der Akrobatik. Sie ahnt nicht, dass ihr großes Vorbild, die Turnerin Dominique Moceanu, in Wirklichkeit ihre Schwester ist ...

Heute ist Jen nicht nur weltweit als Akrobatin, sondern auch als Motivationstrainerin unterwegs. Ihre Lebensfreude schöpft sie aus dem Glauben, dass Gott es gut mit ihr meint. Sie ist davon überzeugt: Bei ihm sind alle Dinge möglich!

Kathy Izard
»Und wo sind hier die Betten?«
Wie ich 100 Obdachlosen ein Zuhause gab und dabei selbst nach Hause fand
ISBN 978-3-96362-051-5
270 Seiten, gebunden
auch als E-Book erhältlich

Es ist eine unerwartete Frage, die Kathy Izards Leben für immer verändert. »Und wo sind hier die Betten?«, will der ehemalige Obdachlose Denver Moore (bekannt durch den Bestseller »Genauso anders wie ich«) von ihr wissen, als sie ihm stolz die Obdachlosenarbeit präsentiert, in der sie sich ehrenamtlich engagiert.

Fortan lässt ihr diese Frage keine Ruhe mehr. Sie fühlt sich herausgefordert, mehr zu tun, als in der Suppenküche mitzuarbeiten – und so gibt die Grafikdesignerin und Mutter von vier Töchtern ihren Job auf und stellt sich einer Herausforderung, die viel zu groß für sie zu sein scheint: Häuser für Obdachlose zu bauen. Dabei kommt sie nicht nur mit ihrer eigenen Vergangenheit ins Reine, sondern erlebt auch Wunder über Wunder und kann schließlich gar nicht mehr anders, als zu erkennen: Ja, es gibt einen Gott. Er hat einen Plan für uns und ist in unserem Leben am Wirken. Und so verrückt es sich auch anfühlen mag, auf sein Flüstern zu hören – verrückter wäre, es nicht zu tun.

Daisy von Arnim, Kathrin Schultheis
Die Apfelgräfin
ISBN 978-3-86827-151-5
s/w-Fotos
144 Seiten, gebunden
auch als E-Book erhältlich

»Die Wende war auch eine Wende in meinem Leben. ›Jetzt ist alles möglich‹, schoss es mir durch den Kopf, als ich kurz nach dem Mauerfall erstmals ungehindert die innerdeutsche Grenze passierte. Dass dieses ›alles‹ aber beinhalten könnte, dass aus mir einmal ‚Die Apfelgräfin der Uckermark' würde, hätte ich mir niemals träumen lassen.«

Humorvoll, offenherzig und liebevoll erzählt Daisy Gräfin von Arnim von ihrem Neuanfang in der Uckermark. 1995 zog sie mit ihrem Mann Michael nach Lichtenhain und baute sich dort ein neues Leben auf. Mittlerweile führt sie ein kleines Apfelunternehmen und beschäftigt mehrere Mitarbeiter.

In amüsanten, aber auch nachdenklichen Anekdoten gewährt sie Einblicke in ihren Alltag und lässt lebendig werden, wie aus ihr »Die Apfelgräfin« wurde.